제헌과 건국

나남
nanam

한국미래학회 총서 9

제헌과 건국

2010년 1월 5일 발행
2010년 1월 5일 1쇄

편 자_ 한국미래학회
발행자_ 趙相浩
발행처_ (주) 나남
주소_ 413-756 경기도 파주시 교하읍
출판도시 518-4
전화_ (031) 955-4600 (代), FAX : (031) 955-4555
등록_ 제 1-71호(79.5.12)
홈페이지_ http://www.nanam.net
전자우편_ post@nanam.net

ISBN 978-89-300-8432-1
ISBN 978-89-300-8001-9
책값은 뒤표지에 있습니다.

한국미래학회 총서 9

제헌과 건국

한국미래학회 편

나남
nanam

Constitution Writing and State Making

edited by

The Korean Society of Future Studies

nanam

발간사

2008년은 대한민국이 건국 60년을 맞이한 뜻 깊은 해였다. 그 해를 전후하여 대한민국 60년의 성공을 기념하는 (경우에 따라서는 이를 폄하하는) 크고 작은 학술행사가 줄을 이었다. 그런데 건국을 기억하고 회고하는 수많은 자리 그 어느 곳에서도 그것의 초석에 해당되는 헌법제정에 관한 논의는 눈에 잘 띄지 않았다.

얼핏 보아 뜻밖이었지만 곰곰 생각해보니 그럴 만도 했다. 그것은 한국사회 혹은 한국정치에서 헌법이 차지하는 위상을 가감 없이 보여주기에 충분했기 때문이다. 국가에 비해 헌법은 한국 현대사 60년 동안 거의 늘 독자적 존재감이 없었기 때문에 건국과 제헌 사이에 벌어진 지적 관심의 엄청난 격차는 어쩌면 당연한 귀결이었다.

바로 이와 같은 제헌에 대한 학술적 홀대(忽待)야말로 오늘날 대한민국이 겪는 심각한 이념갈등의 원인일지도 모른다. 무릇 한 나라의 제헌헌법이란 세상이 어지럽고 시대가 어수선할 때마다 되돌아갈 수 있고 뒤돌아볼 수 있는 국가의 정신적 모태(母胎)일 것이다. 하지만 유감스럽게도 우리들은 그것의 존재와 가치를 오랫동안 잊고 살았다. 대한민국의 초기 국가 건설자들이 도대체 어떤 뜻과 무슨 생각을 헌법에 담고자 노력했는지에 대해 그 후손들은 대개 무심했던 것이다.

이런 점에서 미국의 《페더럴리스트 페이퍼》(*Federalist Papers*)는 늘 부럽다. 사회통합의 원천이자 사회발전의 동력으로서 그것은 항상 새롭고 언제나 살아 있기 때문이다. 2008년으로 때마침 창립 40년을 맞이한 한국미래학회가 일종의 한국판 '페더럴리스트 페이퍼'를 구상한 것은 바로 이런 연유에서다. 또한 이는 역사학과 미래학은 결국 같은 것이라는 한국미래학회의 평소 인식을 반영하는 일이기도 하다.

때마침 개헌열병이 다시 도지고 또한 번지고 있는 것이 작금의 사회 분위기다. 물론 그 자체가 문제는 아니다. 필요하면 언제라도 할 수 있고 또 해야 하는 것이 개헌이다. 다만 《제헌과 건국》이라는 책을 펴내는 한국미래학회의 입장은 이렇다. 개헌을 하든 말든, 혹은 어떻게 하든 우리나라의 제헌과정을 다시 한 번 성찰해 달라는 주문이다. 이 땅의 건국 아버지들이 어떤 생각과 무슨 마음으로 처음 대한민국 헌법을 만들었는지 살핌으로써 작금의 개헌 논의를 보다 진지하게 이끌 수 있으리라 믿기 때문이다. 뿌리를 외면하면서 어떻게 가지 끝에 열매가 맺기를 기대하는가 말이다.

2009년 3월 13일 한국미래학회는 연세대 법학연구소와 공동으로 '제헌과 건국, 그리고 미래한국의 헌법구상'이라는 주제의 학술회의를 연세대 제2광복관에서 개최하였다. 이 책에 실린 논문들은 모두 그때 발표된 것들이다. 이 가운데 몇몇은 이 책의 출간에 앞서 전문 학술지에 실리기도 했다. 당시 발표자의 면면은 굳이 따로 소개할 필요가 없겠으나 나머지 회의 참가자 명단은 이 자리에서 밝혀두는 것이 좋겠다. 최상룡 전 고려대 교수와 허영 전 연세대 교수 두 분이 그날의 사회자이셨다. 토론자로는 곽준혁 교수(고려대), 권혜령 박사(진실·화해를 위한 과거사정리위원회), 서희경 박사(진실·화해를 위한 과거사정리위원회), 김종철 교수(연세대), 조소영 교수(부산대), 이철우 교수(연세대), 박명림 교수(연세대) 등이 임했다.

학술대회의 전체적 구상은 김일영 교수(성균관대)가 맡아주셨다. 그리고 그는 장훈 교수(중앙대)와 더불어 그날 회의에서 '미래한국의 헌법구상: 새로운 사회계약을 찾아서'라는 주제의 라운드 테이블을 이끌기도 했다. 학술회의를 준비하느라 수고한 한국미래학회 유재의, 최민정 두 간사의 이름도 이 자리에서 각별히 기억한다. 또한 한국미래학회의 '정신적 회원'을 자임하며 흔쾌한 마음으로 이 책의 출판을 자청해주신 나남출판 조상호 사장님께도 거듭 감사한 마음이다.

역사적 기록으로 남기기 위해 마지막으로 한 분을 더 언급하고자 한다. 다름 아닌 모하 이헌조(慕何 李憲祖) 선생님이시다. 1932년 생으로 서울대 철학과를 졸업하신 그는 럭키금성상사 사장, 금성사 사장, LG전자 회장 등을 역임하신 분이다. 동시에 그는 문·사·철(文·史·哲)에 고루 밝은 한국미래학회 회원으로서 시인이시기도 하고 문사(文士)이시기도 하다. 이헌조 회장께서는 '제헌과 건국'이라는 주제의 중요성에 깊이 공감하시면서 적지 않은 연구비를 학회에 쾌척하셨다. 감히 그 연유를 여쭈었더니 "언제부턴가 우리 사회의 일각(一角)에서는 한평생 기업인으로서 오직 대한민국 발전을 위해 살아왔던 나의 지난 인생을 헛되고 의미 없는 것으로 만드는 분위기가 있다"고 대답하셨다. 오직 좋은 책을 만드는 것으로 보답하겠다고 약속드렸지만 진짜 평가는 지금부터 독자 몫이다.

2009년 12월

전 상 인

한국미래학회 회장

한국미래학회 총서 9

제헌과 건국

차 례

• 발간사 5

제1장 1948년 건국헌법에 나타난 혼합적 권력구조의 기원: 미군정기와 제헌국회의 헌법안 및 헌법논의를 중심으로 / 김성호 · 최선 ····· 13

I. 서론: 혼합적 권력구조의 경로의존적 기원 13
II. 입헌정치 1기(1945.8～1946.12): '행정연구위원회안'과 '민주의원안'(1946.3) 18
III. 입헌정치 2기(1946.12～1947.11) 25
IV. 입헌정치 3기(1947.11～1948.7) 39
V. 정리: 혼합적 권력구조의 역사적 경험과 건국헌법, 그리고 현재 53

제 2 장 신분에서 평등으로 :
제헌헌법과 근대사회에서 사람의 자격과 지위 / 서호철 ……………63

I. 들어가면서 63
II. 대한민국 제헌헌법의 평등권 규정:
'사회적 신분'과 '특수계급' 66
III. 식민지 시기 사회적 신분제의 잔재와 변형 73
IV. 근대사회의 가족, 지체된 법제, 등록된 '신분' 81
V. 새로운/남아 있는 신분, 국적/시민권 89
VI. 나가면서 : '신분', 그 너머 92

제 3 장 대한민국헌법(1948)의 '민주주의 제(諸)제도 수립' :
그 역사적 연속성의 복원을 위하여 / 신우철 …………………………99

I. 들어가는 말 99
II. "raison d'Etat"로서의 민주공화국 102
III. '의회 우위적' 대통령제의 기원 116
IV. 행정부의 '이원적 회의체' 구조 143
V. 맺음말 159

제 4 장 1948년 이후 남북한 국가승계의 법적 검토 / 이근관 165

I. 서론 165
II. 1948년 이후 남북한간 정통성 투쟁의 전개 167
III. 남북한 국가승계의 법적 검토 173
IV. 한반도 단일국가론의 법적 함의의 검토 186
V. 결어 193

제 5 장 건국헌법의 사회경제질서 구상 / 전광석 199

I. 헌법과 역사 199
II. 건국헌법의 과제와 사회경제질서 204
III. 건국헌법 이전 헌법관련 문서에 나타난 사회경제질서 207
IV. 제헌국회에서의 헌법제정 논의와 사회경제질서 227
V. 건국헌법의 사회경제질서 : 이념의 혼재, 미완성의 체계 245

제 6 장 국민의 탄생과 법적 경계 / 정인섭 255

I. 서 255
II. 건국헌법과 국적법 제정 257
III. 1948년 국적법 이전 조선인의 법적 기준 267
IV. 임시조례와 국적법의 관계 289
V. 구공산권 거주교포의 국적 295
VI. 북한의 국적법 296
VII. 결 299

제7장 대한민국 헌법사를 어떻게 읽을 것인가?:
1948년 헌법의 위상과 헌법이론의 빈곤 / 함재학 ……………………305

I. 서론 305
II. 1948년 헌법에 대한 무관심 307
III. 헌법의 역사를 엮는 세 가지 방법 313
IV. 헌법제정의 역사성이 몰각된 헌법이론 324
V. 과거와의 교섭과정으로서의 제헌 331
VI. 과거와의 교섭을 파악하는 방법 338
VII. 결어 342

• 찾아보기 347
• 필자약력 357

제1장

1948년 건국헌법에 나타난 혼합적 권력구조의 기원

미군정기와 제헌국회의 헌법안 및 헌법논의를 중심으로*

김성호** · 최선***

I. 서론: 혼합적 권력구조의 경로의존적 기원

모든 제도는 나름의 특수한 시공간적 맥락 속에서 만들어지며 그 대다수는 고유한 '경로의존적'(*path-dependent*) 특성을 보이며 발전한다. 신제도주의 경제학에서 처음 개념화한 경로의존성은 흔히 "어떤 국가나 지역이 특정한 발전경로를 선택하고 나면, 한 번 선택된 경로를 역주행하는 데 고비용"이 드는 현상이라고 정의된다.[1] 역주행에 드는 고비용은 ① 설립의 초기비용이 많이 들고, ② 학습효과가 크며, ③ 동반효과가 크고, ④ 동조기대치(*adaptive expectations*)가 높은 상황이 동시적으로 충족될 때 더욱 커진다.[2] 경로의존성은 이상과

---

* 이 논문은 〈헌법학연구〉 15권 2호(2009년 6월)에 게재되었다. 논문의 제2저자인 최선은 한국연구재단 BK21의 지원을 수혜하였다.

** 연세대 정치외교학과 교수.

*** 연세대 대학원 정치학과 박사과정.

1) M. Levi, "A Model, a Method, and a Map: Rational Choice in Comparative and Historical Analysis", in M. Lichbach and A. Zuckerman (eds.), *Comparative Politics: Rationality, Culture, and Structure*, 1997, p. 28.

같은 특성을 보유한 어떤 제도가 이제껏 따라온 발전경로를 지속할 때 그로부터 파생되는 체증적(遞增的) 투자이익이 제도의 자기강화 기제로 전환되면서 발생한다.[3] 그 결과 제도의 설립시점에서 가능했던 다양한 발전경로가 여러 가지 우연적 요인에 의해 일단 단일한 경로로 수렴되고 나면, 시간의 경과에 비례하여 대안적 경로의 선택이나 경로의 역주행 가능성은 체감(遞減) 된다.

헌법에 규정된 헌정질서가 경로의존적 특성을 보여주는 대표적 제도이다. ① 모든 헌법 제·개정은 한 사회가 가지고 있는 모든 정치적, 사회적 자본이 성공적으로 동원되고 상호 조정되어야만 성취 가능한 국가적 대업이며, 따라서 제도설립에 들어가는 유무형의 초기비용이 막대하다.

② 그렇게 만들어진 헌정질서에 참여하는 개인과 조직들은 참여에 드는 시간과 노력에 비례하여 제도를 이해하는 정도가 체증한다. 여소야대 아래 집권세력의 원활한 국정운영이나 소수야당의 효과적 비토능력도, 또 일반 유권자의 전략적 투표행태도 모두 기존의 제도화된 정치과정에 참여하여 학습된 결과이다.

③ 또한 헌정질서는 최종심급의 제도이기 때문에 여타 하위조직과 제도들은 헌법의 테두리 안에서 만들어진다. 따라서 비정치적인 사회·경제 및 순수한 사적 행위를 함에 있어서도 헌법이 규정하는 제도질서로부터 자유로울 수 없다.

④ 시민들의 일상적 사회생활에서 예측 가능성과 안정성을 제고하기 위해 헌정질서는 공권력에 의해 강제적으로 운영되고 유지되기 때문에 모든 사람이 동조할 가능성이 극대화되는 제도다. 장기간 지속

---

2) B. Arthur, *Increasing Returns and Path Dependence in the Economy*, University of Michigan Press, 1994, p. 112.

3) P. Pierson, *Politics in Time: History, Institutions, and Social Analysis*, Princeton University Press, 2004, pp. 17~53.

된 헌정질서가 경로의존성을 탈피하기 힘든 이유가 여기에 있고, 비상사태가 돌출되지 않은 상황에서 헌법개정이 어려울 수밖에 없는 것 역시 그러한 경로의존성의 산물인 측면이 강하다.

한 헌정질서가 갖는 고유한 특성들, 즉 헌법정체성(*constitutional identity*) 역시 경로의존적으로 설명될 수 있다. 헌법정체성은 헌법제정 이전과 이후 전개된 특정 발전경로에 의해 만들어진다. 국가권력 제한적 요소보다는 국가권력 형성적 기능에 방점이 찍혀 있는 한국적 헌법정체성은 망국과 독립, 분단과 내전, 산업화와 민주화를 거치면서 자리잡은 국가, 특히 행정권력에 대한 긍정적 기대, 그리고 그 부정적 역할에 대한 평가 없이 설명되기 어렵다. 현행헌법에까지 남아있는 유사 통제경제적 정체성의 잔영도 고도 압축성장과 개발국가의 경험 등 적어도 지난 60년의 발전경로에 의해 유지된 측면이 강하다.

의원내각제와 대통령제 사이의 '혼합적 권력구조'라는 한국적 헌법정체성의 기원을 밝히는 데 목적이 있는 이 연구가 취하는 기본관점도 경로의존성 이론에 입각해 있다.[4] 대한민국 헌법이 제도화한 권력구조는 1948년 제헌 이후 9차례에 걸친 헌법개정에도 불구하고 단

---

4) 권력구조란 국가통치권의 기능적 배분형태를 의미하며 정부형태를 포함하여 선거제도, 정당제도, 중앙과 지방 간의 관계 등 다양한 측면을 포함하는 의미로 사용되지만, 이 글에서는 주로 행정부와 입법부와의 관계 및 행정부 내부의 관계를 중심으로 하는 정부형태를 지칭하는 좁은 의미로 사용한다. 따라서 권력구조를 주로 사용하면서 문맥에 따라 정부형태도 함께 사용한다. 참고로 권영성, 박찬욱, 허영 등은 통치구조를, 성낙인은 정치제도를, 김영태, 진영재, 최한수 등은 권력구조를 사용하는 등 학자에 따라 명칭은 다양하지만, 국가권력의 구조와 작동원리를 다룬다는 점에서 권력구조라는 표현을 사용하였다. 권영성, 《헌법학원론》, 2008; 박찬욱, "대통령제의 정상적 작동을 위한 개헌론", 2004; 허영, 《헌법이론과 헌법》, 2008; 성낙인, 《헌법학》, 2008; 김영태, "독일과 프랑스의 권력구조 비교", 2004; 진영재, "헌법적 권력구조", 2008; 최한수, "한국 역대정권의 대통령제 권력구조 특성에 관한 연구", 2005.

명한 1960년 헌법의 의원내각제를 제외하고는 기본적으로 혼합적 성격을 유지한다. 이에 비판적인 일각은 현재에도 되풀이되는 정치과정의 오작동 상황이 의원내각제적 요소를 포함한 대통령제라는 제도적 질곡에서 기인하며, 따라서 미국식 대통령제나 영국식 의원내각제에 보다 가까운 순수한 형태의 권력구조로 개헌할 필요성이 다급하다고 주장한다.[5] 이러한 공시적(共時的) 문제의식은 흔히 혼합적 권력구조가 1948년 제헌국회에서의 정치적 야합의 결과이며 이후 최고 권력자 중심의 자의적 헌법개정이 이루어지는 불행한 한국 현대 헌정사의 시작이 되었다는 통시적(通時的) 비판과 맞물리는 경향이 있다.[6] 즉, 1948년의 권력구조가 한 개인(이승만)의 정치적 결단과 제헌 주도세력(한민당)의 정치적 타협에 의해 탄생되었다고 설명하는 것이다. 이러한 통시적 맥락에 비추어볼 때 이 연구는 헌법제정을 정치적 행위자(*agent*)들 사이의 작위적 상호작용으로 환원시키는 기존의 관점을 넘어 1948년 7월 17일 제헌시점 이전에 이미 형성된 경로의존성에 의거하여 한국적 권력구조의 기원을 설명하는 데 직접적 목적이 있다.

이상과 같은 의미의 경로의존성을 총체적으로 밝혀내기 위해서는

---

5) 예를 들어 안순철과 하세헌 등은 의원내각제로의 변경을 주장한다. 안순철, "내각제와 다정당체제: 제도적 조화의 모색", 2004; 하세헌, "민주주의의 공고화와 한국의 권력구조", 2007. 한편 김용호, 박찬욱, 서기준, 정진민 등은 보다 순수한 형태 또는 미국식 대통령제로의 변경을 주장한다. 김용호, "2003년 헌정위기의 원인과 처방: 제3당 분점정부와 대통령-국회 간의 대립", 2004; 박찬욱, "대통령제의 정상적 작동을 위한 개헌론", 2004; 서기준, "한국 정치권력구조의 문제점과 개편방안에 관한 근본원리적 접근", 2008; 정진민, "한국 대통령제의 문제점과 극복방안", 2004.

6) 김철수, "헌법개정의 기본방향", 〈헌법학연구〉 10(1), 2004, p.53; 이상묵, "한국의 권력구조 변화의 원인 분석", 〈한국정치연구〉 17(1), 2008, p.60; 장영수, "현행헌법상의 정부형태와 대통령의 지위 및 권한에 관한 연구", 〈공법학연구〉 9(1), 2008, p.175; 전광석, "유진오와 대한민국 헌법", 〈고려법학〉 48권, 2007, p.455.

분석대상으로 ① 구한말 원시 헌법문서, ② 일제하 통치질서와 법제도, ③ 임시정부의 헌법문서, ④ 미군정기 통치질서와 법제도, ⑤ '해방 3년 공간'에 등장한 헌법문서들을 모두 망라할 필요가 있다. 하지만 한국적 헌법정체성의 기원과 전개를 추적하고자 하는 상위 연구기획의 일부분을 구성하는 이 소고에서는 미군정기와 제헌국회에서 논의된 헌법안들로 분석대상을 국한하며, 그 중에서도 건국헌법의 권력구조에 큰 영향력을 발휘하지 못한 좌파의 소비에트형 헌법안들은 제외하고 우파와 중도파를 중심으로 논의된 헌법안들에 주목한다.

주된 분석대상은 ① 광복 이후 최초의 헌법안들인 '행정연구위원회안'(1946. 3)과 '민주의원안'(1946. 3), ② 1947년 남조선과도입법의원에서 공식적으로 논의된 '행정조직법 기초위원회안', '남조선 과도약헌안'(일명 서상일안) 및 '임시헌법 기초위원회안'(일명 김붕준안)과 그 논의의 결과 채택된 '조선임시약헌'(1947. 7), ③ 같은 시기 제 2차 미소공위에 제출된 각 정당 및 사회단체의 헌법안 중 '임시정부수립 대책협의회안', '시국대책협의회안'과 '입법의원안', ④ 1948년 7월 제헌국회 헌법기초위원회에서 검토된 이른바 '유진오초안' 및 '유진오공동안', 그리고 '헌법기초위원회안' 등이다.

따라서 이 소고에서 논구하고자 하는 '혼합적 권력구조라는 한국적 헌법정체성의 경로의존적 기원'은 그 자체로서 완결된 형태의 주장은 아니며, 후속연구에 의해 보완될 필요가 있다. 이렇게 볼 때 이 소고의 목적은 미군정기와 제헌국회에서 논의된 우파와 중도파의 헌법안들을 분석하여 건국헌법이 채택한 혼합형 권력구조 내지는 절충적 대통령제가 경로의존적으로 탄생했음을 밝히는 데 있다고 요약할 수 있다. 끝으로 이 소고에서 사용하는 권력구조의 여러 형태는 〈표 1-1〉과 같은 정의에 의거함을 밝혀둔다.[7)]

---

7) 이러한 정의는 다음과 같은 선행연구들의 공통분모를 요약한 것이다. 국회

II. 입헌정치 1기 (1945.8~1946.12): '행정연구위원회안'과 '민주의원안' (1946.3)

우리 역사에서 근대적 형태의 헌법이 처음 등장한 것은 대한민국임시정부(이하 임시정부) 시기였다.[8] 1919년 3·1 독립운동의 결과 수립된

사무처는 권영성, 김철수, 성낙인 등의 헌법학자들의 연구를 바탕으로 권력분립의 원리가 헌법의 권력구조에 어떻게 적용되느냐에 따라 정부형태를 구별한다. 국회사무처, 《정부형태의 유형》, 1990. 최한수는 슈가트와 캐리(Matthew Soberg Shugart & John Carey, *Presidents and Assemblies: Constitutional Design and Electoral Dynamics*, 1992), 린츠(Juan J. Linz, "Presidential or Parliamentary Democracy: Does it Make a Difference", 1994), 사르토리(Giovanni Sartori, "Neither Presidentialism nor Parliamentarism", 1994), 레이파트(Arend Lijphart, "Presidentialism and Majoritarian Democracy: Theoretical Observations", 1994), 베이머(Klaus von Beyme, *Parliamentary Democracy: Democratization, Destabilization, Reconsolidation* 1789-1999, 2000), 스테판과 스카치(Alfred Stepan and Cindy Skach, "Presidentialism and Parliamentarism in Comparative Perspective", 1944), 듀베르제(Maurice Duverger, "A New Political System Model: Semi-Presidential Government", 1980), 엘지(Robert Elgie, "The Politics of Semi-Presidentialism", 1999) 등의 연구를 바탕으로 권력구조 유형을 분류하였다. 최한수(2005). 그리고 허영은 통치기관의 구성원리를 바탕으로 권력구조를 분류한다. 허영(2008). 이 글에서는 위에서 밝힌 헌법문서들의 권력구조 조항을 분석하기 위하여 이들의 연구를 재정리하였다. 참고로 이 연구에서 혼합적 형태는 대통령제의 특성과 의원내각제의 특성이 서로 혼합되어 형성된 권력구조 형태를 의미한다. 따라서 혼합적 형태의 권력구조는 특정헌법이 형성되는 배경과 과정, 그리고 최종적으로 완성된 조문을 분석함으로써 구체적으로 파악할 수 있다.

8) 김영수, 《대한민국임시정부 헌법론: 헌법제정의 배경 및 개헌과정을 중심으로》, 삼영사, 1980; 서희경, "대한민국 건국헌법의 역사적 기원(1898-1919)", 〈한국정치학회보〉 40집, 2005; 신우철, "중국의 제헌운동이 상해임시정부 헌법제정에 미친 영향: 임시헌장(1919. 4. 11)과 임시헌법(1919. 9. 11)을 중심으로", 〈법학사연구〉 29집, 2005; 이승우, "건국헌법 이전의

상해임시정부는 4월에 '대한민국 임시헌장'을 발표하였고 같은 해 9월 한성정부 및 대한국민의회와의 통합 결과 '대한민국 임시헌법'을 개정, 공포함으로써 한국사에서 근대적 의미의 입헌정치(*constitutional politics*)의 문을 열었다. 이후 '대한민국 임시헌장'(2차 개정: 1925. 4), '대한민국 임시약헌'(3차 개정: 1927. 3), '대한민국 임시약헌'(4차 개정: 1940. 10), '대한민국 임시헌장'(5차 개정: 1944. 4)에 이르기까지 4차례의 헌법개정이

〈표 1-1〉 권력구조의 형태와 특징

	특징
대통령제 (*presidentialism*)	1. 대통령의 국민 직접선거(혹은 민주적 선거인단에 의한 간접선거) 2. 국가수반과 행정부 수반의 일원화 3. 의회의 행정부 불신임 및 행정부의 의회해산 불가 4. 대통령의 행정부 각료임명권 5. 의원과 각료의 겸직 불가 6. 대통령의 법률안 거부권
의원내각제 (*parliamentarism*)	1. 국가수반과 행정부 수반의 이원화 2. 의회의 행정부 불신임과 행정부의 의회해산권 3. 수상의 의회선출 4. 의원과 각료의 겸직 가능 5. 의결기관으로서의 내각 6. 정부의 법률안 제출권 7. 국무위원의 국회출석 발언권 8. 의회의 내각구성 혹은 국무위원 임명의 국회동의
이원정부제 (*semi-presidentialism*)	1. 대통령의 국민선출과 임기고정 2. 의회의 내각불신임권 3. 국가수반과 행정수반의 이원화 4. 국가수반의 상당한 권한

한국헌정사", 〈헌법학연구〉 13권, 2007.

이루어졌는데, 개헌에서 중요한 부분을 차지한 것은 권력구조의 변경이었다. 임시정부는 총 5차례에 걸친 제·개헌과정에서 국무총리제(1919. 4), 대통령제(1919. 9), 국무령제(1925), 국무위원제(1927), 주석제(1940), 주석·부주석제(1944) 등 다양한 권력구조 형태를 실험하였다.[9] 그러나 이러한 권력구조들은 명칭을 달리하면서도 임시의정원을 중심으로 하는 혼합적 형태라는 점에서 일치한다. 즉, 의정원을 중심으로 시기와 정세 및 내부 권력갈등의 양상 등에 따라 대통령이나 주석에게 부여하는 권한의 정도에 변화를 주는 대통령제와 의원내각제적 특성이 혼합된 권력구조가 지속된 것이다.[10]

혼합형 권력구조의 전통은 광복 이후 최초의 헌법안이었던 이른바 '행정연구위원회안'에서도 이원정부제적 형태로 이어진다. 임시정부의 내무부장이었던 신익희는 귀국 후 시정의 자료를 수집하고 연구하기 위하여 일제하 고등문관 출신자들을 중심으로 행정연구위원회를 조직하였다. 신익희를 위원장으로 하며 70여 명의 전문위원으로 조직된 행정연구위원회는 1945년 12월 첫 모임을 갖고 6개조로 된 간칙을 마련하였는데, 간칙에서 임시정부의 '건국강령'(1941)을 구현하기 위한 행정조치를 준비하기 위해서 행정연구위원회를 구성했음을 천명한다.[11] 행정연구위원회는 임시정부가 주도하는 정부수립 도모의 일환으로 1945년 12월에서 1946년 3월에 걸쳐 헌법안을 작성하였고, 이렇게 만들어진 이른바 '행정연구위원회안'은 후일 1948년 유진오의 헌법초안과 함께 '유진오공동안'으로 절충되어 제헌국회 헌법기초위원회에 제출된다.

---

9) 김영수(1980).

10) 신우철, "해방기 헌법초안의 헌법사적 기원: 임시정부 헌법문서의 영향력 분석을 통한 '유진오 결정론' 비판", 〈공법연구〉 36(4), 2008, p. 427.

11) 중앙일보 현대사연구소 편, 《현대사자료집총서 1: 미군 CIC 정보 보고서 1》, 선인문화사, 1996, pp. 416~421.

'행정연구위원회안'은 대통령제와 의원내각제적 요소가 동시에 나타나는 이원정부제적 특징을 갖는다. 대통령은 임기가 6년이며 국민이 직접 선출한다(제20조). 국무총리는 대통령이 임명하고 국무위원은 국무총리의 추천에 의하여 대통령이 임명한다(제35조). 국무총리 및 국무위원으로 조직되는 내각은 의결기관이며 국가운영과 관련된 중요사항을 결정한다(제34조, 제37조). 그러나 내각회의의 의장은 대통령이 아닌 국무총리가 맡음으로써(제36조) 국가수반과 행정수반이 이원화되었다. 또한 내각은 의회에 대해서 책임지고(제38조) 의회는 내각을 불신임할 수 있다(제39조). 대통령은 의회를 해산할 수 있으며(제6조) 의회는 대통령과 국무총리 및 국무위원을 탄핵할 수 있다(제12조). 그밖에 국무위원의 국회출석 발언권이나(제11조) 정부의 법률안 제출권(제14조)과 법률안 거부권이 인정된다(제17조).

이처럼 '행정연구위원회안'은 대통령이 직신으로 선출되며 임기가 고정되어 있고 대통령의 권한이 강한 동시에 의회의 내각불신임권이 인정되고 국가수반과 행정수반이 이원화된다는 점에서 이원정부제에 가까운 형태라고 할 수 있다. 이는 1944년 '대한민국임시헌장'에 규정된 임시의정원을 중심으로 하는 혼합적 권력구조를 법·행정 전문가들의 손을 빌려 이원정부제의 형태로 정교화시킨 것이라고 할 수 있다. 이는 또한 해방 후 환국한 임시정부 인사들의 대통령제에 대한 선호가 반영되어 대통령 직선조항이 가미된 결과 이원정부제적 형태가 만들어진 것으로도 볼 수 있다.

'민주의원안'은 사적 성격의 비공개 문서였던 '행정연구회안'에 비해 공적 조직에 의해 공개적으로 추진되었다는 측면에서 최초의 공적 헌법안이었다고 평가할 수 있다. 민주의원은 모스크바 삼상회의의 신탁통치 결정과 뒤이은 반탁운동이 전개되는 과정에서 김구가 1946년 1월 4일 비상정치회의를 소집하여 과도정부 수립을 시도한 결과물이었다. 곧이어 이승만의 독립촉성중앙협의회(이하 독촉)가 참여함으로써 비상정치회의는 반탁세력을 망라하는 비상국민회의로 개칭되었고, 2월 1일 첫 회의에서 최고정무위원회를 설치하였다. 이승만과 김구는 2월 13일 총 28명의 최고정무위원을 지명하였고, 다음날 비상국민회의 최고정무위원회는 남조선대한국민대표민주의원(이하 민주의원)이라는 이름으로 개원되었다.[12)]

민주의원은 주로 우익 반탁세력 중심이라는 비판에도 불구하고 광복 후 최초의 조선인 대표기관이었으며, 여기에서 구상된 헌법안은 광복 이전과 이후의 헌법문서들을 연결하는 결절점이라는 중요한 의미를 갖는다.[13)] 민주의원 헌법기초위원회가 작성한 '대한민국 임시헌법'(이하 민주의원안)은 대한민국임시정부의 '대한민국 임시헌장'(1944)을 수정하여 만든 것이다. '민주의원안'은 '임시헌장'의 편제를 따르고 있는데, 이는 헌법기초위원회에 임시정부 요인들(김붕준, 조소앙, 조완구)이 주도적으로 참여한 결과라고 할 수 있다.[14)]

임시정부 헌정의 전통을 따라 '민주의원안'은 의원내각제를 기본으로 하는 혼합적 권력구조를 채택하였다.[15)] 우선 대통령을 의회에서

---

12) 김수용, 《건국과 헌법: 헌법논의를 통해 본 대한민국 건국사》, 경인문화사, 2008, pp. 66~67. 비상국민회의 최고정무위원회는 과도정부 수립에 필요한 제반업무를 처리하기 위한 국무위원회의 위상을 갖는 조직이며, 미군정은 최고정무위원회 구성원 전원을 미군정의 최고 자문기관인 '남조선대한국민대표민주의원'의 위원으로 임명하였다. 양동안, 《대한민국 건국사》, 현음사, 2001, pp. 209~210.

13) '민주의원안'에 대한 전반적 평가는 신우철, 앞의 글; 정상우, "대한민국 임시정부 헌법과 건국헌법", 〈법과 사회〉 32집, 2007; 최경옥, "제헌국회의 성립사", 〈공법연구〉 31집, 2003 등을 참조할 것.

14) 김수용(2008), p. 66.

15) '민주의원안'에 대해서 김수용은 '민주의원안'이 '대한민국 임시헌장'(1944)을 수정하여 만든 헌법안으로서 그 편제가 '대한민국 임시헌장'을 따르기 때문에 이후 작성된 헌법안과 '대한민국임시정부 헌장'을 연결시켜주는 징검다리의 역할을 담당하게 되었다고 평가하면서, '민주의원안'의 권력구조 형태는 외

선출하며(제 20조), 국가수반과 행정부 수반이 이원화되어 있다. 국무회의와 행정회의가 구분되어 있는데, 국무회의는 일반국책과 정무에 관하여 심의 의결하는 것을 주된 목적으로 하며 대통령이 의장이 되고(제 26조), 행정회의는 행정각부 주요정무의 기획 및 연락에 관한 사항을 결정하는 것을 주된 목적으로 하며 국무총리가 의장이 된다(제 32조). 의회가 국무총리 및 행정각부 총장에 대한 불신임을 의결할 수 있으며(제 14조 제 9항) 국무총리가 국회에 책임을 짐으로써(제 30조) 행정부는 의회의 신임에 의해 좌우되며, 대통령은 행정권을 총괄하며 의회를 소집하거나 해산할 수 있는 권한을 가짐으로써(제 15조, 제 23조) 의회는 행정부의 해산의 대상이 된다. 국무총리 및 국무원을 대통령의 추천으로 의회에서 선거하며(제 27조), 내각이 의결기관이고 대통령이 법률안 제출권한을 가지고 있으며(제 23조 제 1항), 국무총리는 국민의회에 출석하여 의견을 진술할 수 있나(제 34조). 또한 법제장관·감찰장관·고시장관 및 국무회의 비서장은 대통령의 추천으로, 행정각부 총장은 국무총리의 추천으로 국무회의를 경(經)하여 대통령이 임면하되 의회의 동의를 받아야 한다(제 61조).

하지만 '민주의원안'은 의원내각제에 충실하게 국가수반과 행정수반을 이원화시켰으나, 실제적으로는 국가수반과 행정수반이 일치하는 구조를 가지고 있었다. 국무총리는 행정회의의 수반으로 행정부를 총괄하지만 또한 대통령이 의장이 되는 국무회의의 일원이다. 그리고 국무회의에서 일반국책과 정무에 관하여 심의 의결함으로써(제 28조) 실

형상 의원내각제 형식을 취하지만 실질은 대통령에게 강한 권한을 주는 형태라고 보았다. 김수용(2008), pp. 84~87. 정상우는 '민주의원안'의 권리조항이 '대한민국 임시헌법'(1919. 9. 11)을 따른다고 하면서 이를 대한민국임시정부 헌법을 전체적으로 검토한 결과라고 보았고, 권력구조에 대해서는 대통령이 입법부에 대해 우위를 가지는 형태라고 평가하였다. 정상우(2007), pp. 196~201.

질적으로 대통령이 행정부 수반의 역할까지 겸하는 구조를 갖는다. 또한 대통령은 의회를 해산할 수 있으나 의회는 대통령 불신임이 불가능하며 대통령의 임기규정도 없다. 따라서 대통령을 초기에 국회에서 선출한 이후에는 대통령의 권한을 견제할 수 있는 장치가 많지 않다.

이렇듯 '민주의원안'은 대통령과 국무총리의 권한설정을 모호하게 규정한 결과 대통령에게 많은 권한이 부여되어 1945년 이전의 임시정부 헌법들과 마찬가지로 혼합적 의원내각제의 특성을 갖게 되었다. 그럼에도 불구하고 당시 제안된 여러 헌법안과 비교했을 때, '민주의원안'은 일원적 정통성 원칙이나 의회해산권과 내각불신임권, 국무총리 및 국무위원의 국회선출 등 의원내각제의 핵심적 요소들을 가장 충실하게 반영하였다고 평가할 수 있다.

'행정연구위원회 안'과 '민주의원 안'의 혼합적 권력구조들은 임시정부의 헌정경험이 광복 후에도 계승됨을 보여준다. 이러한 계승은 전자의 경우는 임시정부 내무부장을 역임하고 헌법개정에 깊숙이 간여한 신익희, 그리고 후자의 경우는 역시 임시정부의 입헌정치에 익숙한 조소앙이나 김붕준 등의 영향력 덕분이었다. 다만 상대적으로 '행정연구위원회 안'에서 대통령제적 요소가 더 강하게 부각되는 것은 환국 후 국내정치에 깊숙이 간여한 신익희 등 일부 임정세력이 대통령제를 선호했기 때문이었다. 정치적 명망가 중심의 임정세력 입장에서는 의원내각제보다는 대통령제가 정치적으로 유리할 수밖에 없었다. 광복 후 남조선 과도입법의원이 개원하는 1946년 12월까지의 입헌정치 1기는 결국 임정세력의 대통령제와 한민당의 의원내각제 사이에서 전개되었다.

III. 입헌정치 2기 (1946.12~1947.11)

1. 남조선 과도입법의원에서의 헌법논의 (1947.3)

1946년 12월 남조선 과도입법의원이 개원하게 된 배경에는 미국의 대한정책의 기조변화가 있었다. 모스크바 삼상회의 결과 개최된 제1차 미소공동위원회가 무기휴회에 들어간 후 미국은 중도노선을 지원하는 쪽으로 방향을 틀었고, 김규식과 여운형이 주도하는 좌우합작위원회를 중심으로 미군정의 조선인 자문기구를 확대하는 한편 초보적 대의입법기관을 창설하는 방안을 모색하였다.

1946년 8월 24일 미군정은 법령 제118호를 공포하여 남조선 과도입법의원을 창설할 것을 발표하였고, 그 계획에 따라 민선과 관선을 거쳐 같은 해 12월 남조선과도입법의원(이하 입법의원)을 개원하였다. 그러나 박헌영과 남로당 세력은 입법의원을 부정하며 선거참여를 거부하였고, 그나마 좌우합작에 참여하려는 신민당을 비롯한 여타 좌익진영은 경찰의 검거로 인해 도피상태에 있었을 뿐 아니라, 11월 중도좌파 지도자 여운형이 좌우합작위원회를 탈퇴함으로 인하여 범좌파의 참여는 극히 저조하였다.

이로써 사실상 좌파와 중도좌파가 제외된 상황에서 민선을 통해 등장한 독촉과 한민당 등의 범우파와 중간파가 과도입법의원을 장악하게 되었다.[16] 그 결과 입법의원은 이념의 다양성을 포용하지 못하고 정원(90명)의 절반(45명)이 관선의원으로 구성되었다는 한계를 가지고 있었다는 지적을 받지만, 광복 이후 최초의 조선인 대의기관으로서의 의미는 높이 평가받을 필요가 있다.

개원 직후부터 입법의원은 법제사법위원회와 행정조직법기초위원

16) 박찬표, 《한국의 국가형성과 민주주의》, 후마니타스, 2007, pp. 257~265.

회, 임시헌법기초위원회 등을 구성하며 본격적 활동을 시작하였다. 그 첫 번째 결과물은 1947년 2월 27일 행정조직법 기초위원회(위원장 신익희)가 제출한 '남조선과도행정조직법 초안'(이하 행정조직법기초위원회안)이었다.[17] 이 법안은 명칭에서도 드러나듯이 헌법안이라기보다는 행정조직법안으로서, 임시정부 세력이 의도한 과도정부 수립기획의 연장선상에서 이해되어야 한다.[18] 총강에서 밝힌 것처럼 "북위 38도와 남조선의 행정을 미군정으로부터 이양받아 민주주의원칙에서 발전시킴"을 목적으로 하며(제1조), "남북이 통일된 임시정부가 수립되어 본법에 대신할 법률이 제정될 때까지 효력을 갖는"(제2조) 과도정부의 행정조직을 위한 법안이었던 것이다.

따라서 권리조항 등 헌법안으로서 갖추어야 할 내용이나 체계는 부족하지만, 당시 정황에서 임시정부 세력의 정부조직 구상이 나타나며 이후 권력구조를 둘러싼 헌법논의에 적지 않은 영향을 미쳤다는 점에서 주목할 만한 가치가 있다.

'행정조직법 기초위원회안'은 대통령이 강한 권한을 갖는 혼합적 권력구조를 갖는다. 행정부 주석(대통령)은 입법의원(의회)에서 선출되며(제4조) 일체의 행정을 통할한다(제6조). 행정부 주석과 행정총장을 구분하였으며, 행정총장은 행정부 주석이 임명하되 입법의원의 인준이 필요하다(제9조). 비록 행정총장이 내각회의인 행정회의의 의장이지만(제21조), 행정부 주석이 일체 행정을 통할하며(제6조) 행정총장은 행정부 주석의 명을 받아 행정각부를 통할해야 하므로(제10조) 실제 행정권은 행정부 주석에게 집중된다. 더욱이 행정부 주석의 임기를 남북이 통일되고 임시정부가 수립되어 후계자가 결정될 때까지

17) '남조선과도행정조직법초안'은 법안 제출자의 이름을 따서 '신익희안'이라고도 한다. 이 연구에서는 위원회의 명칭대로 '행정조직법기초위원회안'이라고 한다.

18) 김수용(2008), p. 91.

로 규정함으로써(제5조) 행정부 주석의 권한이 극대화될 가능성이 있었다. 이처럼 '행정조직법 기초위원회안'은 대통령이 의회에서 선출되지만, 한 번 선출된 이후에는 의회로부터 독립하여 강한 행정권을 갖게 되는 사실상의 대통령제였다고 볼 수 있다.

그러나 막상 입법의원에서 최종 확정된 '조선 임시약헌'의 저본이 되었던 공식 헌법안은 '조선민주 임시약헌안'(절충안)으로서, 이는 서상일이 제출한 '남조선 과도약헌안'과 김붕준이 제출한 '임시헌법 기초위원회안'[19]이 절충된 안이었다. 서상일은 입법의원 산하에 임시헌법 기초위원회가 존재함에도 불구하고 사적으로 헌법안을 작성하여 제출하였으며, 임시헌법 기초위원회(위원장 김붕준)는 '민주의원안'을 토대로 헌법안을 작성하여 제출하였다. 두 안의 절충안은 본회의에 상정되어 토의되었고, 약간의 수정을 거쳐 1947년 8월 6일 '조선 임시약헌'으로 의결되었나.[20]

광복 후 입헌정치의 2기라고 간주될 수 있는 입법의원 시기의 권력구조 논의는 한민당 등 우파가 견지한 의원내각제와 중간파 다수가 주장한 대통령제 사이에서 전개되었으며, '조선 임시약헌' 역시 그러

19) '조선민주임시약헌초안'이라고도 한다.

20) 김수용은 '남조선 과도약헌안'에 대해서 의원내각제로 보았고, '임시헌법 기초위원회안'에 대해서는 대체로 '민주의원안'과 동일하지만 의회의 국무총리와 행정각부 총장에 대한 불신임권은 유지하면서 대통령의 의회소집·해산권은 인정하지 않는다는 점에서 혼합형태라고 평가했으며, 두 안이 절충된 '조선민주 임시약헌안'에 대해서는 대통령제를 선호한 대한민국임시정부와 의원내각제를 선호한 한민당의 주장이 절충되어 대통령제가 되었다고 주장한다. 김수용(2008), pp. 104~159. 정상우는 '조선민주 임시약헌안'에 대해서 '남조선 과도약헌안'의 의원내각제적 요소와 '임시헌법 기초위원회안'의 대통령제 사이의 절충으로 보았다. 정상우(2007), p. 209. 한편 이 절충적 권력구조를 이영록은 내각중심제 정부형태라고 호칭한다. 이영록, "제헌과정에서의 권력구조 논의에 나타난 대립의 전개과정과 결과에 관한 연구", 〈법학사연구〉 28집, 2003, pp. 190~191.

한 정치역학을 반영하였다. 그러나 미소공위의 결렬과 좌우합작 노선의 포기, 그리고 유엔을 통한 단독정부 수립의 방향으로 미국의 대한정책이 궤도 수정됨에 따라 미군정은 최종인준을 보류하였고, '조선임시약헌'은 정식헌법으로서 실천되지는 못하였다.

우선 한민당의 남한 단독정부 수립의도를 정치적 배경으로 하여 서상일이 제안한 '남조선 과도약헌안'의 권력구조는 의원내각제적 특성이 강하다. 국가수반과 행정부 수반을 행정부 주석과 정무총장으로 구분하여 행정부 주석이 행정을 통할하고(제 19조), 정무총장은 중요정책을 수립하며 행정각부의 주요 행정의 기획 및 연락에 관한 사항을 결정하는 정무회의의 의장이 되는(제 22조) 이원적 구조를 갖추었다. 행정부 주석은 의회에서 선출되고(제 15조), 정무총장 및 정무위원은 의회에 대하여 공동책임을 진다(제 22조). 의회는 정무총장 및 정무위원에 대한 불신임과 탄핵의 권한을(제 12조 제 6항), 행정부 주석이나 부주석에 대해서는 탄핵의 권한을 가진(제 13조) 반면, 행정부 주석은 입법의원에 대하여 소집의 권한(제 6조)과 정회 및 해산의 권한을 가진다(제 7조). 즉, 의회는 정무총장을 불신임하고 행정부 주석을 탄핵할 수 있으며, 대신 행정부 주석은 의회해산권을 갖는 구조인 것이다. 정무총장과 정무위원은 행정부 주석이 임명하되 입법의원의 동의를 요하며(제 21조), 이는 대법원장 임명에서도 마찬가지다(제 33조). 정무회의는 의결기관이고(제 22조) 정부는 법률안 제출권을 가지며(제 19조 제 1항), 또한 정무총장 및 정무위원은 의회에 출석하여 발언할 수 있다(제 14조).

이처럼 당시 제안된 여러 헌법안들과 비교했을 때, '남조선 과도약헌안'은 일부 대통령제적 요소에도 불구하고[21] 일원적 정통성 원칙이

---

21) 국가수반의 명칭을 행정부 주석이라고 하고 행정권을 통할하는 것으로 권한을 규정하여(제 19조), 실제 내각회의인 정무회의의 의장인 정무총장과의 역할분리가 명확히 설정되어 있지 않다. 따라서 행정부 주석이 국가수반과

나 의회 해산권과 내각 불신임권 등 의원내각제의 핵심적 요소들을 강하게 반영하였다고 평가할 수 있다.

한편 김붕준의 주도하에 작성된 '임시헌법 기초위원회안'은 남한 단독정부 수립론의 저지와 입법의원 내 중간파가 견지한 과도정부 수립을 의도하였다. 주로 '민주의원안'에 바탕을 두고 만들어진 권력구조는 의원내각제와 대통령제가 절충된 혼합적 형태를 취한다. 대통령은 의회에서 선출되며(제 18조) 행정권을 통할한다(제 21조). 형식상으로는 국가수반과 행정수반이 대통령과 국무총리로 분리되며, 국무총리 및 국무원은 대통령의 추천으로 의회에서 선출한다(제 25조). 국무회의와 행정회의가 분리되어 대통령은 일반국책과 정무에 관하여 심의의결하는 국무회의의 의장이 되며(제 24조), 국무총리는 행정각부 주요정무의 기획 및 연락에 관한 사항을 결정하는 행정회의의 의장이 된다(제 30조). 그러나 의회가 국무총리 및 행정각부 총장에 대한 불신임권을 가진 데 반해서(제 13조 제 9항), 대통령이나 국무총리의 의회해산권은 인정되지 않는 것이 특징적이다. 그리고 대통령의 법률안 제출권(제 21조) 및 법률안 재결권이 인정되며(제 21조 제 2항), 국무총리는 국회에 출석하여 의견을 진술할 수 있다(제 32조).

따라서 전체적으로 '임시헌법 기초위원회안'은 국회가 국무총리 및 행정각부 총장에 대한 불신임권을 가진 데 반해 대통령의 국회해산권이 인정되지 않으며, 대통령의 국회소집권이 사라지고 국회가 스스로 원을 소집하도록 한 점(제 14조) 등을 볼 때, '민주의원안'에 비해 대통령제적 요소가 약화되고 입법부의 권한이 강화된 형태의 혼합적 의원내각제를 지향하였다고 볼 수 있다. 이는 아마도 의원내각제를 선호한 한민당의 입법의원 내부입지가 민선을 통해 크게 강화된 결과였을

행정부 수반의 역할을 모두 가진다고도 볼 수 있으며, 행정부 주석에게 법률안 거부권이 주어진 점(제 19조 제 5항) 등을 종합적으로 고려할 때 대통령제적 요소가 일부 포함된다고 할 수 있다.

것으로 추정된다.[22)]

2. 혼합적 대통령제로의 수렴 : '미소공동위원회 답신안'(1947.7)과 '조선임시약헌'(1947.8)

하지만 1947년 7월 한민당과 중간파의 타협을 반영하여 입법의원에서 최종 의결된 '조선 임시약헌'은 대통령제적 권력구조 형태를 기본틀로 하고 의원내각제적 요소를 일부 수용한 혼합적 대통령제를 채택한다. '조선 임시약헌'에서 정부주석은 국가수반으로서 국가를 대표하고 행정권을 통할하며(제 22조) 국민의 직접선거로 선출되고(제 19조) 임기는 4년으로 한다(제 20조). 한편 행정부 수반인 국무총장은 국무위원의 수반으로서 국무회의 의장이 되며 행정 각 부장을 감독한다고 명시함으로써(제 28조) 정부주석과 국무총장의 역할분담이 이전보다 명료해졌다. 의회의 내각불신임권과 행정부의 의회해산권이 명시되지 않고 있으며, 다만 "정부주석이 서명한 법률 및 명령의 공포, 조약의 발표, 기타 정무에 관한 문서에는 국무총장 및 각부총장, 각 국무위원 또는 주무행정장관이 부서하여야 하며 부서로서 입법의원에 대하여 책임을 진다"고 규정한다(제 30조). 국무총장 및 각 국무위원은 정부주석이 임명하되 입법의원의 인준을 요하며(제 26조), 정부주석은 국무총장의 추천에 의하여 국무위원 중에서 행정 각 부장을 임명한다(제 27조). 최고법원장의 경우에도 정부주석이 임명하되 입법의원의 인준을 요한다(제 42조). 국무회의는 의결기관이며(제 29조), 정부주석은 법률안 제출권과(제 22조 제 1항) 법률안 거부권을 가진다(제 13조 제 2항).

이러한 '조선 임시약헌'에 대해서 이원정부제로 볼 수 있는 여지도 없지 않으나, 의회의 내각 불신임권과 내각의 의회 해산권이 인정되지

22) 일례로 임시헌법기초위원회의 위원 8인 중 박승호, 변성옥, 손문기, 이주형 등 4인은 서상일의 '남조선과도약헌안' 제안자들이기도 하였다.

않고 대통령의 직접선거 규정을 통해 이원적 정통성 원칙을 엄격히 고수한다는 점에서 혼합적 대통령제로 평가해야 할 것이다.[23)]

그렇다면 의원내각제적 헌법안인 서상일의 '남조선 과도약헌안'과 혼합적 의원내각제를 지향한 김붕준의 '임시헌법 기초위원회안'이 최종적으로는 혼합적 대통령제로 절충된 것을 어떻게 설명할 수 있는가. 이에 대해서 서상일은 "본래에는 의회 해산권은 인정했던 것입니다. 그래야 책임내각제가 된 것입니다. … 그런데 여러분이 반대했기 때문에 책임내각제가 되지 않았습니다"라고 말하며,[24)] 임시정부 계열 인사들이 반대하여 의원내각제가 채택되지 않았다고 설명한다.[25)]

이 과정을 보다 구체적으로 살펴보기 위해서는 헌법초안을 마련하는 과정에서 소집된 두 차례의 연석회의를 분석할 필요가 있다. 법제사법위원회, 임시헌법 기초위원회, 행정조직법 기초위원회로 구성된 첫 번째 연석회의에서는 1947년 3월 11일 입법의원 본회의에 제출된

23) 여기서 주목할 지점은 '조선임시약헌'이 단순히 대통령제와 의원내각제의 적절한 절충이나 혼합이 아니라, 실제로는 의원내각제적 헌법안에서 내각제의 핵심적 요소인 의회의 내각불신임권과 내각의 의회해산권을 삭제하고 대통령 직선조항을 삽입함으로써 완성된 모호한 형태의 권력구조라는 점이다. 이러한 특징은 '건국헌법'의 권력구조 조항들이 형성되는 과정에서도 발견된다. 즉, '조선임시약헌'과 '건국헌법' 각각의 원초안이 될 수 있는 '서상일안'과 '김붕준안', '유진오안'은 모두 의원내각제적 헌법안이거나 의원내각제에 가까운 혼합적 권력구조를 가졌으나, 논의과정에서 의원내각제의 핵심적 요소가 삭제되거나 대통령제적 요소로 교체되는 기형적 전환이 일어난 것이다. 그 결과 최종헌법은 기존의 의원내각제적 몸과 살을 유지하면서도 뼈대를 대통령제로 바꾸어 강제로 접합시킴으로써 혼합 또는 절충되었다. 물론 '조선임시약헌'과 '건국헌법'이 대통령(정부주석) 선출방식, 법률안 제출권의 최종소재, 내각회의의 의장 등을 서로 달리 규정하지만 그 밖의 부분은 매우 유사하다.

24) 대한민국국회, 《남조선과도입법의원속기록 3》, 선인문화사, 1999, p. 67.

25) 서상일은 당시 책임내각제를 반대했던 '여러분'에 대해서 '중경에서 오신 분들'이라고 뒤에서 밝힌다. 대한민국국회(1999), p. 68.

서상일의 '남조선 과도약헌안'에 기초하여 4월 17일 본회의에 상정된 '수정안'이 만들어졌고, '수정안'은 다시 두 번째 연석회의에서 김붕준의 '임시헌법 기초위원회안'과 절충된다. 두 번째 연석회의는 4월 21일 제출된 김붕준의 '임시헌법 기초위원회안'을 기존의 '수정안'과 1주일 내로 절충하기 위하여 법제사법위원회와 임시헌법 기초위원회의로 구성된 회의체였다. 그러나 연석회의에서 마련한 '절충안'(조선민주 임시약헌안)은 다른 안건들을 둘러싼 정파간의 대립과 미소공동위원회 재개 등의 정세변화에 의해서 7월 7일에서야 본회의에 상정되었다.[26] 이렇게 두 번의 연석회의를 거쳐 '절충안'이 마련되는 과정에서 의원내각제적 헌법안들이 "책임내각제이면서 개성이 절각"되어[27] 대통령제로 절충되었으며, 이 과정에서 신익희의 역할이 주요했던 것으로 추정된다.

당시 신익희는 입법의원 법제사법위원이자 행정조직법 기초위원장으로서 서상일이 헌법안을 제출하기 전인 2월 27일에 '행정조직법 기초위원회안'을 본회의에 제출한 상태였다. 따라서 서상일의 헌법안을 수정하기 위해 구성된 첫 번째 연석회의에서 대통령제를 택한 '행정조직법 기초위원회안'의 영향력은 적지 않았을 것이고, 그 주역인 신익희는 두 번째 연석회의에도 법제사법위원의 자격으로 참석하였다. 또한 신익희는 이후 5월에 구성되는 미소 공동위원회 대책위원회 위원장으로서 '조선 임시약헌'의 대통령제와 매우 유사한 미소공동위원회 답신안 준비를 주도하게 된다. 입법의원에서 미소 공동위원회 대책위원회가 조직되어 작성한 답신안 초안이 상정된 것은 1947년 6월 23일이었는데, 당시 입법의원은 '절충안'을 이미 마련했거나 또는 마련하던 중이었을 것이다. 미소공위에 제출된 입법의원의 답신안인

26) 김수용(2008), p. 117.

27) 김약수 의원은 '절충안'이 내각책임제를 바탕으로 하면서도 내각책임제의 개성이 삭제된 형태임을 지적한다. 대한민국국회(1999), p. 68.

'입법의원안'이 '절충안'과 매우 유사한 구조를 갖는 것은 정황상 당연한 결과였다.

요약하면 입법의원을 배경으로 전개된 입헌정치 2기의 형세는 한편으로 혼합적 권력구조의 경로의존성이 유지되는 가운데, 다른 한편으로 주요 논의대상이었던 혼합적 의원내각제가 공론화와 심의과정을 거치면서 혼합적 대통령제로 전화되는 과정이었다고 판단된다.

한편 1946년 5월 무기휴회에 들어갔던 미소 공동위원회는 1947년 5월 제 2차 회의를 재개하여 6월에는 공동결의 제 5호와 제 6호를 통해 임시정부의 헌장 및 정책을 작성하는 데 필요한 자문을 구하기 위해 질문서를 발표하고 제 정당사회단체를 대상으로 답신제출을 요구했다. 이에 대하여 1947년 7월 전국적으로 435개의 답신안이 제출되었는데,[28] 이들 중 당시 정국을 주도했던 단체인 임시정부수립대책협의회(이하 임협),[29] 민주주의민족전선(이하 민전),[30] 시국대책협의회

---

28) 답신안의 구체적 내용은《임시정부수립대강: 미소공위자문안 답신집》, 새한민보사, 1947을 참조할 것.

29) 임시정부수립대책협의회는 한민당이 미소공위와의 협의에 참여하기로 당론을 정하고 난 후 주도적으로 결성한 단체이다. 이에 가담한 정당으로는 한민당 외에 조선민주당이 있으며, 사회단체는 대한노총, 독촉부인회, 조선상공회의소, 토건협회, 청년조선총동맹, 천주교회, 불교총교원 등 170여 단체였다. 임협이 밝히는 3개항의 기본정강은 남북 총선거에 의한 임시정부수립, 신탁안 반대, 대한민국임시정부의 법통계승이다. 심지연, "해방후 주요 정치집단의 통치구조와 정책구상에 대한 분석: 미소공동위원회 답신안을 중심으로", 〈한국정치학회보〉 20(2), 1986, p. 152.

30) 민주주의민족전선은 1946년 2월 15~16일 양일간에 공산당, 인민당, 독립동맹 등 3개 정당과 조선노동조합전국평의회, 농민조합전국총연맹, 청년총동맹, 전국부녀총동맹 등의 단체들이 주축이 되어 결성한 단체이다. 민전은 4개항의 목표를 실천목표로 삼았는데, 친일파와 민족 반역자 제외, 3상회의 결정의 원칙하에서 민주주의 독립국가 건립, 기성정부의 법통을 고집하지 말 것, 명실상부한 비례대표제 실시 등이 그것이다. 심지연(1986), p. 152.

(이하 시협),[31] 입법의원, 남조선노동당, 북조선민전 등에서 제출한 답신안이 대표적이다. '임협안'은 한민당을 중심으로 하는 우파의 안이고, '시협안'은 중간파를 중심으로 하는 안이며, '입법의원안'은 우파와 중간파의 안이 절충된 안이었다.[32] '민전안'을 비롯한 나머지 안은 좌파의 안으로서, 대부분 최고 권력기관을 내각으로 규정하고 내각회의에서 입법권과 행정권을 수행하는 형태인 소비에트식 권력구조를 제안하는데,[33] 이는 5·10 총선과 제헌국회에서 좌파가 배제되어

31) 시국대책협의회는 좌우합작 7원칙에 합의를 본 후인 1946년 10월 11일에 김규식, 여운형, 안재홍 등 좌우합작위원들이 중심이 되어 결성하려고 했던 단체로 8개월의 진통 끝에 1947년 7월 3일 결성되었다. 시협은 중간노선의 강력한 추진을 위해 유교, 불교, 천도교 등 종교계와 노동계를 망라하여 좌우합작위원회를 강화하고 활발한 활동을 전개하려고 했으나 여운형의 피살로 활동이 위축되었다. 심지연(1986), p. 153.

32) 김수용은 세 답신안의 정부형태가 의원내각제나 대통령제를 정확하게 따르지는 않지만, 대체로 대통령에게 강한 권한을 주는 대통령제의 형태를 취한다고 보았다. 김수용(2008), pp. 119~148. 심지연은 대통령중심제의 골격에 의원내각제적 요소를 혼합한 형태라고 보았다. 심지연(1986), pp. 156~157. 홍기태는 혼합적 형태로 나타나지만 대통령제로 파악해야 한다고 주장한다. 홍기태, "해방후의 헌법구상과 1948년 헌법 성립에 관한 연구", 〈법과 사회〉 1, 1989, pp. 176~178. 박광주도 '민전안'을 제외한 우파와 중간파는 모두 대통령제를 주장한다고 보았다. 박광주, "헌법제정과정과 대통령선거", 한국정신문화연구원 현대사연구소 편, 《한국 현대사의 재인식 2: 정부수립과 제헌국회》, 1998, p. 260. 서희경 역시 좌파를 제외한 우파와 중간파는 대통령제를 제안했다고 주장한다. 서희경, "시민사회의 헌법구상과 건국헌법에의 영향(1946-1947)", 〈동양정치사상사〉 6, 2007, pp. 31~49. 그러나 이영록은 혼합형태의 권력구조로서 내각중심제라고 주장한다. 이영록, (2003), pp. 189~191.

33) '민전안'의 권력구조에서 최고 정권기관은 입법권과 행정권이 집중된 내각이다. 정식정부가 수립될 때에는 인민대표회의가 최고 권력기관으로서 기능한다. 내각의 수반은 수상이며, 수상은 내각회의를 소집하며 그 의장이 된다. 수상은 반드시 부수상과 합의하여 직무를 수행해야 하며 내각회의에 책임을

논의가 지속되지 못하는 한계를 가지므로 '민전안'을 제외한 '임협안', '시협안', 및 '입법의원안'을 살펴보도록 한다.

'입법의원안'에서 제안한 권력구조는 '조선 임시약헌'과 거의 유사한 형태로서 강한 권력분립과 대통령 직선을 명시하면서도 의원내각제적 요소를 포함하는 절충적 대통령제라고 할 수 있다. 대통령과 국회의원은 총선거를 통하여 민주적으로 선출하는 것을 원칙으로 하며(II-3), 대통령과 부통령의 임기는 2년으로 하되 연속 3선은 금지된다(III-라-1).[34] 대통령은 국가원수로서의 권한을 가지며 행정집행기관을 총괄하고 그 직속으로 국책의결기관인 국무위원회를 둔다(III-나-1). 그리고 의회의 내각불신임권이나 행정부의 의회 해산권은 인정되지 않는다. 다만 국무위원회의 위원장은 대통령이 아닌 국무총장이며(III-나-1-나), 각부의 장은 주관사무에 대하여 대통령 및 국회에 대한 책임을 진다(III 다 15). 대통령은 법률안 제출권을 가지고 있으며(III-나-1-가), 국무총장 및 국무위원은 대통령이 임명하되 국회의 인준을 요하고, 법제위원장, 고시위원장, 감독위원장 역시 대통령이 임명하되 국회의 인준을 요한다(III-라-2)가 그것이다.

'시협안'과 '임협안'의 권력구조는 '입법의원안'과 매우 유사하다. 세 답신안 모두 권력분립 혹은 삼권분립의 정치이념을 명시하며, 대통령 직선제를 택하여 대통령의 임기는 2년이며 3선은 금한다. 또한 대통령은 국가원수로서의 권한을 가지며 행정집행기관을 총괄하고 그 직속으로 국책의결기관인 국무위원회를 둔다. 국무위원회의 의장인 국무총장 및 국무위원은 대통령이 임명하되 국회의 인준을 요하며, 각

진다. 내각은 민주주의 정당사회단체의 건의에 기초하여 소미공동위원회에서 조직되며 4개국 승인으로서 성립한다.

34) 여기서 I은 '민권', II는 '수립할 임시정부의 일반적 형태 혹은 성격', III은 '행정 및 입법기능을 수행할 중앙정부의 기관 혹은 기관들'로서 미소공위가 제 정당사회단체에 요구한 질문서의 체계를 따르고 있다.

부의 장은 주관사무에 대하여 대통령 및 국회에 대한 책임을 진다. 반면 세 답신안 사이에 다소 차이를 보이는 것은 국호와 각료의 호칭, 집행부의 구성 등으로서, 국호는 입법의원과 '임협안'이 대한민국으로 하고 있는 데 반해 '시협안'에서는 고려공화국으로 하고 있으며, 각료의 호칭을 '입법의원안'과 '시협안'에서는 부장으로 하고 있는 데 반해 '임협안'에서는 총장으로 하고 있다. 그리고 '입법의원안'에서 국무위원의 수를 5인 이상 15인 이내로 한 것에 대해서 '시협안'과 '임협안'은 10인 이상 20인 이내로 한다. 이는 입법의원이 12부처로 하고 있는 데 반해 '시협안'은 15부로, '임협안'은 14부로 각각 행정부의 구성을 달리하기 때문이다.

이처럼 세 답신안이 제기한 권력구조의 내용과 구성이 유사한 것은 '임협안'과 '시협안'이 '입법의원안'을 참고로 만들어진 결과라고 추정된다. 중간파와 우파가 공동으로 작성한 '입법의원안'이 미소 공동위원회에 제출되었음에도 불구하고 우파의 임협과 중간파의 시협이 별개의 답신안을 제출한 이유는 자신들이 구상한 임시정부의 수립방안을 구체적으로 담은 답신안을 제출할 필요가 있었기 때문이고,[35] 실제로 경제제도나 토지개혁 및 친일파 처벌과 같은 문제에서는 상당한 입장차이가 발견된다. 그러나 권력구조 부분에서는 큰 차이가 발견되지 않고 모두 혼합적 대통령제로 수렴되는 경향을 보인다. 입법의원에서 미소 공동위원회 대책위원회가 조직되어 작성한 답신안 초안이 상정된 것은 1947년 6월 23일이었는데, 당시 입법의원은 수정안과 '김붕준안'의 절충안을 이미 마련했을 가능성이 높다. 결국 절충안을 바탕으로 작성된 '입법의원안'의 권력구조를 수용하여 우파의 '임협안'과 중간파의 '시협안'이 만들어졌다는 사실은 적어도 권력구조에 관한한, 혼합적 대통령제에 대한 합의가 존재했다는 방증이 된다. 이로써

---

35) 김수용(2008), p. 118.

〈표 1-2〉 미군정기 헌법(안)의 권력구조 주요내용

		대통령 선출	국가수반과 행정수반의 일원화 여부	의회의 내각 불신임권	내각의 의회 해산권	대통령 (주석) 의 의회해산권	국무총리 선출	국무위원 선출	내각의 지위	국무위원의 국회출석 발언권	대통령의 법률안 거부권	대통령의 법률안 제출권
행정연구위원회안 (1946. 3)		직 선	이원화	제 39조	×	제 6조	대통령 임명	국무총리 추천 대통령 임명	의결 기관	제 11조	정부 (제 14조)	제 17조
민주의원안(1946. 3)		간 선	이원화	제 14조	×	제 15조	대통령 추천 의회선거	대통령 추천 의회선거	의결 기관	제 34조	제 23조	제 23조
입법 의원 헌법안	행정조직법 기초위원회안 (1947. 2)	간 선	일원화	×	×	×	주석임명 의회인준	행정총장 추천 주석임명 의회인준	의결 기관	×	×	제 6조
	남조선과도 약헌안 (1947. 3)	간 선	이원화	제 12조	×	제 7조	주석임명 의회동의	주석임명 의회동의	의결 기관	제 14조	제 19조	제 19조
	임시헌법 기초위원회안 (1947. 4)	간 선	이원화	제 13조	×	×	대통령 추천 의회선출	대통령 추천 의회선출	의결 기관	제 32조	제 21조	제 21조
	조선임시약헌 (1947. 8)	직 선	일원화	×	×	×	주석임명 의회인준	주석임명 의회인준	의결 기관	×	제 13조	제 22조

〈표 1-2〉 계 속

		대통령 선출	국가수반과 행정수반의 일원화 여부	의회의 내각 불신임권	내각의 의회 해산권	대통령 (주석) 의 의회해산권	국무총리 선출	국무위원 선출	내각의 지위	국무위원의 국회출석 발언권	대통령의 법률안 거부권	대통령의 법률안 제출권
제 2차 미소공위 답신안	입법의원안 (1947. 6)	직 선	일원화	×	×	×	대통령 임명 국회인준	대통령 임명 국회인준	의결 기관	×	III-마-2	III-나-1-가
	임협안 (1947. 7)	직 선	일원화	×	×	×	대통령 임명 국회추인	대통령 임명 국회인준	의결 기관	×	III-마-2	III-나-1-가
	시협안 (1947. 7)	직 선	일원화	×	×	×	대통령 임명 국회인준	대통령 임명 국회인준	의결 기관	×	III-마-2	III-나-1-가

1947년 중반 무렵 중간파와 우파를 아우르는 정치세력 사이에 권력구조에 대한 대타협이 이루어지게 된 것이다.

요약하면 미군정기 우파와 중간파의 주도하에 만들어진 헌법안들의 권력구조는 다음과 같은 특성을 보인다. ① 광복 전 임시정부 헌법들과 마찬가지로 대통령제와 의원내각제의 다양한 절충적 형태를 반영하였다는 의미에서 일종의 혼합적 권력구조를 지향하였다.

② 그 중 상대적으로 순수한 권력구조 형태에 근접한 '행정조직법기초위원회안'의 대통령제나 '민주의원안'의 의원내각제를 제외하고는 '행정연구위원회안'의 이원정부제 또는 '서상일안'이 제안한 혼합적 의원내각제로의 경향성을 보인다.

③ 하지만 순수 내지는 혼합적 의원내각제는 입법의원 내부의 논의와 미소공위 답신안 제출을 위한 사회적 공론화 과정을 거치면서 점차 혼합적 대통령제로 수렴 내지 대체되었고, 이는 모든 논의의 결과물인 1947년 7월의 '임협안', '시협안' 및 '입법의원안'과 8월에 최종 의결된 '조선 임시약헌'에 의해 확인된다.

IV. 입헌정치 3기 (1947.11~1948.7)

1. 내각책임제의 재부상 : '유진오초안'과 '유진오공동안'(1948.5)

제 2차 미소 공동위원회의 결렬과 함께 신탁통치하 과도정부 수립을 통한 점진적 완전독립 및 건국이라는 1945년 12월의 모스크바 콘센서스는 붕괴하였다. 미국으로부터 한반도 문제를 이관받은 유엔총회는 1947년 11월 한반도 총선거를 통한 정부수립을 결의하였으나, 유엔한국임시위원단의 북한지역 출입이 소련군정 당국에 의해 거부되자 다시 1948년 2월 유엔 소총회는 유엔의 감시가 가능한 지역에서의 선거

실시를 결의하였다. 그 결과 이루어진 5·10 총선에 단정수립에 반대하는 좌파와 중간파, 임정세력 등이 대거 불참함으로써 우파를 중심으로 정계는 재편되었다. 이처럼 한민당과 독립촉성국민회를 중심으로 우파가 제헌국회를 주도한 상황에서 1947년에 이루어진 중간파와 우파의 대통령제에 대한 합의는 더 이상 큰 의미를 갖기 어려웠다.

당시 권력구조에 대한 우파내부의 정치적 입장은 크게 의원내각제를 선호한 한민당이나 신익희 등의 일부세력, 순수 대통령제를 선호한 이승만과 그 추종세력, 그리고 1947년 '조선 임시약헌'과 미소 공위 답신안에서 합의된 절충적 대통령제를 선호한 무소속 의원 등 세 정파로 대별할 수 있고, 궁극에는 대통령제를 선호하는 세력과 의원내각제를 선호하는 한민당의 대립구도로 압축해볼 수 있다.[36] 그러나 막상 제헌국회 내 다수당으로서 헌법기초안 작성을 주도한 것은 의원내각제를 선호한 한민당이었고, 제헌국회의 운영과 논의의 주도권은 처음부터 한민당에 의해 장악되었으며, 이들은 제헌국회의 헌법심의 과정에 치밀하고 조직적으로 간여하였다.[37] 이러한 상황에서 5·10 총선 이전 좌파를 제외한 정치권 전반에 걸쳐 많은 공감을 얻었던 혼합적 대통령제는 정작 공식적 제헌절차에 들어서서는 완결된 독자적 헌법안으로 자신의 존재를 드러내기 어려웠다.

의원내각제의 재부상에 결정적 역할을 한 유진오는 이미 남조선 과도정부의 법전편찬위원회의 의뢰를 받아 1947년 말부터 1948년 5월 초에 걸쳐 헌법초안을 마련한 바 있다.[38] 또한 유진오는 한민당의 김

36) 이승만 추종세력이나 한민당과 거리를 두었던 제헌국회 내 무소속 의원들의 경우 절충적 대통령제를 선호했을 것으로 추정되나, 헌법기초위원회가 열리면서 전개된 이승만의 대통령제와 한민당의 의원내각제의 대립구도 속에서는 독재견제를 위해 후자의 진영에 속할 수밖에 없었다. 이영록(2003), pp. 191~192.

37) 김홍우, "제헌국회에서의 정부형태론 논의 연구", 《한국정치와 헌정사》, 한국정치외교사학회, 2001, pp. 200~203.

성수로부터 헌법안을 만들어줄 것을 부탁받았고, 신익희의 주선에 의하여 행정연구위원회와 협력하여 헌법안을 만들기도 하였다.[39] '권승렬안' 역시 유진오가 기초하여 법전편찬위원회에 제출한 것을 권승렬과 일부 법조계 인사들이 수정, 가필한 것으로 알려져 있다.[40]

이처럼 입헌정치 3기에 만들어진 대부분의 헌법안에는 유진오가 관련되었고, 따라서 각 헌법안의 권력구조 역시 유진오의 주장대로 의원내각제를 선호하였다. 한편 제헌국회 헌법기초위원회 안에서도 의원내각제를 선호하는 분위기가 강했다.[41] 이는 헌법기초위원의 구성에서 한민당 계열의 인사가 과대 대표되었고,[42] 전문위원들도 대부분 의원내각제론자들로 구성되었으며, 그 결과 대통령제를 선호하거나 중립적 위치에 있던 기초위원들이 유진오를 위시한 전문위원들의 의원내각제 필요성에 대한 설명에 쉽사리 설득되었기 때문이다.[43] 이러한 상황에서 헌법기초위원회가 의원내각제를 선택한 것은 당연한 결과였을 것이다. 결국 광복 후 입헌정치 2기에 이루어진 혼합적 대통령제에 대한 합의는 무시되었으며, 또다시 의원내각제를 바탕으로 제헌국회의 헌법논의가 시작된 것이다.

1948년 5·10 총선으로 구성된 제헌국회는 5월 31일 개원하여 이승만을 의장으로, 신익희와 김동원을 부의장으로 선출하였고, 6월 2일에는 헌법기초위원회를 구성하였다. 헌법기초위원회는 '유진오 공동안'을 원안으로 하고 '권승렬안'을 참고안으로 채택하였는데, '유진오 공동안'은 '유진오 초안'을 바탕으로 유진오와 신익희의 사조직인 행정

38) 유진오, "헌법제정의 유래", 〈사상계〉 6(7), 1958, pp. 19~24.

39) 유진오(1958), pp. 26~31.

40) 유진오(1958), pp. 48~49.

41) 유진오, 《헌법기초회고록》, 일조각, 1980, p. 53.

42) 전광석, "제헌의회의 헌법구상", 〈법학연구〉 제 15권, 2005, p. 8.

43) 유진오(1980), p. 59.

연구회가 공동으로 작성한 것이며, '유진오 초안'은 유진오가 미군정 사법부 법전기초위원회의 헌법기초분과위원회 위원으로 위촉되어 1947년 겨울에서 1948년 5월에 걸쳐 작성한 헌법안이다. '권승렬안'은 상대적으로 임시정부 전통과 친일파 청산에 대해 민감하였고 또한 사법부 및 권리조항에서 주목할 만한 차이점을 보이지만, 권력구조 문제에서만은 '유진오 초안'과 '유진오 공동안'과 대동소이하므로 별도의 분석은 생략한다.

'유진오 초안'은 의원내각제적 권력구조를 바탕으로 한다. 국가수반과 행정수반이 대통령과 국무총리로 이원화되어 대통령은 행정권의 수반이며 외국에 대하여 국가를 대표하고(제 54조), 국무총리는 국무위원의 수반으로서 내각회의의 의장이 된다(제 75조). 대통령과 부대통령은 국회 양 의원 합동회의에서 무기명투표로 선거하고(제 56조) 임기는 6년이며(제 58조), 국무총리는 국회의 제천으로 대통령이 임명한다(제 74조). 국회는 대의원과 참의원의 양원으로 구성되는데(제 30조), 대의원은 직접선거로 선출되며(제 31조), 참의원은 대의원 의원 정원의 3분의 1 이상, 2분의 1 이하의 범위에서 간선한다(제 33조). 국회는 내각을 불신임할 수 있으며(제 78조), 내각은 의회에 연대적 또는 개별적으로 책임을 지고(제 77조) 대통령은 의회를 해산할 수 있다(제 61조). 내각은 의결기관이고(제 79조) 대통령은 법률안 제출권을 가지며(제 43조), 국무위원의 국회출석 발언권이 인정된다(제 48조). '유진오 초안'은 일원적 정통성의 원칙과 의회해산권 및 내각불신임권이 일관되고 체계적으로 관철된다는 의미에서 입법의원의 '남조선 과도약헌안' 이후 상대적으로 가장 순수한 의원내각제에 근접한 권력구조를 담았던 것이다.

유진오와 행정연구회가 공동으로 작성하여 헌법기초위원회의 원안이 되었던 '유진오 공동안' 역시 권력구조에서 '유진오 초안'과 많은 부분 유사하다.[44] 국가수반과 행정수반이 대통령과 국무총리로 이원화되어 대통령은 행정권의 수반이며 외국에 대하여 국가를 대표하고(제 54조), 국무총리는 내각의 수반으로서 내각회의의 의장이 된다(제 73조). 대통령과 부대통령은 국회 양 의원 합동회의에서 무기명투표로 선거하고(제 56조) 임기는 6년이며(제 58조), 국무총리는 대통령이 임명하고 국회의 승인을 받게 하여 의회의 권한을 다소 강화하였다(제 72조). 국회는 민의원과 참의원의 양원으로 구성되는데(제 31조), 민의원은 국민들의 직접선거로 선출된 의원들로 구성되며(제 32조), 참의원은 민의원 의원 정원의 3분의 1 이상, 2분의 1 이하의 범위에서 간선한다(제 33조). 국회는 내각을 불신임할 수 있으며(제 76조), 내각은 의회에 연대적 또는 개별적으로 책임을 지고(제 75조), 대통령은 민의원을 해산할 수 있다(제 60조). 내각은 의결기관이고(제 77조) 정부는 법률안 제출권을 가지며(제 43조), 국무위원의 국회출석 발언권이 인정된다(제 48조). 결국 '유진오 공동안' 역시 '유진오 초안'과 마찬가지로 의원내각제적 권력구조를 채택하였음을 알 수 있다.

더 나아가 '유진오 초안'이 '유진오 공동안'으로 수정되는 과정에서 상대적으로 의회의 권한이 강화된 반면, 대통령의 권한은 약화되어 의원내각제적 요소가 더욱 부각되었다. 첫째, '유진오 초안'은 법률안 제안권을 대통령과 양원의원에게 주었으나, '유진오 공동안'에서는 정부와 양원의원에게 주었다. 행정부의 법률안 제출에서 그 최종적 권한을 대통령에게 주는가, 아니면 정부에게 주는가는 기능상의 차이를 내포한다. 행정책임자 일인에게 보다 많은 권한을 줄 것인가, 아니면 행정책임을 공동에게 줄 것인가의 문제이기 때문이다. 따라서 대통령에게 주었던 법률안 제출권을 정부로 이전시킨 것은 대통령 개인에게 권한을 집중시키는 것을 피하려고 했던 신익희와 한민당의 의지가 반영된 것으로 해석해볼 여지가 있다. 둘째, 대통령의 사면권에 대한

44) 이영록, 《유진오 헌법사상의 형성과 전개》, 한국학술정보, 2006, p. 136.

국회의 동의가 추가되었다. '유진오 초안'에서는 대통령은 법률에 의하여 사면, 감형 및 복권을 명할 수 있으나(제69조), '유진오 공동안'에서는 국회의 동의를 얻어야 한다는 조건이 추가되었다(제66조). 셋째, '유진오 공동안'에서는 내각회의의 권한이 더욱 강화되었다. '유진오 공동안'에서 추가된 내각회의의 의결사항은 임시국회의 집회요구와 민의원 해산에 관한 사항(제77조 제5항), 군사에 관한 중요사항(제7항), 영예·수여·사면·감형·복권에 관한 사항(제8항), 기타 국무총리 또는 국무위원이 제출하는 사항(제13항) 등이다.

이는 '유진오 초안'에서보다 더욱 많은 권한을 국회에 직접적 책임을 지는 내각회의에 부여한 것이고, 그만큼 국회의 행정부 견제기능 역시 강화되었음을 알 수 있다.[45] 이상과 같은 변화들은 '유진오 초안'이 '유진오 공동안'으로 수정되는 과정에서 의회의 권한이 강화되고 대통령의 권한이 상대적으로 약화되었음을 보여주며, 이는 한민당의 의원내각제 선호 경향성이 반영된 것으로 추정된다.[46]

---

45) 이러한 변화에도 불구하고 두 헌법안에서 공통적으로 나타나는 특징은 순수 의원내각제에 비해서는 대통령의 권한이 강하다는 것이다. 그 이유는 국가수반인 대통령과 행정부 수반인 국무총리의 관계가 불분명하기 때문이다. 두 헌법은 내각회의의 의장으로서의 역할은 국무총리에게 주면서도 궁극적 행정부 수반의 역할은 국가수반의 역할과 더불어 대통령에게 준다. 그러나 대통령은 의회의 불신임의 대상이 아니며, 국무총리와 국무위원만이 불신임의 대상이다. 반면 행정부의 의회해산권은 대통령에게 있다. 즉, 대통령은 의회를 해산할 수 있으나, 의회는 대통령을 불신임하지 못한다는 것이다. 결국 두 헌법안은 모두 의원내각제의 틀을 가지면서도 의회가 행정부 수반에 대한 불신임을 할 수 없게 됨으로써 대통령의 권한이 상대적으로 강해진 절충적 구조를 갖게 된 것이다. 이는 민주의원안이나 서상일안의 의원내각제에서도 나타나는 절충적 성격의 지속이라고 볼 수 있다.

46) 김수용(2008), p. 240.

2. 혼합적 대통령제로의 회귀 : '헌법기초위원회안'(1948.6)과 '건국헌법'(1948.7)

제헌국회의 헌법기초위원회는 1948년 6월 3일부터 6월 22일까지 총 16차례 회의를 통하여 '유진오 공동안'을 원안으로, '권승렬안'을 참고안으로 하여 3단계의 헌법논의를 진행하여 '헌법기초위원회안'(대한민국헌법안)을 완성하였다.[47] 애초에는 권력구조를 둘러싼 치열한 접전이 예상되기도 하였으나, 신익회와 한민당 주도하의 헌법기초위원회는 위에서 지적한 이유들로 인하여 대체로 평탄한 논의과정을 거쳐 의원내각제를 채택하였다. 결국 6월 11일 정부형태에 대해서 의원내각제가 가결되었고, 제 2독회가 사실상 마무리되던 6월 19일까지 이러한 결정은 유지되었다.

그러나 대통령제를 주장하던 이승만의 영향으로 수정은 불기피하게 되었다.[48] 6월 7일 의원내각제 형태에 대한 공식적 반대입장을 표명

47) 헌법기초위원회의 논의에 대한 보다 구체적인 내용은 이영록, "제헌국회의 '헌법 및 정부조직법 기초위원회'에 관한 사실적 연구", 〈법사학연구〉 25, 2002; 김수용(2008) 등을 참조할 것.

48) 이승만의 대통령제에 대한 선호는 일찍이 1919년 4월 미국 필라델피아에서 개최된 제 1차 한인회의(한인총대표회의) 결의문에서 확인할 수 있다. 이승만과 서재필이 주도한 총대표회의에서 5개의 결의안이 채택되었는데, 그 중에서 '필라델피아 총대표회 종지(한국인의 목표와 열망)'라는 제목의 결의안은 총 10개 조항으로 구성되어 있다. 그 중 제 2조에서 "우리는 할 수 있는 데까지 미국의 정체를 모방한 정부를 세우기로 제의하여 교육을 일치케 할지라. 이 앞으로 오는 10년 동안에는 필요한 경우를 따라서 권세를 정부로 더욱 집중하며 또 국민 인자 교육 발전되고 자치(自治)상의 경험이 증가할진데 그에게 대하여 관리상 책임의 공권(公權)을 더욱 허락할 일"이라고 밝히고, 제 4조에서 "행정부는 대통령·부통령 및 내각임원을 두어 입법부에서 제정한 법률로 행정케 하며 대통령은 내각임원과 각도 수령방백과 행정상의 필요한 관리와 외국에 파송하는 대사(大使)들을 자벽하여 택용(擇用)하며 또 대통령은 외국과 조약을 정하는 특권을 가지되 상의원(上議院) 임원들의

했던 이승만은 6월 10일 헌법기초위원회의에 참석하여 대통령책임제를 주장하였고, 다시 6월 15일 회의에서 의원내각제보다 대통령제가 당시 정세에 적합하다는 의사를 표시했다.[49] 그럼에도 불구하고 대통령제로 개정될 기미가 보이지 않자 6월 21일 헌법기초위원회 제3독회 최종회의가 예정된 자리에 나와 "대통령제가 채택되지 않으면 민간에 남아서 국민운동이나 하겠다"라며 최후통첩을 남기고 돌아갔다.[50]

이러한 상황에서 한민당은 이승만의 주장을 수용하지 않을 수 없었고, 이는 김구의 일부 임정세력과 김규식의 중도파도 참여하지 않은 상태에서 이승만마저 이탈하면 한민당 주도의 제헌과 건국이 정당성을 얻기가 힘들다는 자체판단 때문이었다. 결국 같은 날 저녁 김성수의 집에서 모인 한민당 간부들과 당소속 헌법기초위원들의 논의 끝에 즉석에서 김준연이 헌법안의 권력구조를 수정하고 급히 호출된 유진오가 검토함으로써 의원내각제를 중심으로 하던 '유진오 공동안'은 대통령제로 수정되었다.[51] 이러한 우여곡절을 거친 '헌법기초위원회안' 번안동의는 6월 22일 최종 가결되었다.

'헌법기초위원회안'은 '유진오 공동안'을 대통령제로 번안한 결과인

중명(衆命)을 응종하고 대통령 이하 내각임원들은 국회입법부와 상관되는 담책(擔責)이 있을 일"임을 선언함으로써, 미국식 공화제인 대통령제를 모방한 형태의 정부를 수립할 것을 밝히고 있다. 손세일, "3.1운동 후 서재필의 신대한(新大韓) 건국구상", 서재필 기념회 편, 《서재필과 그 시대》, 서재필 기념회, 2003, p.371. 이처럼 이승만은 이미 임시정부 시기부터 미국식 대통령제를 선호했으나, 환국 후 제헌 직전까지의 상황에서는 권력구조에 대한 개인적 선호를 강요하지는 않았다. 이는 정부형태를 둘러싼 제헌추진 세력의 내부분열과 그로 인한 건국의 지연을 염려했기 때문이며, '유진오 공동안'이 제안하고 헌법기초위원회 논의에서 수용된 의원내각제에 대해 관망했던 것도 같은 이유에서였을 것으로 추정된다. 김수용(2008), p.254.

49) 유진오(1980), pp.58~59.

50) 유진오(1980), p.62.

51) 유진오(1980), pp.73~80.

데, 우선 '유진오 공동안' 의원내각제의 핵심요소인 의회의 내각 불신임권과 대통령의 의회 해산권을 삭제하는 대신 과도한 권력집중을 우려하여 대통령의 임기를 6년에서 4년으로 단축하였다(제 54조). 국무총리 선출방식에도 변화가 있었는데, '유진오 공동안'에서 대통령이 임명하고 민의원이 승인하는 방식을 민의원의 승인권을 삭제하고 대통령이 임명하는 쪽으로 수정하여 대통령의 총리임면권을 확대하였다. 마찬가지로 국무위원의 선출방식 역시 국무총리의 제천으로 대통령이 임명하는 방식에서 대통령이 단독으로 임면하는 것으로 수정되었다(제 68조). 또한 '유진오공동안'에서는 국무총리가 내각회의의 장을 맡음으로써 행정권의 이원화 현상이 나타났으나, 이를 수정하여 대통령을 국무회의의 장으로 하고 총리는 부의장으로 함으로써 대통령의 권한을 상대적으로 강화시키고 국무총리의 권한을 약화시키는 동시에 행정권의 일원화를 기하였다.

그러나 이러한 수정에도 불구하고 의원내각제적 요소가 여전히 남아 있었는데, 국무회의가 의결기관이고(제 71조), 국무위원의 국회출석 발언권이 인정되었으며(제 43조), 정부의 법률안 제출권이 존재했다(제 38조). 그리고 무엇보다도 행정권의 수반이며 외국에 대하여 국가를 대표하는(제 50조) 대통령을 국회에서 선출한다는 조항은(제 52조) 여전히 유지되었다.

여기서 특징적인 사항은 의원내각제에서 대통령제로 근본적 교체가 이루어진 것이 아니라, 오히려 의원내각제의 핵심적 요소들이 제거되는 방식으로 수정 및 결정되었다는 점이다. 즉, 헌법기초위원회에서 수정된 '헌법기초위원회안'은 '유진오 공동안'의 골격은 유지하면서 의원내각제의 가장 핵심적인 요소인 의회의 내각 불신임권 및 내각의 의회 해산권과 대통령의 국무총리 임명에서 국회의 동의절차를 삭제하는 뺄셈작업을 거쳐 완성된 것이다. 그 과정에서 대통령의 직선 혹은 미국식 간선조항을 더하거나, 행정권을 대통령으로 통합함으로써 행정권의 완전한 일원화를 기해 좀더 순수한 대통령제 권력구조로 전환하는 작업은 이루어지지 못했다. 이러한 맥락에서 '헌법기초위원회안'은 '유진오 공동안'에서 그 뼈대만 대통령제로 교체되고 의원내각제의 몸과 살이 그대로 유지됨으로써 두 제도간의 정략결혼이 1년 전 입법의원의 '조선 임시약헌'에 이어서 다시 한번 반복되었던 것이다.[52)]

헌법기초위원회에서 완성된 '헌법기초위원회안'(대한민국헌법안)은 6월 23일 제17차 본회의에 상정되어 질의응답과 대체토론, 축조심의 및 자구수정을 거쳐 7월 12일 최종 의결되었다. 제헌국회 본회의 심사 결과 '헌법기초위원회안'은 큰 수정 없이 통과되어 '건국헌법'으로 확정되는데, 권력구조 형태의 변화가 생긴 것은 국무총리 임명방식에 관련된 사항이 전부였다. '헌법기초위원회안'은 국무총리와 국무위원에 대한 임면권이 대통령에 있다는 것만을 명시하고 있으나(제68조), 국회 본회의 제2독회에서 국무총리는 국회의 승인이 필요하다는 조항이 삽입되었다(제69조).[53)] 이러한 변경은 국무총리 임면의 최종권한이 대통령에서 국회로 전이됨으로써 상대적으로 대통령의 권한이 축소된 반면 국회의 권한은 증대되었음을 의미한다. 그리고 국무총리가 의회에 의해 선출됨으로써 의원내각제적 성격이 다소 강해졌다고 할 수 있다. 결국 제헌국회 본회의 논의과정에서 '헌법기초위원회안'의 권력구조에 혼합적 성격이 더해진 것이다.

'건국헌법'의 혼합적 대통령제에서 보이는 주요 특징은 대통령의 간접선출, 대통령과 국무총리의 모호한 관계, 국무원의 강력한 권한,

---

52) 이러한 모호한 번안에 대해 이영록은 대통령제를 수용하면서도 독재적 권력행사를 방지하기 위해 의도적으로 의원내각제적 요소를 남겨놓은 김준연의 고육지책이었다고 평가한다. 이영록(2003), p. 200.

53) 자세한 사항은 제26차(1948년 7월 6일) 국회 본회의에서 진헌식(陳憲植)이 제출한 수정안이 논의되는 과정을 참고할 것. 대한민국국회, 《제헌국회속기록 1》, 여강출판사, 1987, p. 463 이하.

국회의원의 국무위원 겸직 및 국무위원의 국회출석 발언권 등이다. 이를 좀더 구체적으로 살펴보면 다음과 같다.

첫째, 이원적 정통성 원칙에 기초한 대통령제이면서도 대통령을 국회에서 간접 선출한다.[54] 여기서 문제가 되는 것은 간접선출의 권한이 국회에 있다는 것이다. 대통령제는 이원적 정통성 원칙에 근거하여 국회를 구성하는 선거인단과 대통령을 선출하는 선거인단이 각각 별도로 구성된다. 미국의 대통령 선거방식이 법제도상으로는 간선임에도 불구하고 대통령제의 권력분립 원리와 민주주의 원리에 반하지 않는 것은 국회가 아닌 국민들에 의해 별도의 선거인단이 구성되기 때문이다. 따라서 권력구조의 관점에서 보았을 때 간선 그 자체보다 더 심각한 문제는 대통령제를 채택한 '헌법기초위원회안'이 간선의 주체를 국회로 규정한 데 있었다. 더구나 이 문제에서 대안이 없었던 것도 아니다. 대통령의 국회간선 방식을 택한 이유가 유진오의 주장대로 정세론이었다면,[55] 헌법조문상으로는 대통령 직선을 규정하고 대신 초기 대통령에 한해서는 국회에서 간선한다는 단서조항을 첨가하면 해결될 문제였다. 과거 입법의원의 '조선 임시약헌' 제 19조("… 단 본법 시행 후 최초의 정부주석과 부주석은 입법의원에서 선거함")의 선례가 없지도 않았다. 더구나 '건국헌법' 부칙 제 102조에서 "제헌국회의원의 임기를 국회 개회일로부터 2년으로 한다"라는 예외규정이 존재하는 것을 감안한다면, 대통령 선출방식을 직선으로 하되 초기에 한해서 간선으로 한다는 부칙의 첨가를 심각하게 고려해볼 여지는 충분했다.[56]

---

54) 자세한 사항은 제 18차(1948년 6월 26일) 국회 본회의 헌법안 제 1독회에서 김장열(金長烈)의 지적과, 이에 대한 헌법기초위원장 서상일(徐相日)과 전문위원 유진오(兪鎭午)의 답변을 참고할 것. 대한민국국회(1987), p. 224 이하.

55) 대한민국국회(1987), p. 244.

56) 실제로 제 1독회에서 초대 대통령에 한해 국회간선으로 선출하는 내용의 부칙이 타협안으로 제안되기는 하였으나 별 검토 없이 무시된 바 있다. 이영

둘째, 대통령과 국무총리 간의 모호한 관계다. 의원내각제에서 대통령제로 변경되었다면 대통령과 국무총리의 지위나 관계 역시 변화되어야 한다. 그러나 '유진오 초안'과 '유진오 공동안', '헌법기초위원회안', '건국헌법'에 이르기까지 대통령을 "행정권의 수반이며 외국에 대하여 국가를 대표한다"라고 동일하게 규정한다.[57] 즉, 대통령은 국가수반과 행정부 수반 모두를 책임지는 것이다. 한편 국무총리의 지위와 권한에는 다소간의 변동이 있었는데, '유진오 초안'과 '유진오 공동안'에서는 국무총리가 '내각의 수반이며 내각회의의 의장'이었다가, 대통령제로 번안된 '헌법기초위원회안'에서의 총리는 내각회의의 부의장으로서 '대통령을 보좌'하는 역할로 격하된다. 그러나 '건국헌법'에서 국무총리의 지위는 '헌법기초위원회안'과 동일하지만, 대통령이 국무총리를 임명하는 데 국회의 승인을 받아야 한다는 조건은 다시 부활하였다. 이러한 대통령과 국무총리의 관계는 의원내각제나 대통령제적 특징을 분류하는 데 어려움을 준다. 의원내각제로 분류하는 경우에는 행정부 수반은 대통령이면서도 내각회의 의장은 국무총리라는 모호한 관계가 문제시되며, 반대로 대통령제로 분류하는 경우에는 국무총리를 국회의 승인으로 임명해야 한다는 점이 문제가 된다.

셋째, 국무원이 매우 강력한 권한을 가진다는 점 역시 특징적이다. 국무원은 보통의 대통령제에서는 심의와 자문기관인 데 반해서, '건국헌법'의 국무원은 '대통령의 권한에 속한 중요국책을 의결'하는 의결기관이다. 대통령은 다만 국무위원회의 의장이며 의결은 국무위원회에서 과반수로 하게 되는 것이다. 내각이 의결기관으로서 역할을 하는 것은 의원내각제의 특징이며, '건국헌법'의 이러한 특징은 의원내각제적 성격을 나타내며 동시에 대통령에게 강력한 권한을 부여하기를 기

록(2003), pp. 204~205.

57) '유진오 초안' 제54조, '유진오 공동안' 제54조, '헌법기초위원회안' 제50조, '건국헌법' 제51조.

〈표 1-3〉 제헌국회 헌법(안)의 권력구조 주요내용

	대통령 선출	국가수반과 행정수반의 일원화 여부	의회의 내각 불신임권	내각의 의회 해산권	대통령 (주석) 의 의회 해산권	국무총리 선출	국무위원 선출	내각의 지위	국무위원의 국회출석 발언권	대통령의 법률안 거부권	대통령의 법률안 제출권
유진오초안 (1948. 5)	간 선	이원화	제 78조	×	제 61조	국회제천 대통령 임명	국무총리 제천 대통령 임명	의결 기관	제 48조	(참의원)	제 43조
유진오 공동안 (1948. 5)	간 선	이원화	제 76조	×	제 60조	대통령 임명 국회승인	국무총리 제천 대통령 임명	의결 기관	제 48조	(참의원)	정부 (제 43조)
헌법기초 위원회안 (1948. 6)	간 선	일원화	×	×	×	대통령 임면	대통령 임면	의결 기관	제 43조	제 39조	정부 (제 38조)
건국헌법 (1948. 7)	간 선	일원화	×	×	×	대통령 임명 국회승인	대통령 임명	의결 기관	제 44조	제 40조	정부 (제 39조)

피하는 당시 국회의원들의 의사가 반영된 결과로 보인다. 혹은 이전 헌법문서에서 예외 없이 발견되는 특징이기 때문에 당시의 의원들 역시 당연히 여기고 받아들인 것이라고도 볼 수 있다. 제헌국회 본회의에서는 이 문제에 대한 논의가 구체적으로 이루어지지 않고 원안이 무수정 통과되었다.

넷째, 국회의원의 국무위원 겸직이나 국무위원의 국회출석 발언권이다. 본회의에서 여러 의원들이 대통령제에 반하는 조항들을 지적하였으나, 행정부와 입법부의 상호 밀접한 관계를 형성하기 위해서 국회의원의 국무위원 겸직조항과 국무총리 및 국무위원의 국회출석 발언권 조항을 넣었다는 유진오와 헌법기초위원들의 합리화에 의하여 대부분 원안대로 가결되었다.[58)]

결국 '건국헌법'은 1948년 7월 12일 출석의원 163명의 만장일치로 통과되었다. 권력구조에서는 '헌법기초위원회안'을 온전히 유지하면서 국무총리 임명의 국회승인 조항만이 첨가되었다. 따라서 '건국헌법'은 앞에서 언급한 특징들이 나타나게 됨으로써 '헌법기초위원회안'과 마찬가지로 권력구조의 뼈대는 대통령제이면서도 구조를 형성하는 몸과 살은 의원내각제적 요소로 이루어진 특수한 혼합적 형태로 최종 확정된 것이다.

58) 대한민국국회(1987), p. 242.

V. 정리 : 혼합적 권력구조의 역사적 경험과 건국헌법, 그리고 현재

1919년 4월 11일 헌법제정 이래 임시정부는 5차례의 헌법개정 과정을 통해 나름의 입헌정치(*constitutional politics*)의 전통을 쌓았다. 그렇게 형성된 헌법정체성(*constitutional identity*)은 정부형태의 차원에서는 임시의정원을 중심으로 한 혼합형 권력구조로 나타났다. 광복 후 헌법제정을 위한 입헌정치 1기(1945. 8~1946. 12)에 등장한 최초의 헌법안인 '행정연구위원회 안'과 '민주의원 안' 역시 그 전통을 이어받아 각기 이원정부제와 혼합적 의원내각제라는 절충적 권력구조를 채택하였다.

이 중에서도 특히 공적 헌법안이었던 '민주의원 안'은 남조선 과도입법의원을 주무대로 하여 펼쳐진 입헌정치 2기(1946. 12~1947. 11)에 논의된 헌법안들에 많은 영향을 주었다. '민주의원 안'의 직접적 후예라 할 수 있는 '임시헌법기초위원회 안'은 유사한 형태의 혼합형 의원내각제를 담았으며, 한민당 계열이 독자적으로 제출한 '남조선 과도약헌안' 역시 한민당의 정치논리에 부응하는 상대적으로 순수한 형태의 의원내각제를 주창하였다. 하지만 입법의원 연석회의와 본회의, 그리고 제 2차 미소 공위의 답신안 형태로 헌법논의가 확산되고 공론화되는 과정에서 한민당 등이 선호한 의원내각제적 권력구조는 많은 타협과 절충을 거치게 된다. 그 결과 1947년 7월과 8월에 완성되는 중간파와 우파의 모든 헌법안들은 혼합형 대통령제로 수렴되는 경향을 보이며, 이는 특히 입법의원에서 공식헌법으로 최종 의결되는 '조선 임시약헌'의 권력구조가 잘 보여준다.

권력구조에 대한 입헌정치 2기의 거국적 합의에 비추어볼 때, 유엔의 남한 단독정부 수립결의로부터 비롯되는 입헌정치 3기(1947. 11 ~ 1948. 7)를 주도한 '유진오 초안'과 '유진오 공동안'이 상대적으로 순수한 형태의 의원내각제를 주장한 것은 의외라고 볼 수 있다. 이는 아마도 유진오 개인의 신념과 철학, 그리고 이념적 스펙트럼이 우파로 협소해지고 한민당 계열의 영향력이 상대적으로 커진 제헌국회 안에서 힘을 발휘한 탓이라고 추정할 수 있다. 그러나 잘 알려진 대로 이제껏 권력구조 문제에 대해 방관적 입장을 취했던 이승만 국회의장이 헌법기초위원회의 심의 마지막 단계에 개입함으로써 의원내각제는 대통령제로 번안되고, 그 결과 만들어진 '헌법기초위원회 안'의 혼합형 대통령제는 본회의 심의과정을 거치면서 의원내각제와의 절충적 성격을 더하게 된다. 그 최종 결과물인 '건국헌법'의 권력구조는 대통령제라는 의미에서 임시정부의 헌법정체성과는 차별화되지만, 여전히 순수한 정부형태를 지양하고 혼합형 권력구조를 지향한다는 의미에서는 그 전통에 충실하다고 볼 수 있다.

이렇게 보았을 때 광복 후 3년간 전개된 헌법제정을 위한 입헌정치에서 발견되는 경로의존적 특성은 ① 혼합적 권력구조의 지속과 ② 대통령제로의 수렴 경향성이라고 요약할 수 있다. 첫째, 임시정부 이래 혼합형 권력구조의 전통은 간단없이 이어졌다. 입법의원 당시 제출된 '남조선 과도약헌안'의 의원내각제처럼 상대적으로 순수한 이념형에 가까운 권력구조가 제기되기도 하였으나 논의와 심의과정을 거치면서 모두 혼합형 권력구조로 수렴되었다. 결과만 놓고 본다면 이는 후일 제헌국회 헌법기초위원회와 본회의에서 전개된 양상과도 일치한다. 둘째, 논의가 확산되고 공론화될수록 권력구조는 대통령제로 수렴되는 경향성을 보인다. 입법의원과 제헌국회에서의 헌법심의 과정의 또다른 공통점은 심의 기초안들이 담았던 의원내각제적 성격에 비해 최종적으로 공식 의결된 '조선 임시약헌'과 '건국헌법'은 둘 다 대통령제적 요소를 더 적극적으로 수용하였다는 데 있다. 물론 그렇게 채택된 대통령제가 순수한 이념형과는 거리가 있고 절충된 성격의 혼합형이기는 하지만, 각각의 심의 기초안들과 비교하면 대통령제적 요소가 점진적으로 강화되는 특징을 보인다.

1948년 '건국헌법'의 혼합형 대통령제를 단순히 개인의 권력의지나 정파간 협상과 타협의 산물로만 설명하는 것은 충분치 않다. 1948년 제헌 이래 최고 권력자 자의에 의한 헌법정신 훼손과 파행적 헌법개정으로 인해 지난 60여 년 헌정사가 비운의 역사가 되었다는 지적에는 아무도 이의를 제기할 수 없다. 허나 그런 유감스러운 정치과정의 산물인 개정헌법들을 단순히 권력의지와 정치투쟁 및 타협과 같은 상황논리로만 설명하기에는 1919년 이래 통시적(通時的)으로 이어진 헌법정체성이 너무 뚜렷하다. '건국헌법'의 혼합적 권력구조는 1948년에 갑자기 도출된 것이 아니라 1919년 대한민국임시정부로부터 이어온 입헌정치의 경로의존적 흐름 속에서 형성된 것이며, 그러한 권력구조상의 헌법정체성은 건국과 제헌, 그리고 이후 전개된 한국 헌정사에

〈그림 1-1〉 권력구조를 중심으로 본 중간파와 우파 헌법(안) 간의 영향관계

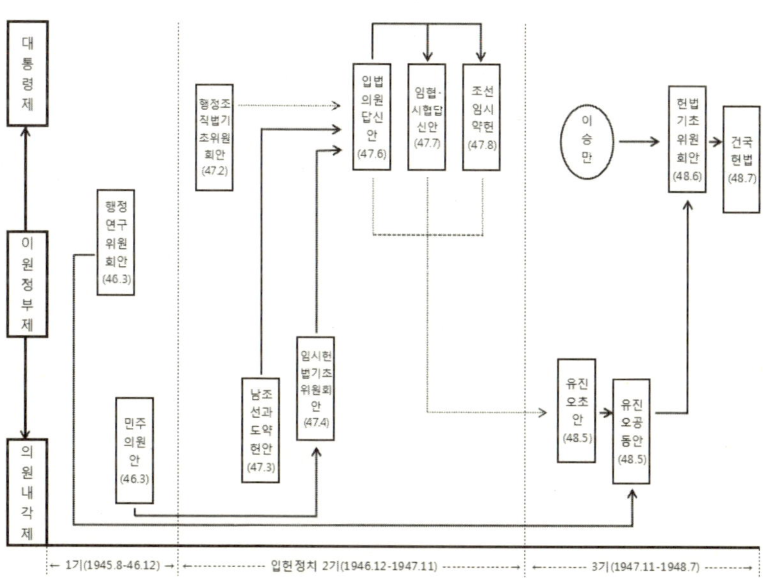

서 살아남아 현행 1987년 헌법에까지도 이어진다고 보아야 하지 않을까. 1948년에 만들어진 권력구조의 의미를 이해하기 위해 그 전과 후로 연구의 시평(時坪)이 확장되어야 하는 이유가 여기에 있다. 현재 논의되는 권력구조 개편을 위한 헌법 개정이 교과서적 헌정공학의 차원에서만 다루어지기 어려운 이유 역시 마찬가지다.[59] 법제사나 정치사 연구는 물론 개헌을 위한 작금의 입헌정치도 한국적 헌법정체성의 경로의존적 형성과 발전에 대한 심층적 이해에 기초할 필요가 있다는 것이 이 소고가 갖는 함의라고 할 수 있다.

참고문헌

국회사무처. 1990. 《정부형태의 유형》.

권영성. 2008. 《헌법학원론》. 법문사.

김성호. 2008. "헌법제정의 정치철학: 주권인민의 정체성과 인민주권의 정당성". 〈한국정치학회보〉 제 42집.

______. 2006. "헌법개정의 정치이론: 미국 연방헌법 제 5조를 중심으로". 〈한국정치학회보〉 제 40집.

김성호·최명호. 2008. "1948년 건국헌법 전문에 나타난 '우리들 대한국민'의 정체성과 정당성". 〈한국정치학회보〉 제 42집 제 4호.

김수용. 2008. 《건국과 헌법: 헌법논의를 통해 본 대한민국 건국사》. 경인문화사.

김영미. 1994. "미군정기 남조선 과도입법의원의 성립과 활동". 〈한국사론〉 32집.

김영수. 1980. 《대한민국임시정부 헌법론: 헌법제정의 배경 및 개헌과정을 중심으로》. 삼영사.

김영태. 2004. "독일과 프랑스의 권력구조 비교". 진영재 편. 《한국 권력구

59) 정당성과 타당성 등 헌법개정이 제기하는 이론적 문제의 전모에 관해서는 김성호, "헌법개정의 정치이론: 미국 연방헌법 제 5조를 중심으로", 〈한국정치학회보〉 제 40집, 2006을 참조할 것.

조의 이해》. 나남.
김용호. 2004. "2003년 헌정위기의 원인과 처방: 제 3당 분점정부와 대통령-국회 간의 대립". 진영재 편. 《한국 권력구조의 이해》. 나남.
김일영. 2004. 《건국과 부국》. 생각의 나무.
김철수. 2004. "헌법 개정의 기본방향". 〈헌법학연구〉 10(1).
김홍우. 2001. "제헌국회에서의 정부형태론 논의 연구". 《한국정치와 헌정사》. 한국정치외교사학회.
대한민국국회. 1987. 《제헌국회속기록 1》. 여강출판사.
______. 1999. 《남조선 과도입법의원 속기록 3》. 선인문화사.
문광삼. 1988. "미군정기 헌법사". 《한국헌법사 상》. 고려원.
박광주. 1998. "헌법제정 과정과 대통령선거". 한국정신문화연구원 현대사연구소 편. 《한국 현대사의 재인식 2: 정부수립과 제헌국회》. 오름.
박찬욱. 2004. "대통령제의 정상적 작동을 위한 개헌론". 진영재 편. 《한국 권력구조의 이해》. 나남.
박찬표. 1997. "제헌국회와 한국의 의회민주주의". 《입법조사연구》. 국회도서관 입법조사분석실.
______. 2007. 《한국의 국가형성과 민주주의》. 후마니타스.
새한민보사. 1947. 《임시정부수립 대강: 미소 공위 자문안 답신집》. 새한민보사.
서기준. 2008. "한국 정치권력구조의 문제점과 개편방안에 관한 근본원리적 접근". 〈한국동북아논총〉 46집.
서희경. 2007. "시민사회의 헌법구상과 건국헌법에의 영향(1946-1947)". 〈동양정치사상사〉 6.
______. 2005. "대한민국 건국헌법의 역사적 기원(1898-1919)". 〈한국정치학회보〉 40집.
성낙인. 2008. 《헌법학》. 법문사.
손세일. 1969. "대한민국 임시정부의 정치지도체계". 《3 · 1운동 50주년기념논문집》. 동아일보사.
______. 2003. "3 · 1운동 후 서재필의 신대한(新大韓) 건국구상". 서재필기념회 편. 《서재필과 그 시대》. 서재필 기념회.

신명순 역. 1995. 《내각제와 대통령제》. 나남.

신우철. 2008. "해방기 헌법초안의 헌법사적 기원: 임시정부 헌법문서의 영향력 분석을 통한 '유진오 결정론' 비판". 〈공법연구〉 36(4).

______. 2005. "중국의 제헌운동이 상해 임시정부 헌법제정에 미친 영향: 임시헌장(1919. 4. 11)과 임시헌법(1919. 9. 11)을 중심으로". 〈법학사연구〉 29집.

심지연. 1986. "해방후 주요 정치집단의 통치구조와 정책구상에 대한 분석: 미소공동위원회 답신안을 중심으로". 〈한국정치학회보〉 20(2).

안순철. 2004. "내각제와 다정당체제: 제도적 조화의 모색". 진영재 편. 《한국 권력구조의 이해》. 나남.

양동안. 2001. 《대한민국 건국사》. 현음사.

유진오. 1958. "헌법제정의 유래". 〈사상계〉 6(7).

______. 1980. 《헌법 기초 회고록》. 일조각.

이경주. 2001. "미군정기의 과도입법의원과 조선 임시약헌". 〈법사학연구〉 23권.

이상묵. 2008. "한국의 권력구조 변화의 원인 분석". 〈한국정치연구〉 17(1).

이승우. 2007. "건국헌법 이전의 한국헌정사". 〈헌법학연구〉 13권.

이영록. 2006. 《유진오 헌법사상의 형성과 전개》. 한국학술정보.

______. 2003. "제헌과정에서의 권력구조 논의에 나타난 대립의 전개과정과 결과에 관한 연구". 〈법학사연구〉 28집.

______. 2002. "제헌국회의 '헌법 및 정부조직법 기초위원회'에 관한 사실적 연구". 〈법사학연구〉 25.

이완범. 2007. 《한국 해방 3년사: 1945-1948》. 태학사.

이현희. 2002. 《대한민국임시정부사》. 한국학술정보.

장영수. 2008. "현행헌법상의 정부형태와 대통령의 지위 및 권한에 관한 연구". 〈공법학연구〉 9(1).

전광석. 2005. "제헌의회의 헌법구상". 〈법학연구〉 15.

______. 2007. "유진오와 대한민국 헌법". 〈고려법학〉 48권.

정상우. 2007. "대한민국 임시정부 헌법과 건국헌법". 〈법과 사회〉 32집.

정종섭. 2002. 《한국헌법사문류》. 박영사.

______. 2004. "1948년 국회의 법적 성격에 관한 연구". 〈법학〉 45권. 서울대.

정진민. 2004. "한국 대통령제의 문제점과 극복방안". 진영재 편. 《한국 권력구조의 이해》. 나남.

조용중. 1990. 《미군정하의 한국정치현장》. 나남.

중앙일보 현대사연구소 편. 1996. 《현대사자료집총서 1: 미군 CIC 정보 보고서 1》. 선인문화사.

진영재. 2008. "헌법적 권력구조". 한국정치학회 편. 《정치학이해의 길잡이》. 법문사.

진영재 편. 2004. 《한국 권력구조의 이해》. 나남.

최경옥. 2003. "제헌국회의 성립사". 〈공법연구〉 31집.

최한수. 2005. "한국 역대정권의 대통령제 권력구조 특성에 관한 연구". 〈대한정치학회보〉 13(2).

하세헌. 2007. "민주주의의 공고화와 한국의 권력구조". 〈한국동북아논총〉 44.

한태연. 1988. "제헌헌법의 신화". 〈동아법학〉 제 6호.

허 영. 2008. 《헌법이론과 헌법》. 박영사.

홍기태. 1989. "해방후의 헌법구상과 1948년 헌법 성립에 관한 연구". 〈법과 사회〉 1.

Arthur, Bryan. 1994. *Increasing Returns and Path Dependence in the Economy*. University of Michigan Press.

Beyme, Klaus von. 2000. *Parliamentary Democracy: Democratization, Destabilization, Reconsolidation*, 1789-1999. New York: St. Martin's Press.

Duverger, Maurice. 1980. "A New Political System Model: Semi-Presidential Government". *European Journal of Political Research* 8.

Elgie, Robert. 1999. "The Politics of Semi-Presidentialism". in Robert Elgie(ed.), *Semi-Presidentialism in Europe*. New York: Oxford University Press.

Levi, Margaret. 1997. "A Model, a Method, and a Map: Rational Choice in Comparative and Historical Analysis". in M. Lichbach and A. Zuckerman(eds.). *Comparative Politics: Rationality, Cul-*

ture, and Structure. Cambridge University Press.

Lijphart, Arend. 1994. "Presidentialism and Majoritarian Democracy: Theoretical Observations". in J. J. Linz and A. Valenzuela (eds.). *The Failure of Presidential Democracy*. Baltimore: The Johns Hopkins University Press.

Linz, Juan. 1994. "Presidential or Parliamentary Democracy: Does It Make a Difference". in J. J. Linz and A. Valenzuela (eds.). *The Failure of Presidential Democracy*. Baltimore: The Johns Hopkins University Press.

Pierson, Paul. 2004. *Politics in Time: History, Institutions, and Social Analysis*. Princeton University Press.

Sartori, Giovanni. 1994. "Neither Presidentialism nor Parliamentarism". in J. J. Linz and A. Valenzuela (eds.). *The Failure of Presidential Democracy*. Baltimore: The Johns Hopkins University Press.

Shugart, Matthew Soberg and Carey, John M. 1992. *Presidents and Assemblies: Constitutional Design and Electoral Dynamics*. Cambridge: Cambridge University Press.

Stepan, Alfred and Skach, Cindy. 1944. "Presidentialism and Parliamentarism in Comparative Perspective". in J. J. Linz and A. Valenzuela (eds.). *The Failure of Presidential Democracy*. Baltimore: The Johns Hopkins University Press.

대한민국임시헌장(1919. 4)

대한민국임시헌법(1차 개정: 1919. 9)

대한민국임시헌장(2차 개정: 1925. 4)

대한민국임시약헌(3차 개정: 1927. 3)

대한민국임시약헌(4차 개정: 1940. 10)

대한민국임시헌장(5차 개정: 1944. 4)

행정연구위원회안(한국헌법: 1946. 3)

민주의원안(1946. 3)

남조선 과도행정조직법 초안(신익회: 1947. 2)
남조선 과도약헌 안(서상일안: 1947. 3)
임시헌법기초위원회 안(김붕준 안: 1947. 4)
조선 임시약헌(1947. 8)
제 2차 미소공동위원회 입법의원 답신안(1947. 7)
제 2차 미소공동위원회 임시정부수립대책위원회 답신안(1947. 7)
제 2차 미소공동위원회 시국대책협의회 답신안(1947. 7)
제 2차 미소공동위원회 민주주의민족전선 답신안(1947. 7)
유진오 초안(1948. 5)
유진오 공동안(1948. 5)
권승렬 안(1948. 6)
헌법기초위원회 안(대한민국헌법안: 1948. 6)
건국헌법(대한민국헌법: 1948. 7)

제2장

신분에서 평등으로

제헌헌법과 근대사회에서 사람의 자격과 지위*

서 호 철**

I. 들어가면서

유치원부터 고등학교에 다니는 아이가 있는 집이면 지금도 1년에 한 번쯤은 가훈 알아오기, 본관과 중시조, 조상 가운데 훌륭한 분들 찾기 같은 숙제를, 그야말로 온 가족이 함께 해주게 될 것이다. 제 뿌리를 알아야 한다는 취지에는 공감하지만, 그 뿌리찾기가 '온 나라가 양반되기'라는 묘한 방향으로 흘러가는 것은 참 난감하다.[1] 민주공화국의 성원으로 인간과 시민이면 족하지, 이미 과거 속으로 사라진 '양반'의 후예란 게 뭐 그리 대견하다는 것인지? 그러나 정작 아이들 숙제에 노비에서 노비로 이어지는 난쟁이 김불이의 계보를 적어줄 집은 없을 테니까 말이다.

---

* 이 글은 2009년 3월의 한국미래학회 40주년 기념학술대회 "제헌과 건국, 그리고 미래한국의 헌법구상"에서 발표되었고, 〈법과 사회〉 제36권(2009)에 게재되었다.

** 한국학중앙연구원 조교수.

1) '온 나라가 양반되기'라는 표현은 김상준, "온 나라가 양반되기: 조선 후기 유교적 평등화 메커니즘", 〈사회와 역사〉 63호, 2003에서 빌려왔다.

출생과 혈통으로 타고났거나 바꾸기 힘든 사회적 위계를 정해두고 거기에 따른 권리와 의무, 생활방식 등의 차이를 자연스럽고 당연한 것으로 인정하는 것을 '(사회적)신분제'라 한다면, 한국에서 그런 신분제는 1894년 갑오개혁으로 폐지되었다는 것은 상식에 속한다.[2] 그리고 1948년의 '대한민국 헌법' 제1호, 통칭 '제헌헌법' 또는 '건국헌법'은 제8조에서 모든 국민은 법 앞에 평등하며 사회적 신분에 따라 차별받지 않고, 사회적 특수계급의 제도는 있을 수 없다고 규정했다. '신분에서 계약으로', '귀속지위에서 성취지위로' 등은 근대로의 이행을 설명하는 교과서적 표현이다. 그러나 현실에서는 계약에 의한 고용관계가 경제외적 강제와 인격적 종속의 때를 벗지 못하고, 부와 가난의 대물림, 계급 재생산을 통해 성취지위가 다시 귀속지위로 굳어진다. 몸과 마음에 새겨진 차별과 배제의 하비투스는 같은 노동자계급 안에서도 정규직과 비정규직, 내국인과 외국인, 고참과 신참 사이에 신분적 차별을 만들어낸다.[3]

현실의 '신분적' 차별과 과거의 신분제는 물론 같은 것은 아니다. 그러고 보면 지금은 사라진 호주신분도, 주민등록증으로 입증되는 나의 신분도 모두 같은 것은 아니다. 한 말마디가 다양한 뜻으로 쓰이는 일은 허다하므로 특별히 더 논리적·경제적인 인공언어를 만들어 보고픈 관심에서가 아니라면, 이 말이 서로 다른 영역에서 조금씩 다른 뜻으로 쓰인다고 트집 잡을 필요는 굳이 없을지도 모른다. 그러나 과

2) 신용하, "1894년의 사회신분제의 폐지", 〈규장각〉 9집, 1986 참조.

3) 한 외국인 연구자가 보기에 지금 남한의 아파트 경비원은 '하인'이다(D. Lett, *In Pursuit of Status*, Cambridge: Harvard Univ. Press, 1998, p. 115. Valérie Gelézeau, 길혜연 역, 《아파트공화국》, 후마니타스, 2007, p. 228에서 재인용). 비정규직 노동자에 대한 노동자끼리의 차별에 대해서는 이병훈, "비정규노동의 작업장내 사회적 관계에 관한 사례 연구", 〈경제와 사회〉 제57권, 2003. 외국사례지만 한 지역의 토박이와 뜨내기 사이의 차별에 대해서는 Norbert Elias, 박미애 역, 《기득권자와 아웃사이더》, 한길사, 2005.

분(過分)하거나 비분(非分)해서는 안 될 분한(分限), 분수(分數)를 이미 함축한 '신분'(身分)이라는 말마디는 어쩌면 '온 나라가 양반되기' 못지않게 시대착오적이고 비민주적인 것은 아닐까?

이 글은 이런 신통찮은 물음에서 나온, '신분' 개념에 대한 얕은 탐색이다. '신분'이라는 말의 다양한 쓰임이 그간 별로 문제되지 않았던 것은 일상생활과 역사학, 사회과학, 법학 등 해당영역끼리의 벽이 높았던 탓도 있다고 생각되므로, 부족한 대로 이들 각 분야를 가로질러 이 말의 역사적 쓰임을 개관해보기로 한다.

'신분'은 기실 전통의 어휘가 아니라 '미붕'(みぶん)이라고 읽히는 일본말이다.[4] 이 말은 1백 년이 채 못 되는 사이 학술상의 또 일상의 어휘로 매우 성공리에 한국에 정착했다. 오늘날 우리는 '신분'이라는 말이 없는 전근대사를 상상할 수 없다. 민법 친족·상속편을 가리키는 '가족법'이라는 말이 익숙해져감에도, 그렇다면 '신분행위'나 '신분등록'은 무엇으로 바꿀 수 있을지는 막연하다. 교원과 공무원의 정년은 여전히 '신분보장'이고, '아이덴티티'(*identity*)는 정체성, 자기동일성, 신원 등 여러 가지로 옮겨지지만 주민등록증이나 공무원증, 운전면허증 같은 ID카드를 통틀면 역시 '신분증'이라고 할 수밖에 없다.

이런 의미들은 그냥 다양한 것이 아니라 다층적이거나 가족유사적인 것이어서 신분 일반의 정의를 희망해봄직도 하지만, 그간 '신분'이라는 말은 대개 관용적으로 또는 자못 조작적인 듯이 정의되었을 뿐 그 내력에 대한 연구는 이루어진 바 없다. 전근대사회사의 주류를 이루는 신분사 연구는 방대한 양이지만, 거의 신분제도라는 기의(*signifié*)에 대한 것이었지 '신분'이라는 기표(*signifiant*)에 주목한 것은 아니었다.[5]

4) 물론 그렇다고 해서 그것이 반드시 '순화'해야 할 '일제잔재'라는 뜻은 아니다. '사회'나 '국가', '개인', '연애' 같은 말들도 모두 개항 이후 일본에서 들어온 말들인데, 그런 말들을 모두 '순화'한다면 그 뒤에 남는 것은 도대체 무엇일지 상당히 궁금하다.

이 말이 개항 이후 일본에서 전해졌으리라는 지적도 아주 최근의 것이다.[6] 그리고 '제헌헌법' 제8조의 평등권 규정 역시 '신분'이라는 개념에 대한 그렇게 예민한 감각에서 나온 것 같지는 않다.

II. 대한민국 제헌헌법의 평등권 규정 : '사회적 신분'과 '특수계급'

1948년 단독정부 수립을 둘러싸고 남북이 대립한 우여곡절 끝에 남에서는 '대한민국 헌법'이, 북에서는 '조선민주주의인민공화국 헌법'이 각각 제정되었다. 반쪽이 나버린 형태로나마 그것은 한반도에서 처음으로 인민의 자유와 권리 등이 헌법이라는 형식에 의해 규정된 사건이었다. 그리고 남과 북의 헌법은 공히 인민의 자유와 권리 등과는 별도로 인민의 평등을 규정한 조항을 마련하였다. 대한민국의 제헌헌법은 제8조에서 다음과 같이 규정한다.[7]

---

5) 전근대사회는 당연히 신분제 사회라고 생각해서인지, 상당수 역사연구들은 아예 신분 개념의 정의조차 제시하지 않는다. 기존의 정의들을 충실히 정리한 최근의 한 연구도 더 나은 정의를 찾고 있을 뿐, 이 개념/어휘의 정당성을 문제 삼지는 않는다(조우영, 《경국대전의 신분제도》, 한국학술정보, 2008, pp. 30~57). 이 개념의 낯섦과 부정합은 다른 사회, 최소한 중국과 일본의 전근대와의 비교를 통해서만 감지될 것이다(宮島博史, "조선시대의 신분, 신분제 개념에 대하여", 〈대동문화연구〉 42집, 2003).

6) 지승종, "조선시대 신분과 양반의 개념", 《한국사회사연구》, 나남, 2003, p. 20.

7) 이하 인용문들의 밑줄은 인용자가 그은 것이다. 이 조항은 사소한 어구수정 외에는 거의 변화 없이 현행헌법 제11조로 유지되고 있다.

제8조

① 모든 국민은 법률 앞에 평등이며 성별, 신앙 또는 사회적 신분에 의하여 정치적, 경제적, 사회적 생활의 모든 영역에 있어서 차별을 받지 아니한다.

② 사회적 특수계급의 제도는 일체 인정되지 아니하며 여하한 형태로도 이를 창설하지 못한다.

③ 훈장과 기타 영전의 수여는 오로지 그 받은 자의 영예에 한한 것이며 여하한 특권도 창설되지 아니한다.

기왕에 많이 지적된 바지만, 1항 앞부분에서 모든 국민이 법 앞에 평등하다고 규정한 뒤에 새삼 성별, 신앙, 사회적 신분이나 사회적 특수계급 같은 몇 가지 차별사유를 들어 금지조항을 둔 것은 다소 혼란스럽다. 또 문맥상 존재 자체가 부정되는 '사회적 특수계급'과, 현실적 차이로 존재하되 그것이 차별의 근거가 되어서는 안 되는 '사회적 신분'의 차이가 무엇인지도 분명치 않다. 기존논의들을 되풀이할 것은 없겠지만, "일반법과 특별법의 관계에 있는 별개의 평등원칙들을 하나의 동일한 규정을 통해서 실정화한 것은… 명백한 편집상의 오류"라는 견해가 한쪽 극단에 있다면, "특별히 '사회적 신분'이라는 일반적 표현을 사용함으로써, 시대와 상황에 대처할 수" 있게 한 것은 "헌법의 미래지향성과 개방성"이라는 평가는 또다른 극단일 것이다.[8] 그러나 인간의 상상이 시대적 한계에 얽매이게 마련인 한, 헌법 입안사가 아무리 미래지향성과 개방성을 담보하려 했더라도 그 시점에서 상상 가능한 차별의 근거를 들 수밖에 없었을 것이라고 생각된다. 결국 이 조항은 그때까지의 역사적 경로에 비추어 이해해야 할 것이다.

8) 전자는 계희열, 《헌법학(中)》, 박영사, 2004, p. 242; 후자는 황도수, "헌법재판의 심사기준으로서의 평등", 서울대 박사학위논문, 1996, p. 143. 여기에 대한 비판적 논의로는 이종수, "'사회적 신분'에 의한 차별금지의 헌법적 의미", 〈공법연구〉 31집 1호, 2002 참조.

제헌헌법에 이르는 과정은 거듭 역설적이었다. 조선은 국초부터 이어온 〈경국대전〉 체제에서는 물론, 대한제국 시기에도 인민의 권리와 의무를 헌법적 문서로 규정한 바 없었다. 1910년 '조약'을 통해 대한제국을 '합법적'으로 '병합'한 일본제국은 식민지 조선에는 '대일본제국 헌법'을 적용하지 않았다. 그렇다고 조선인민의 자유와 권리가 전혀 무시되었던 것은 아니지만, 누가 조선인이며 그가 어떤 권리와 의무를 갖는지 등은 법적으로 분명히 규정되지 않은 채 남게 되었다. 반면 1919년 3·1 운동을 계기로 성립한 대한민국임시정부는 곧바로 '헌법'을 제정하였고 몇 차례 개정도 되풀이했다. 그러나 한반도를 실효적으로 지배하지 못했을 뿐더러 국제법상 승인된 망명정부도 아니었던 임시정부의 헌법문서들은 조선인민의 삶과는 무관했다.[9] 해방 직후에도 상황은 마찬가지였다. "건국준비위원회와 인민공화국으로부터 시작하여 조선인들이 구성한 각종 정치·사회단체들은, 때로는 굉장히 급진적이고 획기적인 인권, 권리를 강령에 포함시켰지만, 대개 그것들은 구호에 그쳤다. 반대로 실제 한반도의 38도선 이남을 지배했던 미군정은 〔조선인민의 인권·권리에 대한〕 명문규정을 만들지 않았다."[10]

결국 남한의 헌법제정은 식민지 지배의 유산과 임시정부의 입헌실

---

9) 또한 임시정부는 식민지 시기 국내외의 모든 독립운동 세력을 결집하거나 통어했던 것도 아니었다. 임시정부의 위상에 대한 평가는 상당 부분 분단상황에서 남한의 정치적 정당성 문제와 결부되며, 독립운동사에서의 임정의 위치는 물론 대한민국의 '임정법통'에 대한 부정적 평가도 존재한다.

10) 이정은, "해방 후 인권담론의 형성과 제도화에 관한 연구, 1945년~1970년대 초", 서울대 박사학위논문, 2008, p. 42(〔 〕 속은 인용자가 덧붙였다). 1948년 4월 7일 주한 미주둔군사령관 하지(John Hodge)가 '조선인민의 권리에 관한 포고'를 발표한 바 있지만, 4·3 항쟁과 5·10 단독 총선거라는 당시의 상황과 미군정, 미주둔군의 행태에 비추어볼 때 그것을 제대로 된 권리장전이라고 보기는 힘들다. 이 점에 대해서는 같은 글, pp. 37~8.

험의 묘한 결합으로 이루어졌다.[11] 입헌주의와 정당성의 측면에서 보자면 "몸체 잃은 머리"(임시정부)와 "머리 없는 몸체"(일본제국헌법도 적용되지 않았던 식민지 조선)가 접합된 것이라 할 수도 있겠으나,[12] 40년 동안 일본 또는 일본을 경유한 서구적 근대성이 남겨놓은 유산의 영향력은 결코 만만치 않았다. 우리 손으로 만든 것도, 하다못해 우리가 고민해서 번역해놓은 것도 아니었기에, 어떤 점에서 그것은 더 견고하고 변경 불가능한, 유일하게 상상 가능한 근대의 문물제도로 여겨지기도 했던 것이다. '신분'이니 '계급'이니 하는 말마디 역시 그 중 하나였다.

유진오에 따르면 헌법제정 과정에서 크게 논란이 된 것은 남녀평등 문제였으며, 2항에서 규정한 '사회적 특수계급'이란 봉건적 인습과 관련된 귀족제도, 노예제도 등을 가리키는 것이었다고 한다.[13] 인종이나 민족(*ethnicity*) 문제는 헌법제정 당시에는 크게 고려되지 않았을 테고 나머지 출생에 따른 차별은 부차적인 것이거나 구래의 신분차별, 즉 '사회적 특수계급의 제도' 속으로 묶일 수 있다고 한다면, 1항의 '사회적 신분'은 신분제로 고착되지는 않은 차별적 지위 정도가 되겠다. 참고로 체제를 달리했지만 비슷한 시기에 만들어진 '조선민주주의인민공화국 헌법'(1948. 9. 8)에서 대응되는 조항을 살펴보면 다음과 같다.[14]

---

11) 헌법제정 단계에서 조선의 통치이념이나 역사는 더 이상 본격적으로 대결해야 할 상대가 아닌, 이미 폐기처분된 과거의 유제로 돌려졌다. 대한민국헌법이 인정하는 전통은 3·1 운동 이후의, 조선조와의 "단절의 전통"이었다(양승태, "한국 헌정이념사 연구서설", 〈정치사상연구〉 14권 2호, 2008, pp. 132~3).

12) 신우철, 《비교헌법사》, 법문사, 2008, pp. 81~2.

13) '사회적 신분'이 무엇이었는지에 대해서는 별 언급이 없다. 유진오, 《신고 헌법해의》, 일조각, 1953, pp. 66~7.

14) 정경모·최달곤 편, 《북한법령집》, 재단법인 대륙연구소, 1990, pp. 4~5.

제11조
조선민주주의인민공화국의 일체 공민은 성별·민족별·신앙·기술·재산·지식 정도의 여하를 불문하고 국가·정치·경제·사회·문화생활의 모든 부문에 있어서 동등한 권리를 가진다.
제12조
① 만 20세 이상의 일체 공민은 성별·민족별·성분·신앙·거주기간·재산·지식 정도의 여하를 불문하고 선거권이 있으며 어떤 주권기관에든지 피선될 수 있다.
제23조
③ 결혼생활 이외에서 출생한 자녀는 결혼생활에서 출생한 자녀와 동등한 권리를 가진다.

남북이 갈라선 지 얼마 되지 않은 시점에서 남한에 '사회적 신분'이라고 부를 만한 차별의 요인이 있었다면 북에서도 마찬가지였으리라고 여겨진다. 기계적으로 비교하자면, 남한의 '사회적 신분'에 해당하는 것은 민족별·성분·거주기간·기술·재산·지식의 정도, 혼외자녀의 구별 등이 되겠다. 그러나 그보다 제헌헌법 제8조를 더 빼닮은 것은 패전 이후 1947년에 제정된 (현행)'일본국 헌법', 이른바 '평화헌법' 제14조이다.[15)]

제14조
① 모든 국민은 법 아래 평등하고, 인종, 신조, 성별, 사회적 신분

15) 家永三郎, 《歴史のなかの憲法(下)》, 東京: 東京大學出版會, 1977, p. 796에서 재인용. 원문은 다음과 같다. "① すべて國民は、法の下に平等であつて、人種、信條、性別、社會的身分又は門地により、政治的、經濟的又は社會的關係において、差別されない。② 華族その他の貴族の制度は、これを認めない。③ 榮譽、勳章その他の榮典の授與は、いかなる特權も伴はない。榮典の授與は、現にこれを有し、又は將來これを受ける者の一代に限り、その效力を有する。"

또는 문벌에 따라 정치적, 경제적 또는 사회적 관계에 있어서 차별 받지 않는다.
② 카조쿠 그밖의 귀족의 제도는 이것을 인정하지 않는다.
③ 영예, 훈장 그밖의 영전의 수여는 어떤 특권도 동반하지 않는다. 영전의 수여는 현재 이것을 가진, 또는 장래 이것을 받을 자의 1대에 한하여 그 효력을 갖는다.

차이가 있다면 1항에서 인종과 문벌(門地)을 따로 듦으로써 '사회적 신분'의 외연을 더 좁혀놓는다는 점과, 2항 우리 제헌헌법의 '사회적 특수계급' 자리에 카조쿠(華族) 제도를 명시해놓은 점이다. 이 조항에 대한 이에나가 사부로오의 설명 역시 유진오의 것보다 명쾌하다. "(일본국) 헌법은 제국헌법 아래서 '황실의 번병(藩屛)'이 되어온 카조쿠 제도를 폐지하고, 또 식민지의 획득에 따라 생겨난 인종차별도 금지하고, '법 아래'의 '평등'을 보장하고 '인종, 신조, 성별, 사회적 신분 또는 문벌'에 따른 차별을 모두 금지하였다(제 14조). 그러나 상징으로서의 천황을 존치하고(제 1조) 천황이라는 특권적 신분을 남기게 되어, 법 아래의 평등을 완전히 관철시킬 수가 없었다."[16]

제헌헌법 제 8조의 직접적 모델이 무엇이었는지 짐작이 가지만, 어차피 헌법이란 국민국가의 모듈이어서 옮겨지고 또 서로 베껴지는 것이다. '일본국 헌법' 제 14조나 1948년 5월 유진오가 사법부 법전편찬위원회에 제출한 헌법초안은 모두 1919년의 '바이마르 공화국 헌법'(*Weimarer Reichsverfassung*) 제 109조를 닮아 있다.[17]

16) 家永三郎(1977), p. 524.

17) 유진오 초안: "제 8조 ① 모든 인민은 법률 앞에 평등이며 정치적, 경제적, 사회적 생활의 모든 영역에 있어서 차별을 받지 않는다. ② 남자와 여자는 원칙적으로 동등한 권리를 갖고 의무를 진다. ③ 신분상의 특권적 지위는 일체 인정되지 않으며 장래 영구히 여하한 형태로도 차(此)를 창설하지 못한다. ④ 훈장, 학위 기타 영전의 수여는 오로지 각인의 영예에 관한 것이

1945년 일본헌법과의 비교에서 부각되는 또 한 가지는, 우리 제헌 헌법 제8조에서는 일본의 카조쿠 제도에 해당하는 것, 유진오에 따르자면 봉건적 귀족·노예제도를 '사회적 특수계급'이라 일컬은 점이다. 오늘날 사회과학과 역사학에서 대개 경제적으로 규정되는 사회계층을 '계급'(*class*), 출생으로 귀속·세습되거나 위신·특권과 관련되는 계층을 '신분'(*status*)이라고 말하는 것과는 거의 반대되는 용어법도 그렇지만,[18] 그보다 금지된 '특수계급'의 일본적 형태가 '제국헌법' 아래서

며 차에 한하여 여하한 신분상 특권도 창설되는 것이 아니다. … 제12조 ① 모든 인민은 신앙과 양심의 자유를 가지며 신앙의 차이로 인하야 사회상 및 법률상 하등의 차별도 받지 않는다(유진오, 《헌법기초 회고록》, 일조각, 1980, pp. 182~3)."

'바이마르 공화국헌법' 제109조: "① Alle Deutschen sind vor dem Gesetze gleich. Männer und Frauen haben grundsätzlich dieselben staatsbürgerlichen Rechte und Pflichten. ② Öffentlich-rechtliche Vorrechte oder Nachteile der Geburt oder des Standes sind aufzuheben. Adelsbezeichnungen gelten nur als Teil des Namens und dürfen nicht mehr verliehen werden. ③ Titel dürfen nur verliehen werden, wenn sie ein Amt oder einen Beruf bezeichnen; akademische Grade sind hierdurch nicht betroffen. ④ Orden und Ehrenzeichen dürfen vom Staat nicht verliehen werden. ⑤ Kein Deutscher darf von einer ausländischen Regierung Titel oder Orden annehmen (http://www.documentarchiv.de/wr/wrv.html)."

18) 이것은 성별, 종교, 장애, 나이, <u>사회적 신분</u>, 출신지역, 출신국가, 출신민족, 용모 등 신체조건, 혼인 여부, 임신 또는 출산, 가족상황, 인종, 피부색, 사상 또는 정치적 의견, 형의 효력이 실효된 전과, 성적(性的) 지향, 병력(病歷) 등까지를 가능한 차별의 근거로 길게 나열한 2001년 대한민국 '국가인권위원회법' 제30조 2항에서도 마찬가지이다. 나머지 모든 차별근거들을 제하고 나면 '사회적 신분'이란 경제력 등에 따른 계급적 지위 정도를 뜻한다고 하겠다. 제정 '국가인권위원회법'의 이 규정은 2005년 7월 29일 개정으로 조금 수정되면서 제2조 3항으로 옮겨졌다〔법조문과 연혁은 법제처 국가법령정보센터(http://www.law.go.kr) 원문 DB 참조〕.

의 카조쿠·귀족제도라면, 과연 한국사에서 그것의 대당(對當)이 조선시대의 신분제이며 제헌헌법은 이미 1894년 갑오개혁으로 이미 폐지된 양천·반상의 신분제를 확인사살한 것이라고 할 수 있을까?

III. 식민지 시기 사회적 신분제의 잔재와 변형

1. 1894년 갑오개혁의 신분제 철폐와 그 이후

그것이 양(良)과 천(賤)의 구별이 되었든 양반과 상천(常賤), 일군(一君)과 만민(萬民), 아니면 그래도 인간 축에 드는 유와 아예 불가촉한 이류(異類) 사이의 구별이 되었든, 19세기 말까지 조선사회에서는 출생과 가족관계, 생업에 따라 결정되는 사회적 위계가 당연한 것으로 여겨졌다. 아니, 그런 사회적 위계와 그것에 따라 배분되는 개개인의 위치, 그 위치별로 기대되는 서로 다른 덕과 행동양식, 명분과 '강상'(綱常)이야말로 전근대사회를 유지하는 핵심적 원리였다.[19] 임금과 백성, 부모와 자녀, 남자와 여자, 어른과 아이, 손위와 손아래, 적자와 서얼, 주인과 노비, 관과 민 사이에는 위아래의 분명한 구별이 있어야 했다. 그 중에서도 노비는 "주인의 재산으로서 매매·양도·증여·임대의 대상이었으며, 나아가 생사여탈권이 주인에 잡혀있는 무권리의 존재"였고,[20] 백정 등은 아예 인간의 축에도 들지 못

19) "법률의 본뜻은 항상 지위가 서로 차이 나는 것을 중시한다. 사족은 서인·천인, 곧 상민과 동등한 지위가 아니지만 서인·천인 사이에는 지위가 동등하다. 이것을 일러 강상이라 하는데, 이것 역시 법률이라 할 수 있다." 《광해군일기》 광해군 원년 10월 16일자. 김성우, "조선시대의 신분구조, 변화, 그리고 전망", 한국고문서학회 편, 《동아시아 근세사회의 비교》, 혜안, 2006, p. 209에서 재인용.

20) 이영훈, "11-16세기 한국의 노비와 일본의 게닌(下人)", 〈경제사학〉 36집,

한 채 "화외(化外)에 방임(放任)"되었다고 전해진다.

그러나 조선 후기, 적어도 19세기에 이르러 전래의 신분제는 얼마쯤의 이완과 변화를 보였다. 일차적으로 고려된 것이 인간의 존엄성과 인권의 확대라는 관심인지, 아니면 조세와 부역의 안정적·효율적 수취, 지배의 정당성 확보, 사회적 안전의 구축, 국가와 지방세력 간의 균형 등 요컨대 통치의 효율성이었는지는 알 수 없지만, 내시·궁방·각사노비의 혁파(1801), 호포법 실시(1871), '사가노비 절목'(私家奴婢節目) 제정을 통한 노비신분 세습의 폐지(1886) 같은 일련의 정책이 이어진 끝에 1894년 신분제 철폐가 이루어졌다.

갑오개혁의 권력중추로 성립한 군국기무처에서는 신분제와 관련된 몇 가지 개혁의안을 내놓았다: ① 문벌과 반상차별의 폐지 및 능력 본위의 관리임용, ② 적서차별의 폐지, ③ 노비제 혁파, ④ 백정 등 최하층민의 면천, ⑤ 양반층의 상업진출 보장 등이 그것이다.[21] ②, ③, ④는 하층민과 피차별 인민에 대한 '해방'의 차원일 것이다. 양반층이 누리던 특권은 ①의 조치와 과거제 폐지로 사라졌다.[22]

단발령과 내각제 등 일부 개혁조치를 부정하고 독립협회의 민의를 탄압했던 대한제국도 갑오개혁의 신분제 철폐를 되돌리려 하지는 않았음은 주목할 만하다. 국민국가와 자유시장체계에 근거한 세계적 자

2004, p. 3.

21) 지승종, "갑오개혁 이후 양반신분의 동향", 지승종 외, 《근대사회변동과 양반》, 아세아문화사, 2000, pp. 12~3. ④는 더 포괄적으로 백정을 포함한 이른바 '7반천인'의 해방을 뜻한다고 보는 것이 일반적이다. 그외에 말씨·교제상의 차별철폐까지 포함하면 이 목록은 더 길어진다. 김성우, "18~19세기 '지배양반' 되기의 다양한 조건들", 〈대동문화연구〉 49집, 2005, p. 191 참조.

22) 신분제 철폐의안을 둘러싼 이후의 논란과 모든 종류의 인신의 약취(略取)·매매를 금지한 1896년의 '적도처단례'(제 8조 7항)에 대해서는 왕현종, 《한국 근대국가의 형성과 갑오개혁》, 역사비평사, 2003, pp. 291~7.

본주의와 제국주의는 조선의 코앞에 당도했고, "종래 백성을 신분적 차별을 두어 지배하던 것에서 이제 근대국가의 '국민'으로 재편성하려는 방향으로" 나아가야 한다는 역사의 방향성은 이미 분명했다.[23] 자유롭고 평등한 시민(국민)이란 국민국가의 필요충분조건일 뿐 아니라 노동력도 시장(자유)에서 교환·대체 가능한 등가(평등)의 상품형태로 구매하는 자본주의경제의 요구였다. 또 애국심으로 무장한 시민이란 총력전의 새로운 소모품이기도 했다. 그리고 그 시민은 계몽과 혁명에 의해 만들어질 수도 있었지만, 필요하다면 정든 주인집을 떠나지 않으려는 충복(忠僕)을 떠밀어 내쫓아서라도 만들어내야 했다.

물론 신분제는 현실의 관행, 심성과 하비투스로는 훨씬 더 오래 지속되었다. 왕조의 멸망 뒤에도 왕들의 죽음은 두 차례에 걸쳐 민족을 애도의 공동체로 결집시켰고, 나머지 신분범주들이 해체되는 와중에도 '양반'만큼은 적어도 사람들의 심성적 세계 속에서는 해체되기는커녕 도리어 확고한 자극(磁極)이 되었다. 족보나 문집의 간행, 재실과 사당, 비각(碑閣)의 설립 등 허울만 남은 양반의 기의 없는 기표들이 범람했다.[24] 그것은 나라가 없어진 상황에서 가문과 혈통을 붙들고 집합적 자아를 보존하려 했던 부질없는 낭만주의이거나 대상이 전이된 애도의 신경증일 수도 있었겠지만, 사사로운 이해관계에 철 지난 위세를 덧입힌 것이기도 쉬웠다. 이미 조선시대에도 각 문중에서는 명조(名祖)·현조(顯祖)를 확보하려고 개관(改貫)·환본(換本)·모관(冒貫), 조상세계(祖上世系)의 조작 및 족파(族派)의 가탁(假託)·투탁(投託) 등을 자행했지만,[25] 이제는 4조(四祖)와 직역을 기재하게 한

23) 왕현종(2003), p. 289.

24) 그런 현상은 식민지 시기를 훨씬 넘겨서 부분적으로는 오늘날까지도 지속된다. 김준형·정진상, "양반문화의 해체과정과 잔존양상", 지승종 외(2000).

25) 이수건, "족보", 한국고문서학회 편, 《조선시대 생활사 2》, 역사비평사, 2000, p. 186.

호적이나 방목처럼 그나마 국가가 양반신분을 확인해주는 최소한의 장치들도 사라진 판이었다.

옛 천민출신에 대한 차별도 오래 남았다. 백정 출신들은 형평(衡平)운동으로 국내외의 이목을 끌게 될 1920년대까지도 지역사회에서 극심한 차별을 받았다. 노동에서의 경제외적 강제나 혼인을 비롯한 일상생활에서의 신분적 차별과 종속도 여전했다. 식민지 시기 일본유학에서 사회주의사상을 섭취하고 돌아온 서방님이 노비문서를 불태울 때까지, 또는 그뒤, 심지어는 해방과 토지개혁, 한국전쟁을 겪고 난 뒤에도 농촌지역에서는 간혹 '하인'이나 '머슴' 등의 형태로 변형된 '노비문서 없는 노비'들이 남아 있었다. 그리하여 최종적으로 일상의 생활세계에서도 신분제가 해체된 것은 법과 정책, 제도상의 해결을 통해서가 아니라, 옛 하층민들이 다른 지역, 특히 도시로 이주함으로써였다.26)

그러나 그런 사정들이 제헌헌법의 '특수계급' 금지조항의 배경이 되었음 직하지는 않다. 조선의 여러 독립운동 세력들은 놀랄 만큼 재빨리 옛 왕조에 등을 돌렸고 이념적 차이와 상관없이 모두 민주공화의 새로운 조국을 꿈꾸었다. 옛 왕조와 신분제는 식민지배 권력의 파트너도 될 수 없었다. 물론 총독부가 성리학에서 통치 이데올로기의 일단을 빌려왔고 종래의 지배신분이자 지역사회에서는 여전히 무시 못할 세력을 갖고 있던 양반사족을 포섭, 식민지 지배에 이용하려고 여러모로 획책했던 것은 사실이다. 그러나 재조(在朝) 일본인에게도 식민자(*colonizer*), 식민지 통치의 민간측 파트너로서의 지위와 특권을 인정하지 않은 총독부가 조선의 옛 지배신분에게 호의적일 리 만무했다. 식민지배 권력이기 때문에 지주층과 더 밀착했으리라는 추측이

26) 정진상, "해방직후 사회신분제 유제의 해체", 지승종 외(2000); 박찬승, "종족마을 간의 신분갈등과 한국전쟁", 〈사회와 역사〉 69호, 2006 등 참조.

가능하다면, 식민지이기 때문에 신분제를 더 철저히 붕괴시켰으리라는 추측도 가능하다.

극히 사소한 두 가지 에피소드를 들어보자. 하나는, 1909년 모든 인민을 일본의 근대 호적부를 본뜬 '민적부'에 새로 등록하게 하는 과정에서 신분을 기재하도록 한 일본 호적부의 '조쿠쇼오'(族稱) 란을 '본관' 란으로 바꾸어 놓은 조치이다. 그 결과 조선 말 각 집안의 실제 신분이 어떠했는지를 공문서를 통해 확인하기란 거의 불가능해졌고, 덕분에 족보와 문집 따위 사문서를 내세운 '온 나라가 양반되기'가 가능했던 것이다.[27] 다른 하나는 1930년대 말 이래의 전시총동원이다. "어깨를 비비대고 배급을 타려 덤비고, 몸뻬에 바께쓰를 들고 나란히" 서야 목숨을 이어갈 수 있는 절박한 상황은 "아씨·마님·영감·대감·도련님·서방님·나리가 없어지고 아주머니·할머니·아저씨·아줌마로 모두 통해버리게" 되는 데 일조했던 것이다.[28] '온 나라가 양반되기'의 비루한 계보는 갑오농민전쟁과 갑오개혁 못지않게 식민지 통치성에도 힘입고 있다.

---

27) 반대로 일본의 호적부 조쿠쇼오 란에는 시조쿠(士族), 헤이밍(平民) 등의 신분을 기재했고, 에타(穢多)·히닝(非人) 등에 대한 차별이 문제시되자 그들에 대해서는 조쿠쇼오를 쓰지 않든지 '신헤이밍'(新平民)이라고 기재하게 했다. 그런데 원칙적으로 일본의 호적부와 제적부(除籍簿)는 아무나 열람할 수 있기 때문에 이것은 오늘날까지도 '부라쿠밍'(部落民) 차별의 중요한 제도적 장치로 작용한다. 二宮周平, 《戸籍と人權》, 大阪: 部落解放硏究所(解放出版社), 1995. 또 이 글의 각주 51번도 참조.

28) 조용만, 《30년대의 문화예술인들》, 범양사, 1988, p. 297. 이경훈, "『흙』, 민족과 국가의 경합", 이광수(이경훈 편), 《흙》, 문학과지성사, 2005, pp. 792~3에서 재인용.

2. 잊혀진 '특수계급': 조선왕실과 조선귀족의 운명

역사적으로 볼 때, 또 직접적 본이 된 1945년 '일본국 헌법'과 비교하더라도 제헌헌법 제 8조 2항의 '사회적 특수계급'이 조선조의 신분제를 염두에 둔 것이라 보기는 힘들다. 오히려 이 모호한 표현이 감추는 것은 조선의 왕족과 공족(公族), 조선귀족일 것이다. 1910년 '일한병합'과 함께 일본이 마련한 일련의 법규들에는 조선인민 일반의 자격과 권리에 대한 규정은 없었지만, 대한제국 황실에 대한 조치는 포함되었다. '병합조약'에도 일본황제는 "한국 황제폐하, 태황제폐하, 황태자전하, 그 황후, 황비, 후예로 하여금 각기 지위에 따라 상당한 존칭, 위엄과 명예를 향유하게 하고(제 3조)", "앞 조 이외의 한국황족과 그 후예에 대해 각 상당한 명예와 대우를 향유(제 4조)"시키며, "훈공 있는 한인(韓人)으로 특히 표창을 하기에 적당하다고 인정되는 자에 대해 영작(榮爵)을 부여하고 은금(恩金)을 수여(제 5조)"한다는 등의 내용이 담겼다.[29] 그리고 대한제국의 황실은 왕족과 공족으로 분류되어 '이왕직'이라는 기구를 통해 관리되었고, 병합 전 조선사회에서 상당한 문벌에 있으면서 일한병합에 공로가 인정되는 자들은 1910년 '조선귀족령'으로 일본화족과 비슷한 작위를 수여받았다. 애초 76명이 수작(授爵) 대상이었지만, 일부인사들은 수작을 거부하거나 반납하였다고 한다.[30]

일본이 천황제를 '국체'(國體)로 삼는 한, 당분간만이라도 박물관의

---

29) 친일반민족행위진상규명위원회 편, 《친일반민족행위관계사료집 I: 조약과 법령》, 2007, p. 65.

30) 왕족과 공족에 대해서는 坂元眞一, "조선왕실 자손들과 그 대한민국 국적", 〈서울국제법연구〉 6권 1호, 1999. 이왕직에 대해서는 이윤상, "일제하 '조선왕실'의 지위와 이왕직의 기능", 〈한국문화〉 40호, 2007. 조선귀족에 대해서는 심재욱, "1910년대 '조선귀족'의 실태", 〈사학연구〉 76호, 2004를 참조.

인종표본이나 멸종위기의 천연기념물처럼 옛 조선왕실을 유지·관리한 것은 피치 못할 선택이었을 것이다. 그에 반해 귀족제도는 "서구의 근대적 국가들에서 공통으로 시행되는 제도"라고 선전되었는데,[31] 실은 '조선귀족령'의 본이 된 1884년 '카조쿠료오'(華族令)는 일본으로서는 근대적 제도이기는 했다. 옛 쿠게(公家: 조정의 고위관료)와 토쿠가와 시대의 다이묘(大名: 武家, 新華族)에게 작위(公·侯·伯·子·男爵)를 수여하고 법·정치·군사·경제 여러 부문에 걸쳐 일반 인민과 구별되는 몇 가지 특권을 부여한 것은, 바로 메이지 유신을 통해 쿠게·부케(武家)·햐쿠쇼오(百姓)·쵸오닝(町人)·에타·히닝 등 종래의 신분을 폐지하고 '사민평등'(四民平等)을 이루었다고 선전하던 시점이었다.

그러나 그 시점에서 화족은 '황실의 번병'이자(극히 한정된 일부 쿠게의 경우) 황실과의 혼인을 통해 황실의 '귀종성'(貴種性)을 보존할 장치로 필요했을 뿐 아니라, 1890년으로 예정된 헌법실시 이후 의회(衆議院)를 통해 여론의 정치적 영향력이 확대되는 것을 막고 천황과 정부의 주도권을 확보할 '귀족원'의 구성원으로도 요청되었던 것이다.[32] 그것은 일본국가가 반동적으로나마 근대의 요구에 대응한 한 방식이었다. 그러나 바로 이 점은 화족과 조선귀족의 결정적 차이점이기도 했다. 조선귀족에게는 상원 등을 통해 현실정치에 참여할 기회가 주어지지 않았다. 그들은 다만 일본의 식민지 지배에 영합해서 '천황의 은혜'에 감사하고 '신시정'(新市政)과 몇몇 자선사업 등에 협조하는, 총독부의 꼭두각시 노릇을 할 수 있었을 뿐이었다. 그들에 대한 조선

31) 〈매일신보〉 1910년 10월 30일자, "(사설) 조선귀족 2". 심재욱(2004), p. 241에서 재인용.

32) 家永三郎, 《歷史のなかの憲法(上)》, 東京: 東京大學出版會, 1977, pp. 218~20; 鈴木正幸, 류교열 역, 《근대 일본의 천황제》, 이산, 1999, pp. 66~9.

언론의 태도도 차디찼다. 1920~30년대 조선귀족에 대한 신문기사의 주종을 이룬 것은 도박에서 불륜에 이르는 그들의 부도덕, 집안싸움, 경제적 무능 등에 대한 비판이었다.[33]

오늘날 이왕가의 후예들은 개개인의 비극적 운명으로만 기억되고,[34] 드물게나마 조선귀족이 언급되는 것은 친일부역 혐의와 관련해서이다. 반민특위의 해산으로 흐지부지되기는 했지만, '일본정부로부터 작(爵)을 받은 자'는 미군정 시기부터 몇 차례 거듭된 식민지 잔재청산을 위한 입법에서, 그때마다 처벌대상 내지는 친일혐의의 피의자로 거론되었다. 그러나 정작 이렇게 식민지 시기 일반 조선인민과는 다른 지위, 다른 신분에 있었던 이들이 해방 이후 법적 지위의 어떤 재조정을 겪었으며, 어떻게 하여 평등한 '모든 국민' 속에 포섭되거나 배제되었는지는 전혀 분명치 않다. 제헌헌법 제8조 2항은 이들을 막연하게 언급하면서 오히려 이들의 역사적 존재를 은폐한다.

---

33) 대표적 예를 들자면, 조선귀족은 "워낙 資身의 策이 업는 무능의 도배이라 世局의 변천이 그의 優遊하는 기생충의 생활을 지속할 수" 없다고 했고 [〈조선일보〉 1925년 8월 21일자, "(시평) 귀족의 추태"], 〈조선일보〉 1933년 6월 3일자에는 "귀족의 자제로서 형무소행이 4차/몰핀이 원수라 절도하고"라는 기사가 실리기도 했다.

34) 제헌헌법은 대한민국의 국민 되는 요건을 법률로 (따로) 정한다고 했는데 (제33조), 1948년 말에 시행된 '국적법'은 그 시행시점에 누가 대한민국 국민인지에 대한 경과규정을 두지 않았다. 대개 식민지 시기 조선의 호적에 등록되었(어야 했)던 자가 대한민국 국민이 되었겠지만, 조선의 왕족과 공족은 1927년 '왕공족보규정'에 따라 분명히 조선의 호적에 등록되지 않았으며, 이후 그들의 대한민국 국적 취득/포기의 과정도 분명치 않은 데가 많다. 坂元眞一(1999) 참조.

IV. 근대사회의 가족, 지체된 법제, 등록된 '신분'

1. 식민지 근대와 다양한 '신분' 개념

앞서 말한 바처럼 '신분'이라는 어휘는 19세기 말에 일본에서 전해졌을 것으로 추측된다. 과문한 탓에, 일본에서 이 말의 쓰임이 얼마나 오래되고 보편적이었으며 여러 뜻 가운데 어느 쪽이 더 뿌리 깊은 것인지는 모르겠다. 《廣辭苑》에서는 '身分'의 뜻을, "① 身の上. 境遇. ② 사회관계를 구성하는 인간지위의 상하의 서열" 정도로 설명한다.[35] 아마 신상, 분한(分限) 정도의 뜻에서부터[36] 가족 · 직업 등과 관련된 구체적인 사회적 지위,[37] 다시 사회적 신분이나 법적 자격을 가리키는 역사학 · 법학 · 사회과학의 학술용어로 의미가 추상화 · 분화되지 않았나 싶다. 19세기 말의 사전들을 보면, '身分'은 당시 일본에서는 일상용어였던 모양이다. 꽤 이른 시기에 나온 《和英語林集成》

35) 《廣辭苑(第五版)》, 岩波書店, 2002(SEIKO 전자사전). '身の上'는 사람의 일신에 관련된 사정〔事柄〕이다.

36) 봉건시대의 판례들 중에 처는 "夫に順ひ候身分", "夫之取計に随ひ可申身分"이라고 하여 아내는 남편의 뜻에 따라야 한다고 한 언급이 보이는데, 이 때 '신분'은 아내라는 법적 지위라기보다는 강상의 윤리에 더 가깝다고 생각된다. 《御仕置例類集》 古類集 4: 1844, 新類集 2: 1158. 大竹秀男, "德川封建制下の「家」", 福島正夫 編, 《前近代アジアの法と社會》, 勁草書房, 1967, p. 515에서 재인용.

37) 1871(明治4)년 太政官布告에 "穢多 · 非人等之稱被廢候條, 自今身分職業共, 平民同様タルヘキ事(東京大學史料編纂所 編, 《明治維新史料選集 下: 明治編》, 東京: 東京大學出版會, 1972, pp. 209~10)"라고 한 것은 과도기적 용례라고 생각된다. 조선에서처럼 당시 일본에서도 봉건적 신분을 언급할 때는 "華族, 士族, 卒, 平民 …" 하고 범주를 나열하는 경우가 더 많았고, 호적부나 통계표 등에서 황족, 화족, 사족 등을 가리킬 때는 '族屬', '族稱' 등의 말을 더 많이 사용하였다.

(1867)에서는 "MI-BUN, ミブン, 身分, n. One's proper place, or social position, condition, rank, or station in life"라고 정의한 뒤, 이 말은 '붕겡'(分限)과 동의어라고 하였다.[38] 1887년의 《(袖珍挿畵)新譯和英辭書》에서는 "MIBUN 身分 n. (俗) Place, social position; condition"이라면서 이 말을 '속어'라고 했다.[39] 《(獨英和)三對小字彙》(1893)에서는 독일어 'Stand'의 의미 중 하나로 "class, 身分, 位階"를 들었다.[40] 이 사전들에서 든 주된 용례는 역시 분수, 분한, 과분, 비분(非分) 등과 관련될 "身分相應"이었다.

뒤에 살펴보겠지만 국적이나 자연인의 자격, 가족관계 등과 관련된 법학에서의 의미들은 당시 한창 모색 중이었고, 역사학이나 사회과학에서 이 말이 사회적 신분, 사회계층의 뜻으로 쓰인 것은 1920년대 맑스주의적 '계급' 개념이 정립된 뒤에나 가능했던 모양이다.[41]

조선에는 개항 이후 '신분'이라는 어휘가 전해진 듯하다.[42] 갑오개

---

38) 이 사전에서는 '身分'의 용례로 "身分相應"과 "신분이 좋은 사람"(身分のよいひと)을 들고 있다. J. C. Hepburn(平文先生), 《和英語林集成》, Shanghai: American Presbyterian Mission Press, 1867(서울대 고문헌자료실 소장), p. 270. 'BUN-GEN'에 대해서는 p. 34.

39) 箸屋寅之助 編, 《(袖珍挿畵)新譯和英辭書》, 大坂・京都: 五車堂・嵩山堂, 1887(국립중앙도서관 원문 DB), p. 367.

40) 寺田勇吉・保志虎吉, 《(獨英和)三對小字彙》, 東京: 共同館, 1893(국립중앙도서관 원문 DB), p. 544.

41) 일본의 '部落民'이 '계급'보다 '신분'으로 불리게 된 것은 1920년대 중엽부터였다고 한다. 關口寬, "初期水平運動と部落民アイデンティティ", 黑川みどり 編, 《〈眼差される者〉の近代》, 大阪: 解放出版社, 2007, pp. 40~5.

42) 그 이전에 드물게 이 말마디가 쓰였다 하더라도, 오늘날과 같은 뜻으로 고정된 어휘는 아니었을 것이다. 지승종(2003), p. 20. 국사편찬위원회의 《조선왕조실록》 원문 DB(http://sillok.history.go.kr)에서 '身分'을 검색해보면, 갑오개혁 이전에 이 말이 하나의 명사로 쓰인 예는 거의 없음을 알 수 있다.

혁 당시의 기록으로 "官吏彼此의 交際는 品階身分等에 由하야 甚히 尊卑를 區別하는 弊習을 杜絶할 事"라는 용례가 보이고,[43] 이후로도 '재판소 구성법', '각부관제 통칙', '학부 관제' 등 일본의 영향 아래 만들어진 신식법령에서 이 말이 관리의 자격이라는 뜻으로 쓰이고 있음을 볼 수 있다. 곧이어 민법·호적법과 관련된 '신분'이라는 말이 도입되었지만, 이 말이 사회계층이나 위계적 질서(신분제)를 지칭하는 용어로 쓰이게 된 것은 그보다 한참 뒤의 일이었다.[44]

물론 당시 조선에서도 글을 깨친 이들에게 '신분'은 그다지 이해하기 힘든 조어(造語)는 아니었을 것이다. 과거에 모든 사람은 사회적 위계 속에서 차지하는 위치가 결정되었고, 그 위치는 '주종지분'(主從之分)처럼 결코 동등하거나 교환 가능하지 않은 방식으로 사람들을 구별함으로써 매겨졌으며, 분한, 분제(分際), 분수, 직분처럼 그 위치에 따르는 몫이나 구실이 있었다. 그런 사회에서 모든 사람은 자기지위에 맞게, '… 답게' 행동해야 했다. 그러나 근대의 상황은 그보다는 훨씬 더 복잡했다.

신문기사의 제목들만 한번 훑어봐도 식민지 시기 '신분'이라는 말이 얼마나 다양하게 쓰였는지 알 수 있다. ① 사회적·경제적 지위,[45] ② 교원이나 학생, 경찰관 같은 특정직업 및 자격,[46] ③ 신원

---

43) 各大臣間規約條件 44. 김성우(2005), p. 191에서 재인용.

44) 식민지 시기 사회계층을 지칭하는 용어로 '신분'이라는 말마디가 도입된 것은 역시 시카타 히로시(四方博)의 논문 "李朝人口に關する身分階級別的觀察"(1938)을 통해서였던 모양이다〔조우영(2008), p. 19〕.

45) 이때의 주된 용례는 "상당한 신분"이나 "신분에 어울리지 않는" 등이었다. 〈조선일보〉 1936년 5월 3일자, "조선인 도항문제의 발본적 해결이 시급/상당한 신분 가지고도 봉변하는 일 잇다".

46) 〈조선일보〉 1921년 8월 2일자, "교원의 신분으로 처녀사통"; 〈조선일보〉 1933년 2월 25일자, "경찰관 신분보장". 1935년에는 미노베 타츠키치(美濃部達吉)의 '천황기관설' 사건이 떠들썩한 뉴스거리였는데, 사법당국이 그를

(*identity*). 현해탄을 건널 때 요구되었던 것은 '신분증명'이었고, 형사 재판에서 먼저 피의자들의 신원을 확인하는 절차는 '신분심리'(身分審理)라고 했다.[47] '신분조사'는 대개 그 사람의 신원을 상세히 파악하는 것(신원조회)이었지만, 사상·성향조사를 포함하기도 했다. 1920년대 후반 해마다 뉴스거리가 되었던 경성제대 입학지원자에 대한 신분조사는, "적어도 대학생으로서의 톄면을 유지할 만한 성격인지 아닌지 또는 사상방면에서도 현재 데도〔制度〕 아래에 잇는 국톄(國體)를 근본으로 파괴하랴 하는 등의 사상을 가진" 자는 아닌지 등을 조사하는 것이었다.[48] ④ 나치스 독일의 악명 높은 1935년 9월 15일 '뉘른베르크(Nürnberg) 법'을 소개한 기사에서는, 유대인은 가질 수 없는 독일 시민권(*citizenship*)도 '신분'이라고 썼다.[49] ⑤ 신분제의 잔재도 여전했다. 1930년대 후반에는 뜬금없이 경성부 내 공립보통학교들에서 입학원서에 '신분' 란을 두고 귀족·양반·상민의 구별을 적도록 해서 말썽이 났는데, 입학원서뿐 아니라 학적부, 다른 이력서나 지원서 등에도 대개 그런 란이 있었다고 한다.[50] ⑥ 법률상담기사 등에서는 적

어떻게 처리할 것인가 하는 문제를 '신분처단'이라고 표현했다. 〈조선일보〉 1935년 4월 18일자, "기소는 보류하고 자발적 근신 희망/美濃部박사 신분처단에 대한 사법부내 전체적 의향".

47) 〈조선일보〉 1928년 10월 3일자, "금후 도일은 신분증명 필요"; 〈조선일보〉 1933년 11월 1일자, "피의죄목에 모독된 당당한 位記功勳/오전중은 팔십칠명 신분심리".

48) 〈조선일보〉 1925년 1월 13일자, "경성대학지원자 금년에도 신분조사"(〔 〕 속은 인용자가 덧붙인 것이다).

49) 그 앞뒤로는 ① 나치의 스와스티카를 제정했다는 것과, ③ "유태인은 독일인과 결혼함을 不得함" 등등이 실려 있다. 〈조선일보〉 1935년 9월 17일자, "독일긴급국회에서 新三法을 낭독".

50) 〈조선일보〉 1937년 2월 17일자, "1937년 백일하에 분반할 『양반』추세/14일까지 이천팔십통 수리 원서에 양반기호가 99『퍼—센트』/보교 입학원서 속에 시대역행의 신분란"; 〈동아일보〉 1938년 6월 18일자, "봉건시대의 유물인

자/사생자, 처첩의 차별적 지위 등도 '신분'이라고 했지만, 그것은 아주 드문 경우였다. 그러나 바로 그 아주 드문 경우가 '신분'개념의 이해와 관련해서 상당히 복잡한 문제를 야기한다.

2. 일본식 호적제도와 '신분'의 등록

형법의 '신분범' 개념을 제쳐두면, 법학에서 '신분'이란 대개 민법 친족·상속편에서 다룰 가족관계나 가족 내의 지위를 가리키는 것으로 이해된다. 그런데 '신분관계', '신분행위', '신분등록' 등의 개념은 총칙·물권·채권·친족·상속으로 분류된 판덱텐(*Pandekten*) 민법체계 안에서 친족·상속편을 묶어서 '신분법'이라고 부르는 일본 민법학의 특수용어다. 그 점을 가장 명료하게 표현한 것이 나카가와 젠노스케(中川善之助, 1897~1975)일 것이다. 그는 인간의 생활을 생산·재생산활동과 관련된 경제생활과 생식·육아〔哺育〕와 관련된 '보족생활'(保族生活)로 나누고, "우리가 오늘날 법률상 신분관계라고 부르는 것은 이 보족적 사회관계를 가리키는 것이다. 따라서 거기서 말하는 신분이란 이 신분관계의 구성원이라는 법률적 지위"라고 말했다.[51] 결국 이런 신분이란 누군가의 배우자, 부모, 자녀, 사생자라는 지위다.

가족·친족관계를 '신분관계'라고 부르고, 신분관계의 변동을 가져오는 법률행위를 혼인·이혼·입양·파양·유언 등으로 나열하는 대신 '신분행위'라고, 그런 관계와 변동을 국가 공문서에 기록하는 것은 '신분등록'이라고 추상화해서 부르는 것은 무척 효율적이다. 그럴 때 '신분'은 물권·채권편의 '재산'에 대응하는 총체적·추상적 용어가 된다. 그러나 이런 용어법은 한 가지 심각한 오해를 야기할 수 있다. 즉, 근대 일본 호적제도의 역사적 특수성을 간과하고 혼인·출생·사

"族稱"관념을 철폐!/입학원서에 신분표시/반상의 구별할 필요도 없다".

51) 中川善之助, 《日本親族法》, 東京: 日本評論社, pp. 3~4, 10~11.

망의 등록에서부터 남한의 주민등록 등에 이르는 근대국가에 의한 사람의 등록을 모두 가족관계의 등록으로 간주하게 될, 나아가 민법총칙에서 규정하는 사람의 자격과 친족·상속편의 '신분'을 별개의 것으로 간주하게 될 위험이다.

메이지 유신으로 성립한 새 중앙집권국가가 전국인구를 장악하기 위해 만든 1871년 호적은 근대로 접어든 일본사회의 급속한 변화에 따라 금방 개정의 필요에 직면했다. 애초에는 등록의 단위인 '코'(戸=家)가 곧 실생활의 가족, 가구라고 여겼지만, 산업화·도시화에 따라 지역간 인구이동이 급증하면서 호적상의 '코'는 현실적 거주·생활의 단위인 '쇼타이'(世帶), 즉 가구와 일치하지 않는 혈연적 가족이 되었다.

한편 당시 일본정부가 프랑스 민법전(*Code Civil*)을 본으로 삼아 민법 실시를 추진하는 과정에서 민법상의 행위주체, 즉 자연인(*personne*)의 자격을 공증할 민사신분등록의 도입도 고려되었다. 혁명 이후 시민사회의 민사관계를 규정한 프랑스 민법전에서 '민사신분'(*état civil*: *civil status*)이란 구체제의 봉건적·위계적 신분에 대한 평등한 '시민의'(*civil*) 지위였고,[52] 민사신분의 등록이란 종래 기독교회가 관리했던 세례·혼인·매장기록에 대한 '세속적'(*civil*) 등록이기도 했다. 헨리 메인(Henry Maine)의 유명한 "신분에서 계약으로"라는 표현에 빗대자면, 민사신분이란 가부장의 신분적 구속에서 벗어나 개인이 계약의 주체가 된 시대의 신분 아닌 신분이다. 생물학적으로 인간이 혈연관계 속에서 태어나 성장하고 죽는 한 그의 민사신분은 가족관계와 중첩될 수밖에

---

52) 1890년대 중엽 일본에서 간행된 '舊民法'의 한 해설서에서는, 프랑스 민법전의 'l'état et la capacité des personnes (Art. 3)'를 '각인(各人)의 신분과 능력'— 오늘날의 용어로는 '자연인의 자격과 능력'— 으로 옮겨놓고, 신분이란 한 개인이 그가 소속된 사회나 친속의 한 사람으로서 갖는 지위라고 정의했다(熊野敏三·岸本辰雄, 《民法正義: 人事編 卷之一(上)》, 新法註釋會, 1895, p. 3). 사회적 지위는 가족관계로 환원될 수 없다.

없겠지만, 논리적으로 따지자면 가족관계 이전에 이름과 주소로 기표되는 자연인 개인으로 살아 있다는 사실이야말로 그의 첫 번째 '신분'일 것이다.[53]

그런 '신분'이 가족관계로 한정 또는 오해되기에 이른 것은 민법 실시를 둘러싼 일본의 특수한 사정, 넓게는 동아시아의 가족주의 전통 때문이었다. 1880년대 후반부터 일본에서는 프랑스식 민법 시행이 준비되었고, 1886년에는 기존 호적제도에 개인별·사건별 신분등록이 부분적으로 도입되었다. 그러나 서구식 민법이 친족관계에 대한 일본의 '전통'과 부합하는지를 둘러싼 열띤 논쟁 끝에 애초의 민법안('舊民法')은 폐기되고, 1898년에 이르러서야 판덱텐 체계를 따라 대폭 수정된 '민법'(이른바 '메이지 민법')이 시행될 수 있었다.

그 과정에서 권리·의무가 다른 가족원과 구별되는 '코슈'(戶主)가 가족원의 출생·혼인·사망의 신고 등 다수 신분행위의 수체로 자리매김되고, 신분관계란 곧 코슈와 기타 가족원의 구별, 코슈와의 관계〔續柄〕인 것처럼, 코슈를 중심으로 하는 호적상의 코(戶)가 일본전통의 '이에'(家)의 구조를 그대로 반영하는 것처럼 여겨지게 되었다. 그러나 이때의 '이에' 역시 전통의 것은 아니었고, 결국 호적제도는 근대로 진입하는 국면에서 새삼스럽게 재확인된 과거의 잔재였다. 계약주체로서의 개인을 강조하는 대신 형식적이나마 가부장 코슈를 코의 중심에 둔 것은 천황을 가장으로 한 '가족국가'의 상상과도 이어진다 하겠다. 어정쩡하게 남아 있던 개인별·사건별 '신분등기'는 1915년 '호적법' 개정으로 폐기되었다.

근대적 개인의 신분을 각각 따로 등록하는 대신 '코'를 단위로 모든

---

53) 이 점을, 1958년 제정 이래 바뀌지 않은 대한민국 '민법' 제 3조에서는 "사람은 생존한 동안 권리와 의무의 주체가 된다"고 표현한다. 그리고 민법상 자연인의 자격을 결정짓는 일차적 요인은 가족관계가 아니라 개인의 이름과 주소이다.

가족원의 신분사항과 변동을 집약해서 기재하게 한 일본식 호적제도가 무척 특수한 것임은, 당시 프랑스식 민법안에 반대하고 개인별 신분등록보다 호적방식을 옹호했던 호즈미 노부시게(穗積陳重, 1855~1926) 자신이 밝힌 바 있다. 그는 사회의 구성요소가 '우지'(氏: *clan*)에서 '이에'(家: *family/house*)로, 다시 '개인'으로 축소되는 사회진화의 단계에 상응해서, 신분등록도 '쇼오지로쿠'(姓氏錄: *clan-registration*)에서 '코세키'(戶籍: *house-registration*)로, 또 개인별 '신분등록'(*personal-registration*)으로 이행한다고 설명했다. 그러니까 메이지기 일본에서 호적방식을 채택한 것은 그것이 보편·정당하거나 일본'전통'의 것이어서가 아니라 당시 일본사회가 다다른 근대의 수준, 진화단계가 그 정도였기 때문이며, 언젠가는 일본도 개인별 신분등록으로 가게 되리라는 얘기였다.[54] 그러나 그런 반성도 주체적으로 역사를 만들어가는 자의 것이었다.

식민지 조선에서는 1909년 이래의 '민적법'이 1923년부터 '조선호적령'으로 대체되는 과정에서 개인별·사건별 신분등록은 소개될 기회도 없었기에, 조선 후기, 대한제국기까지의 호적과 식민지 시기 민적/호적의 부정합(不整合)도, 민법상의 신분이 바로 가족관계인 것은 아니며 호적이 유일한 신분등록 형태가 아니라는 사실도 잘 보이지 않게 되었다. 호주제와 호적제도에 대한 긴 논란 끝에, 21세기에 들어서도 호적 이후의 대안적 신분등록이 결국 '가족관계등록'이라는 기묘한 이름으로 귀착된 것은 착잡하다.[55]

---

54) 坂元新之補, "穗積陳重と日本人類學の起源", 〈民族學硏究〉 64卷 4號, 2000.

55) 2007년 7월부터 '호적법'이 폐지되고 대신 시행된 '가족관계의 등록 등에 관한 법률'은 "국민의 출생·혼인·사망 등 가족관계의 발생 및 변동사항에 관한" 등록 등을 규정한다(제 1조). 물론 등록은 개인별로 이루어지지만, 여전히 등록되는 내용은 개인의 신분사항이 아니라 '가족관계'라고 한다. 예컨대 개인의 사망도 '가족관계'라고(만) 이해될 수 있는 것일까?

V. 새로운/남아 있는 신분, 국적/시민권

기실 근대 일본의 서구법 수용과정에서 가족관계보다 더 먼저 문제가 된 '신분'은 국적이었다. 개항과정에서 서구열강과 맺은 불평등조약의 개정, 특히 영사재판권의 철폐를 위해 일차적으로 필요했던 것은, 일본도 법치국가여서 서구인들도 얼마든지 일본의 재판소에서 공정한 재판을 받을 수 있음을 보여주는 일이었다. 이를 위해 메이지 정부는 외국인 법률고문과 외국인 판사의 임용, 나아가서는 귀화·정착을 추진했다. 그들도 포함해서 일본인과 외국인과의 결혼 역시 법률적으로 규정하고 해결해야 할 문제가 되었다. 불평등조약하에서 재판관할과 국제결혼 등을 둘러싸고 일본인과 외국인의 범위와 경계에 대한 인식이 예민해졌다. 근대 일본에서 주권인민의 '시민권'보다 내·외국인의 구별, '국적' 개념이 더 먼저 발전한 것은 그런 상황에서였다.

1876년 프랑스인 법률고문 부아소나드(G. E. Boissonade)의 '귀화법'안의 번역에서 '국적'이라는 말이 등장했고, 1887년에는 외무성 고문 뢰슬러(H. Roesler)가 독일어 'Staatsangehörigkeit'를 '국민 될 자격'〔國民たる資格〕이라고 옮겼다. 1889년 실시된 '헌법'은 국민의 자격을 헌법에서 규정하는 대신 "일본신민의 요건은 법률이 정하는 바에 따른다(제7조)"고 밝혀놓았다. 1895년의 《民法正義》에서는 프랑스 민법전의 'la nationalité'를 '國民分限'이라고 옮겼다. 그리고 1887년 이노우에 코와시(井上毅, 1843~95)가 제기한 '국민 신분법'(안)에 이어 1889년 7월 '제국신민 신분법'(안), 그것을 수정한 '일본국적법'(안) 등을 거쳐 1898년 마침내 '국적법'이 성립했다.[56] 오늘날은 보통 '국적'이라고만 일컬어지지만, 이 말은 사실 '호적'이나 '학적'처럼 축자적으로는 자격

56) 小嶋和司, "明治前期國籍立法沿革史", 〈法學〉 39집 2호, 東北大學法學會, 1975; 山口輝臣, "國籍法以前", 淺野豊美·松田利彦 編, 《植民地帝國日本の法的構造》, 東京: 信山社, 2004.

보다는 등록〔籍〕을 가리키는 것이고, 거기에 등록될/되어야 할 자격, 일본국민이라는 자격은 역시 '신분'이나 '분한'이라고 할 수밖에 없었을 것이다.

전근대사회의 신분이 집, 문중, 씨족, 지역사회, 직업집단 등 직접 개인이 거기에 속하고 다른 성원들과 '연줄'(*network*)을 형성하게 되는 중간집단들과 관련된, 다른 성원들과의 불평등한 관계 속에서 정의되는 지위라면, 근대국가의 국적/시민권은 그런 중간집단 없이 개개인이 직접 국가/민족에 속하는 것으로 여겨지고, 다른 모든 성원들과 평등한 것으로 간주되는 범주적 정체성, 범주적 지위이다.[57] 그러나 국적/시민권은 귀속지위가 아니라 성취지위, 신분이 아닌 계약이 우선한다는 근대에 여전히 남아 있는 출생과 혈통에 따른 자격이다. 속인주의가 되었든 속지주의가 되었든, 국적/시민권은 대개의 경우 출생과 함께 부여되고 많은 사람들에게 평생 유지된다.

요컨대 나는 꼭 어떤 가문의 일원, 양반가의 후손이기 때문에 대한민국 국민인 것은 아니지만, 대한민국 국민의 자녀이기 때문에 태어날 때부터 대한민국 국민이다. 그리고 범주적 지위라지만, 국적/시민권은 신분과 중간집단 못지않은 충성, 죽음에 이르는 충성을 우리에게 요구한다. "나는 내가 속하기를 원하고 목숨을 바쳐 충성하고 싶은 국민/민족에 속하는 것이 아니라, 내가 이미 속해 있는 국민/민족을 최선의 것으로, 목숨을 바칠 대상으로 상상하지 않으면 안 되는 것이다."[58]

국민국가의 테두리 안에서 신분제는 철폐되고, '모든 국민'은 자유

57) 네트워크 정체성과 범주적 정체성의 구분에 대해서는 Charles Taylor, "Nationalism and Modernity", in John Hall(ed.), *The State of the Nation*, Cambridge: Cambridge University Press, 1998, pp. 191~218.

58) 서호철, "국민/민족 상상과 시민권의 차질, 차질로서의 자기정체성", 〈한국문화〉 41호, 2008, p. 95.

롭고 서로 평등한 것으로 규정되었다. 역사적으로 보면 신분제의 철폐 자체가 바로 그 평등한 국민과 국민국가를 만들어내는 토대였다. 메인의 "신분에서 계약으로"라는 말이 가리키는 것은, 가장이 가족 바깥에 대해 유일한 법률적 활동주체가 되고 가족 내에서는 전제권을 행사하던 고대의 가족은 해체되고, 가족적 예속에서 해방된 개개인이 근대사회에 지배적인 계약관계의 주체로 서게 되었다는 사실이다. 그 과정에서 불평등한 가족관계의 유비 위에 성립한 중간집단들도 해체되거나 효력을 잃었다.[59] 이것을 퇴니스(Ferdinand Tönnies)처럼 "공동사회(*Gemeinschaft*)에서 이익사회(*Gesellschaft*)로"라는 말로 전용(轉用)하거나 고용과 노동관계가 전근대의 경제외적 강제, 신분적 예속에서부터 시장의 계약관계로 이행한다는 식으로 읽는 것은 일종의 오해이겠지만, 그것들 역시 근대화의 특징인 것은 사실이다.

그러나 가족의 예속을 대체한 법적 평등도, 봉건적 예속을 대체한 노동시장도 근대가 약속한 완전한 평등을 가져다주지는 못했다. 직업의 귀천은 여전하고, 계급관계는 신분적 위신, '명예'로부터 벗어나지 못하며,[60] 교육 등의 경로를 통해 계급은 재생산된다. 현실에서 그토록 엄연한 계급적·신분적 불평등을 봉합하는 것이 민족/국민, 네이션의 꿈이다. 그리고 지금까지의 역사는 "만국의 노동자"보다는 네이션 쪽이 더 매력적이거나 적어도 성공적인 꿈이었음을 보여주는 듯하다.

그러나 밖에서 보자면, 국민국가의 테두리는 공고하고 국민과 국민

---

59) 이철우, "헨리 섬너 메인(Henry Sumner Maine)과 영국의 역사법학", 1999년 11월 한국법철학회 월례발표회 발표문(미간행); 中川善之助, "「身分より契約へ」の公式に對する一管見", 《身分法の基礎理論》, 東京: 河出書房, 1939.

60) Max Weber, 박성환 역, "'계급', '신분', 그리고 '당'", 《경제와 사회: 공동체들》, 나남, 2009, p. 411.

아닌 자 사이의 차별은 엄격하다. 공화국이 국민의 총화의지라거나 네이션이 "매일매일의 인민투표"라는 등의 화려한 수사와는 달리,[61] 국민국가는 국민이고자 하는 의지와 투신(投身)보다 출생을 더 선호한다. 국민인 자는 심지어 국적을 포기할 권리도 갖지만, 국민이 아닌 자가 어떤 나라의 국적/시민권을 획득하기란 매우 어렵다. 국민국가체계 속에서 "인권은 일차적으로 헌법상의 기본권이라는 형식을 취하고 있다. 자연권으로서의 인권에 호소할 수 있는 것도 크게 보면 국민국가의 테두리 안에서이며, 그 바깥에 있는 인간들, 난민이나 무국적자의 인권은 사실상 보호·보장되기 어려운 실정이다."[62] 다른 많은 나라들이 그렇듯이, 대한민국의 '제헌헌법' 역시 모든 권리를 '국민'에게만 부여한다.

VI. 나가면서 : '신분', 그 너머

몇 번이나 되풀이했지만 분한, 분수, 과분과 비분 등 자격과 권리보다는 넘지 말아야 할 정해진 제한을 더 강조하는 '신분'은 그 본래의 뜻에서 근대사회와 공존할 수 있는 말은 아닌 듯싶다. 그럼 반대로 '신분'과 양립할 수 없는 근대란 무엇인가? 가족관계가 되었든 사회적 신분이 되었든 차별화된 사회적 지위·명예가 되었든, 사람 사이에 본질적이고 영속적인 차별, 가능하다면 모든 차별적 관계를 인정하지 않는 것이다. 그런 점에서 보자면 '제헌헌법' 제8조 1항에서 더 인상 깊은 것은 모든 국민이 법 앞에 평등하다는 앞부분이 아니라, 성별, 신앙 또는 사회적 신분 등의 이유 때문에 정치적, 경제적, 사회적 생

61) 네이션이 "매일매일의 인민투표"라는 것은 르낭의 유명한 표현이다. Ernest Renan, 신행선 역, 《민족이란 무엇인가》, 책세상, 2002, p. 81.

62) 이정은(2008), pp. 39~40.

활의 "모든 영역에 있어서" 차별받지 않는다는 뒷부분의 군더더기이다. 물론 현실은 그렇지 않다. "모든 영역"은 제쳐두고 이 나라에서 모든 사람이 법과 기회의 형식적 면에 대해서는 정말 평등한지, 평등할 수 있는지 잘 모르겠다. 더 나아가 모든 사람이 자유롭고 또 평등하다는 말은 도대체 무슨 뜻일까?

역사를 돌이켜보면 훨씬 더 오랜 시간 동안 자유와 권리란 부자유와 무권리에 대한 일종의 특권으로, 종속의 면제로 존재했다. 고대와 중세에 "그렇게 면제받고 특권을 지닌 사람들은 고상한 자들과 명예로운 자들, 즉 귀족 대열에 속했다. 〔…〕 자유에 대한 담론은 본질적으로는 부자유스러운 인간의 조건 속에서 **누가** 자유로울 권리를 지니는가 하는 문제"였던 것이다. 그러나 근대는 모든 사람들의 자유와 권리를 말한다. 그것은 투쟁과 혁명의 수사로서는 빛나지만, 그것이 현실과 제도가 되는 상황은 아직은 꿈속일 뿐이다. 그럴 때 "'자유'는 논리적으로 가능한 행위 방식은 언제나 하나 이상 있다는 명백한 사실을 말하는 또 다른 방식일 따름이다."[63]

모든 시민의, 나아가 모든 인간의 부자유 없는 자유, 특권이 아닌 권리, 출생과 함께 주어진 자유와 평등이라는 인간의 조건은 상상할 수 없는 상상이다. 그러나 실은 바로 그 상상의 '요청'(*postulate*)이 나를 개인주체로, 자율적 의식으로, 시민으로, 요컨대 사람으로 부르고 또 만들어서 여기에 세워둔 것이 아닌가? 조상의 뿌리찾기가 지금 나의 생존을 설명하기 위한 가짜 계보, 가짜 역사 만들기라면, 인권의 이론과 사회계약론은 내 삶의 조건을 설명하기 위한 가짜 논리, 가짜 변신론(辯神論) 만들기이다. 둘 다 작동하는 허구의 놀이지만, 지금 더 필요한 것은 후자가 아닐까 싶다.

---

63) 각각 Zygmunt Bauman, 문성원 역, 《자유》, 이후, 2002, p. 26, 57. 고딕체 강조는 원저자.

걸핏하면 "노블리스 오블리주"(*noblesse oblige*) 따위 뜻 모를 주문(呪文)부터 주워섬기기 전에 "인간에 대한 예의"와 시민의식에 호소하는 것, 같은 사람으로 인정되고 상상되는 범위의 외연을 넓혀가는 것, 온 나라가 양반이 되는 것도 좋지만 그 전에 모두가 시민, 아니 동등한 사람이 되는 것, 그것은 불가능한 꿈이겠지만 불가능하기 때문에 꾸어봄 직한, 꾸어야 할 꿈이다. 그런 점에서 "신분에서 계약으로", "귀속지위에서 성취지위로"라는 말은 근대로의 이행을 설명하는 상투적 표현이 아니라, 여전히 쟁취해야 할 민주주의의 이상, 윤리적 명령으로 우리에게 남아 있다.

참고문헌

계희열. 2004. 《헌법학(中)》. 박영사.

김상준. 2003. "온 나라가 양반되기: 조선 후기 유교적 평등화 메커니즘". 〈사회와 역사〉 63호.

김성우. 2006. "조선시대의 신분구조, 변화, 그리고 전망". 한국고문서학회 편. 《동아시아 근세사회의 비교》. 혜안.

______. 2005. "18~19세기 '지배양반' 되기의 다양한 조건들". 〈대동문화연구〉 49집.

김준형·정진상. 2000. "양반문화의 해체과정과 잔존양상". 지승종 외. 《근대사회변동과 양반》. 아세아문화사.

박찬승. 2006. "종족마을 간의 신분갈등과 한국전쟁". 〈사회와 역사〉 69호.

서호철. 2008. "국민/민족 상상과 시민권의 차질, 차질로서의 자기정체성". 〈한국문화〉 41호.

신용하. 1986. "1894년의 사회신분제의 폐지". 〈규장각〉 9집.

신우철. 2008. 《비교헌법사》. 법문사.

심재욱. 2004. "1910년대 '조선귀족'의 실태". 〈사학연구〉 76호.

양승태. 2008. "한국 헌정이념사 연구서설". 〈정치사상연구〉 14권 2호.

왕현종. 2003. 《한국 근대국가의 형성과 갑오개혁》. 역사비평사.
유진오. 1980. 《헌법기초 회고록》. 일조각.
______. 1953. 《신고 헌법해의》. 일조각.
이경훈. 2005. "《흙》, 민족과 국가의 경합". 이광수(이경훈 편). 《흙》. 문학과지성사.
이병훈. 2003. "비정규노동의 작업장내 사회적 관계에 관한 사례 연구". 〈경제와사회〉 제 57권.
이수건. 2000. "족보". 한국고문서학회 편. 《조선시대 생활사 2》. 역사비평사.
이영훈. 2004. "11-16세기 한국의 노비와 일본의 게닌(下人)". 〈경제사학〉 36집.
이윤상. 2007. "일제하 '조선왕실'의 지위와 이왕직의 기능". 〈한국문화〉 40호.
이정은. 2008. "해방 후 인권담론의 형성과 제도화에 관한 연구, 1945년~1970년대 초". 서울대 박사학위논문.
이종수. 2002. "'사회적 신분'에 의한 차별금지의 헌법적 의미". 〈공법연구〉 31집 1호.
이철우. 1999. "헨리 섬너 메인(Henry Sumner Maine)과 영국의 역사법학". 한국법철학회 월례발표회 발표문(미간행).
정경모 · 최달곤 편. 1990. 《북한법령집》. 재단법인 대륙연구소.
정진상. 2000. "해방직후 사회신분제 유제의 해체". 지승종 외. 《근대사회변동과 양반》. 아세아문화사.
조우영. 2008. 《경국대전의 신분제도》. 한국학술정보.
지승종. 2003. "조선시대 신분과 양반의 개념". 〈한국사회사연구〉. 나남.
______. 2000. "갑오개혁 이후 양반신분의 동향". 지승종 외. 《근대사회변동과 양반》. 아세아문화사.
친일반민족행위 진상규명위원회 편. 2007. 《친일반민족행위 관계사료집 I: 조약과 법령》.
황도수. 1996. "헌법재판의 심사기준으로서의 평등". 서울대 박사학위논문.

Elias, Norbert. 박미애 역. 2005. 《기득권자와 아웃사이더》(*Etablierte und Aussenseiter*). 한길사.

Gelézeau, Valérie. 길혜연 역. 2007. 《아파트공화국》(*Séoul, ville géante, cités radieuses*). 후마니타스.

Renan, Ernest. 신행선 역. 2002. 《민족이란 무엇인가》(*Qu'est-ce qu'une nation?*). 책세상.

Taylor, Charles. 1998. "Nationalism and Modernity". in John Hall (ed.). *The State of the Nation*. Cambridge: Cambridge University Press.

Weber, Max. 박성환 역. 2009. "'계급', '신분', 그리고 '당'". 《경제와 사회: 공동체들》(*Wirtschaft und Gesellschaft. Gemeinschaften*). 나남.

Bauman, Zygmunt. 문성원 역. 2002. 《자유》(*Freedom*). 이후.

家永三郎. 1977. 《歴史のなかの憲法(下)》. 東京: 東京大學出版會.

大竹秀男. 1967. "德川封建制下の「家」". 福島正夫 編. 《前近代アジアの法と社會》. 勁草書房.

熊野敏三・岸本辰雄. 1895. 《民法正義: 人事編 巻之一(上)》. 新法註釋會.

小嶋和司. 1975. "明治前期國籍立法沿革史". 東北大學法學會. 〈法學〉 39집 2호.

坂元眞一. 1999. "조선왕실 자손들과 그 대한민국 국적". 〈서울국제법연구〉 6권 1호.

坂元新之補. 2000. "穗積陳重と日本人類學の起源". 〈民族學研究〉 64巻 4號.

鈴木正幸. 류교열 역. 1999. 《근대 일본의 천황제》(皇室制度: 明治から戰後まで). 이산.

關口寛. 2007. "初期水平運動と部落民アイデンティティ". 黑川みどり 編. 《〈眼差される者〉の近代》. 大阪: 解放出版社.

寺田勇吉・保志虎吉. 1893. 《(獨英和)三對小字彙》. 東京: 共同館(국립중앙도서관 원문 DB).

東京大學史料編纂所 編. 1972. 《明治維新史料選集 下: 明治編》. 東京: 東京大學出版會.

中川善之助. 《日本親族法》. 東京: 日本評論社.
______. 1939. "「身分より契約へ」の公式に對する一管見". 《身分法の基礎理論》. 東京: 河出書房.
二宮周平. 1995. 《戶籍と人權》. 大阪: 部落解放硏究所(解放出版社).
箸屋寅之助 編. 1887. 《(袖珍挿畵)新譯和英辭書》. 大坂·京都: 五車堂·嵩山堂(국립중앙도서관 원문 DB).
宮嶋博史. 2003. "조선시대의 신분, 신분제 개념에 대하여". 〈대동문화연구〉 42집.
山口輝臣. 2004. "國籍法以前". 淺野豊美·松田利彦 編. 《植民地帝國日本の法的構造》. 東京: 信山社.

가족관계의 등록 등에 관한 법률
국가인권위원회법
대한민국헌법
〈동아일보〉(국사편찬위원회 원문 DB)
조선왕조실록 원문 DB(http://sillok.history.go.kr)
〈조선일보〉(조선일보 원문 DB)

제 3 장

대한민국헌법(1948)의 '민주주의 제(諸)제도 수립'

그 역사적 연속성의 복원을 위하여

신 우 철 *

I. 들어가는 말

> "이 헌법안은 우리나라에 있어서 대한민국임시정부 헌장, 현 민주의원에서 제정된 임시헌장, 과도입법의원에서 제정한 약헌 등등을 종합하고, 그 외에 구미각국에 현재에 있는 모든 헌법을 종합해서, 이 원안이 기초된 것이라고 볼 수 있는 것입니다."[1]

건국과 제헌 60주년을 맞이하여 우리 입헌주의가 지나온 곡절의 역사를 돌아보려는 학계의 관심이 새삼스러웠다. 작년의 8·15 '건국절' 논란이야말로 그러한 관심이 과잉 정치화되어 불거진 예이겠거니와, 비단 그 같은 논란이 아니더라도 우리 입헌주의의 발전에서 '1948년'이 지니는 의미는 각별하다. 민선 제헌의회 주도하에 헌법이 기초·의결됨으로써 대한민국 입헌주의는 비로소 '칼 슈미트 적' 의미에서 정당성의 기반을 갖추게 되었다("정치를 통한 헌법의 생성"). 이러한 기

* 중앙대 법학전문대학원 부교수.

1) 헌법급정부조직법기초위원회 위원장 서상일의 보고, 제 1회 국회 제 17차 회의(1948. 6. 23), p. 208.

반 위에 현행헌법은 헌법재판제도를 구현함으로써 비로소 '한스 켈젠적' 의미에서 규범성의 효력까지 행사하게 된 것이다("헌법을 통한 정치의 규율"). 하지만 극히 제한된 어느 시점 — 1948년이거나 혹은 1987년이거나 — 에서의 주권자 국민의 의사만으로는, 그리고 헌법에 장착된 개별부품들 — 국회나 대통령, 그리고 무엇보다도 헌법재판소 — 의 성공적 작동만으로는 우리 입헌주의의 전체상을 오롯이 이해할 수 없으리라는 것이 필자의 생각이다.

특정시점에서 특정제도를 둘러싼 몇몇 '헌법의 아버지들'의 뜻에 따라 우리 헌법이 문득 창조되었을 것이라는 발상! 이야말로 자유롭고 독립·부강한 근대국가의 건설 및 그 청사진으로서 새로운 근대헌법의 설계에 절치부심했던 '아버지의 아버지들'의 피땀과 눈물의 흔적을 망각으로 이끄는 것이라는 점에서 몰역사적이다. 1868년의 정체서(政體書)와 1889년의 대일본제국헌법, 1908년의 흠정헌법대강(欽定憲法大綱)과 1912년의 중화민국임시약법이 각각 일본·중국의 입헌주의 발전사에서 차지하는 위상을 되짚어보자. 1948년 여름 그 '42일'의 기록만으로 우리 입헌주의의 전모를 재단하려는 태도야말로 건국헌법 이후 60년의 반대편에 엄연한 실체로 존재하는 60년의 초기 헌법사를 무단 삭제하는 것이라는 점에서 반역사적이다. '임시정부 헌법의 아버지'로 그 헌법사적 위상이 재조명되고 있는 소앙 조용은은 일찍이 임시정부의 역사적 정통성을 개화기까지 소급한 바 있으며,[2] '대한민국 헌법의 아버지'로 지칭된 현민 유진오도 19세기 말 일련의 "민주적 개혁" 및 1919년의 3·1 독립선언서 발표와 임시헌장(1919) 제정을 우리 입헌주의 발전의 "전사"(前史)로 적극 수용하고자 했다.[3]

---

2) 《한국독립운동사자료집: 조소앙 편(3)》, 한국정신문화연구원, 1997, 해제 p.3 및 I. 독립운동사 관계 p.73〔"韓國獨立運動文類發刊辭(1942.4.11)"〕; 삼균학회, 《소앙선생문집(상)》, 횃불사, 1979, pp.190~192〔"甲申 獨立黨 六十週年紀念에 臨하여(1944.12.6)"〕 참조.

국권상실의 칠흑 같은 어둠 가운데 근대국가에의 희망을 한줄기 헌법으로 불 밝히던 광복 이전 60년 '세월의 무게'[4]를 정당히 저울에 달지 않는다면, 건국헌법이 '수립'한 '민주주의 제(諸)제도' — 현행헌법에 그 기본구조를 고스란히 물려준 — 는 그 진면목을 제대로 밝혀낼 수 없다. 동시에 그것은 선진·후발 입헌주의 제국의 지적 유산, 즉 다양한 헌법 텍스트들을 수용·종합한, 비교헌법사에서 일찍이 유례를 찾기 힘든, 세기에 걸친 총체적 노력의 산물이다. 그 세월의 무게에 상응하는, '원본의 원본들'을 추적하는 무거운 노력 없이 결코 가벼이 전모를 드러내지는 않을 것이다. 요컨대 필자의 글은 1948년 5·10 총선거와 7·17 헌법공포, 8·15 정부수립의 가파른 정국에 휩쓸려버린 해방공간(1945~1948)의 헌법'초안'들, 그리고 1945년 8·15 민족광복의 벅찬 감격에 파묻혀버린 임시정부 시기(1919~1945)의 헌법 '준비'문서들,[5] 나아가 멀게는 1919년 3·1 독립만세의 거센 함성에

3) 유진오, 《신고 헌법해의》, 일조각, 1953, pp. 8~19 참조. 특히 pp. 10~11 ("홍범십사조… 국정의 민주적 개혁을 약속… 우리나라 최초의 근대적 성질을 띠운 헌법"), p. 12("독립협회의 운동은 우리의 역사상 처음으로 나타난 진실로 민주적인 선각자들의 구국 애국운동"), p. 17("독립선언서는… 대한민국의 역사적 문서로서 거이 대한민국헌법의 법원의 하나"), p. 18("임시헌장 십조… 근대적 의미의 민주국가의 조직원리를 채택") 등 참조.

4) 이영록은 그의 《우리 헌법의 탄생: 헌법으로 본 대한민국 건국사》, 서해문집, 2006, 결론부에서 '정세론 → 시간제약 → 합의부재 → 개헌반복'의 잘못된 경로를 잉태한 "헌법의 가벼움"을 질타한다(pp. 189~192). 여기서 인용한 헨더슨의 지적("현대 한국의 국회가 '서구식' 민주주의 제도의 닻을 올리는 데 겨우 몇 주일밖에 걸리지 않았다")은, 그러나 외부인의 피상적 관찰일 뿐이다. 오히려 이처럼 놀라운 속도로 진행될 수 있었던 제헌과정의 비밀, 나아가 "놀라운 복원력을 발휘해 온 우리 헌정사(p. 193)"의 비밀이야말로, 바로 광복 이전 60년 '세월의 무게'에 있다는 것이 입헌주의 전사(前史) 연구에 한동안 천착한 필자의 결론이다. 관련하여 신우철, "헌정사연구(抄) -건국헌법에서 현행헌법까지", 〈영남법학〉 9(1), 2002, pp. 28~29 소재 '신속 제헌의 원인분석'도 참조할 것.

뒤덮여버린 19세기 말의 '원시' 헌법문서들[6] 까지도 대한민국헌법에 이르는 헌법사의 연속선에 접합해내려는 의도를 담고 있다. 설령 그 바느질의 올들이 다소 성길지라도 반 토막 민소매 옷보다는 나을 것이라 믿는다.

II. "raison d'Etat"로서의 민주공화국

> "이승만 의원: … 국호개정이 잘되었다고 독립이 잘되고 국명이 나쁘다고 독립이 잘 안될 것은 아니고 … 나는 여러분에게 간절히 요구하는 것은 … '우리는 민주국 공화정체이다' 하는 것을 쓰는 것이 있읍니다. 독립선포전문 기미년 때 선포한 것에도 있는 것입니다. 그 후 정부가 상해로 갔던 남경을 갔던 … 이 정신은 벌써 삼십오년 전에 세계에 공포하고 내세운 것입니다. … 민주주의라는 오날에 있어서 우리가 자발적으로 일본에 대하여 싸워가지고 입때 진력해오던 것이라."[7]

---

5) 임시정부 헌법문서와 대한민국헌법의 연속성에 대해서는, 부분적 · 개괄적 검토이기는 하지만 비교적 최근의 연구성과로서 서희경, "대한민국 건국헌법의 역사적 기원(1898-1919) : 만민공동회 · 3 · 1운동 · 대한민국임시정부헌법의 '민주공화' 정체 인식을 중심으로", 〈한국정치학회보〉 40(5), 2006, pp. 156~160; 서희경 · 박명림, "민주공화주의와 대한민국 헌법 이념의 형성", 〈정신문화연구〉 30(1), 2007, pp. 86~90 참조. 다소 부정적인 입장으로서 정상우, "대한민국임시정부 헌법과 1948년 헌법", 〈법과 사회〉 32, 2007, pp. 221~223도 참조. 전면적 · 구체적 서술로는 신우철, 《비교헌법사: 대한민국 입헌주의의 연원》, 법문사, 2008, 제 4장 · 제 5장(특히 V절) 참조.

6) 우리 개화기 원시 헌법문서들의 성격분석으로는 신우철(2008), 제 1장 V절 참조.

7) 헌법안 제 2독회, 제 1회 국회 제 22차 회의(1948. 7. 1) 속기록, pp. 347~348. 헌법전문 수정의 계기가 되었던 이승만의 이 유명한 발언 가운데 건국 · 제헌의 '국제정치적 측면'을 강조한 다음 부분을 특별히 부기해둔다. "지금 미국사

부르주아 시민혁명을 계기로 한 선진 입헌주의국가(영국 · 미국 · 프랑스)에서 민주주의 제도수립의 의미가 절대국가 시기에 이미 형성된 주권국가를 당연한 전제로 하는 것이었다면, 후발 입헌주의국가(독일 · 일본 · 중국)에서 '부르주아 없는 부르주아 헌법'의 의미, 나아가 그것이 지향하는 '부르주아 없는 부르주아 민주주의'의 의미는 대내적 주권통일 — 특히 지방세력과의 관계에서 — 을 통해 대외적 주권독립 — 선진 '입헌제국주의'의 압박으로부터 — 을 유지하겠다는, 지극히 '국가주의'적인 동기를 내포한 것이었다.[8] 선진 · 후발 제국주의의 국익의 교차점에 위치했던 19세기 말 한반도의 상황도 크게 다르지 않았다. "대원군불일배환사"(大院君不日陪還事)와 "조공허례의행폐지"(朝貢虛禮議行廢止)를 제 1조로 내세운 정령 14조, "청국(淸國)에 부의(附依)ᄒᆞᄂᆞᆫ 여념(慮念)을 할단(割斷)ᄒᆞ고 자주독립ᄒᆞᄂᆞᆫ 기초를 확건(確建)"할 것을 제 1조로 내세운 홍범 14조, "외국인의게 의시발고 관민이 동심 합력ᄒᆞ야 전졔 황권을 굿게 ᄒᆞᆯ 일"을 제 1조로 내세운 헌의 6조, "대한국은 세계만국의 공인되온바 자주독립ᄒᆞ온 제국"임을 제 1조로 내세운 대한국국제 9조 등 막 걸음마를 시작한 우리 입헌주의의 제 1과제는 약육강식의 냉엄한 국제정세 속에서 대외적 주권독립을 확보

람들이 민주주의로서 일본제국주의를 물리 칫습니다. … 공산당은 자기네가 세계를 제패할 수가 없고 지금 미국사람들이 구라파나 아세아이나 자기네의 민주주의라는 것을 펴자고 하는 것이 오늘의 정세입니다. … 조선에 와서도 미국은 민주주의 원칙에 임하여 자기네가 세워주겠다고 하고 있는 터입니다. 그러나 우리는 우리의 정신을 우리 헌법에 작정할 생각이 있어서 말씀하는 것입니다." 요컨대 이승만이 의도한 "그 벽두에 민주국이다 하는 것, 삼십오년 전의 정신"이란, 승전국 미국이 주도하던 당시의 국제정세하에서 우리도 일찍부터 또한 오랫동안 (민주주의를 내걸고) 일본제국주의와 싸웠다는 것, 그래서 (일본으로부터, 그리고 미국으로부터도) 자주 · 독립의 충분한 정당성이 있다는 대외적 주권독립의 주장으로 요약될 수 있다.

8) 선진 입헌주의국가들과 후발 입헌주의국가들의 발전유형 비교분석은 신우철(2008), 제 1장 II절, III절, IV절 참조.

하는 데 있었다.[9)]

19세기 말 원시 헌법문서들의 '헌장양식'을 이어받은 한성정부약법(1919)과 임시헌장(1919)은 각각 그 제1조에서 "국체는 민주제을(를) 채용홈", "대한민국은 민주공화제로 함"이라 규정하였다. 공식적 헌장문서 가운데 민주제 내지 민주공화제를 언급한 사례로는 최초의 것이라 여겨진다. 하지만 이들 문서가 진정으로 지향한 바는 대내적 의미에서 권력의 민주적 정당성 확보라기보다 제국주의 침탈에 상실된 국권의 회복, 다시 말해 대외적 주권독립의 확보였다. 한정정부약법 제3조가 "국시는 … 세계평화의 행운을 증진케 홈"이라 규정하고, 임시헌장(1919) 제7조·제8조가 국제연맹 가입규정 외에 구황실 우대규정까지 둔 것 또한 이들 헌장문서가 '민주공화제'의 수립(군주제 종식)보다는 '국가 그 자체'의 자주·독립(일제타도)을 1차적 목표로 삼았다는 점, 그리고 그 수단으로서 제1차 세계대전을 전후하여 조성된 새로운 국제정세를 적극 활용하고자 했다는 사실을 방증한다.[10)] 이들

---

9) 당시 원시 헌법문서들에 나타난 국제적 지향성에 대해서는 신우철(2008), p.83(정령 §1), p.86(홍범 §1), p.88(헌의 §1, 조칙) 등의 조문대조 참조.

10) 임시헌장(1919)의 말미에 첨부된 총 6개조 '정강'의 제1조〔"민족평등·국가평등 급(及) 인류평등의 대의를 선전함"〕, 제2조("외국인의 생명재산을 보호함"), 제4조〔"외국에 대한 권리의무난 민국정부와 체결하난 조약에 일의(一依)함"〕, 제5조〔"절대독립을 서도(誓圖)함"〕 등에는 이 헌장문서의 국제적 성격이 한층 뚜렷이 드러난다. 이들 헌장문서의 제정에 즈음한 각종 선언서들에도 동일한 경향은 두드러진다. 가령 '기미독립선언서'(1919)의 경우, ① "아조선(我朝鮮)의 독립국임과 조선인의 자주민임"을 "세계만방에 고하여 인류평등의 대의를 극명(克明)"하면서, ② "구시대의 유물인 침략주의 강권주의의 희생"이 되었던 "시하(時下)의 고통을 파탈(擺脫)"하려면, ③ "세계개조의 대기운에 순응"하여 "민족적 독립을 확실"케 하는 것이 "최대급무"임을 밝힌다〔이후 그 전반부가 임시헌법(1919)의 전문으로 수용됨〕. 임시헌장(1919)의 기초자인 조소앙의 '대동단결선언'(1917)에서도, ① "융희황제(隆熙皇帝)가 삼보(三寶)〔이천만의 생령(生靈)과 삼천리의 구강(舊

헌장문서에 뿌리박힌 당시 국제정세 속의 '국익'(*raison d'Etat*)이란 보다 구체적으로 밝히자면, 이승만에서 조소앙-장붕으로 이어지는 '친미-기호파-기독교' 비선라인의 외교독립 전략이었다.[11]

임시헌장(1919)의 제정 당시 주로 논란된 것은 "민주"나 "공화"라기보다는 "국체"로서의 "대한민국" 그 자체였다. 대한민국이라는 국호를 둘러싼 헌법논쟁 및 구황실 우대규정을 둘러싼 헌법논쟁의 추이[12]를 살

疆)과 사천년의 주권]를 포기"함과 동시에 "불문법의 국헌"인 "한인간(韓人間)의 주권수수(主權授受)"에 의거, 이를 "오인동지(吾人同志)가 상속"하였다는 점, ② "삼보를 상속한 자"가 "완전한 통일조직[일대유기체(一大有機體)·대법인(大法人)·무상법인(無上法人)]"으로써 "재(財)를 합하고 인(人)을 회(會)"하여야 "대내대외의 신용이 확립"되리라는 점, ③ "연합국의 산환(散渙)"이라는 "전세(全世)의 복(福)"을 적극 활용함으로써 "성국건립(聖國建立)의 운이 대국(大局)의 궤도를 승(乘)"할 것이라는 점 등이 강조된다. 또한 그의 '무오독립선언서'(1919)도, ① "대한민주(大韓民主)의 자립을 선포"함으로써 민주주의에의 지향을 분명히 하였지만, ② 이는 "일본의 무얼(武孽)"의 "군국전제(軍國專制)를 산제(剷制)"함으로써 "이족전제(異族專制)의 학압(虐壓)을 해탈(解脫)"하려는 데 초점이 두어졌지, ③ "한왕한제(韓王韓帝)의 고유권"인 "내치외교"를 "한남한녀(韓男韓女)"에게 되돌리려는 '아래로부터의 공화혁명'을 직접 표방한 것은 아니었다. 그밖에 임시정부 초기 헌법문서에 나타난 국제적 지향성에 대해서는 신우철(2008), p. 377(임시헌장 §7)의 조문대조 참조.

11) 임시헌장(1919)의 초고에 해당하는 가헌법(假憲法) (영문판의 일역) 제1조에서 "조선공화국은 북미합중국을 본받아 민주적 정치(정부)를 채용함"이라 규정한 점(金正明, 《朝鮮獨立運動 II》, 東京: 原書房, 1967, p. 35), 그리고 임시헌장(1919) 제4조(가헌법 제3조)와 임시헌법(1919) 제8조에서 미국헌법 수정 제1조의 예에 따라 "신교의 자유"를 자유권 목록의 맨 앞으로 옮긴 점(〈독립〉 1919년 9월 9일자, 2면 1단, "信教의 自由")을 주목할 것. 가헌법은 조소앙이 기초한 것으로 추측되며, 신교자유의 위치변경은 장붕이 발의한 것이다.

12) 1919년 당시 국호 및 구황실 우대규정을 둘러싼 헌법논쟁에 대해서는 신우철(2008), p. 299 각주 39, 40번의 인용부분, p. 306 각주 68번의 인용부분, p. 311 각주 93번의 인용부분; 윤대원, 《상해시기 대한민국임시정부 연

펴보면, 기호파의 대한제국 계승의식("대한으로 망하였으니 대한으로 흥하자"[13])과 대외적 주권회복에의 염원["아(我) 전황실(前皇室)은 적(敵)의게 주권을 피탈한 것(조완구)"[14)]이 민주공화제의 건립이라는 동기["혁명은 철저하여야 할지라(여운형)"[15)]를 압도하였음을 쉽사리 알 수 있다. 중국 헌법문서의 번안헌법으로 평가되는 신익희의 임시헌법(1919)에서는 민주공화제 규정의 삭제[16]와 더불어 국제연맹 가입규정까지 삭제되고["엇지 사(思)하면 아텀하는 의사(意思)가 잇고(안창호)"[17)], 기본권과 사법부를 위시한 제 조문의 편제가 확충·정비되는 등[18] 헌법의 '대외적 주권독립의 도구'로서의 속성은 약화된다. 하지만 "미국의 웰손(이)… 대한독립의 허가장을 나린다는 몽상"[19]에서 완전히 벗어난 한국임시헌법(1923)과 개정임시헌법(1925)에서조차도 그 '임시' 입헌주의의 본질은 여전히 (대내적) 민주-공화와 자유-분권보다 (대외적) 주권-독립에 있었다.[20]

구》, 서울대학교 출판부, 2006, pp. 36~38 참조.

13) 이만규, 《여운형선생투쟁사》, 민족문화사, 1946, p. 29.

14) 〈독립〉 1919년 9월 6일자, 2면 5단.

15) 〈독립〉 1919년 9월 6일자, 2면 5단.

16) 이는 중국 헌법문서[임시약법(1912) 제1조]의 규정 예를 따른 결과로 판단된다.

17) 〈독립〉 1919년 9월 6일자, 2면 4단.

18) 임시헌법(1919)에 나타난 권력분립=사법독립 경향 및 그 권력배분 의도에 대해서는 신우철(2008), p. 177 각주 257번의 인용부분 및 pp. 318~319 각주 122번의 인용부분 참조. 또한 그 기본권 규정에서 '인권보장보다는 국가권력'의 경향에 대해서는 신우철(2008), p. 312 참조.

19) 〈독립신문〉 1925년 3월 31일자, 1면 2단.

20) 창조파-노령파가 주축이 된 한국임시헌법(1923) 제1조·제2조는 각각 "한국국민은 독립운동을 위하야 생명과 재산을 공헌함", "한국의 일체 권력은 독립운동자에게 재(在)함"이라고 규정했다. 특히 그 전문은 "최선의 노력과 최후의 희생으로써 광복대업을 기성(期成)"하되, "국제사회와의 공존과 동영(同榮)을 촉진"한다는 취지를 명문화함으로써, 그 독립운동의 국제적·대

임시헌법(1925) 제 1조는 임시헌장(1919) 제 1조를 이어받아 "대한민국은 민주공화국임"을 천명함으로써 주체로서의 대한민국을 고양시켰다.[21] 임시약헌(1927) 제 1조로 이어졌다가 개정임시약헌(1940) 제 1조에서 다시 삭제되었던[22] 이 민주공화국 규정은 임시헌장(1944) 제 1조로 부활되고, 그것이 해방기(1945~1948) 헌법초안들을 거쳐 건국헌법 이래 대한민국헌법 '부동의 제 1조'로 정착된 것이다. 행정연구위원회의 한국헌법(1946), 민주의원의 대한민국임시헌법(1946), 과도입법의원의 조선임시약헌(1947), 민주주의민족전선의 조선민주공화국임시약법(1946) 및 유진오사안과 권승렬초안에 이르기까지, "조선"〔조선임시약헌(1947)과 임시약법(1946) 및 유진오사안〕이냐 "대한민국"〔임시헌법(1946)과 권승렬초안〕 또는 "한국"〔한국헌법(1946)〕이냐 하는 국호를 둘러싼 논란은 있었을지언정, 그 모든 초안들의 제 1조는 이론의 여지없이 "민주공화"라는 국가성격 규정에 귀일된다.[23] 헌법 제 1조를 둘러

외적 지향성을 분명히 했다. 한편 이 한국임시헌법에 대한 반격으로서, 개조파-서북파가 중심이 되어 제정한 임시헌법(1925)도, 그 제 3조에서 "대한민국은 광복운동중에는 광복운동자가 전인민을 대(代)함"이라고 규정하고, 동시에 "광복운동자"에 관한 제 4장을 별도로 편성했다. 요컨대 양자는 모두 '독립운동' 내지 '광복운동'을 위한 도구로서의 헌법에 불과했던 것이다. 양자 모두 입헌주의의 주요지표로서 권력분립 = 사법독립과 인권 = 기본권 보장은 고려대상이 되고 있지 않다. 관련하여 임시헌법(1925)의 '제도축약'을 분석한 신우철(2008), pp. 332~334 참조.

21) 그 비교헌법사적 의의에 대해서는 신우철(2008), pp. 336~337 참조.

22) 임시약헌(1940)의 민주공화국 규정 삭제의도에 대해서는 신우철(2008), pp. 405~406 참조.

23) 다만 중도좌파 민주주의민족전선의 임시약법(1946) 제 1조는 "조선민주공화국은 조선민족의 민주주의통일국가"라는 다소 구체적인 국가성격 규정을 두었다. 물론 바로 뒤이어 제 2조는 "조선민주공화국은 세계민주주의 제국과 우호친선을 도모함"이라는 국제적 성격의 규정을 추가하였다(원안은 "조선민주공화국은 세계민주주의의 노선에 따라 성장 발전됨"이라 되어 있었음). 이는 당시 대외적 주권독립의 확보문제가 좌우 공통의 헌법적 과제였음을

싼 제헌의회에서의 논란 역시 국호에 관한 것이 중심이 되고 민주공화국의 내용에 관한 것은 그다지 두드러지지 않는다.[24)]

1919년까지 연원이 소급되는 국호(=형식)에의 놀라운 집착과 그에 상반한 민주공화(=내용)에의 놀라운 무신경이야말로 대한민국 입헌주의의 향후 60년을 규정한 '출발점에서의 조건'이었다. 중화민국헌법초안(五五憲草)(1936) 제1조로부터 비롯된 중화민국헌법(1947) 제1조의 "삼민주의(三民主義)… 공화국" 조항이라든가, 바이마르헌법(1919) 제1조와 자리를 바꾼 본기본법(1949) 제20조 1항의 "민주적·사회적

방증한다. 관련하여 임시약법(1946) 제1~3조와 임시정부 헌법문서와의 연계성을 지적한 신우철(2008), p. 496 참조. 그밖에 1940년대 헌법문서들에 나타난 국제적 지향성에 대해서는 신우철(2008), p. 519〔건국강령 복국(復國)(三)〕, p. 554(임시정책대강 §25), p. 567(임시약법 §2) 등의 조문대조 참조.

24) 헌법안 제1독회, 제1회 국회 제17차 회의(1948. 6. 23) 속기록, p. 209(서상일 위원장의 보고); 제18차 회의(1948. 6. 26) 속기록, p. 224(서상일 위원장의 답변), p. 229(이병국 의원의 발언); 제20차 회의(1948. 6. 29) 속기록, p. 284(서용길 의원의 발언), p. 284(진헌식 의원의 발언), p. 285(최운교 의원의 발언), p. 291(이원홍 의원의 미발언 원고), pp. 294~296(조국현 의원의 발언), pp. 299~300(장병만 의원의 미발언 원고), p. 300(송봉해 의원의 미발언 원고), p. 301(조종승 의원의 발언), p. 303(이성득 의원의 발언), p. 306(최국현 의원의 발언), p. 307(배헌 의원의 발언); 제21차 회의(1948. 6. 30) 속기록, p. 315(최봉식 의원의 발언), p. 332(조봉암 의원의 미발언 원고); 헌법안 제2독회, 제1회 국회 제22차 회의(1948. 7. 1) 속기록, pp. 347~348(이승만 의원의 발언), p. 348(조봉암 의원의 발언), p. 349(김병회 의원의 발언) 등 참조. 헌법급정부조직법기초위원회에서의 국호논의에 대해서는 조용중, "헌법제정, 34일의 시작과 끝,"《미군정하의 한국정치현장》, 나남, 1990, pp. 155~156; 김수용, 《건국과 헌법-헌법논의를 통해 본 대한민국건국사》, 경인문화사, 2008, pp. 272~274 참조. 과도입법의원에서의 국호논의는 조선임시약헌안 제2독회(1947. 7. 16, 제109차 회의), 《임시약헌제정회의록(과도입법의원)》, 국회도서관, 1968, pp. 40~45 참조.

연방국가"(*demokratischer und sozialer Bundesstaat*) 조항과 대조적으로, 건국헌법 제1조에서는 "대한민국" 바로 그 자체가 '모든 것에 우선하는'(*ueber alles*) 국익이었던 것이다. '아래로부터의 공화주의 민족혁명(중화민국)'이나 '위로부터의 입헌주의 유신개혁(대일본제국)'이 아니라 '밖으로부터의 제국주의 국권침탈'의 결과로서 봉건군주제의 종식이 실현되었다는 사실의 당연한 귀결로서 우리 입헌주의 발전에서 '정치적인 것'은 대내적 방향에서 대외적 방향—'칼 슈미트 적' 의미에서[25]—으로 중심이 이동되었다. 여기에 겹쳐서 해방기의 정치적 불안과 미군정 지배를 겪으면서 '민주·공화'에 대한 '건국·제헌'—더 정확히는 '자주·독립'—의 우위는 한층 뚜렷해졌다.

대한민국 헌법사 부동의 제1조에 녹아든 '방어적 국가주의'야말로 대외적 주권회복(자주·독립), 이 유일무이한 목적을 위해 입헌주의의 건강한 발전을 왜곡하고 또 그 왜곡을 정당화한 원인이 되었다. 국권수호·독립투쟁을 위해 상하소통·인재단결 수단으로 전락한 의회주의(민의의 대표자로서 의회의 부재), 사법주권 상실의 임시정부 현실에서 비상계엄행정의 요구에 통합·매몰된 사법독립(자유·권리의 보장자로서 법원의 부재), 복국(復國) 수단으로서의 균등주의와 국가법 한계 내의 기본권 보장 등등(전 국가적 자연권으로서의 기본권의 부재).[26]

---

25) '정치적인 것'의 이러한 이분법에 대해서는 Gianfranco Poggi, 박상섭 역, 《근대국가의 발전》, 민음사, 1995, pp. 19~37, 특히 pp. 32~34 참조. 또한 신우철(2002), p. 26: "…'일반적으로 한 민족은 다른 민족의 억압을 받을 때에만 자신에 대해서 자각하게 된다(Ernest Renan).'—영국의 지배가 프랑스를 자각시키고, 프랑스의 점령이 독일을 자각시킨 것과 동일한 방법으로 일본의 압제는 조선을 자각시켰던 것이다."

26) 참고로 한국임시헌법(1923)·임시헌법(1925)은 기본권과 법원에 관한 규정을 아예 두지 않았으며, 임시약헌(1927)·임시약헌(1940)도 각각 한 개씩의 관련조문만을 두었다. 임시헌장(1944)의 제정에 즈음해서도 좌파의 초안(임시약헌개정초안)과 최종안(임시헌장개정안)이 모두 법원의 장을 따로

이러한 헌법인식이야말로 한 단계의 변환만 거치면 곧바로 건국헌법이 지향한 헌법사상 — 흔히 '유진오 헌법사상'이라 명명되는 — 으로 전이될 수 있다. 정부안정론 · 엘리트주의에서 출발한 내각제 · 양원제 구상, 법관임기제도 · 행정재판제도 · 위헌심사제도 등을 둘러싼 사법부에 대한 불신, 평등권 · 생존권 위주의 실정권적 · 법률유보적 기본권 인식 등등.[27)]

여기서 우리는 건국헌법과 유진오가 지향한 "민주주의민족국가 · 민족사회주의국가의 건설"[28)] 내지 "정치적 민주주의와 경제적 · 사회적 민주주의와의 조화"[29)]라는 헌법정신이 임시정부 · 한국독립당과 조소앙이 지향한 "균등주의와 민주주의의 결합" 내지 "정치 · 경제 · 교육(문화)의 균등을 기초로 한 민주주의"와 연계되어 있음을 발견하게 된다.[30)] 건국헌법 전문의 "(세계진운에 뒤지지 않도록 진취적인) 민주주의

두지 않았으며, 최종안은 기본권 장까지도 두지 않았다. 관련하여 각주 20번('독립운동' 내지 '광복운동'을 위한 도구로서의 헌법) 참조.

27) 신우철(2008), pp. 500~503 참조. 참고로 임시정부 역대 헌법문서〔임시헌장(1944) 제외〕에서 기본권 편제의 제1순위는 '평등권'이었는데〔임시헌장(1919) §3, 임시헌법(1919) §4, 임시약헌(1927) §3, 임시약헌(1940) §2〕, 이 점은 해방기 헌법초안의 '평등권'(생활균등권) 규정도 마찬가지였으며〔한국헌법(1946) §56, 임시헌법(1946) §§5-6, 조선임시약헌(1947) §§4-5, 임시약법(1946) §7 등〕, 이러한 평등권 우위적 입법태도가 건국헌법 제8조로 정착되었다(1962년 헌법 이전까지 유지됨).

28) 헌법안 제1독회, 제1회 국회 제17차 회의(1948. 6. 23) 속기록, p. 209(서상일 위원장의 보고).

29) 헌법안 제1독회, 제1회 국회 제17차 회의(1948. 6. 23) 속기록, p. 209(유진오 전문위원의 보고).

30) 헌법안 제1독회, 제1회 국회 제18차 회의(1948. 6. 26) 속기록, p. 226: "최운교 의원: … 정치 경제 사회의 삼균주의를 확실히 분명히 있어야 하는데 이 헌법은 그 정신을 계승해서 했는가 하는 것을 말씀하십시요. 서상일 의원: 이 헌법 전문을 보시면 하필 그것만이 삼균주의가 아니라 모든 영역에 있어서 전부가 만민균등주의를 확인되였읍니다. 최운교 의원: … 여기에

제 제도의 수립" 전후에 이어지는 대목은 각각 "사회적 폐습(봉건적 인습)의 타파"와 "정치 · 경제 · 사회 · 문화의 기회균등"이다(괄호 안은 공동안). 헌법사적으로 볼 때, 이는 무정부주의 계열의 조선혁명선언(1923)과 조선공산무정부주의자연맹강령(1929), 임시정부의 건국강령(1941)〔總綱(五)(七)〕과 임시헌장(1944)(전문), 중도좌파(민주주의민족전선)의 임시약법(1946)(§16) 등에서 유래하는,[31] 정치원리로서의 민주주의를 넘어 사회원리로서의 민주주의까지 수용한 급진적 규정이다. 하지만 그러한 '급진성'의 배후에는, 정치분야뿐 아니라 경제 · 사회 · 문화까지 포괄하여 식민지의 완전한 자주 · 독립을 구상하면서,[32] 대한민국이란

는 전문에 정치 경제 사회 문화 네 가지가 들어 있으니 이것은 세 가지 주의가 삼균주의인지 알 수가 없습니다. 서상일 의원: 정치 경제 사회 문화라고 하는 것에는 모든 영역이라 써였읍니다. 모든 영역 하면 아까 제가 말씀한 대로 다 포함한 말씀에요."

31) 신우철(2008), pp. 469~470 각주 238번, p. 504, pp. 571~572 참조.

32) 조소앙, "한국독립당 제일차 전당대표대회선언(1941. 5. 9)", 백범김구선생전집 편찬위원회, 《백범김구전집: 제 6권 대한민국임시정부 III》, 대한매일신보사, 1999, p. 122: "정치만을 적 일본에서 분리하야 독립의 공각(空殼)만을 가지게 된다고 가정하면 적은 경제와 교육의 실권을 파악하고 저사불방(抵死不放)할 것이다〔보호국 · 식민지 국가의 상태(常態)〕… 적 일본의 통치계급과 적 인민 수중에서 정권 · 경제권 급 교육권을 단연히 탈환할 것을 목표로 하고 혈전을 계속하는 중이다." 일찍이 신채호의 "조선혁명선언"(1923)에서부터 "『고유적 조선의』『자유적 조선민중의』『민중적 경제의』『민중적 사회의』『민중적 문화의』 조선을 『건설』"하기 위하여, "『이족통치(異族統治)의』『약탈제도의』『사회적 불평균(不平均)의』『노예적 문화사상의』 현상을 타파"하고, "우리 생활에 부합리한 일체 제도를 개조"할 것을 이미 주창하였다. 우파인 한국독립당이 오히려 '토지국유' 강령을 내건(좌파 민족혁명당은 이에 반대하여 '토지분배'를 주장함) 역설〔신우철(2008), p. 426 각주 101번, p. 435, pp. 447~448, p. 454 참조〕의 이면에도, 일본으로부터 빼앗긴 국토를 되찾는다는 국가주의적 동기가 내재되어 있었다. 그밖에 대외적 주권독립의 균등주의 내지 삼균주의에 대한 가치적 우위성을 각별히 강조한 서술로서, 차리석(찬), 《한국독립당 당의(黨義)의 이론체계 초

"금성철벽(金城鐵壁)의 민족적 국가"를 부동의 절대선(*raison d'Etat*)으로 전제한, 자주·독립의 도구로서의 민주공화국—"3·1 독립정신을 계승한 민주독립국가의 재건과 민족의 공고한 단결"—이 면면히 관통하는 것이다.33)

좌·우파 헌법문서의 국가성격 조항 형성경위를 추적·대조해보면 이 점이 한층 분명히 드러난다. 우선 우파 헌법문서들은 국호=대한민국과 국가형태=민주공화국 및 주권소재=인민(국민)을 명시한 점에서 일관성을 보여준다. 반면 좌파 헌법문서들의 국가성격 조항은 소련

안》, 重慶, 1942. 9. 9, p. 26, 28: "우리 당의를 요약하야 일왈(一曰) 주권독립, 이왈 건설균등, 삼왈 세계공영이라고 하면 무던이 간명하다. … 금일에 있어서 조국광복 이외에 더 유력한 표어가 무엇이랴 삼균주의거나 무슨 주의는 다 우리 현계단(現階段)의 임무를 달성한 후의 문제이다."

33) 일찍이 소앙은 민족혁명당 탈퇴 후 발표한 "고당원동지"(告黨員同志)(1935. 10. 5)〔金正柱 編, 《朝鮮統治史料: 第十卷 在外韓人》, 東京: 韓國史料硏究所, 1971, pp. 758~772 소재(특히 pp. 762~764)〕에서, "한국독립당의 신민주주의는 삼균제도의 건국으로써 구미 민주주의와 러시아 민주주의, 즉 구민주주의의 결함(부르주아 독재와 프롤레타리아 독재)을 보충하려는 것"이라 적시했는데, 이 역시 "5천년 동안 독립했던 금성철벽(金城鐵壁)의 민족적 국가를 우리들의 손에 의해 재건설(p. 762)"하려는 민족적 민주주의의 한 발현이었다. 민족주의 우파(한국독립당)든, 민족주의 좌파(민족혁명당)든, 초기의 정당문건은 대체로 소앙의 손을 거쳤으며〔신우철(2008), pp. 425~426〕, 그것이 다시 해방기 중도좌파 헌법초안〔임시약법(1946)〕으로 연결되었으므로〔신우철(2008), pp. 495~496〕, 정치뿐 아니라 경제·사회·문화적으로도 자주·독립한 민족국가의 지향이라는 점에서 양자간 본질적 차이는 없었다. 관련하여 유진오(1953), pp. 18~19: "일본이라는 침략세력을 앞에 놓고 독립운동 진영이 양분되어 싸운다는 것은 적에게 이용되는 간극을 보여주는 것에 지나지 않는 것이기 때문에, 독립운동 진영 내의 좌우 양 세력은 항상 싸우면서 합하고 합하면서 싸우는 미묘한 과정을 밟아오게 되었다. 이것은 독립운동의 성격뿐 아니라 대한민국의 건국이념을 이해하는 데 있어서도 대단 중요한 점이다."

〈표 3-1〉 대한민국헌법(1948) 제1조의 헌법적 연원

좌파 헌법문서	우파 헌법문서
○ 한국국민은 독립운동을 위하야 생명과 재산을 공헌함 한국의 일체 권력은 독립운동자에게 재함 한국의 최고권은 내외 각 지방 급 각 독립운동단체의 대표로 회합한 국민대표회의에 재함〔한국임시헌법(1923) §§1-2, §4〕 ※ 대한민국의 최고권력은 임시의정원에 있음〔임시약헌(1927) §2〕 의정원은… 민국의 최고권력기관임〔임시약헌개정초안(1943) §12〕 ←國民大會爲中華民國最高權力機關〔期成憲草(1940) §27〕 ○ 조선민주공화국은 조선민족의 민주주의통일국가임을 선언함 국가의 전 권력은 전 조선인민에게 속함 조선인민은 민주주의민족전선에 총집결함 민주주의민족전선은 안으로 조선인민의 총의를 표시하고 밖으로 조선민족의 통일적 최고의사를 표명함〔임시약법(1946) §1, §3, §§22-23〕 ※ 입법의원은 국권의 최고기관…〔조선임시약헌(1947) §12〕 ←國會は、國權の最高機關…〔日本國憲法(1946) §41〕 ○ 우리나라는 조선민주주의인민공화국이다. 조선민주주의인민공화국의 주권은 인민에게 있다. 주권은 인민의 최고	○ 대한민국은 민주공화제로 함〔임시헌장(1919) §1〕 ○ 대한민국은 대한인민으로 조직함 대한민국의 주권은 대한인민 전체에 재함〔임시헌법(1919) §§1-2〕 ←中華民國由中華人民組織之 中華民國之主權屬於國民全體〔臨時約法(1912) §§1-2〕 ○ 대한민국은 민주공화국임 대한민국은 광복운동 중에는 광복운동자가 전인민을 대함〔임시헌법(1925) §1, §3〕 ○ 대한민국은 민주공화국이라 국권은 인민에게 있음 광복완성 전에는 국권이 광복운동자 전체에 있음〔임시약헌(1927) §1〕 ←國權〔曹錕憲法(1923) 5장(§22)〕 民主共和國〔段記憲草(1925) §1〕 ○ 대한민국은(의) 주권은 인민에게 있음 광복완성 전에는 주권이 광복운동자 전체에 있음〔임시약헌(1940) §1〕 ○ 대한민국은 민주공화국임 대한민국의 인민은 원칙상 한국민족으로 함 대한민국의 주권은 인민 전체에 잇음 국가가 광복되기 전에는 주권이 광복운동자 전체에 잇음〔임시

〈표 3-1〉 계속

좌파 헌법문서	우파 헌법문서
주권기관인 최고인민회의와 지방주권기관인 인민위원회를 근거로 하여 행사한다〔조선민주주의인민공화국헌법(1948) §§1-2〕 ←Россия объявляется Республикой Советов рабочих, солдатских и крестьянских депутатов. Вся власть в центре и на местах принадлежит этим Советам. … Верховная власть в РСФСР принадлежит Всероссийскому съезду Советов …[34] (Конституция РСФСР 1918 г. §1, §12) ←Вся власть в пределах РСФСР принадлежит советам рабочих, крестьянских … Носителем Верховной Власти в РСФСР является Всероссийский Съезд Советов …[35] (Конституция РСФСР 1925 г. §§2-3)	헌장(1944)·임시헌장개정안(1943) §1, §§3-4〕 ←대한민국은 민주공화국임 대한민국의 주권은 전체 인민에게 있음 독립완성 이전에는 주권이 전체 독립운동자에게 있음〔임시약헌개정초안(1943) §1, §3〕 ←各民族〔五五憲草(1936)·期成憲草(1940) §5〕 ○ 한국은 민주공화국임 한국의 주권은 국민으로부터 발함〔한국헌법(1946) §§1-2〕 ←Das Deutsche Reich ist eine Republik. Die Staatsgewalt geht vom Volke aus(Weimarer Reichsverfassung §1) ○ 대한민국은 민주공화국으로 함 대한민국의 주권은 국민 전체에 속함 대한민국은 대한인민으로 조직함〔임시헌법(1946) §§1-3〕 ○ 조선은 민주공화정체임 조선의 주권은 국민 전체에 속함

34) "러시아는 노동자·군인·농민대표의 소비에트공화국임을 선언한다. 중앙·지방에서 모든 권력은 이 소비에트에 속한다. 러시아사회주의연방소비에트공화국에서 최고권력은 전러시아소비에트대회에 속하며…."

35) "러시아사회주의연방소비에트공화국에서 모든 권력은 노동자·농민 … 대표의 소비에트에 속한다. 러시아사회주의연방소비에트공화국에서 최고권력의 보유자는 전러시아소비에트대회 … 이다."

〈표 3-1〉 계속

좌파 헌법문서	우파 헌법문서
← СССР есть социалистическое государсво рабочих и крестьян. Вся власть в СССР принадлежит трудящимся города идеревни в лице Советов депутатов трудящихся[36] (Конституция СССР 1936 г. §1, §3)	〔조선임시약헌(1947) §§1-2〕 ○ 조선(한국)은 민주공화국이다. 국가(한국)의 주권은 인민에게 있고 모든 권력은 인민으로부터 발한다〔유진오사단·법전기초위원회제출안(괄호 안은 공동안) §§1-2〕 ○ 대한민국은 민주공화국이다. 대한민국의 주권은 국민에게 있고 모든 권력은 국민으로부터 나온다(발한다)〔대한민국헌법(1948) (괄호 안은 국회본회의이송안) §§1-2〕

36) "사회주의소비에트공화국연방은 노동자·농민의 사회주의국가이다. 사회주의소비에트공화국연방에서 모든 권력은, 노동자대의원소비에트가 대표하는 바에 따라 도농의 노동자에 속한다."

헌법문서의 표현("Вся власть" "Верховная власть")이 그러하듯, 주권이란 용어보다 권력["일체 권력" "최고권(력)" "전 권력"]이란 용어를 선호한다. 흥미롭게도 대한민국헌법(1948)에서는 "모든 권력"—정치영역에 한정된 의미의 "국권"이나 "Staatsgewalt"가 아니라—이란 용어가 전격 수용되었다. 여기서 우리는 정치·경제의 분리 및 국가·사회의 분화라는 자유주의 헌법원리를 출발점으로 삼되, 그 '안티테제'로서 정치의 경제에 대한 통제 및 국가의 사회에 대한 지배라는 사회주의 헌법원리까지 포용하려 했던[단, 대의제—"… 나온다(ausgehen)"는 표현에 담긴—의 틀을 벗어나지 않는 범위에서], 우리 헌법제정자의 가려진 의도를 읽어내야 한다.[37] 동시에 우리는 좌파 헌법문서들도 권력주체로서 "소비에트"(Советы)보다는 "전체 인민(독립운동자)"을 강조하고 우파 헌법문서들과 마찬가지로 그 모두에 국가(국호·국가성격)를 부각시킨 점을 놓치지 말아야 한다. 대한민국헌법(1948)이 "모든 권력"의 민주주의화를 수용한 반사면(反射面)에서, 조선민주주의인민공화국헌법(1948)은 신생 인민공화국의 "주권"조항을 삽입했던 것이다.

III. '의회 우위적' 대통령제의 기원

"김명동 의원: … 임시정부 헌법이 있는데도 불구하고 그것을 기초한 의도가 어디 있나, 또한 거기에 고칠 것이 있다면 그것을 고치든지 하지 새로 헌법을 기초할 필요가 없다고 생각하는데 … 서상일

37) 좌파 헌법문서들은 "인민(또는 독립운동자)"에 귀속되는 권력의 성격을 국가"의" 그것으로 명시하였다("한국의 일체 권력" "국가의 전 권력"). 소련 헌법문서는 "소비에트"(Советы)에 귀속되는 "모든 권력"(Вся власть)을 중앙·지방 또는 공화국"에서"(в)의 그것으로 규정하였다. 건국헌법 제2조는 특별한 한정문구 없이 "모든 권력"이라고만 규정하였다.

의원: 임시정부 정신을 계승한다는 말이지 임시정부의 헌장이라든지 임시정부의 모든 제도를 계승한다는 말은 아닙니다. … 해외에 가서 있든 정부이니만치 또는 그 제도라든지 제법(諸法)이라든지 그러한 것을 오늘날 그대로 계승할 필요가 없다고 생각합니다."[38]

아시아 세계의 후발 입헌주의국가 일본·중국의 사례에서 전형적으로 발견되듯, 의회주의 수용 초기의 주된 계기는 선진 '입헌제국주의'로부터의 국권수호를 위해 군민간 의사소통 및 폭넓은 인재등용을 도모한다는 것, 환언하면 '부국강병'이란 상위목적에 봉사하는 '일개수단'으로서의 의미가 컸다.[39] 메이지 유신 이후의 일본이나 신해혁명 이후의 중국에서 흔히 관찰되는 의회개설·보통선거의 지연, 그리고 이에 동반한 서구 대의제 민주주의에 대한 강한 의구심[40]이야말로 동아시아에서의 초기 의회주의가 지녔던 '국가주의'적 — 더 정확히는 '국제주의'적 — 한계를 방증한다. 유신과 혁명으로 근대화와 주권독립의 문제가 어느 정도 해결되자 의회주의의 문제는 곧 수면 아래로 가

---

38) 헌법안 제1독회, 제1회 국회 제18차 회의(1948. 6. 26) 속기록, p. 229.

39) 일본 및 중국의 초기 의회주의의 한계("국가권력의 집중·통일 및 이를 통한 부국강병·자주독립의 수단으로서 의회")에 대해서는 신우철(2008), pp. 15~18, 24~28, 35~38, 40~42 참조.

40) 미국식 대중민주주의의 폐해에 대한 우려가 특히 컸다. 가령 남북전쟁 직후의 혼란상에 대한 우려가 표현된 카토오 히로유키(加藤弘之)의 《最新論/鄰艸》(1860) (江村榮一, 《憲法構想》, 東京: 岩波書店, 1989/2000, p. 20, pp. 23~24) 및 미국 정당정치·데마고그의 폐해를 언급한 그랜트 장군의 메이지 텐노 접견기록(鈴木安藏, 《日本憲法史硏究》, 東京: 叢文閣, 1935, pp. 66~68) 참조. 쑨원(孫中山)의 "권능분치"(權能分治) 구상에 포함된 "직접민권"의 강조라든가, "오권분립" 구상에 포함된 "고시(원)", "감찰(원)"의 설정에도, 마찬가지로 서구식(특히 미국식) 대의제 민주주의·의회주의에 대한 '아시아적 비판의식'이 깔려 있다(殷嘯虎, 《近代中國憲政史》, 上海: 上海人民出版社, 1997, pp. 112~116 참조).

라앉았으며, 이어지는 전쟁(북벌·만주사변·중일전쟁·태평양 전쟁)의 포화 속에 아예 파묻혀버리고 말았던 것이다. 하지만 우리는 이들과 달랐다(다를 수밖에 없었다). 국권상실에서 독립투쟁으로 이어지는 역사의 질곡 속에서 '국가를 위한 수단'으로서의 의회, 주권독립의 도구로서의 의회주의는 상당 기간 동안 명맥을 이어갔다.

우선 19세기 말의 헌법 유사문서들이 지향한 '원시 의회주의'의 문제의식에서부터 국가주의적·수단적 한계는 분명히 드러난다. 정령 14조와 홍범 14조가 모두 공평한 인재등용(정령 §2·§4, 홍범 §14) 및 국사의 의정(정령 §§13-14, 홍범 §3)을 지향하고, 헌의 6조와 고종의 조칙·칙어가 모두 인사의 의정과 고른 인재등용(헌의 §5, 칙어), 중추원 개설 등 언로의 소통과 군민간의 상정하달(上情下達)(헌의 §6, 조칙 §1, 칙어)을 모색한 것이 동일한 맥락에서였다.[41] 일본의 영향하에 권력의 제한을 특히 강조한 홍범 14조의 태도〔§§2-4(군권), §5(신권), §§6-9(재정권), §10(지방권), §13(사법권)〕를 논외로 할 경우, 가장 '입헌적'이었던 헌의 6조에서조차 그 원시 의회주의의 1차적 지향점은 "관민이 동심 합력"하여 "외국인의게 의지말고… 젼졔 황권을 굿게"하는 데 있었으며(§1), "대신들과 즁츄원 의쟝"의 제어를 통해 "므릇 정부에셔 타국으로 더브러 됴약"하는 일에 자주·독립을 확보하려는 데 있었던 것(§2)이다.[42] 이 시기의 의회주의 주장이 상원이나 지방자치 위주의 제한적·점진적 수준에서 그쳤던 것도 바로 당대의 지배적 사조였던 진화론적 국가주의(문명개화론·부국강병론)가 작용한 바 컸다.[43]

이러한 원시 의회주의의 국가주의적 경향은 국권상실·독립투쟁의

---

41) 고종의 《이언》(易言) 간행·반포 역시 개명군주로서의 입헌적 개혁의도보다는, 군민 상하단결을 통한 국권수호 쪽에 더 큰 비중이 놓여 있었던 것으로 보인다. 신우철(2008), p. 36 각주 111번, pp. 72~73 각주 229번 참조.

42) 상세한 관련 조문대조는 신우철(2008), pp. 83~88 참조.

43) 신우철(2008), pp. 67~70, 특히 각주 219, 222번 참조.

시기에 들어서면서, 항일세력 통합·집중의 긴절한 필요에 상응하여 임시의정원과 임시정부의 2원 구조로 구체화되어 나타났다. 즉, "대군주가 국정을 친히 각대신에게 순(詢)ᄒᆞ야 재결"하도록 한 홍범(§3)의 전통이 성균관 유생 출신 조소앙의 붓을 빌어 "임시정부가 임시의정원의 결의에 의하야 통치"하는 임시헌장(1919) (§2)으로 이어졌고, 그것이 국정의 중추로서 임시의정원과 임시정부를 양립시킨 '2권분립적 입헌체제'로 제도화되기에 이른다.[44] 말하자면 '국민'이 존재하지 않는 '임시'정부로서는 결국 그 권력의 정당성을 임시의정원의 신임에 의존할 수밖에 없었기에('국민 없는 민주주의'), 이러한 특수성이 임시정부 헌법문서가 시종일관 '의회 우위적 요소'를 지니도록 압박했으며, 국권상실의 비참을 헌법제정으로 극복하려는 의도로부터('국가 없는 입헌주의') 입법-행정의 2권분립 체제로써 국가권력 존재의 외관을 만들어내려는 헌법구조가 상당 기간 고착되었던 것이다('권력 없는 권력분립').[45] 주권독립 도구로서의 의회주의를 더욱 강화한 개별적 요인으로는 ① 의회에 대한 불신의 부재(식민지 조선의 특수상황), ② 사법제도 근대화의 부진 내지 그에 대한 무관심, ③ 사회주의 소비에트제의 영향 등을 추가로 지적할 수 있다.

첫째, 영국의회의 특별세 부과를 계기로 저항권 행사에서 독립전쟁으로 나아갔던 아메리카 식민지의 경험('의회 = 실정법 지배'에 대한 반발과 '사법 = 코먼로 지배'에 대한 신뢰)과 달리, 미약한 수준의 일본 의회정치 및 그 제한적 입헌질서로부터도 배제되었던 식민지 조선으로서는 '의회에 대한 불신'이 싹틀 소지조차 존재하지 않았던 것이다.[46] 둘

44) 관련하여 신우철(2008), p. 81(특히 각주 258번), 298, 300의 서술 참조.

45) 신우철(2008), p. 81, 501.

46) 미국 초기 입헌주의 역사에서의 반의회주의적 경향에 대해서는 신우철(2008), pp. 6~7을, 식민지 조선에서 메이지헌법의 적용문제에 대해서는 김창록, "일본에서의 서양 헌법사상의 수용에 관한 연구 - 大日本帝國憲法

째, 혹은 지방세력의 흡수·억압 및 영사재판권의 철폐를 위하여, 혹은 동아시아 식민지배의 구실이나 의회개설 요구에 대한 보상으로서 사법제도의 근대화를 중요한 정치 이데올로기로 활용했던 일본·중국과 유사한 조건이 존재하지 않았던 데 더하여, 임시정부라는 비상상황—무력투쟁을 위한 권력집중의 필요 및 사법권 행사의 현실적 불능으로 요약되는—까지 겪으면서 우리 입헌주의의 균형추는 '사법'보다 '의회' 쪽으로 기울어질 수밖에 없었던 것이다.[47] 셋째, "모든 권력을 소비에트로"(Вся власть советам) 집중하여 게렌스키 임시정부를 타도했던 볼셰비키의 경험을 본받아 "일체 권력"을 "독립운동자에게"〔한국임시헌법(1923) §2〕 집중하여 임시정부를 타파·개조하려 했던 국민대표회의 운동, 뒤이어 소비에트 공산당과 중화민국 국민당이 공히 지향했던 "이당치국"(以黨治國)의 구호 아래 독립투쟁의 좌우 통합체인 "광복운동자의 대단결인 당"〔임시약헌(1927) §2, §49〕을 절대선으로 추구했던 민족유일당 운동. 이러한 움직임들이 임시정부 헌법문서의 입헌체제를 골간부터 뒤흔들던 '붉은 20년대'를 거치면서, 우리 임시의회주의의 2권분립 체제는 "대한민국의 최고권력은 임시의정원에 있"다는〔임시약헌(1927) §2〕 의회 우위체제로 발전해갔던 것이다.[48]

의 제정에서 日本國憲法의 '출현'까지", 서울대학교 박사학위논문, 1994, p. 132 이하를 각각 참조할 것.

47) 신우철(2008), pp. 173~179, 194~196, 333~334 참조.

48) 국민대표회의 운동과 민족유일당 운동의 사회주의적 지향성 및 그것이 임시정부 헌법체제에 미친 영향 일반에 대해서는 신우철(2008), p. 330, pp. 336~337, 360~361, 406~408 등의 서술을 참조할 것. 물론 그 이전부터도 소비에트적 성격의 의회체 조직으로서 러시아 혁명에 자극받아 출범한 노령의 '대한국민의회'가 이미 있었다. 이에 대한 상세한 연구로는 반병률, "대한국민의회의 성립과 조직", 〈한국학보〉 13(1), 1987, pp. 123~167; 반병률, "대한국민의회와 상해임시정부의 통합정부 수립운동", 〈한국민족운동사연구〉 2, 1988, pp. 89~129 참조.

임시헌장(1919) 제2조가 '의정'을 강조하고, 임시헌법(1919) 제5조가 '분권'을 강조하였다면, 개정임시헌법(1925) 제2조는 '정부'를 강조하였다. 그러나 두 임시헌법(1919·1925)과 달리 임시약헌(1927)에서부터는 임시의정원을 임시정부(임시대통령)보다 앞에 배치하였는데, 이러한 편제순서가 임시약헌(1940)·임시헌장(1944)으로까지 이어졌다. 한국헌법(1946)·임시헌법(1946)·조선임시약헌(1947)·임시약법(1946) 및 유진오사안과 권승렬초안 등, 건국헌법에 이르기까지 해방기 헌법초안들이 한결같이 '의회 우위'의 편제순서를 채택한 것도 결코 우연만은 아니었던 것이다.[49] "大韓民國의 最高權力은 議政院에 있"다는 임시약헌(1927) 제2조의 배경에는, 러시아헌법(1918) 제12조 전단("Верховная власть в РСФСР принадлежит Всероссийскому съезду Советов …")을 본떠, "韓國의 最高權은 … 國民代表會議에 在"한다고 규정한 한국임시헌법(1923) 제4조 본문이 있었던 것이며, "閉院中 그(臨時議政院) 職權을 行使"하는 "常任委員會"를 둔 임시약헌(1927) 제15조의 배경에도, 러시아헌법(1918) 제12조 후단("… а в период между съездами – Всероссийскому Центральному Исполнительному Комитету Советов")을 본떠, "… 但 國民代表會議가 閉會된 期間에는 國民委員會가 此를 代行"한다고 규정한 한국임시헌법(1923) 제4조 단서가 있었던 것이다.[50] 이후 개정임시약헌(1940)부터는 관련조문들(§2, §15 등)을 삭제함으로써, 임시의정원의 지위를 전보다 다소 약화시키게 된다.[51]

---

49) 건국헌법 이후에도, 주지하는 바와 같이 대통령의 우월적 지위를 보장했던 1972년 헌법과 1980년 헌법을 제외하고, 현행헌법까지 포함하여 '의회 우위'의 편제순서는 대체로 유지되었다.

50) 임시약헌(1927)의 상임위원회 제도의 유래에 대해서는 이외에 신우철(2008), p. 362(각주 253, 254번)의 서술도 참조.

51) 신우철(2008), pp. 410~412 참조. 임시헌장(1944)의 제정에 즈음하여, 좌파 민족혁명당은 "의정원은 … 민국의 최고권력기관임"이라는 내용의 삽입을 제안하면서 그 직권범위도 이전보다 확대하려 했으나〔임시약헌개정초안(1943) §12, §21〕, 받아들여지지 아니하였다〔신우철(2008), p. 457 참조〕.

하지만 우리는 의회 내지 입법부의 우월적 지위를 잉태한 당대의 국가주의 사조가 역으로 대통령・주석 내지 행정부의 주도적 역할을 근거지은 점도 부인할 수 없다. 건국헌법 이래 60년 헌법사를 특징짓는 대통령으로의 권력집중 현상이 멀게는 '군왕의 현대판으로서 권력의 인격화'로부터, 가깝게는 '독립투쟁의 지도자로서 대통령・주석의 제도화'로부터 비롯되었음을 잊어서는 안 된다.[52] 대통령 직위를 대

참고로 과도입법의원의 조선임시약헌(1947)은 일본국헌법(1946) (§41)을 본떠 "입법의원은 국권의 최고기관 … 임"이라는 규정을 두었는데(§12), 입법의원의 '최고기관' 여부를 둘러싸고 '삼권분립론'과 '주권기관론' 사이에 논란이 제기되기도 했다. 상세히는 조선임시약헌안 제2독회(1947. 7. 18, 제111차 회의), 《임시약헌제정회의록》, pp. 66~69 참조.

52) 임시정부 초기 독립운동 지도자들의 행적에는 민주공화를 지향하는 '공식적 표현'의 배후에 봉건복벽의 '비공식적 내심'이 깔려 있음을 발견하게 된다. '양녕대군파' 이승만 대통령('효령대군파' 이기붕 부통령!)의 집권은 독립운동가 사이에서도 익히 퍼져 있던 '도참'이었다〔조경한, 《백강회고록(국외편)》, 한국종교협의회, 1979/1985, p. 350("양녕의 후손이 국가를 부흥시키고 한번 잘된다.")〕. 임시정부 주류요인들의 '봉건적 성향'에 대해서는 당대인의 회고〔이정식(면담)・김학준(편집해설)・김용호(수정증보), 《혁명가들의 항일회상》, 민음사, 2005, p. 131(김성숙의 회고), p. 402(정화암의 회고)〕, 외국인의 분석(胡春惠, 《韓國獨立運動在中國》, 臺北: 中華民國史料硏究中心, 1976, p. 259)이 모두 일치한다. 성균관 유생 출신 황실유학생이자 임시헌장(1919)의 기초자였던 조소앙의 의고적 경향은 "고당원동지"(告黨員同志)(1935)〔《朝鮮統治史料》(1971), pp. 764~766("唯物論ト國學派ノ比較")〕나 "건국강령"(1941)〔總綱(二)(三)〕에 이미 두드러지게 나타난다. 임시헌법(1919)의 기초자이자 임시정부 요인 중 가장 정세에 민감했던 "현대적 감각의 정치가"(김준엽, 《장정-2: 나의 광복군 시절・하》, 나남, 1989/2001, p. 444) 신익희조차도, 공식석상에서는 "교서(敎書)라고 하는 것은 (봉건적) 냄새 나는 말"이라고 질타하면서도〔조선임시약헌안 제2독회(1947. 7. 18, 제111차 회의), 《임시약헌제정회의록》, p. 71〕, 사적 대화에서는 "내탕금을 내리게 될 것"이라는 표현을 서슴지 않는(유진오, 《헌법기초회고록》, 일조각, 1980, p. 40) 이중성을 노정한다. '대한민국헌법의 아버지'로 지칭되는 유진오도 예외는 아니어서, "역사상의 인물로 들어오던 노

폭 강화한 임시헌법(1919)·한국헌법(1946)·임시헌법(1946), 상당한 실권의 주석직위를 둔 임시약헌(1940)·임시헌장(1944)·조선임시약헌(1947), 1920년대의 사회주의 물결 속에서도 단일한 행정수반으로 국무령 직위를 창설한 임시헌법(1925), 심지어 소비에트 체제를 취하면서도 대통령 직위를 규정한 임시약법(1946)에 이르기까지, 대통령제 내지 주석제의 강고한 전통은 면면히 이어진 것이다.[53] 의회 우위의 내각책임제를 구상했던 유진오·한민당의 의도가 이승만의 카리스마에 눌려 한순간에 대통령제로 전환되었다는 인식[54]이야말로, 두

애국자" 이승만의 칭송에 "꿈인가 생시인가", "그저 황홀할 뿐"이었다고 회고한다〔유진오(1980), p. 60〕. 참고로 고정휴, 《이승만과 한국독립운동》, 연세대학교 출판부, 2004, pp. 31~33에 의하면, 3·1 운동 시기 임시정부 구상 가운데 정부수반의 명칭으로는 대통령 이외에도 '정도령'과 '집정관'(총재)이 발견되는데, 이들은 공화정에 대한 부수적 정서를 고려한 복벽석 성격의 직명이었다고 한다.

53) 이들 헌법문서에 나타난 대통령·주석의 지위부각(특히 대의회 관계에서)에 대해서는 신우철(2008), pp. 312~315〔임시헌법(1919)의 임시대통령 지위(대임시의정원 관계)〕, pp. 337~342〔임시헌법(1925)의 임시정부·국무령 지위〕, pp. 416~418〔임시약헌(1940)의 주석지위(대임시의정원 관계)〕, pp. 459~463, 472~474〔임시헌장(1944)의 주석지위〕, pp. 492~494〔임시헌법(1946)·조선임시약헌(1947)의 대통령·주석지위〕, pp. 498~499〔임시약법(1946)의 대통령 지위〕 참조. 그밖에 김수용(2008), pp. 36~41〔한국헌법(1946)의 대통령 지위〕, pp. 84~85〔임시헌법(1946)의 대통령 지위〕, pp. 157~159〔조선임시약헌(1947)의 주석지위〕; 정상우, "미군정기 중간파의 헌정구상에 관한 연구", 서울대학교 박사학위논문, 2007, pp. 99~102〔임시헌법(1946)의 대통령 지위〕, pp. 108~109〔임시약법(1946)의 대통령 지위〕, pp. 187~189, 191~193〔조선임시약헌(1947)의 주석지위〕 참조.

54) 유진오(1980), pp. 58~59, 62~63, p. 73 이하('무너진 내각책임제'), p. 85 이하('국회본회의에서의 수정기도'), p. 99 이하('초밥 먹는 동안에 이루어진 역사') 참조. 이러한 인식에 대한 비판으로는 신우철(2008), pp. 323~324 참조. 여기서 다소 성긴 요약을 해보자면, ① 상술한 봉건복벽 경향의 잔존,

권력기관 사이의 복잡한 역사적 사실관계 및 그 반영으로서의 다양한 역대 헌법 텍스트들에 대한 '놀라울 정도로 무지한 단순화'라 아니할 수 없다. 우리는 여기에서 ① 입법부 구조의 단일성 여하, ② 입법부 활동의 자율성 여하, ③ 행정부 구성에의 간여 여하, ④ 입법적 권한의 배분 여하, ⑤ 재정·감찰 등 국정통제권 여하 등 여러 측면에서 건국헌법에 이르기까지의 역사적 경험들을 입체적으로 조망할 때, '하나의 힘'(국가·주권)의 '두 방향'(의회·대통령)으로의 작용 가운데 복잡하게 얽힌 헌법 텍스트의 실타래들을 풀어낼 수 있으리라 믿는다.

'양원제냐 단원제냐' 하는 입법부의 구조문제는 제헌의회속기록에서도 압도적 지면을 차지한 논란거리였을 뿐 아니라,[55] 최근까지도 혹

---

② 임시정부 시기의 제도적 경험과 미군정 시기의 정치적 경험에 더하여 ③ 친일 기득권 세력 한민당에 대한 제헌의원들의 반감〔유진오(1980), p. 53, 96 참조〕 및 ④ 74세 대통령 이승만에 대한 장년그룹의 '모종의 기대'가 결합함으로써, 건국헌법은 '대통령제적' 방향으로 기울게 된 것으로 보인다.

55) 헌법안 제1독회, 제1회 국회 제17차 회의(1948. 6. 23) 속기록, p. 211 소재 유진오 전문위원의 보고에 의하면, 원안의 양원제는 "중요한 국가의 의사의 결정을 좀더 신중하게 하자는 것"이었는데, "복잡다단한 건국 초기에 있어서 우선 단원제로 나가기로 결정"되었다고 한다. 이 문제를 둘러싼 제헌의회에서의 논의들은 헌법안 제1독회, 제1회 국회 제20차 회의(1948. 6. 29) 속기록, pp. 283~284(곽상훈 의원의 발언), pp. 284~285(진헌식 의원의 발언), pp. 285~286(박우경 의원의 발언), p. 289(서순영 의원의 발언), pp. 289~290(서순영 의원의 미발언 원고), p. 291(이원홍 의원의 미발언 원고), pp. 302~303(이성득 의원의 발언); 제21차 회의(1948. 6. 30) 속기록, p. 315(최봉식 의원의 발언), p. 316(이문원 의원의 발언), p. 321(조헌영 의원의 발언); 헌법안 제2독회, 제1회 국회 제25차 회의(1948. 7. 5) 속기록, p. 446(오용국 의원의 발언), pp. 447~448(이승만 의장의 발언), p. 548(윤재욱 의원의 발언) 등 참조. 제헌의회의 논의 중에는 '입법능률의 요청'과 '촉박한 정세의 압박'이라는 '건국의 특수상황'이 반복 강조된다. 그 밖에 헌법급정부조직법기초위원회에서의 양원제·단원제 논의에 대해서는 유진오(1980), pp. 52~53, 56~57; 이영록, "'헌법 및 정부조직법 기초위원회'(1948)의 정치적·사상적 역학관계에 관한 분석", 〈헌법학연구〉 7(4),

은 '날치기 입법'의 견제 필요성에서, 혹은 지방분권·남북통일의 정책적 고려에서 간단없이 제기되는 개헌주제임은 물론,[56] 1962년 헌법의 심의과정[57]이나 1952년 헌법의 의결과정[58]에서도 중요하게 다

2001, pp. 43~44; 김수용(2008), pp. 278~280 참조.

56) 관련하여 현행헌법하에서의 양원제 도입주장 및 이에 대한 비판으로, 신우철, 《헌법과학 - 새로운 방법론의 탐색》, 동현출판사, 2002, pp. 174~177 참조.

57) 헌법심의위원회 제 4차 전문위원회의록(1962. 7. 27) 및 동 제 5차 전문위원회의록(1962. 8. 2), 《헌법개정심의록》 제 1집, 대한민국국회, 1967, p. 249 이하 및 p. 301 이하 소재 각 전문위원의 발언 참조. 당시 논란의 핵심은 단원제 의회의 경솔·전횡을 여하히 보완·견제할 것이냐 하는 점과 양원제 의회의 경제적 비용과 입법 비효율 문제를 여하히 해결할 것이냐 하는 점에 놓여 있었다. 다만 의원정수 규모문제, 경제사항 심의문제 등이 주로 부각된 데에서 드러나듯, 당시 시대상황에서 논의의 초점은 '정치'보다는 '경제' 쪽에 있었기에 단원제 주장이 전반적으로 우세한 형국이었다.

58) 제 12회 국회 제 8차 회의(1952. 1. 17) 속기록, 헌정사자료 제 3집, 《헌법개정회의록(제 2대 국회)》, 국회도서관, 1968, p. 5(국무총리의 헌법개정안 제안취지 설명), pp. 6~11(조주영 의원의 질의), pp. 12~14(조진만 법무부장관의 답변), pp. 25~27(변광호 의원의 질의), pp. 30~31(허정 국무총리서리의 답변), pp. 32~35(김의준 의원의 질의), pp. 35~36(허정 국무총리서리의 답변), pp. 38~40(이진수 의원의 질의), pp. 42~44(조진만 법무부장관의 답변); 제 12회 국회 제 9차 회의(1952. 1. 18) 속기록, 《헌법개정회의록(제 2대 국회)》, pp. 46~60(엄상섭 의원의 발언) 참조. 당시 시대상황을 반영하여 논의의 주안점은 양원제와 결부된 대통령 직선제·법률안 거부권·의회전횡 견제 등 대통령과 국회의 '정치' 권력투쟁에 놓여 있었지만, 궁핍한 전시재정 문제 같은 '경제'이슈도 함께 제기되었다. 한편 1960년 헌법의 양원제 도입취지에 대해서는, 제 35회 국회 제 33차 회의(1960. 6. 11) 속기록, 《헌법개정회의록(제 4대 국회)》, 국회도서관, 1968, pp. 87~89(개헌안제안이유설명서) 참조. 이에 따르면, "다수당의 전제를 견제하고 의결을 신중을 기한다는 의미에서 내각책임제헌법의 대다수의 전례에 따라서 양원제를 채택"하면서도, 민주주의 원칙에 보다 충실하게 "국민의 직선에 의한 지역대표제" 상원을 구성하고, 하원인 "민의원에 그 권한의 우월성"을 부

루어졌던 핵심논제였다. 하지만 건국헌법의 단원제 채택 역시 "정계의 최고지도층 사람들(이승만·김성수·신익희)"의 양원제에 대한 "찬의"나 "정치에 직접 관계가 없는 전문가(유진오)"의 양원제에 대한 "학문적 소신"에도 불구하고, 자신들의 권한을 "한 손에 쥐"고자 했던 "다수의원들의 반대"가 이를 압도했기 때문만은 아니었다.[59] 독립협회 주도의 중추원 구상('문명개화론·점진주의')[60]이라든가 안창호의 평정원(評政院) 구상('광복사업을 위한 유식·유력인물 집중'),[61] 좌·우파 정당통합 운동시기의 정당대표제 상의원(上議院) 구상('좌파세력의 의회 내 흡수')[62] 등, 국권수호·주권회복 필요에 상응한 '집권·통합의 도구로서의 양원제' 제안이 면면히 이어지지만, 그럼에도 불구하고 임시정부 전 시기를 통틀어 '특별의원'을 부인하는 '단일한' 임시의정원 체제는 변함없이 유지되고 또 지지되었다.[63] 메이지헌법·바이마르헌법·프랑스제3공화국헌법 등의 예를 좇아 양원제를 취한 한국헌법(1946)[64]과 엘리트주의적 양원제 구상을 담은 유진오사안(법전기초위

여했다고 한다. 즉, 권력의 견제·균형확보와 민주주의 원칙의 관철이라는 '입헌'적 동기가 부각된 셈이다.

59) 유진오(1980), pp. 56~57. 동 pp. 52~53에 의하면, 헌법급정부조직법기초위원회에서 한민당계는 "의사의 지연과 경비의 팽창"을 이유로, 조봉암 의원은 "특권귀족제도의 유물"로서 "보수세력의 집결체"라는 이유로, 각각 양원제 반대론을 펼쳤다고 한다.

60) 〈독립신문〉 1898년 7월 27일자, 1~2면 사설 "하의원은 급지 안타" 참조.

61) 〈독립〉 1919년 9월 18일자, 2면 "원칙(院則) 삼독 급(及) 관제이독" 소재 안창호의 발언 및 장붕의 반론 참조.

62) "綦江韓國七黨統一會議經過報告書(1939. 10. 5)", 《國民政府與韓國獨立運動史料(1)》, 臺北: 中央研究院近代史研究所, 1988, p. 23 참조.

63) 대표적으로 약헌개정위원회 제7차 회의(1943. 1. 13), 《대한민국임시정부자료집 3: 임시의정원 II》, 국사편찬위원회, 2005, p. 125, 328 소재 조완구 위원의 양원제 반대발언 및 약헌개정위원회 제11차 회의(1943. 3. 31), 임시정부자료집 3》, p. 134, 371 소재 차리석 위원의 복식의회 반대발언 참조.

원회제출안과 공동안도 대동소이하며 권승렬초안도 본질적 차이는 없음)[65] 을 제외할 경우, 해방기 헌법초안들 대다수가 단원제를 채택한 사실 또한 우리는 놓치지 말아야 할 것이다.[66]

행정부(대통령)에 대한 관계에서 입법부 활동의 자율성 여하, 특히 의회의 소집·회기에 관한 규정은 건국헌법 이래 비록 제헌의회의 헌법급정부조직법기초위원회에서나 본회의에서나 크게 논란되지 않은 사항이었지만,[67] 임시정부 시기의 헌법문서들에서 이미 다양한 편차를 보여줄 뿐 아니라 해방기 헌법초안들에서도 기초자의 대통령·의회 간 권한배분 의도를 추정케 하는 '바로미터'가 된다. 우선 소집주체의 측면에서 임시정부 시기 헌법문서들은 대부분 임시의정원의 자율

---

64) 한국헌법(1946)의 '국회'부분의 비교헌법적 연원에 대해서는 신우철(2008), p. 486 및 pp. 543~546의 조문대조 참조.

65) 유진오 양원제 사상의 '엘리트주의' 지향성에 대해서는 이영록, 《유진오 헌법사상의 형성과 전개》, 한국학술정보, 2006, pp. 231~237 참조.

66) 그밖에 입법부의 구조문제와 관련하여, 권승렬초안이 '참의원'에 '상임위원회'를 설치하도록 한 것(§49), 그리고 그것이 헌법급정부조직법기초위원회 및 본회의에서 채택되지 않은 사실도 임시정부 시기의 경험과 무관하지 않은 것으로 보인다. 관련하여 신우철(2008), p. 362, 387〔임시약헌(1927)의 상임위원회 규정〕, pp. 410~411〔개정임시약헌(1940)의 상임위원회 폐지〕, p. 448과 pp. 450~452〔약헌개정위원회(1942~1943)에서의 논의〕, p. 497〔임시약법(1946)의 상임위원회 규정〕 등 참조. 권승렬초안과 조선임시약헌 및 임시정부 헌법문서와의 근접성에 대해서는 정상우(2007, 각주 5번), pp. 219~220을, 권승렬초안의 일반적 특징에 대해서는 이영록, "『권승렬안』에 관한 연구", 〈법과 사회〉 24, 2003, p. 142 이하(특히 p. 148)를 각각 참조할 것.

67) 본회의에서는 정기회 개회일(12월 20일)에 대한 수정안(1월 10일)이 제안되었으나 부결된 바 있다〔헌법안 제2독회, 제1회 국회 제25차 회의(1948. 7. 5) 속기록, pp. 448~449〕. 헌법급정부조직법기초위원회에서의 국회해산권 존폐논란(내각책임제·대통령제 논란)에 대해서는 유진오(1980), pp. 58~59, 75~80; 김수용(2008), pp. 280~281, 293~297 참조.

〈표 3-2〉 의회 소집·회기·해산 등 규정의 헌법적 연원

임시정부 시기 헌법문서	해방기(1945~1948) 헌법초안
○ 임시대통령의 직권은 좌와 여함 …七. 임시의정원을 소집함 임시의정원은 매년 이월에 임시대통령이 소집함 필요가 유할 시에 임시소집함을 득함 임시의정원의 회기난 일개월로 정하되 필요가 유할 시난 원의 결의 혹은 임시대통령의 요구에 의하야 신축함을 득함〔임시헌법(1919) §15, §§22-23〕 ←大總統召集立法院宣告開會停會閉會 大總統經參政院之同意解散立法院 立法院每年召集之會期以四個月爲限但大總統認爲必要時得延長其會期并得於閉會期內召集臨時會〔袁記約法(1914) §17, §32〕 國會常會於每年三月一日開會 國會常會會期爲四個月但得延長之 大總統得停止衆議院或參議院之會議 但每一會期停會不得逾二次每其間不得逾十日 大總統經參議院列席議員三分二以上之同意得解散衆議院〔天壇憲草(1913) §§32-33, §§74-75〕 ○ 국민위원회에서는 삼년을 일기(一期)로 하야 국민대표회의를 소집함 단 필요로 인하는 시는 차한(此限)에 부재함〔한국임시헌법(1923) §13〕	○ 국회는 매년 십일월에 대통령이 차(此)를 소집함 회기는 사십일로 함 단 필요에 의하야 대통령은 십오일에 한하야 회기를 연장함을 득함 대통령은 회기를 정하야 임시국회를 소집함을 득함 대통령은 대의원의원 삼분지 일 이상의 요구가 있을 때에는 회기를 정하야 임시국회를 소집함을 요함 대통령은 대의원을 해산함을 득함 단 동일원인에 의한 해산은 일회에 한함〔한국헌법(1946) §§5-6〕 ←WRV(1919) (§§24-25) 五五憲草(1936) (§31) ○ 국민의회는 대통령이 소집함 대통령은 국민의회에 대하여 십일 이내의 정회 우(又)는 해산을 명함을 득함 대통령은…좌의 권한이 유함…十一. 의회의 소집·정회 급(及) 해산〔임시헌법(1946) §15, §23〕 ○ 입법의원의 소집 개회 휴회 급(及) 폐회는 원이 스스로 행함 단 의원총선거 후 최초의 소집은 정부주석이 행함 입법의원 정례회는 매년 일회 십이월 중에 의장이 소집하되 그 회기는 육십일로 함 입법의원 임시회는 재적의원 사분지 일 이상의 요구나 또는 정부주석의 요청에 의하

〈표 3-2〉 계속

임시정부 시기 헌법문서	해방기(1945~1948) 헌법초안
○ 임시의정원은 매년 십일월에 임시의정원이 자행소집함 임시정부의 요구나 의원 삼분일 이상의 청구가 잇는 때는 임시소집함을 득함〔임시헌법(1925) §20〕 ← 參議院得自行集會開會閉會〔臨時約法(1912) §20〕 國會自行集會開會閉會但臨時會由大總統牒集之 國會臨時會之牒集於有左列情事之一時行之 一. 兩院議員各有三分一以上之請求 … 三. 政府認爲必要〔天壇憲草(1913) §31, §34〕 ○ 임시의정원은 매년 시월 제일 화요일에 임시정부소재지에서 자행소집하며 그 폐회기일은 자정(自定)함 단 원의 결의나 정부의 요구나 총의원 삼분일 이상의 요구나 상임위원회의 요구가 있을 때는 임시의회를 소집함〔임시약헌(1927) §9〕 ← 參議院設於臨時政府所在地〔參議院法(1912) §1〕 衆議院議員 … 自行集會於國都 衆議院於每年三月一日開會 衆議院於有左列情事之一時得開臨時會由議長召集之 一. 議員三分一以上之請求 … 三. 常任委員會或政府認爲必要〔段記憲草(1925) §24, §§26-27〕 ○ 임시의정원은 매년 시월중(순)에 임시정부소재지에서	여 의장이 소집함〔조선임시약헌(1947) §15〕 ○ 중앙의회는 연 사회 이상 필요에 응하야 중앙상임의원회가 이를 소집하고 회기는 십일 이상으로 함 지방의회는 중당상임의원회가 수시 이를 소집함 대통령은 어떠한 경우에도 인민의회를 해산할 수 없음〔임시약법(1946) §36, §50〕 ○ 정례〔시〕국회는 매년 일회 십이월 이십일에 집합한다 … 회기〔의〕는 구십일로 한다. 단 국민의회〔대의원〕의 재적의원 과반수(삼분지이 이상)의 의결로써 차(此)를 연장할 수 있다. 연장일수는 총계 십오일(삼십일)을 초과하지 못한다. 임시국회는 임시긴급의 필요가 있을 때 대통령(나각의 결정) 또는 〔어느〕 대의원(국민의회)〔의〕 재적의원 삼분지일 이상의 요구로 대통령이 (此를) 소집한다. 임시국회의 회기는 삼십일〔십오일〕을 초과하지 못한다. 대통령은 대의원(국민의회)의 정회와 해산을 명 … 한다. … 간 국민회의는 동일한 사건에 관하야 계속하야〔여〕 두번 해산되지 안〔않〕는다(유진오사안 §§44-45, §72, §89) ※ 괄호 안은 육필수정 전의 내용이며 〔 〕 안은 법전기초

〈표 3-2〉 계속

임시정부 시기 헌법문서	해방기(1945~1948) 헌법초안
자행소집 급(及) 폐회하며 기일은 자정(自定)함 단 원의 결의나 정부의 요구나 총의원 삼분일 이상의 요구로 임시의회를 소집함〔임시약헌(1940) §8〕 ○ 의정원은 매년 시월에 의장이 원의 소재지에서 소집하며 개원일기는 원의 결의로 정함 원의 결의나 국무(위)원회의 요구나 의원 삼분일 이상의 요구가 유한 시는 의장은 임시의정원을 소집함〔임시약헌개정초안(1943) §§16-17〕 ○ 임시의정원은 매년 시월중에 임시정부소재지에서 자행소집하며 그 폐회기일을 자정함 단 원의 결의와 정부의 요구나 총 재적의원 삼분일 이상의 요구로 임시의회를 소집함〔임시헌장개정안(1943) §12〕 ○ 임시의정원은 매년 사월 십일일에 임시정부소재지에서 자행소집함 임시의정원의 회기는 삼주일로 정하고 필요로 인할 때에는 연기함을 득하되 전회기의 삼분지일을 유함을 부득함 원의 결의나 정부의 요구나 총 재적의원 삼분지일 이상의 요구가 잇슬 때에는 임시의회를 소집함〔임시헌장(1944) §21〕	위원회제출안임. ←天皇ハ帝國議會ヲ召集シ其ノ開會閉會停會及衆議院ノ解散ヲ命ス 帝國議會ハ三箇月ヲ以テ會期トス 必要アル場合ニ於テハ勅命ヲ以テ之ヲ延長スルコトアルヘシ 臨時緊急ノ必要アル場合ニ於テ常會ノ外臨時會ヲ召集スヘシ〔明治憲法(1889) §7, §§42-43〕 ○ 국회의 상회는 매년 십이월 중에 개회한다. 의회는 대통령이 이를 소집한다. 국회의 회기는 삼개월로 한다. 그러나 의원의 재적의원 과반수의 결의로써 이십일을 초과하지 않는 기간 차(此)를 연장할 수 있다. 국회의 임시회의는 긴급한 필요가 있을 때 대통령이 이를 소집한다. 어느 의원이던지 재적의원 삼분지일 이상의 요구가 있을 때는 반드시 이를 소집하여야 한다. 임시회의의 회기는 이십일을 초과하지 못한다. 대통령은 국회의 십일 이내의 정회 우(又)는 대의원의 해산을 할 수 있다(권승렬초안 §§42-44, §72) ○ 국회의 정기국회(정기회)는 매년 일회 십이월 이십일에 집합(회)한다. 임시긴급의 필요가 있을 때에는 대통령 또는

〈표 3-2〉 계속

임시정부 시기 헌법문서	해방기(1945~1948) 헌법초안
←國民大會每三年由總統召集一次會期一月必要時得延長一月 國民大會經五分二以上代表之同意得自行召集臨時國民大會 總統得召集臨時國民大會 國民大會之開會地點在中央政府所在地〔五五憲草(1936) §31〕	어느 의원의(국회의) 재적의원 사분지일 이상의 요구에 의하여 양원의장의 연명으로(의장은) 국회의 임시회의 집회를 공고한다. 대통령은 민의원의 해산을 명할 수 있다. 단 동일한 사유로 인한 해산은 일회에 한한다(국회해산권 삭제) 〔긍동안(괄호 안은 국회본회의이송안) §§36-37, §60〕

적 소집('자행소집')을 규정하였으며,[68] 회기한정의 측면에서도 대체로 임시의정원의 자율적 개회·폐회를 인정하였다.[69] 행정부(대통령·주석 등)에 의한 강제해산(또는 정회)은 민주적 정당성의 유일한 원천으로서 임시의정원의 특수한 지위를 반영하여, 천단헌초(天壇憲草)(1913)·원기약법(袁記約法)(1914)의 선례에도 불구하고, 임시정부 헌법문서 중 어느 것도 이를 인정한 예가 없었다.[70] 반면 해방기 헌법초안들에서는 명문으로 회기를 한정한 경우가 일반적일 뿐 아니라,[71] 정기회 내지 임시회의 소집주체를 대통령으로 상정하거나 대통령의 강제해산(또는 정회)을 인정한 경우가 다수였다.[72] 그런데 행정연구위원회와의 공동안에 이르러서는 소집주체(임시회)가 의장으로 바뀌면서 회기한정 규정도 삭제되고,[73] 국회본회의이송안에 와서는

---

68) 원기약법(袁記約法)(1914)의 영향하에 임시대통령의 주도권을 인정한 임시헌법(1919)이 유일한 예외이며, 총통의 소집권을 인정한 오오헌초(五五憲草)(1936)의 규정은 임시헌장(1944)에 반영되지 않았다(〈표 3-2〉 참조). 관련하여 신우철(2008), p.313 각주 101번 참조.

69) '1개월'의 회기를 정한 임시헌법(1919)과 '3주일'의 회기를 정한 임시헌장(1944), 이 두 경우만이 예외이다(〈표 3-2〉 참조). 관련하여 신우철(2008), p.313 각주 101번 참조.

70) 신우철(2008), p.317, 342 참조.

71) 한국헌법(1946), 조선임시약헌(1947), 유진오사안, 임시약법(1946), 법전기초위원회제출안·권승렬초안 등이 이에 해당한다(〈표 3-2〉 참조).

72) 한국헌법(1946), 임시헌법(1946), 유진오사안, 법전기초위원회제출안, 권승렬초안 등이 이에 해당한다(〈표 3-2〉 참조). 과도입법의원에서의 '정회' 조항 삽입을 둘러싼 논란으로는, 조선임시약헌안 제2독회(1947.7.22, 제113차 회의), 《임시약헌제정회의록》, pp.75~78 참조. 여기서는 정부주석이 입법의원의 '정회'를 명할 수 있도록 하려는 백관수·서상일 등 한민당계 의원들의 의도가 신익희·강순·김붕준 등 임시정부계 의원들의 반발로 좌절된다. 그밖에 의회 소집주체(대통령)의 면에서 임시헌법(1946)과 권승렬초안의 유사성을 언급한 정상우(2007, 각주 5번), p.220도 참조할 것.

73) 이 점은 "회기제도"에도 불구하고 "임시국회가 잦아서 국회가 상설기관화"할

대통령제로의 전격 전환에 상응하여 국회해산권 규정까지 사라진다. 이 점은 헌법급정부조직법기초위원회에서 단일의 강력한 입법부 구조(=단원제 의회)를 채택한 사례와 마찬가지로, 임시정부 헌법문서들에서처럼 입법부 활동의 자율성 쪽에 더 비중을 둔 '의회 우위적' 태도로 되돌아간 것으로 판단된다.[74)]

것이라는 유진오의 예측과 관련이 있는 듯하다〔유진오(1980), p. 90〕. 이후 본회의에서는 "회기를 구십일로 정하는 것은 아마 헌법에는 지정이 되지 않았다 하드라도 국회법의 회기는 구십일로 규정되여 가지고 있는 것이라고 생각"한다는 서우석 의원의 발언이 있었다〔헌법안 제 2독회, 제 1회 국회 제 25차 회의(1948. 7. 5) 속기록, p. 449〕.

74) 참고로 헌법급정부조직법기초위원회 위원 가운데 김상덕·지(이)청천·연병호 등의 인사는 임시정부·임시의정원에서 주로 활동한 경력을 가지고 있다. 중경 임시정부 문화부장 김상덕은 제 35회(1942), 제 39회(1945) 임시의정원 의원·법제위원(장)을 지냈을 뿐 아니라 조선민족혁명당의 약헌개정위원(1942~1943)으로 활약한 바도 있다〔관련 활동내역은 신우철(2008), pp. 447~449, 451~452 참조〕. 광복군 총사령관이었던 지(이)청천도 제 32회(1939), 제 34회(1941), 제 35회(1942), 제 39회(1945) 임시의정원 의원·분과위원(군무)을 지냈으며, 제 10회(1922), 제 27회(1934) 임시의정원 의원을 지냈던 연병호는 "의정원을 대당혹소당(大黨或小黨)에 넘긴다는 조문은 망발이니 그 조문은 폐지"하라는 서신(1935. 10. 16)을 남긴 적도 있다〔《대한민국임시정부자료집 5: 임시의정원 IV》, 국사편찬위원회, 2005, p. 57과 pp. 238~239('圓明 → 藕泉·素昻')〕. 이들의 '의회인식'이 어떠한 것일지는 어렵잖게 짐작할 수 있을 것이다. 그밖의 위원들 중에는, 임시정부 인사들과 함께 민주의원·입법의원에서 활동한 경험을 가졌거나(김준연·윤석구·백관수·오용국·서상일·김병회 등), 일시적·간접적이더라도 상해임시정부에서 활동한 경험을 가져(허정·조봉암 등), 임시정부 헌법문서의 의회 우위적 경향에 대해 '최소한의 인식'은 공유할 수 있었던 인사가 다수를 차지한다.

여기서 논의를 좀 확대시켜보면, 건국헌법 이후 우리 헌법사에서 국회의 회기한정·소집주체 및 대통령의 국회해산권 문제를 둘러싸고 두 권력기관 사이에 전개되었던 '힘겨루기'—헌법 텍스트를 매개로 한—도, 임시정부 시기 및 해방기 헌법문서들의 연장선에서 비로소 그 전체상을 파악할 수 있행정부 구성에 대한 입법부의 간여 여하, 즉 대통령·주석을 위시하여 국무총리(국무령)·국무위원〔국무원(員)〕·행정각부장(총장) 등 행정부 인사에 국회가 개입하는 권한의 강도야말로 임시정부 시기 이래 우리 헌법사에서 행정부와 입법부의 관계를 결정짓는 핵심지표였다. 우선 대통령·국무령·주석 등 행정수반은 이를 임시의정원에서 선거하는 데 임시정부 헌법문서들이 일치하며, 해방기 헌법초안들 역시 바이마르헌법을 모방한 한국헌법(1946)과 조선임시약헌(1947)을 제외하고는 모두 국회간선의 방식을 취하였다(건국헌법도 동일).[75] 오히려 이보다 더 논란되었던 사안은 국무총리와 국무위원(국무원), 특히 후자의 인사에 관한 것이었는데, 임시정부 헌법문서들은 국무총리·국무위원(국무원) 인선에 대한 임시의정원의 간여('임명동의', '선임', '임면', '선거')를 대체로 인정하였고,[76] 해방기 헌법초안들 중 임시정부 헌법문

을 것이다. 1962년 헌법의 국회 회기한정(120일·30일)(§43 ③), 1972년 헌법의 국회 회기축소(90일·30일·150일)(§82 ② ③), 국회 임시회 소집요건 강화(재적의원 3분의 1)와 의장의 임시회 집회공고 삭제(§82 ①) 및 대통령의 국회해산권 규정(§59 ①) 등이 '국회→대통령'으로의 권력이동 과정이었다면, 1980년 헌법의 국회해산 사유·절차·횟수제한(§57 ① ②), 현행헌법의 국회 임시회 소집요건 완화(재적의원 4분의 1)와 회기연장(100일·30일)(§47 ① ②) 및 대통령의 국회해산권 삭제는 '대통령→국회'로의 권력회복 과정이었다. 양 방향으로의 경향성이 모두 임시정부 시기 및 해방기 헌법문서들에 이미 존재했던 사실을 우리는 간과해서는 안 된다.

75) 대통령 선출방식에서 임시헌법(1946)은 임시정부 헌법문서의 '간선'전통을, 조선임시약헌(1947)은 바이마르헌법을 모방한 한국헌법(1946)의 '직선'규정을 각각 따른 것으로 보인다〔신우철(2008), pp. 493~494 참조〕. 과도입법의원에서도 그 임기가 주로 문제되었을 뿐 직선의 선거방식에 대한 논란은 발견되지 않는다〔조선임시약헌안 제2독회(1947. 7. 22, 제113차 회의), 《임시약헌제정회의록》, pp. 79~81, 조선임시약헌안 제2독회(1947. 7. 24, 제114차 회의), 《임시약헌제정회의록》, pp. 82~84 참조〕. 그밖에 대통령 선출방식(국민직선·국회간선)을 둘러싼 헌법급정부조직법기초위원회 및 본회의에서의 논란에 대해서는 김수용(2008), p. 281, pp. 318~319 참조.

서의 영향하에 있던 임시헌법(1946)·조선임시약헌(1947)·권승렬초안도 국무총리(국무총장)·국무위원(국무원) 인선에 대한 의회의 간여('선거', '인준', '승인')를 모두 인정한 반면,[77] 한국헌법(1946)과 국회본회의이송안은 국무총리·국무위원 인선에 대한 의회의 간여를 모두 배제하였다.[78] 건국헌법이 국무총리 임명은 국회승인을 거치되 국무위원 임명은 대통령 단독으로 가능하도록 규정한 것(§69)〔이 점, 국무총리의 제천(청)권을 삭제한 점을 빼면 유진오사안·법전기초위원회제출안의 태도와 동일하다〕은 '의회의 간여 정도'만으로 따진다면, 임시정부 헌법문서들과 한국헌법(1946)·국회본회의이송안 사이의 '일종의 타협'으로 볼 수 있었다.[79] 한편 행정부의 퇴진에서 임시정부 헌법문서들은 대체로 탄

76) 그 간여 정도의 강약에 대해서는 신우철(2008), pp. 416~417, 459~460, p. 533(조문대조) 참조.

77) 관련하여 권승렬초안과 조선임시약헌의 유사성을 지적하는 이영록(2003), p. 146, 147(각주 36번)의 서술 참조.

78) 국회본회의이송안의 관련조문 수정경위는 유진오(1980), p. 73 이하(특히 p. 78, 80) 참조.

79) 제헌의회 본회의에서의 수정경위에 대해서는 헌법안 제2독회, 제1회 국회 제26차 회의(1948. 7. 6) 속기록, pp. 463~471(특히 p. 464 소재 이윤영 의원의 발언); 유진오(1980), p. 89, 91, pp. 96~97, 99~101; 김수용(2008), p. 319 참조. 여기서 논란의 핵심은 '국무총리의 제청권' 인정 여부가 되고 있다. 그런데 이러한 '최종결론'은 임시정부 헌법문서의 경향〔국무위원(국무원) 인선에 대한 임시의정원의 간여인정〕과 상당히 배치된 듯 보이지만, 기실 임시헌법(1919) 제정 당시 '국무원(員) 인사권'을 둘러싸고 임시대통령(이승만)과 국무총리(이동휘) 사이에 벌어졌던 권력투쟁의 연장선에서 이해될 수 있는 것이었다. 1919년의 상황에서 이승만 - 장붕(목사) 라인이 '임시의정원의 동의권 삽입'을 매개로 노령파·이동휘의 '독자적 조각권'을 좌절시켰듯이, 1948년의 상황에서는 이승만 - 이윤영(목사·초대총리 지명자) 라인이 '국무총리의 제청권 배제'를 매개로 한민당·유진오의 '내각책임제 기도'를 분쇄했던 것이다. 임시헌법(1919) 제정 당시의 관련상황에 대해서는 신우철(2008), pp. 313~314, 323~324 참조. 그밖에 이승만의 임시헌법(1919) 문제점 비판(국무총리에의 행정권 집중)을 지적한 유영익, "이승만

핵조항을 두는 정도에 그쳤으며, 불신임제도를 명문으로 삽입한 것은 임시헌장(1944)이 유일했는데,[80] 해방기 헌법초안들 중 조선임시약헌(1947)을 제외한 거의 전부가 내각불신임제도를 규정했음에도, 대통령제로의 전격 전환에 상응하여 (국회해산권 규정과 함께) 불신임 조항이 곧바로 삭제[81]될 수 있었던 배경에는, 이러한 경향성('그 제도적 생소함')이 작용한 바도 없지 않았을 것으로 본다.

대통령 인사권에 대한 국회의 간여문제는 이후 개헌과정에서도 끊임없이 반복된 주요논제 중 하나였다.[82] 멀게는 제2공화국(1960년 헌법) 시기 민주당 신파·구파 사이의 국무총리·국무위원 인선경쟁이라든가, 가깝게는 김대중 정부에서의 국무총리서리 위헌논란이나 노무현 정부에서의 국무위원해임건의 효력논란에 이르기까지, 대통령

국회의장과 대한민국 헌법 제정", 〈역사학보〉 189, 2006, p. 111의 서술도 참조할 것.

80) 임시헌장(1944)의 불신임제도 규정경위에 대해서는 신우철(2008), p. 458 (각주 203번), pp. 533~535(조문대조) 참조. 참고로 임시약헌(1927)은 소비에트식 의회 우위제의 논리에 따라 임시의정원이 국무위원을 '임면'할 수 있는 것으로 규정했다(§11). 그밖에 임시정부의 대 임시의정원 책임의 강약에 대해서는 신우철(2008), pp. 417~418 참조.

81) 국회본회의이송안의 관련조문 수정경위는 유진오(1980), p. 73 이하(특히 p. 75, 80) 참조.

82) 1952년 헌법은 국무총리의 국무위원 임면제청권 및 국회의 내각불신임권을 부활시켰고, 1954년 헌법은 이를 대통령 단독임명제로 바꿨다가(국무총리제 폐지), 1960년 헌법은 국무총리가 임면하되 대통령이 확인하는 것으로 재차 변경한다(이상 §69). 대통령제를 채택한 1962년 헌법은 국무총리·국무위원 임명에 국회의 간여 여지를 없앴고(§84 ①)〔단, 원칙상 구속력 있는 해임건의권 규정(§59)〕, 1972년 헌법은 국무총리 임명에 국회의 동의를 얻도록 하면서 국회의 국무총리·국무위원 해임의결권을 삽입했으며(§63 ①, §97)〔1980년 헌법에서도 유지됨(§62 ①, §99)〕, 현행헌법은 국회해산권의 삭제에 맞추어 국회의 국무총리·국무위원 해임의결권을 해임건의권으로 약화시켰다(§63).

〈표 3-3〉 입법부의 행정부 구성 간여 규정의 헌법적 연원

임시정부 시기 헌법문서	해방기(1945~1948) 헌법초안
○ 임시대통령은 임시의정원에서 기명단기식(記名單記式) 투표로 선거하되 투표총수의 삼분이 이상을 득한 자로 당선케 함 임시대통령의 직권은 좌와 여함 … 四. 문무관을 임명함 단 국무원 … 를 임명함에는 임시의정원의 동의를 요함 임시의정원의 직권은 좌와 여함 … 五. 임시대통령을 선거함 六. 국무원 급(及) 주외대사 공사 임명에 동의함 十四. 임시대통령이 위법 또는 범죄행위가 유함을 인할 시난 … 탄핵 또는 심판함을 득함 十五. 국무원이 실직 혹 위법이 유함을 인할 시난 … 탄핵함을 득함 국무원이 제이십일조 제십오항의 경우를 당할 시는 임시대통령이 면직하되 임시의정원에 일차 재의를 청구함을 득함〔임시헌법(1919) §12, §15, §21, §41〕 ○ 국무령은 임시의정원에서 선거하되 투표총수 삼분이 이상을 득한 자로 함 국무원은 국무령의 추천으로 임시의정원에서 선임함 국무원의 면직은 국무회의에서 자행함 임시의정원은 … 좌의 직권을 유함 … 四. 국무령 급 국무원의 실직 혹 위법 우(又)는 범법행위에 대하야 심판처벌함〔임	○ 대의원은 대통령 국무총리 또는 국무위원을 탄핵함을 득함 대통령은 부통령과 같이 … 국민이 동시에 차(此)를 선거함 국무총리는 대통령이 차(此)를 임명함 국무위원은 국무총리의 추천에 의하여 대통령이 차(此)를 임명함 대의원은 내각불신임결의를 함을 득함〔한국헌법(1946) §12, §20, §35, §39〕 ○ 국민의회의 직권은 좌와 여함 … 九. 국무총리 급 행정 각부총장에 대한 불신임의 의결 대통령은 국민의회에서 차(此)를 선거함 전항의 선거는 총의원 삼분의 이 이상의 출석으로 무기명투표에 의하여 출석원 수의 삼분의 이 이상된 자로써 당선을 결함 … 부대통령의 선거는 전조의 규정에 준함 국무총리 급 국무원은 대통령의 추천으로 의회에서 선거함〔임시헌법(1946) §14, §§20-21, §27〕 ○ 입법의원은 … 좌의 권한을 행함 … 七. 정부주석 부주석 국무총장 급 국무위원에 대한 탄핵의 의결 정부주석 급 부주석은 … 국민투표로써 선거함 단 본법 시행 후 최초의 정부주석 급 부주석은 입법의원에서 선거함 국무총장

〈표 3-3〉 계 속

임시정부 시기 헌법문서	해방기(1945~1948) 헌법초안
시헌법(1925) §13, §§16-17, §26〕 ○ 임시의정원은 … 국무위원과 국사(國使)를 임면 … 하되 총의원 과반수의 출석과 출석원 삼분이의 찬동으로 함 임시의정원은 국무위원과 국사의 실직이나 위법 또는 범죄행위가 있는 줄로 인할 때는 … 심판 또는 면직함 국무회의는 그 주석 일인을 국무위원이 호선함〔임시약헌(1927) §11, §19, §36〕 ○ 임시의정원은 … 국무위원회 주석과 국무위원을 선거하며 주외사절의 임면 … 에 동의 … 하되 총의원 과반수의 출석과 출석원 삼분이의 찬동으로 함 임시의정원은 국무위원회 주석 급 국무위원과 주외사절의 실직이나 위법 또는 내란외환 등 범죄행위가 있는 줄로 인할 때는 … 심판 또는 면직함〔임시약헌(1940) §10, §14〕 ○ 임시의정원의 직권은 아래와 갓틈 … 六. 국무위원회 주석 급 부주석과 국무위원의 선거 임시의정원은 국무위원회 주석 부주석 급 국무위원이 실직 위법 또는 내란외환 등 범죄행위가 잇거나 혹은 신임할 수 업다고 인정할 때에는	급 각 국무위원은 정부주석이 임명하되 입법의원의 인준을 요함〔조선임시약헌 (1947) §12, §19, §26〕 ○ 대통령 부대통령 국무총리 국무위원과 법관이 그 직무수행에 관하야 헌법 또는 법률에 위반할 때에는 대의원이 탄핵의 소추를 의결하고 참의원이 심판한다. 대통령과 부대통령은 국회양의원 합동회의에서 무기명투표로써 선거한다. 전항의 선거는 재적의원 삼분지이 이상의 출석과 출석의원 삼분지이 이상의 찬성투표로써 당선을 결정한다. 국무총리는 국민의회의 제천으로, 국무위원은 국무총리의 제천으로 대통령이 임명함. 국민의회에서 내각에 대한 불신임결의안이 가결된 때에는 … 내각은 총사직하거나 … 국민의회가 해산되거나 한다(법전기초위원회제출안 §50, §56, §74, §78) ○ 국무총리 기타 국무원은 참의원의 승인을 얻어 대통령이 이를 임면한다. 국무원의 임면은 국무총리의 제의에 의한다(권승렬초안 §85) ○ 국무총리는 대통령이 임명하고 민의원의 승인을 받아야

〈표 3-3〉 계속

임시정부 시기 헌법문서	해방기(1945~1948) 헌법초안
탄핵안 혹은 불신임안을 제출하야 탄핵안이 통과되면 그를 면직하고 불신임안이 통과되면 그가 자행사직함〔임시헌장(1944) §§17-18〕	한다. 국무위원은 국무총리 임명에 대한 민의원의 승인이 있은 후 국무총리의제천으로 대통령이 임명한다(공동안 §72) ○ 국무총리와 국무위원은 대통령이 임면한다(내각불신임권 삭제) (국회본회의이송안 §68)

과 국회 사이의 권력투쟁은 주로 인사권(=비입법적 권한) 문제가 '핵심고리'가 된다. 반면 입법적 권한의 배분 내지 재정·감찰 등 국정통제권 측면에서 대통령과 국회 사이의 권력구도를 살펴보면, 우선 임시정부 헌법문서들은 거의 모두 행정수반의 행정입법권·긴급입법권을 인정하였으며,[83] 정부형태의 여하(대통령제·내각책임제)와 상관없이 법률안거부권(재의요구권)을 규정한 선례를 남기고 있다.[84] 해방기 헌법초안들도 행정수반의 행정입법권·긴급입법권을 대체로 인정하였으며(건국헌법도 동일),[85] 주석제=대통령제뿐 아니라 내각책임제를 취하면서도 법률안거부권(재의요구권)을 규정한 예가 발견된다(대통령제를 채택한 건국헌법도 동일).[86] 다음, 임시정부 헌법문서들은 정치제도의

83) 임시헌법(1919) (§15 ① ⑩·§36 ①), 임시헌법(1925) (§§11-12), 임시약헌(1927) (§§30-31), 임시약헌(1940) (§25·§26 ②·§27 ⑦), 임시헌장(1944) (§30 ②·§32 ⑦ ⑨·§41) 등. 단, 임시약헌(1927) [§30('법률을 대할 명령')]이 긴급입법권을 규정한 것인지는 확실치 않다. 관련하여 신우철(2008), p. 313, 323 및 pp. 380~381, p. 383, pp. 390~391, 511~512, 536~537, p. 539(이상 조문대조) 참조.

84) 미국식(대통령제) 법률안거부권과 유사한 규정(재의결정족수 4분의 3, 거부시한 10일)을 둔 임시헌법(1919) (§27)과 프랑스식(내각책임제) 법률안거부권과 유사한 규정(재의결정족수 가중 없음, 거부시한 7일)을 둔 임시헌법(1925) (§24)이 대표적이다. 이 둘 이외의 임시정부 헌법문서들은 법률안거부권 규정을 두지 않았다. 관련하여 신우철(2008), p. 313, 342 및 p. 382(조문대조) 참조.

85) 한국헌법(1946) (§§25-26), 임시헌법(1946) (§14 ③·§23 ③), 조선임시약헌(1947) (§22 ③·§29 ①), 유진오사안(§§73-74) 및 법전기초위원회제출안(§§62-63), 권승렬초안(§78·§80) 등. 소비에트 체제를 취한 임시약법(1946)도 대통령·정무위원회의 명령발포권을 인정하였다(§52·§58 ④·§59). 단, 조선임시약헌(1947)은 긴급입법권을 따로 규정하지 않았으며, 임시헌법(1946) [§14 ③('법률에 대할 명령')]이 긴급입법권을 규정한 것인지도 확실치 않다.

86) 주석제=대통령제의 경우 조선임시약헌(1947) (§13)을, 내각책임제의 경우 한국헌법(1946) (§16)과 권승렬초안(§70)을 들 수 있다[이 중 권승렬초안의

축약이 두드러졌던 임시헌법(1925) 및 임시의정원의 절대적 우위를 전제로 한 임시약헌(1927)의 경우를 제외하고,[87] 그 전후의 임시헌법(1919)·임시약헌(1940)·임시헌장(1944)이 모두 메이지헌법이나 원기약법(袁記約法) 내지 중화민국 5권분립 헌법(대의제 불신에 연유한)의 영향하에 '회계검사원'이라는 기구를 별도로 두었다.[88] 해방기 헌법초안들에서 '감찰장관·감찰위원장(감찰원장)'〔임시헌법(1946)·조선임시약헌(1947)〕, '회계검사원'〔한국헌법(1946)·임시약법(1946)〕, '심계위원회·심계원'(유진오사안·공동안/권승렬초안) 등의 기구를 두어 의회의 재정·감찰 등 국정통제권을 분담시킨 것도 유사한 맥락에서 이해할 수 있다〔건국헌법은 '심계원' 규정(袁記約法 §57 참조) 채택〕.[89]

이처럼 입법권이나 재정권·감찰권의 배분 측면에서는 '의회 우위'의 전통이 다소 후퇴하는 예외적 모습을 보여주지만, 그러나 이 문제

법률거부권 규정에 대해서는 이영록(2003), pp. 146~147, p. 156; 정상우(2007, 각주 5번), p. 220 참조〕. 유진오사안(§53)·법전기초위원회제출안(§53)은 참의원의 재의요구권을 규정했으며〔국회본회의이송안(§39)부터 대통령의 법률안거부권이 삽입됨〕, 임시약법(1946)(§51)은 소비에트 체제를 취하면서도 대통령·부대통령에게 정무위원회 결의에 대한 결재거부권을 부여했다.

87) 신우철(2008), pp. 334~335, p. 362, p. 394(조문대조) 참조.

88) 신우철(2008), p. 320(각주 131번), 323, p. 384(조문대조), 418, pp. 463~464, p. 475, pp. 514~515(조문대조), p. 541(조문대조) 참조. 연원을 거슬러 올라가보면, 이미 19세기 말의 원시 헌법문서들에서부터, "재정을 호조(정령 §12)·탁지아문(홍범 §7)·탁지부(헌의 §3)에 전속"시키는 재정통일의 요구(행정집권)가 재정통제의 요구(의회분권)에 우선함을 발견하게 된다〔신우철(2008), p. 84, 86, 88의 조문대조 참조〕.

89) 신우철(2008), pp. 485~486, p. 494, p. 563과 p. 566(조문대조) 참조. 참고로 헌법급정부조직법기초위원회에서는 중화민국식으로 5권분립 헌법을 만들자는 의견도 있었다고 한다〔유진오(1980), p. 55〕. 건국헌법에는 수용되지 않았지만, 정부조직법(1949. 7. 17)에는 대통령 소속하의 고시위원회와 감찰위원회를 각각 규정하였다.

는 제헌의회의 논의과정에서 (특히 이승만으로부터) 인사권 배분문제만큼의 주목을 받지는 못했던 것으로 여겨진다.[90] 현행헌법 이래 20여년 기간의 상황도 당시와 별반 다르지 않다. 긴급입법권·법률안거부권 등 대통령의 중요한 입법적 권한은 실질적 의미를 거의 상실하고, 국회의 고유권한인 재정·감찰 등 국정통제권도 감사원에 상당 정도 분점된 상황에서, 대통령의 국무총리·국무위원/각부장관 임면 등 그 비입법적 권한, 즉 인사권 쪽에 권력의 관심이 오로지 집중되는('사람 바꾸기') 어떤 거시적 경향성을 발견하게 되는 것이다. 여기서 우리는 그러한 경향성 또한 의회주의 초기의 경험에 젖줄을 대고 있다는 사실을 놓치지 말아야 한다. 군주 인사권의 통제를 통해 인재등용·부국강병을 실현하려 했던 19세기 말 원시 헌법문서의 문제의식(대표적으로 헌의 §5 참조), 항일세력 통합·집중의 긴절한 필요에서 비롯된 임시의정원의 강화 및 그 와중에 불거진 임시대통령 이승만과 국무총리 이동휘 사이의 국무원(員) 인사권 쟁탈, 건국·제헌시기 이승만-신익희 라인과 한민당-유진오 라인 사이의 내각책임제·총리제청권 논란 등, 우리 헌법사의 고비들로부터 헤쳐나온 그 의회주의의 본모습은 '입법의 산실', '견제·균형 메커니즘'보다는 '인재등용의 도관', '세력결집의 방편' 및 '권력경쟁의 장(場)' 쪽에 더 가까이 있는 것이다. 이야말로 우리 입헌주의의 관심방향이 '법과 제도'보다는 여전히 '권력과 사람' 쪽으로 기운다는 미숙성을 방증하는 것이기도 하다.[91]

---

90) 유진오(1980), pp. 88~92, p. 96 소재 긴급명령 및 실행예산에 관한 수정부분 참조. 본회의에서의 논의경과에 대해서는 이영록(2006, 각주 65번), pp. 147~148 참조.

91) 관련하여 '제도'와 '인간'의 이분법을 언급한 신우철, "현행 대통령제에 관한 몇 가지 생각 — 우리 헌정사의 경험을 반추하면서", 〈법학〉 41(1), 서울대학교, 2000, p. 316 참조.

IV. 행정부의 '이원적 회의체' 구조

"의장(이승만) : … 고문이 많으므로 나는 어떻게 할 줄 몰읍니다. … 신익희 의원: 미안합니다. 시방 의장이 말이 많으셔서 건강에 많은 관계가 있어 말을 잘 못하십니다. 보좌하는 책임으로 여러분에게 말씀합니다. 지금 수정안이 나와 있는 것은 여러분이 아시다시피 … 의장(이승만) : 내가 얘기하는 데에는 얘기를 마시요. 자꾸 얘기하고 참견하면 어떻게 되나가는 것인지 잘 모르겠읍니다. 그러나 가만히 계세요. 내가 잘못해도 한사람 실수니까 … 한분이 고민하면 실수해도 혼자서 실수가 될 것이니까."[92]

행정부의 조직구성·권한배분에 대해서는 19세기 말의 헌법 유사문서들, 즉 정령〔§§13-14(대신·참찬·6조)〕, 홍범〔§5(의정부·각아문)〕, 헌의〔§5(인사의정)〕 등에서부터 이미 유관규정들을 두었거니와,[93] 상해임시정부 초기 '6부·總長'의 직제·직명 또한 한편으로는 신해혁명 시기 중국 헌법문서로부터 유래한 것이면서,[94] 다른 한편으로는 우리 전통의 '6조 체제'를 은연중에 염두에 둔 결과이기도 했다.[95] 정부형태 조직규범으로는 사실상 최초의 것인 임시헌법(1919)의 경우, 임시대통령·국무총리·국무원(員) 등 행정부 직위를 다원적으로 구성함으로써 독립운동 제 세력들을 그 헌법체제 안으로 통합하려는 실질적 의도를 담았다.[96] "대통령의 민선, 임기의 고정성, 행정각료의 독자임면"[97]이라는

---

92) 헌법안 제 2독회, 제 1회 국회 제 26차 회의(1948. 7. 6) 속기록, p. 470.

93) 신우철(2008), p. 84, 86, 88의 조문대조 참조.

94) 신우철(2008), p. 301.

95) 〈자유보〉 11(1921. 3. 1), 《한국독립운동사 자료 37(해외언론운동 편)》, 국사편찬위원회, 2001, pp. 67~68: "七계급의 관제하에 시동같은 대통령 총리 총장은 마치 六조를 배치한 듯하나 …."

96) 관련하여 신우철(2008), pp. 312~320 참조.

대통령제 고유속성을 결여한 임시헌법(1919)의 '변형 대통령제적' 행정 시스템은 임시정부 헌법문서들과 해방기 헌법초안들을 거쳐 건국헌법의 기본구조로 정착되었고,[98] 이후 헌법규범 속에서나 헌법현실 속에서나 우리 대통령제의 '제도적 순수성'을 한계짓는 요소로 작용하게 된다.[99] 임시헌법(1919)이 노령세력·미주세력·중국세력 및 소장파 실

---

97) Giovanni Sartori, *Comparative Constitutional Engineering: An Inquiry into Structures, Incentives and Outcomes*, 2nd ed., Houndmills: Macmillan, 1997, pp. 83~84.

98) 행정수반의 민선과 관련하여, 바이마르헌법을 모방한 한국헌법(1946)과 조선임시약헌(1947)을 제외하고, 임시정부 시기 및 해방기의 모든 헌법문서가 대통령·국무령·주석의 국회간선 방식을 취하였다(각주 75번 참조). 행정수반의 임기와 관련하여, 내각제 성격의 임시헌법(1925)(§14)이 국무령 임기 3년을, 개정임시약헌(1940)(§28)·임시헌장(1944)(§35)이 국무위원·주석 임기 3년을 각각 규정한 외에, 임시헌법(1919) 및 이를 이어받은 임시헌법(1946)은 모두 대통령의 임기를 규정하지 아니하였다〔신우철(2008), p. 105, pp. 337~339, p. 368, 370, 412, 460, 493 참조〕. 행정각료의 독자임면과 관련하여, 적어도 그 '임명'의 측면만 본다면, 임시정부 시기 및 해방기 헌법문서 가운데 국무총리·국무위원(국무원)의 완전한 독자적 임명을 규정 — 의회 외에 국무총리의 간여까지도 배제 — 한 경우는 국회본회의이송안을 제외하고는 없었다(각주 76~79번 참조).

99) 1987년 헌법에서 대통령 직선제의 염원이 달성되기 전까지 오랜 시기 동안 우리 대통령제는 간선제의 질곡 — 1972년 헌법과 1980년 헌법의 체육관 선거! — 에 빠져 있었다(행정수반 국민직선 전통의 부재). 대통령 임기를 둘러싼 '헌법개정 → 대통령 독재'의 헌정사 — 이승만! 박정희! — 야말로 우리 대통령제 헌법현실의 한계를 적나라하게 노정한 것이었다(행정수반 임기고정 전통의 부재). 대통령의 국무총리·국무위원 임면에 대한 의회의 간여문제 및 국무위원 임면에 대한 국무총리의 간여문제도 별로 다르지 않았다(대통령 독자임면 전통의 부재). 건국헌법 이래 대통령의 국무총리·국무위원 임면에 대한 의회의 간여는 순수한 대통령제를 취한 1962년 헌법을 제외하고는 모두 인정되었으며(각주 82번 참조), 그 각료임면에 대한 국무총리의 간여〔임면·임명(임면)제청·해임건의〕도 건국헌법과 1954년 헌법을 제외하고는 모두 인정되었다.

무인사들 간 통합·분권의 매개로 행정직위 안배를 규정했던 것처럼,[100] 임시헌법(1925)의 국무령제가 개조파=서북파와 좌파 연합의 산물이요, 임시약헌(1927)의 위원제가 정부옹호파=기호파와 영남·호남파 연합의 산물이었던 것처럼,[101] 임시약헌(1940)이 주석·국무위원회 2원체제로 국수파=보수파(김구)와 합작파=진보파(조소앙)의 협조·견제장치를 마련하고,[102] 임시헌장(1944)이 주석·부주석 및 국무위원·행정책임자 직위의 확대·분리·분점을 통해 우파(한국독립당)와 좌파(조선민족혁명당·조선민족해방동맹·무정부주의 세력)를 결합했던 것처럼,[103] 건국헌법은 대통령·부통령과 국무총리·국무위원 및 국무원(院)·행정각부 등 행정부의 다원적 구성을 통해 건국에 참여한 제 정파 사이에 세력통합과 직위배분을 도모했던 것이다.[104]

'행정부의 단일성'을 고유속성으로 하는 대통령제에서 제 2인자 직위를 부각시키는 것은 이례적 경우에 속한다.[105] 임시정부 헌법문서 가운데 행정부의 제 2인자 직위를 둔 것은 임시헌법(1919)의 국무총리와 임시헌장(1944)의 부주석을 들 수 있는데, 전자는 이동휘 등 좌파 노령 세력을 임시정부로 흡수·통합하기 위한 제도설계였으며, 후자는 김규식 등 좌파 민족혁명당을 임시정부로 흡수·통합하기 위한 제도설계였다.[106] 해방기 헌법초안들도 예외 없이 제 2인자 직위로서 부(대)통령

---

100) 신우철(2008), pp. 315~316, 318~319, 371~372 참조.

101) 신우철(2008), p. 330, pp. 331~332, p. 351 참조.

102) 신우철(2008), pp. 401~402, 413~415 참조.

103) 신우철(2008), pp. 459~460(각주 212번), 465~466(각주 225, 227번), 469~470(각주 238번), 472~474(각주 245~247, 251번) 참조.

104) 해방기 헌법초안들이 거의 예외 없이 대통령·부(대)통령, 정부주석·부주석, 국무총리(국무총장)·국무위원(국무원 또는 정무위원) 및 행정각부 등 다양한 '자리들'을 둔 것도 세력통합·직위배분을 위한 행정부의 다원적 구성과 무관하지 않다.

105) Alexander Hamilton, *The Federalist*, no. 68 후단 및 no. 70 참조.

(부주석)과 국무총리(국무총장)를 모두 두었다〔임시약법(1946)은 부총리까지 둠〕. 대통령제를 채택한 건국헌법이 부통령 외에 국무총리까지 병설한 것 역시 1948년 당시 제1공화국의 정치구도에서 임시정부 세력(이시영 · 이범석)과 민주당 세력(김성수 · 장면)을 모두 흡수 · 통합할 필요성에서 비롯된 '위인설관'(爲人設官)이었다. 하지만 이후 우리 헌법사에서 행정부 제2인자 직위의 운명은 순탄하지 못했다. 건국헌법에서 대통령의 권한대행과 헌법위원회 위원장 · 탄핵재판소 재판장 직무를 제외하고 거의 유명무실했던 부통령 직위는 3 · 15 부정선거를 둘러싼 '이기붕의 비극'을 계기로 헌법사의 뒤안길로 사라지게 된다.[107] 마치 임시헌장(1944) 체제에서 조선민족혁명당 당수 김규식에게 "투표권도 없는 투명치 않은 자리(부주석 직위)"[108]를 제공한 '여위거권'(與位去權)의 선례가 반복되기라도 하듯이. 국무총리 직위 역시 크게 다르지 않았다. 초대 대통령 이승만의 초대 국무총리 이범석 제거(더 정확히는 그가 거느린 자유당 내 실세 '족청계' 제거) 및 뒤이은 1954년 헌법에서의 국무총리제 폐지야말로, 총리라는 행정부 내 '실세' 제2인자 직위의 향방을 계측하는 가늠자와도 같은 사건이었다. 1960년 헌법의 내각책임제에서조차 대통령(윤보선) · 국무총리(장면) 사이 권력경쟁이 재발되었

---

106) 임시헌법(1919)의 국무총리 직위설계에 대해서는 신우철(2008), pp. 313~316, p. 319를, 임시헌장(1944)의 부주석 직위설계에 대해서는 신우철(2008), p. 449, pp. 459~460을 각각 참조할 것.

107) 관련하여 신우철(2000), pp. 326~328; 신우철, "정부형태, 과연 바꾸어야 하는가 - 최근 개헌론에 대한 헌법공학적 비판과 대안", 〈헌법학연구〉 8(4), 2002, pp. 467~469 참조.

108) 이정식, 《김규식의 생애》, 신구문화사, 1974, p. 118〔'김규식 → 그린랜드' (1944. 8. 11)〕. 관련하여 신우철(2008), pp. 459~460 각주 211, 212번 참조. 참고로 좌파의 초안은 부주석까지 국무위원회에 포함시키면서 그 '부서권'을 적극 인정한 반면(임시약헌개정초안 §30, §34), 최종안은 주석 · 국무위원만을 국무위원회에 포함시키면서 부주석은 여기에 '열석'만 가능하도록 했다(임시헌장개정안 §27, §32)〔신우철(2008), pp. 535~536과 p. 537의 조문대조〕.

던, 그 강고한 '정치적 관성'의 배후에는 임시헌법(1919) 체제에서 이미 대통령(이승만) · 국무총리(이동휘) 간 권력경쟁의 '날카로운 첫경험'이 있었던 것이다.[109]

정치세력의 흡수 · 통합 필요성에서 비롯된, 대통령제의 제도논리에 배치되는 '자리 나누기'용 제 2인자 직위의 설계는 행정부 내부의 대립 · 충돌 및 배제를 결과한 것이 우리 헌법사의 경험이었다. 기실 국무총리의 조각권을 실제로 보장하려 했던 임시헌법(1919)의 경우[110]를 제외하고, 임시정부 전 시기를 통틀어 제 2인자 지위〔특히 임시헌장(1944)의 부주석 지위〕는 미미했다. 해방기 헌법초안들은 내각책임제를 취하여 국무총리 직위를 강화하거나〔한국헌법(1946)과 유진오사안 · 권승렬초안〕, 임시정부 헌법문서의 전통을 이어받으면서도 상당한 실권의 국무총리(국무총장) 직위를 상정했지만〔임시헌법(1946)과 조선임시약헌(1947)〕,[111] 건국헌법 및 이후의 헌법현실에서 그러한 의도는 무참히 배반당했던 것이다. 여기서 우리는 그 어느 초안 그 어느 속기록에도 씌어 있지 않은(더 정확히 말하자면 누구도 감히 쓸 수 없었던), '텍스트의 행간'을 대통령제의 제도논리 속에서 읽어내야 한다. 1948년 74세의 나이로 취임한 대한민국 초대 대통령 이승만, 그를 순순히 추대한 제 세력 ― 50세 전후의 쟁쟁한 장년그룹〔이 중 다수(조봉암 · 신익희 · 조병옥 · 김성수 · 장면)가 후일 대통령 · 부통령에 출마함〕― 의 의도는 어디에 있었을까. 80세의 임정원로 이시영을 부통령으로 선택하고

109) 1960년 내각책임제 헌법 시기의 상황, 1919년 임시헌법 시기의 상황, 1948년 건국헌법 시기의 상황에 공통되는 점은 대통령과 국무총리 사이에 현실적 또는 규범적 권력경쟁이 존재했다는 사실, 그리고 그러한 권력경쟁이 국무위원(국무원) 인선권을 매개로 촉발되었다는 사실이다. 관련하여 각주 79번의 서술 및 신우철(2008), p. 324("첫경험은 잊기 어려운 법") 참조.

110) 임시헌법(1919)의 국무총리 지위규정에서 신익희의 원래의도 및 그 정치적 변용에 대해서는 신우철(2008), pp. 315~316, 318~319 참조.

111) 신우철(2008), pp. 493~494 참조.

(이후 대통령에 출마함) 실세 국무총리 이범석을 냉정히 제거한(역시 이후 부통령에 출마함) 이승만의 정치적 고민은 과연 무엇이었을까. 서로 밀접히 연관된 두 질문에 대답하는 데 퍽 복잡한 분석이 필요하지는 않을 것이다. 어쩌면 "무너진 내각책임제"란 이승만 의장의 "건강에 많은 관계"를 은근히 기대했던 이들이 스스로 무너뜨린 것인지도 모른다('시간'에의 기대가 '제도'에의 기대를 압도). 이후 헌법현실에서 대통령이란 직위는, 마치 임시정부 주석직위가 '동등자 중 1인'에서 '동등자 중 1인자'(*primus inter pares*) 쪽으로 서서히 이동했듯, "한 분이 고민"하고 "혼자서 실수"하는 '유일한 1인자'(*primus solus*) 쪽으로 다시 변모해 갔던 것이다.

건국헌법의 행정부 구성의 주요특징으로는 부통령·국무총리의 제2인자 직위를 둔 것 외에, 국무원이라는 합의체 조직으로 행정권을 행사하도록 예정한 것을 들 수 있다('이중의 이원구조'). 건국헌법에서 비롯되어 현행헌법까지 이어지는 '국무위원=각부장관'의 회의체 정부조직, 즉 '국무회의 체제'는 순수한 대통령제의 '각료회의 체제'와는 다소 이질적인 성격을 띠는 것인데, 그 연원을 거슬러 올라가면 임시정부 헌법문서의 행정부 구성방식에서 접점을 발견하게 된다. 즉, 이러한 체제는 한편으로는 한국임시헌법(1923) 이래 사회주의 물결이 임시헌법(1925)·임시약헌(1927)을 붉게 물들이던 1920년대의 '위원제' 정부형태('국무회의')[112]로부터 말미암은 것이요, 다른 한편으로는 임시대통령(이승만)·임시의정원과의 관계에서 자신이 속한 국무원(院)=내각의 권한확보에 골몰하던 신익회의 임시헌법(1919) 구상('국무원'),[113] 나아가 주석(김구·국수파=

112) 1920년대 임시정부의 위원제 정부형태에 대해서는 신우철(2008), pp.339~341〔임시헌법(1925)의 '국무회의' 및 '국무원(員)=각부 책임주무자' 중복·겸임체제〕, pp.363~371〔임시약헌(1927)의 '국무회의' 및 '국무위원=각부 책임주무원' 중복·겸임체제〕 참조.

113) 임시헌법(1919)의 '국무원(院)' 및 '국무원(員)=각부총장' 중복·겸임체제에

보수파)과의 관계에서 국무위원회=내각의 직권을 가급적 확대하려 한 조소앙(외무부장·합작파=진보파)의 임시약헌(1940)·임시헌장(1944) 구상('국무위원회')[114] 으로부터 말미암은 것이다. 임시정부의 회의체 정부조직 전통은 임시헌법(1919)(국무원)과 임시약헌(1940)(국무위원회)의 두 사례에서 두드러지듯, 대통령(주석)·의정원에 대한 실질적 권력견제·균형장치로 기능한 것이었는데, 정치세력 흡수·통합방편으로서의 의미가 강했던 임시헌장(1944)을 제외한다면, 국무위원이 행정각부 책임자를 겸하는 체제('호선')를 취한 점에서 일관성을 유지하였다. 건국헌법의 국무원(院)·국무회의 체제를 단순히 — 유진오식 해석의 연장선에서 — "대통령제로의 전격 전환과정에서 군더더기로 남은 조직"으로 보아 넘기기에는 드리워진 헌법사의 그림자가 너무나도 짙다. 이 점은 해방기 헌법초안들의 행정부 조직규정을 살펴보면 그 상세한 영향관계가 한층 분명히 드러난다.

첫째, 유관명칭의 유래와 관련하여, 해방기 헌법초안들은 '내각', '내각회의' 같은 일본식 용어를 사용한 일부 예외〔한국헌법(1946)·유진오사안〕를 제외하고 대부분 임시정부 헌법문서에서처럼 — 중국식 용어로부터 영향받은 — '국무회의'라는 용어를 사용하였으며,[115] 구성원의

대해서는 신우철(2008), pp. 315~320 참조.

114) 임시약헌(1940)의 '국무위원회' 및 '국무위원=각부부장' 중복·겸임체제에 대해서는 신우철(2008), pp. 412~416, 임시헌장(1944)의 '국무위원회' 및 '국무위원≠각부서 주무책임자' 분리체제에 대해서는 신우철(2008), pp. 472~474 각 참조. 좌파의 임시약헌개정초안(1943)의 '국무위원회' 및 '국무위원=각위원 부주관원' 중복·겸임체제 및 임시헌장개정안(1943)의 '국무위원회' 및 '국무위원=각부부장' 중복·겸임체제에 대해서는 신우철(2008), pp. 448~449, 459~463 참조.

115) 참고로 조소앙의 건국강령(1941. 11. 28)은 '복국'시기의 행정조직으로 '국무위원회'를 상정하고, '건국'시기의 행정조직으로 '국무회의'를 상정하여 양자를 용어상 구분한다〔復國(四), 建國(五)(가)〕.

〈표 3-4〉 국무원(院)·행정각부 조직규정의 헌법적 연원

임시정부 시기 헌법문서	해방기(1945~1948) 헌법초안
○ 국무원은 국무원으로 조직하야 행정사무 일체을(를) 처판(處辦)하고 기 책임을 부함 국무원에서 의정할 사항은 좌와 여함 … 국무총리와 각부총장과 노동국총판을 국무원이라 칭하야 임시대통령을 보좌하여 법률 급 명령에 의하야 주관 행정사무를 집행함〔임시헌법(1919) §§35-37〕 ○ 국민위원회는 독립운동의 총책임을 부함 국민위원회는 국민대표회의에서 선출하되 인원수는 삼십인 이상 오십인 이내로 함 국민위원회는 헌법 우(又)는 국민대표회의의 공결범위 내에서 일체 권력을 행사함 국민위원회는 일체 정무를 집행하기 위하야 해 위원 중으로 국무위원회를 선출함 국무위원의 인수와 행정부의 분배는 국무의 번간(繁簡)을 수하야 국민위원회에서 정함〔한국임시헌법(1923) §5, §§8-11〕 ○ 임시정부는 국무령과 국무원으로 조직한 국무회의의 결정으로 행정과 사법을 통판함 국무원은 십인 이내 오인 이상으로 함 국무원은 국무회의의 일원으로 일체 국무를 의정함 행정각부의 책임주무자는 국무회의에서 호선함〔임시헌법(1925) §4, §6, §9〕	○ 내각은 국무총리 급 국무위원으로써 조직함 대통령은 국무총리의 추천에 의하여 국무위원의 주관할 행정각부를 지정함 좌기사항은 내각회의의 의결을 경함을 요함 …〔한국헌법(1946) §§34-35, §37〕 ○ 국무회의는 대통령·부대통령·국무총리 급 국무원으로써 조직하고 대통령이 의장이 됨 국무원은 구인 이상으로 함 국무회의는 일반국책과 정무에 관하야 심의결정함 … 국무회의비서장 … 행정회의는 국무총리 급 각부총장으로써 조직하고 국무총리가 의장이 됨 행정회의는 행정각부 주요 정무의 기획 급 연락에 관한 사항을 결정함 … 행정회의비서장 … 법제장관·감찰장관·고시장관 급 국무회의비서장은 대통령의 추천으로 행정각부총장은 국무총리의 추천으로 국무회의를 경하여 대통령이 임면하되 의회의 동의를 요함〔임시헌법(1946) §§26-29, §32, §39, §61〕 ○ 국무회의는 국무총장 급 국무위원으로써(서) 조직함 국무위원 십인 이상 십오인 이내로 함 정부주석은 국무총장의 추천에 의하여 국무위원 중에서 행정각부 장을 임명

〈표 3-4〉 계속

임시정부 시기 헌법문서	해방기(1945~1948) 헌법초안
○ 임시정부는 국무위원으로 조직한 국무회의의 의결로 국무를 총판함 국무위원은 오인 이상 십일인으로 함 국무회의에서 의결할 사항은 아래와 같음… 행정각부의 책임주무원을 두되 국무회의에서 호선함〔임시약헌(1927) §28, §31, §41〕 ○ 임시정부는 국무위원회 주석과 국무위원으로 조직한 국무위원회로써 국무를 총판… 국무위원은 육인 이상 십인 이내로 함 국무위원회의 직권은 아래와 같음… 행정각부에 부장을 두되 국무위원회에서 호선함〔임시약헌(1940) §23, §26, §33〕 ○ 복국기에는… 국무위원회로써 복국의 공무를 집행할 것임 중앙정부는… 국무회의의 결의로 국무를 집행하는 전국적 최고행정기관임〔건국강령(1941) 復國(四), 建國(五)(가)〕 ○ 국무위원회는 대한민국의 혁명적 최고행정기관임 국무위원회는 국무위원회 주석 일인 부주석 이인과 국무위원 칠인 지 십오인으로 조직함… 각위원부를 치하되 그 주관원은 국무위원회에서 호선함〔임시약헌개정초안(1943) §§29-30, §38〕	함 좌의 사항은 국무회의의 의결을 임하여야 함(국무회의는 좌의 사항을 의결함)…〔조선임시약헌(1947) §§25-27, §29〕 C 정무위원회는 좌기사항을 의결함… 대통령은 정무위원회의 추천에 의하야 정무위원 중에서 각행정부 급 그에 준하는 행정부서의 책임자 이명 이상을 임명하고 파면함 각 행정부는 부장 차장 급 하급 각국장으로서 당해 부위원회를 구성하야 중요 행정사무를 합의결정함〔임시약법(1946) §53, §64, §68〕 ○ 내각은 국무총리와 국무위원으로서(써) 조직된(되는) 합의체로써(서) 대통령의 국무수행에 대하여(야) 동의하며(동의를 주고) 국회에 대하여(야) 책임을 진다. 국무위원의 총수는 국무총리를 합하여 팔인 이상 십오인 이내로 한다(국무위원 총수 미 규정). 좌의 사항은 내각회의의 의결을 경하여야 한다… 행정각부장은 국무위원 중에서 국무총리의 제청으로 대통령이 임명한다(국무위원은 행정각부장을 겸한다)〔공동안(괄호 안은 법전기초위원회제출안) §§71-72, §§77-78〕

〈표 3-4〉 계속

임시정부 시기 헌법문서	해방기(1945~1948) 헌법초안
○ 임시정부는 국무위원회 주석과 국무위원으로 조직한 국무위원회로써 국무를 총판함 국무위원은 칠인 이상 십오인 이내로 함… 국무위원회비서장… 행정각부에 부장을 두되 국무위원회에서 호선함〔임시헌장개정안(1943) §27, §37, §39〕 ○ 임시정부는 국무위원회 주석과 국무위원으로 조직한 국무위원회로써 국무를 총판함 국무위원은 팔인 이상 십사인 이내로 함 국무위원회의 직권은 아래와 갓틈… 국무위원회비서처… 행정각부서 사무의 연락과 통제를 위하야 각주무책임자련석회의를 열되 국무위원회 주석이 주지함 중앙각기관의 주무책임자는 주석의 제천으로 중앙기관의 소속직원은 각해기관 주무책임자의 천보(薦報)로써 국무위원회에서 임면함〔임시헌장(1944) §§29-30, §37, §40, §43〕	○ 국무회의는 국무총리 기타 국무원으로써 조직한다. 국무회의는 대통령을 보좌하며 국무에 관한 중요사항을 결정한다. 좌의 사항은 국무회의의 의결을 경하여야 한다… 행정각부의 장관은 국무원으로써 서임한다(권승렬초안 §81, §§87-88) ○ 국무원은 대통령과 국무총리 기타의 국무위원으로 조직되는 합의체로서 대통령의 권한에 속한 중요국책을 의결한다. 국무위원의 총수는 국무총리를 합하여 팔인 이상 십오인 이내로 한다. 좌의 사항은 국무회의의 의결을 경하여야 한다… 행정각부장은 국무위원 중에서 대통령이 임명한다(국회본회의이송안 §§67-68, §§71-72)

명칭 역시 마찬가지로 '국무위원', '국무원(員)'〔임시헌법(1946) · 권승렬 초안〕이라 쓰고 있다〔국회본회의이송안 단계에서 '국무원(院)', '국무회의', '국무위원'으로 고정됨〕. 둘째, 임시헌법(1946)을 제외한 모든 초안들이 국무회의에 해당하는 조직의 직권사항을 별도항목으로 열거 · 규정하였는데, 임시헌법(1919) 이래 임시정부 헌법문서들도 대부분 국무원(院) · 국무회의의 의정 · 의결사항이나 국무위원회의 직권사항을 구체적으로 적시하였다. 셋째, 구성원의 인원수와 관련하여, 일부 예외〔한국헌법(1946) · 임시약법(1946) · 법전기초위원회제출안〕를 제외하고는 대부분 구체적 상 · 하한 수치를 규정하였는데, 이 중 공동안 · 건국헌법의 규정〔8~15인(국무총리 포함)〕은 임시헌장(1944)의 규정〔8~14인(주석 불포함)〕과 가장 비슷하다. 넷째, 행정각부의 중복 · 겸임 여부와 관련하여, 건국헌법이 채택한 '국무위원 = 각부장관'의 중복 · 겸임체제는 임시헌법(1946)을 제외한 거의 모든 해방기 헌법초안들에 공통된 것인데, 이 또한 임시헌장(1944)의 예외를 제외하고 임시정부 헌법문서들이 공통적으로 취했던 전통적 정부조직 방식이었다.116) 다섯째, 행정

116) 임시헌법(1946)에는 여러 측면에서 행정책임자의 직위를 강화하려 한 흔적이 뚜렷하다. 가령, ① 행정각부 총장을 국무위원과 분리하여 대통령이 임면하도록(의회의 동의를 받아) 한 것(§61), 이에 대응하여 ② 국민의회의 불신임 대상으로 행정각부 총장을 열거하고(국무위원은 배제)(§14 ⑨), ③ 행정각부 총장의 의회에 대한 책임 및 그 부서권한을 규정한 것(국무위원의 의회책임 · 부서권한 배제)(§§30-31), ④ 국무회의 · 국무회의 비서장과 별도로 행정회의 · 행정회의 비서장 직제를 규정한 것(§32, §39) 등을 들 수 있다. 이는 임시정부의 지나친 '국무위원' 중심체제에 대한 비판으로부터 말미암은 것으로 추정된다. 관련하여 《혁명가들의 항일회상》(2005), pp. 151~152 소재 김성숙의 회고: "… 임정의 직제라는 것이 가관이지요. … 주석과 부주석을 포함한 국무위원회가 한 개의 결의기관으로 되어 있지요. 무슨 일이든 거기서 결의하지 않은 일은 주석이라도 마음대로 하지 못하게 되어 있어요 … 각부 장관(부장)들이 무슨 일이 있으면 그것을 국무회의에 제기해서 통과되면 실시하지요. (그러면 각부 부장은 국무위원회 회의에 참가하지

부 지원·연계조직과 관련하여, 비록 건국헌법에서 수용되지는 않았지만, '국무위원회 비서장/비서처'〔임시헌장개정안(1943)·임시헌장(1944)〕나 '행정각부서주무책임자연석회의'〔임시헌장(1944)〕 같은 직제가 해방기 헌법초안에서 '국무회의 비서장'이나 '행정회의'〔임시헌법(1946)〕 같은 직제로 재등장하는 모습도 발견된다. 여섯째, 임시헌장(1944) 제정 당시 수용되지 못했던 좌파 민족혁명당의 '위원부·위원장' 구상(소비에트식 행정각부 위원제)이 민주주의민족전선의 임시약법(1946)의 '부위원회' 규정으로 구체화되기도 했다.117)

부서제도를 둘러싼 임시정부 헌법문서와 해방기 헌법초안의 규정내용 변화추이를 추적하면 그 '이원적 회의체' 행정부 조직의 실상이 단면적으로 드러난다. 우선 부서사항의 측면에서, 임시정부 헌법문서들은 전통적으로—중국 헌법문서〔臨時約法(1912)·五五憲草(1936)〕의 예를 본받아—이를 법률안 제출·법률공포·명령발포 등 입법적 권한에 한정함을 발견하게 된다〔임시헌법(1919)·임시약헌(1940)·임시헌장(1944)〕. 그 대상사항에 한정을 두지 않은 것은 '위원제' 성격을 가미한 임시헌법(1925)·임시약헌(1927)의 '연서'규정—修正軍政府組織大綱(1918)과 유사한—으로부터 유래한다("기타 중요(한) 문건"). 참고로 메이지헌법(1889)도 부서사항의 제한을 두고 있지 않은데("其ノ他國務ニ關ル詔勅")〔日本國憲法(1946)은 "法律及び政令"에 한정〕, 해방기 헌법초안들은 한국헌법(1946)·임시약법(1946)을 제외하고 모두 부서사항을 입법적 권한에 한정하는 규정을 두지 않았다("(기타) 국무에 관한…(모든) 문서"). 다음, 부서주체=부서권자의 측면에서, 임시정부 헌법

못했었나요?) 못 했지요." 임시헌장(1944)의 행정책임자 지위격하 배경에 대해서는 신우철(2008), p.460(각주 212번), 465(각주 225번), pp.472~473, 임시헌법(1946)·조선임시약헌(1947)과 임시헌법(1919)·임시헌장(1944)의 유사성에 대해서는 신우철(2008), pp.493~494 각 참조.

117) 관련하여 신우철(2008), p.448, 459, 473, 498 참조.

〈표 3-5〉 국무총리 · 국무위원(국무원) 부서규정의 헌법적 연원

임시정부 시기 헌법문서	해방기(1945~1948) 헌법초안
○ 국무원은 임시대통령이 법률안을 제출하거나 법률을 공포하거나 혹은 명령을 발포할 시에 반다시 차(此)에 부서함〔임시헌법(1919) §39〕 ← 國務員於臨時大總統提出法律案公布法律及發布命令時須副署之〔臨時約法(1912) §45〕 ○ 법률을 공포하며 명령을 발하며 법안을 제출하며 기타 중요(한) 문건을 발할 째(때)는 국무령과 국무원의(국무위원의) 연서로 함〔임시헌법(1925) §7, 임시약헌(1927) §32〕 ← 凡關於政務之文告, 以軍政府名義, 由總裁連署政務員副署行之〔修正軍政府組織大綱(1918) §22〕 ○ 국무위원회 주석의 직권은 아래와 같음… 국무위원의 부서로 법률을 공포하며 명령을 발함〔임시약헌(1940) §27, 임시헌장(1944) §32〕 ○ 국무위원회 부주석의 직권은 여좌함… 국무위원회에서 발하는 문서중 각위원부의 전관사항에 속치 안는 것에 부서함 행정위원회(부) 위원장의 직권은 여좌함… 각해전관사무에 관한 회령 급 소관관원의 임면에 부서 또는 서명함	○ 대통령이 법률을 공포하며 명령을 발할 때에는 국무총리 급 주관국무위원의 부서를 요함〔한국헌법(1946) §33〕 ← 總統依法公布法律, 發布命令, 幷須經關係院院長之副署〔五五憲草(1936) §38〕 ○ 국무총리는 행정각부총장과 공히 대통령을 보좌하고 의회에 대하야 그 일체의 책임을 부함 대통령이 서명한 법률 급 명령의 공포·조약의 발표 기타 국무에 관한 문서에는 국무총리 급 행정각부총장 우(又)는 당해 주무총장이 부서함을 요함〔임시헌법(1946) §§30-31〕 ← 國務各大臣ハ天皇ヲ輔弼シ其ノ責ニ任ス 凡テ法律勅令其ノ他國務ニ關ル詔勅ハ國務大臣ノ副署ヲ要ス〔明治憲法(1889) §55〕 ○ 정부주석이 서명한 법률 명령 급 조약의 발표 기타 국무에 관한 문서에는 국무총장 급 각국무위원 또는 주무행정부장이 부서하여야 함 부서로써 입법의원에 대하여 책임을 짐〔조선임시약헌(1947) §30〕 ← 總統依法公布法律, 發布命令, 須經行政院院長之副署,

〈표 3-5〉 계속

임시정부 시기 헌법문서	해방기(1945~1948) 헌법초안
〔임시약헌개정초안(1943) §34, §39〕	或行政院院長及有關部會首長之副署〔中華民國憲法(1947) §37〕 ←法律及び政令には、すべて主任の國務大臣が署名し、內閣總理大臣が連署することを必要とする〔日本國憲法(1946) §74〕 ○ 모든 대통령령은 정무위원회 의장 급 부의장의 부서를 필요로 함〔임시약법(1946) §52〕 ○ 대통령의 국무에 관한 모든 문서에는 국무총리와 관계 국무위원의 부서를 요한다. 군사에 관한 것도 또한 같다. 부서로써 국무총리와 국무위원은 국회에 대하야 책임을 진다(법전기초위원회제출안 §71) ○ 대통령은 직무수행에 관하야 행정상 책임을 지지 않는다. 대통령의 국무에 관한 문서에는 국무총리 및 주관국무원의 부서가 있어야 한다. 국무에 관한 문서에 부서한 국무총리 및 주관국무원은 대의원에 대하야 책임을 진다(권승렬초안 §68, §82) ○ 대통령의 국무에 관한 행위는 문서로 하여야 하며 모든

〈표 3-5〉 계속

임시정부 시기 헌법문서	해방기(1945~1948) 헌법초안
	둔서에는 국무총리와 관계국무위원의 부서가 있어야 한다. 군사에 관한 것도 또한 같다. (부서로써 국무총리와 국무위원은 책임을 진다)〔국회본회의이송안(괄호 안은 공동안) §€5〕

문서들은 이를 국무위원·국무원(員)으로 규정하였고, 부주석 또는 행정위원회(부)위원장에게 부서권을 부여하려는 좌파의 시도는 수용되지 못했다〔임시약헌개정초안(1943) §34, §39〕. 해방기 헌법초안들도 대체로 국무위원·국무원(員)을 부서권자로 규정했으며("주관국무위원", "관계국무위원", "주관국무원"), 행정책임자인 행정각부 총장·주무행정부장에 부서권을 인정한 경우는 예외적이었다〔임시헌법(1946)·조선임시약헌(1947)〕. 한편 부서로 의회에 책임을 지도록 한 조항은 정부형태가 대통령제로 전환되는 과정에서 점차 약화·배제되었다. 아무튼 부서제도를 두고 보더라고 '위원제'의 영향이 감지됨은 물론, '각부장관'이 아닌 '국무위원'의 직위가 부각되는 것을 알 수 있다.

임시정부 시기의 헌정경험 및 해방기 정치상황의 특수성에서 유래하는 행정부의 '이원적 회의체' 구조는 '대외적 주권'에 편향된 민주공화국이라든가 '의회 우위적' 대통령제 정부형태와 마찬가지로, 대한민국 입헌주의의 향후 발전방향을 가름한 "출발점에서의 선택"이었다. 그러나 다른 "선택들"과 달리 그것은 현행헌법 체제에까지 여전히 계속되는 지구력을 갖지는 못했다. 건국헌법 이후의 우리 헌정 발전과정 — 특히 1960년 헌법의 내각책임제 행정부를 고비로 — 에서는, 세력흡수·통합의 필요성(그 기원상으로는 항일세력 통일·강화의 필요성) 내지 권력견제·균형의 필요성에서 비롯된 제도적 장치들이 현실정치에서 그 의도된 기능을 점차 상실하면서, 비교적 '순수한 대통령제 = 행정부의 단일체제(*primus solus*)'로 나아가는 어떤 거시적 경향성이 관찰된다. 1960년 헌법 이래 부통령 직위의 철폐, 국무총리 직위의 실권상실, 국무회의·국무위원 제도의 의의약화 등이 그러한 경향성의 단적인 실례가 될 것이다.

V. 맺음말

> "최용기 교수: 유진오 박사님은 돌아가신 조소앙 선생님이 연구하신 연구물을 심부름하는 정도에 지나지 않았다 … 한태연 교수: 금시초문인데 … 임정헌법과 대한민국 헌법은 법적 관계가 전혀 없다는 거죠. … 유진오 박사가 임정헌법을 참고할 만한 법적 수준은 넘지 않았나 보고요. 유진오 박사의 초안에는 조소앙 씨의 체취는 느낄 수 없다고 전 보고 있습니다."118)

어쩌면 우리 헌법이야말로 드워킨(R. Dworkin)의 "연작소설(*chain novel*) 쓰기" 비유가 꼭 들어맞는 작품이 아닐까. 19세기 말 원시 헌법문서의 '서사시' 양식에서 비롯되어, 국권상실 시기의 '공상소설' 양식과 해방공간의 '실험소설' 양식을 거쳐, 비교적 탄탄한 스토리 구조를 갖추게 된 것이 건국헌법이라고 한다면. 바로 여기에서 우리는 미시적 권력현상으로서의 헌법이나 정태적 법규범으로서의 헌법을 넘어, 텍스트의 나이테에 스며든 "일상의 국민투표"(*un plébiscite de tous les jours*)의 집적으로서 헌법, 말하자면 '루돌프 스멘트 적' 의미에서 마음속의 헌법을 톺아보아야 한다("정신적 생활과정(*geistiger Lebensprozess*)의 원리"). 특정 헌법문서의 저작권자로서 '헌법의 아버지론'이라든가 유진오에 의한 제헌헌법 '창조의 신화'야말로 우리 국민의 집단적 통시경험의 소산으로서 "물렁물렁하지만 불변적인 구조"119) 내지 "대한민국 입헌주의의 DNA 구조"120)를 외면케 한다는 점에서, 역사적 사실

118) 한태연, "한국헌법과 헌법학의 회고", 〈헌법학연구〉 8(1), 2002, pp. 33~34.

119) "딱딱하고 단단하지만 가변적인 구조"와 "물렁물렁하지만 불변적인 구조"의 이분법에 대해서는 신우철(2002, 각주 56번), p. 3 및 4 이하 참조.

120) 이 개념에 대해서는 신우철, "개헌의 정치와 헌법공학의 '몰 역사성'", 〈법과 사회〉 34, 2008, p. 85, pp. 86~87 참조. 아울러 동 p. 84의 표현 — "짧게는 … 기술자의 익숙한 감각", "길게는 … 기술의(에 대한) 점진적 진화(적

에 부합하지도 않으며 대한민국 헌법체제의 건강한 발전에 이롭지도 않다. 어쩌면 우리의 '뿌리'에 대한 이해부족이 종종 성급한 개헌론으로 연결되는지도 모른다. 바이마르헌법 제1조(공화국 조항)에서 본기본법 제1조(인간존엄)로의 '코페르니쿠스적 개헌'을 본받자는 주장을 받아들여, 대한민국헌법 부동의 제1조에 세기를 넘어 아로새겨진 주권독립에의 염원, 국가에의 갈망을 현재의 우리는 과연 한순간에 삭제해버려도 괜찮은 것일까. 미합중국헌법(1787) 제1조에 남겨진 양원제의 '대타협'(*Great Compromise*) 정신, 대일본제국헌법(1889)·일본국헌법(1946) 제1조에 '텐노'(天皇)로 상징화된 일본주의 정신, 러시아사회주의연방소비에트공화국헌법(1918) 제1조에 앞세워진 '노농 소비에트(Советы)'에의 무한한 신뢰. 어째서 유독 우리만이 독일 헌법체제의 경험(나치의 국가남용 반성)에 기대어 대한민국 헌법체제의 정신을 재단해야 하는가. 비단 이 제1조뿐이 아니다. 수시로 잠수와 부상을 되풀이하는 정치권의 개헌논란에 휘둘리지 않으려면, 우리 국민 마음속에 녹아든 '역사적 헌법'의 의미를 밝혀내는 작업이 든든히 기반되어야 하리라 믿는다.

"헌법이 지향하는 기본권적 가치, 헌법의 경제적 측면에 대한 고려, 사법제도의 건강한 발전 등에 대한 관심이 결여된 가운데, 오로지 '권력의 기술'로서 대통령·정부와 국회 쪽에 초점이 맞춰졌다." 대한민국 헌법개정사를 평가하는 학계의 비판적 시각은 대체로 이러할 것이다. 하지만 민주적 정당성의 양분을 전제로 하는 대통령제 정부형태에서 대통령·정부와 국회야말로 정치를 구동하는 '두 개의 핵심엔진'이다. 권력의 '규범적 외피'로서 헌법을 바라볼 때에, 이 두 중추기관의 문제를 놓쳐서는 안 되는 이유가 바로 여기에 있다. 비어드(C. A. Beard)류의 미국헌법 이해나 레닌(V. I. Lenin)류의 계급적 헌법관이 아니고서, 정치

웅)"—도 참조할 것.

문서로서의 헌법에 경제적 이해관계가 전면적으로 부각되는 사례는 드물다. '사법왕국'이라 일컬어지는 미국—토크빌(A. Tocqueville)도 일찍이 그 사법제도의 정치적 성격을 주목한 바 있는("민주주의의 평형추로서 법률가 집단")—의 헌법체제는, 적어도 비교헌법상으로는(대통령제 헌법 가운데서도) '예외'(*American exceptionalism*)에 속한다. 헌법의 기본권 부분('자유의 기술')은, 법기술상 조문규정의 추상성·개방성으로 말미암아, 관련문제들이 대부분 헌법해석이나 헌법이론에 맡겨져 있다고 봐야 한다. 그렇다고 한다면 적어도 헌법개정을 논의하는 데서는, 우리는 무엇보다도 대통령·정부와 국회의 조직기술에 대한 헌법사의 경험, 그리고 거기에 녹아든 어떤 헌법정신, 쉽사리 바뀌지 않는 어떤 구조공식을 발견해내어, 그것으로써 현 체제변경의 한계선을 삼지 않으면 안 된다. 헌법학은 구조학(*Strukturwissenschaft*)이지 역사학(*Geschichtswissenschaft*)이나 정치학(*Politikwissenschaft*)이 아니므로, 그 출발점은 어디까지나 헌법전=규범구조 자체라야 한다. 그러나 현실학(*Wirklichkeitswissenschaft*)으로서 헌법학은 그 규범구조의 의미를 제대로 파악해내기 위해서 역사적 기원과 정치적 기능에 대해서도 천착하지 않으면 안 된다. 우리 헌법이 헌법규범(憲)과 정치현실(政)과 역사과정(史)의 상호관계 속에서만 그 본연의 모습을 드러내리라고 믿는 까닭 또한 바로 여기에 있다.

참고문헌

고정휴. 2004. 《이승만과 한국독립운동》. 연세대학교 출판부.

국사편찬위원회. 2005. 《대한민국임시정부자료집 3: 임시의정원 II》. 국사편찬위원회.

______. 2005. 《대한민국임시정부자료집 5: 임시의정원 IV》. 국사편찬위원회.

______. 2001. 《한국독립운동사 자료 37(해외언론운동 편)》. 국사편찬위원회.

김수용. 2008. 《건국과 헌법-헌법논의를 통해 본 대한민국건국사》. 경인문화사.

김준엽. 1989/2001. 《장정-2: 나의 광복군 시절·하》. 나남.

김창록. 1994. "일본에서의 서양 헌법사상의 수용에 관한 연구-大日本帝國憲法의 제정에서 日本國憲法의 '출현'까지". 서울대학교 박사학위논문.

반병률. 1988. "대한국민의회와 상해임시정부의 통합정부 수립운동". 《한국민족운동사연구 2》.

______. 1987. "대한국민의회의 성립과 조직". 〈한국학보〉 13-1.

삼균학회. 1979. 《소앙선생문집(상)》. 횃불사.

서희경. 2006. "대한민국 건국헌법의 역사적 기원(1898-1919): 만민공동회·3.1운동·대한민국임시정부헌법의 '민주공화' 정체 인식을 중심으로". 〈한국정치학회보〉 40-5.

서희경·박명림. 2007. "민주공화주의와 대한민국 헌법 이념의 형성". 〈정신문화연구〉 30-1.

신우철. 2008. 《비교헌법사: 대한민국 입헌주의의 연원》. 법문사.

______. 2008. "개헌의 정치와 헌법공학의 '몰 역사성'". 〈법과 사회〉 34.

______. 2002. 《헌법과학-새로운 방법론의 탐색》. 동현출판사.

______. 2002. "헌정사연구(抄)-건국헌법에서 현행헌법까지". 〈영남법학〉 9-1.

______. 2002. "정부형태, 과연 바꾸어야 하는가-최근 개헌론에 대한 헌법

공학적 비판과 대안". 〈헌법학연구〉 8-4.

______. 2000. "현행 대통령제에 관한 몇 가지 생각 - 우리 헌정사의 경험을 반추하면서". 〈법학〉 41-1. 서울대학교.

유영익. 2006. "이승만 국회의장과 대한민국 헌법 제정". 〈역사학보〉 189.

유진오. 1980. 《헌법기초회고록》. 일조각.

______. 1953. 《신고 헌법해의》. 일조각.

윤대원. 2006. 《상해시기 대한민국임시정부 연구》. 서울대학교 출판부.

이영록. 2006. 《우리 헌법의 탄생: 헌법으로 본 대한민국 건국사》. 서해문집.

______. 2006. 《유진오 헌법사상의 형성과 전개》. 한국학술정보.

______. 2003. "『권승렬안』에 관한 연구". 〈법과 사회〉 24.

______. 2001. "'헌법 및 정부조직법 기초위원회'(1948)의 정치적 · 사상적 역학관계에 관한 분석". 〈헌법학연구〉 제 7집 제 4호.

이만규. 1946. 《여운형선생투쟁사》. 민족문화사.

이정식(면담) · 김학준(편집해설) · 김용호(수정증보). 2005. 《혁명가들의 항일회상》. 민음사.

이정식. 1974. 《김규식의 생애》. 신구문화사.

정상우. 2007. "대한민국임시정부 헌법과 1948년헌법". 〈법과 사회〉 32.

______. 2007. "미군정기 중간파의 헌정구상에 관한 연구". 서울대학교 박사학위논문.

조경한. 1979/1985. 《백강회고록(국외편)》. 한국종교협의회.

조소앙. 1999. "韓國獨立黨第一次全黨代表大會宣言(1941. 5. 9)". 백범김구선생전집 편찬위원회. 《백범김구전집: 제 6권 대한민국임시정부 III》. 대한매일신보사.

______. 1935. 10. 5. "告黨員同志". 金正柱 編. 1971. 《朝鮮統治史料: 第十卷 在外韓人》. 東京: 韓國史料硏究所.

조용중. 1990. "헌법제정, 34일의 시작과 끝". 《미군정하의 한국정치현장》. 나남.

차리석(찬). 1942. 9. 9. 《韓國獨立黨 黨義의 理論體系 草案》. 重慶.

한국정신문화연구원. 1997. 《한국독립운동사자료집: 조소앙편(3)》. 한국정신문화연구원.
한태연. 2002. "한국헌법과 헌법학의 회고". 〈헌법학연구〉 8-1.

Giovanni, Sartori. 1997. *Comparative Constitutional Engineering: An Inquiry into Structures, Incentives and Outcomes*. 2nd ed. Houndmills: Macmillan.
Hamilton, Alexander. *The Federalist*, no. 68/70.
Poggi, Gianfranco. 박상섭 역. 1995. 《근대국가의 발전》. 민음사.

殷嘯虎. 1997. 《近代中國憲政史》. 上海: 上海人民出版社.
江村榮一. 1989/2000. 《憲法構想》. 東京: 岩波書店.
金正明. 1967. 《朝鮮獨立運動 II》. 東京: 原書房.
鈴木安藏. 1935. 《日本憲法史硏究》. 東京: 叢文閣.

제4장

1948년 이후 남북한 국가승계의 법적 검토*

이근관**

I. 서론

1948년 남북한 정부수립 이후 두 체제는 한 번의 열전을 치렀고 또한 냉전시대를 통하여 격렬한 생존투생을 전개하였다. 이러한 역사과정을 통하여 남북한 양측은 이른바 '거울영상 효과'에 기초한 적대적 상호의존 관계를 형성하였다.[1] 1980년대 말부터 출현한 냉전해체의 비동시성[2]의 배경하에 두 체제간의 경쟁은 남한의 압도적 우세로 귀

* 이 글은 〈서울국제법연구〉 제16권 1호(2009), pp. 143~165에 실린 것을 전재하였음을 밝힌다.

** 서울대 법학전문대학원 교수.

1) 한국전쟁에 관해 심층적 연구를 수행한 학자는 남북한간의 적대적 상호의존성에 관해 다음과 같이 서술한다. "전후체제 초기 반공·반북주의와 반미·반남 이데올로기는 남북한 체제정당성의 고갈할 줄 모르는 원천이었다.… 한쪽에서 선택된 사고체계와 언어는 곧 다른 쪽에서는 금기사항이 되었다." 박명림, 《한국 1950: 전쟁과 평화》, 나남, 2002, p. 35.

2) 냉전해체의 비동시성이란 세계 수준의 냉전해체와 한반도 수준에서의 냉전해체가 시간적으로 격차를 두고 진행되는 것을 지칭한다. 박건영·박선원·박순성·서동만·이종석, 《한반도 평화보고서: 한반도 위기극복과 평화정착의 방법론》, 한울, 2002, p. 32.

결되고 있지만, 한반도를 둘러싼 북핵위기의 발발로 인하여 '체제경쟁에서의 압승'은 부분적이며 불안정적인 '승리'가 되고 말았다.

남북한간의 체제경쟁은 '정통성 투쟁'이라는 표현으로 압축될 수 있는데, 국제법 분야에서는 이 개념을 국가의 동일성 및 계속성, 국가승계 등으로 환치할 수 있다. 남한과 북한은 각각 자신만이 한반도에 존재하는 '하나의 한국'(*one Korea*)을 합법적으로 대표할 수 있는 정통정부라고 주장했다. 남한정부는 1948년 12월 파리에서 개최된 국제연합 특별총회 결의 제195호가 이러한 내용을 담고 있다고 강조하면서 상당 기간 동안 이 결의를 자신의 '법적 정통성'의 근거로 삼았다. 북한은 적극적 차원에서는 자신의 '정통성'을 1948년 8월 실시된 최고인민회의 대의원선거에서, 소극적으로는 남한정부의 '괴뢰성', 즉 독립성의 결여에서 찾았다.

이 글에서는 1948년 이후 전개된 남북한간 '국가 정통성'에 대한 투쟁을 법적 시각에서 분석하고자 한다. 먼저 남북한 정부수립 이후 양측이 전개한 정통성 투쟁을 고찰한 후(II), 이를 국가의 동일성 및 계속성, 국가승계의 개념에 비추어 법적으로 분석할 것이다(III). 이러한 분석을 통해 두 실체의 주장이 외견상 타협의 여지없이 첨예하게 대립함에도 불구하고 실제로는 양측이 중요한 법적 명제를 공유함을 적시한 후, 이러한 공통인식 내지 주장의 법적 함의를 추적한다(IV). 이 과정에서 특히 우리 헌법 제3조와 제4조의 해석문제를 상세히 검토한 후, 정통성 논쟁에 대한 필자의 비판적 논평을 언급하면서 글을 맺고자 한다(V).

II. 1948년 이후 남북한간 정통성 투쟁의 전개

1948년 이후 냉전 종료기까지 남북한간에 전개되었던 정통성을 둘러싼 경쟁은 '영합(零合) 게임'(*zero-sum game*)이라는 표현은 너무 약할 정도로 가히 '목숨을 건 투쟁'(*life-or-death struggle*)이었다. 패권의 굴레하에서 냉전의 최전선에 내몰렸다는 외적 상황에 더하여 장기간에 걸친 일본통치로 인한 민주주의 훈련기회의 상실, 배타적·근본적 정통주의라는 한국의 전통적 정치문화 등의 내인(內因), 거기에 더하여 1950년 전쟁으로 인한 막대한 피해의 발생도 가해져[3] 남북한 양측은 유례가 드물 정도의 대립과 투쟁을 계속하였다. 이러한 대립과 투쟁은 다양한 층위에서 전개되었는데, 법적 측면에서는 상대방의 법적 존재근거를 철저히 부정하는 방식으로, 달리 말해 법적 차원에서 '적'을 존재론적으로 '소거'하는 형태를 취하였다. 남북한 양측의 두생의 경과를 간략히 되짚어보자.

미소양국의 견해에 따르면 1945년 해방 이후 한국의 국제법적 지위 문제는 1945년 12월 모스크바 3국 외상회의의 합의에 따라 처리되어야 했다. 1946년과 1947년 두 차례에 걸쳐 개최된 미소공동위원회 회합은 바로 이 합의에 따른 것이었다. 1946년 2월 북한 임시인민위원회의 창설, 남한 내 단정(單政) 노선 추구세력의 본격적 등장 등의 내부적 요인과 1947년 3월 트루먼 독트린의 발표, 같은 해 6월 마셜 계획의 공표를 전후한 냉전의 격화, 1947년 여름 중국공산당의 군사적 승리 등의 외부적 요인 등이 결합하여 미소공동위원회는 1947년 9월 결렬되었다. 미국은 같은 해 9월 17일 한국문제를 국제연합에 회부함으로써 모스크바 협정에 기초한 해결책은 포기되기에 이르렀다. 유엔

3) "한국전쟁은 남과 북에서 체제유지를 자임할 때 이념적으로 동원가능한 역사자료의 최종 의지처로 기능한다. 남과 북에서 전쟁은 상대를 제압하고 국가를 수호한 최대의 기념요소가 된다." 박명림(2002), p. 45.

총회는 소련의 반대에도 불구하고 9월 23일 한국문제를 의제로 채택한 후 11월 4일 ① 1948년 3월 31일 이전 인구비례에 따른 총선거 실시, ② 총선거 감시를 위해 유엔 한국임시위원단(United Nations Temporary Commission on Korea)의 파견, ③ 총선거 당선자들이 의회를 구성하여 통일 한국정부 수립, ④ 한국의 통일정부가 독자적 군대를 조직하는 즉시 미소양군 철수 등을 골자로 하는 결의안을 찬성 43표, 반대 0표, 기권 6표로 채택하였다.[4] 소련이 유엔 한국임시위원단의 38선 이북지역 방문을 거부함으로써 1948년 5월 10일 남한에서 단독선거가 실시되었음은 주지의 사실이다.

1948년 8월 15일 수립된 대한민국 정부는 그 헌법 제4조에서 "대한민국의 영토는 한반도와 그 부속도서로 한다"고 규정하였다. 이 규정은 그후에 채택된 헌법에 그대로 유지되어 북한지역에도 대한민국의 주권이 미친다는 사실과 상당한 괴리를 노정하는(*counterfactual*) 법적 해석의 기초를 형성하였다. "북한지역 역시 대한민국의 영토에 속하는 한반도의 일부를 이루는 것이어서 대한민국의 주권이 미칠 뿐이고, 대한민국의 주권과 부딪치는 어떠한 국가단체나 주권을 법리상 인정할 수 없"다는 대법원의 판결도 바로 이러한 법리를 바탕으로 삼는다.[5] 1948년 대한민국 정부는 국제적 차원에서도 자신의 유일 합법성 · 정통성을 '승인'받기 위한 노력을 전개하여 그해 12월 12일 파리에서 개최된 국제연합 소총회에서 유엔총회결의 제195(III)호가 채

4) 유영익, "이승만 대통령의 업적-거시적 재평가", 유영익 편, 《이승만 대통령 재평가》, 연세대학교 출판부, 2006, pp. 506~507.

5) 대법원은 "(헌법 제3조의) 법리상 이 지역에서는 대한민국의 주권과 부딪치는 어떠한 국가단체도 인정할 수가 없는 것이므로, 비록 북한이 국제사회에서 하나의 주권국가로 존속하고 있고, 우리정부가 북한 당국자의 명칭을 쓰면서 정상회담 등을 제의하였다 하여 북한이 대한민국의 영토고권을 침해하는 반국가단체가 아니라고 단정할 수 없다"고 판시하였다. 대법원 1990년 9월 25일 선고, 90도1451.

택되었다.

냉전시기 대한민국 정부의 합법적 정통성 주장의 가장 강력한 근거로서 활용되었던 이 결의의 관련내용, 특히 한반도 내의 유일한 합법정부 관련부분은 결의문 자체에 내재한 애매모호성을 적극적으로 활용한 의도적 오역에 기초한 것이었다. 아래의 인용문에서 유엔총회가 의도했던 것은, 대한민국 정부가 '유엔 한국임시위원단의 선거감시가 가능했던 38선 이남지역에서 합법적으로 수립된 정부'라는 것이지 '한반도 전체에 걸쳐 관할권을 행사할 수 있는 유일한 합법정부'라는 것은 결코 아니었다.[6)]

> Declares that there has been established a lawful government (the Government of the Republic of Korea) having effective control and jurisdiction over that part of Korea where the Temporary Commission was able to observe and consult and in which the great majority of the people of all Korea reside; that this Government is based on elections which were a valid expression of the free will of the electorate of that part of Korea and which were observed by the Temporary Commission; and that this is the only such Government in Korea
> 〔임시위원단의 감시와 협의가 가능하였으며 전 한국국민의 절대다수가 거주하는 지역의 한국에 대한 유효한 지배권과 관할권을 가진 법정부(대한민국 정부)가 수립되었다는 것과 동 정부는 동 지역의 선거인들의 자유의사의 정당한 표현이었으며 임시위원단에 의하여 감시된 선거에 기초를 둔 것이라는 것과 또한 대한민국 정부는 한국에서의 유일한 합법정부임을 선언하며 …〕

1967년 대한민국 외무부 외교연구원이 간행한 《한국외교의 이십

6) 김일영, 《건국과 부국: 현대한국정치사강의》, 나무, 2004, pp. 74~77.

년》이란 책자 역시 이 결의를 다음과 같이 해석한다.

> 동년 12월 12일 국련 총회는 총회결의 제 195(III) 로서 국제연합 한국임시위원단의 보고서를 승인하고 또한 대한민국 정부를 한국 내의 유일한 합법적 정부로서 승인한다는 결정을 선언하는 동시에 … 7)

이 결의가 대한민국의 정통성 주장을 위한 '전가의 보도'로 사용되었다는 사실은 1965년 한일기본관계조약 제 3조("대한민국 정부가 국제연합총회의 결의 제 195(III) 호에 명시된 바와 같이, 한반도에 있어서의 유일한 합법 정부임을 확인한다")[8]를 둘러싼 한일간의 논쟁을 상기해보면 쉽게 알 수 있다. 이 조항과 관련하여 한국은 자신만이 한반도상의 유일한 합법정부로서 "〔대한민국〕의 주권은 헌법에도 명시되어 있는 바와 같이 전한반도에 미치고 있는 것이므로 이와 같은 규정을 둘 것을 주장"한 데 반하여,[9] 일본은 "국제연합(총회의) 결의가 인정하는 한도내에 있어서 대한민국의 유일한 합법성을 인정하나, 현실적으로 관할권이 남한에만 미친다는 사실이 고려되어야 한다고 주장하였다."[10]

---

7) 외무부 외교연구원, 《한국외교의 이십년》, 1967, p. 24.

8) 일본어본에는 "大韓民國政府は、國際連合總會決議第百九十五号 (III) に明らかに示されているとおりの朝鮮にある唯一の合法的な政府であることが確認される"로 되어 있고, 영어본에는 "It is confirmed that the Government of the Republic of Korea is the only lawful Government in Korea as specified in the Resolution 195 (III) of the United Nations General Assembly"로 되어 있다. 동 조약의 끝부분을 보면 이 조약은 "동등하게 정본인 한국어, 일본어 및 영어로 본서 2통"으로 작성되었고, "해석에 상위가 있을 경우에는 영어본에 따른다"고 되어 있다. 일본의 공식견해에 관해서는 《日韓條約と國內法の解說》, 大藏省印刷局, 1966, pp. 15~17 참조.

9) 대한민국 정부, 《대한민국과 일본국간의 조약 및 협정 해설》, 1965, p. 6.

10) 《대한민국정부 한일회담백서》, 1965, p. 15 ; Shigeru Oda, "The Normalization of Relations between Japan and the Republic of Korea", *American*

결국 제 3조는 일정한 애매모호성을 내장했던 유엔총회결의 제 195(III)호를 매개로 하여 '의도적 불명확성'을 가진 표현으로 봉합되었다.[11]

한편 북한은 자신의 정당성을 1948년 8월 25일 실시된 조선민주주의인민공화국 최고인민회의 대의원선거에서 정초하였다. 《조선통사》에 따르면 "선거에는 유권자 총수의 99.97%가 참가하였으며 그 중 98.49%가 민주주의민족통일전선에서 추천한 공동입후보자들에게 찬성투표하였다."[12] 흥미로운 사실은 북한이 남조선에서도 대의원선거를 실시하였다고 주장하는 점이다. 남조선에서는 "미제와 그의 주구도당에 의한 테러와 탄압"이 극심하여 "우선 8월 20일까지 인민대표를 선거한 다음 인민대표자대회에서 최고인민회의 대의원을 선출하는 2중적 선거방식을 취하였다."[13] 이 책에 따르면 "남조선에서도 전체 유권자의 77.52%가 선거에 참여하여 1,080명의 인민대표를 선출하였"고, "선출된 인민대표들은 8월 21일부터 8월 25일 사이에 해주에서 남조선인민대표자대회를 열고 360명의 대의원을 선출하였다."[14] 9월 8일 최고인민회의 제 1차 회의에서 채택된 헌법은 북한의 수도를 서울로 규정하였는데, 이 역시 자신의 정통성을 강조하기 위한 법적 의제(擬制, *fiction*)라고 봐야 할 것이다.

북한은 남측이 유엔을 무대로 전개한 정통성 확보노력을 원색적 용어로 비판한다. 1992년 북한에서 간행된 국제법 교과서는 "조선에서 유엔은 미제의 침략도구로 리용되"었다고 지적하면서 "미제국주의자

Journal of International Law vol. 61, 1967, p. 41.

11) 배재식 · 백충현 · 이상면, "한 · 일 간의 법적 제문제", 〈법학〉 제 35권 2호, 서울대학교, 1994, p. 8.

12) 과학원 역사연구소, 《조선통사(하)》, 오월, 1989, p. 357(이하 《조선통사》).

13) 《조선통사》, pp. 356~357.

14) 《조선통사》, p. 357.

들은 조선에 대한 침략을 유엔을 통하여 실현할 목적으로 1947년에 '조선문제'를 비법적으로 유엔에 상정시키였다"고 맹비난한다.[15] 1948년 5월 10일 유엔한국임시위원단의 선거감시 역시 미제가 "충실한 졸개국가들로 구성된" 위원단의 "이른바 '감시'하에 … 남조선에서 단독선거놀음을 벌리고 남조선괴뢰정권을 조작"하였으며, 또한 "미제는 남조선에 대한 식민지적 지배를 '합법화'하기 위하여 1948년 12월 유엔총회 제 3차 회의에 또다시 '조선문제'를 상정시키고 남조선괴뢰정권을 '합법적인 정부'로 인정한다는 결정"[16]을 받아냈다고 비판하였다.

이후 북한은 국제법 관계에서 미제 침략군의 군사적 강점하에서 식민지 통치를 받는[17] 남한("남조선괴뢰정권")은 국가의 본질적·필수적 요건인 자주성을 결여하고 있어 "국제법 관계의 그 어떠한 당사자로도 될 수 없다"고 주장한다.[18] 따라서 "일본군국주의가 남조선괴뢰정권과 조작한 '한일기본조약'은 무효이며 반드시 폐기되어야" 하고,[19] 일본에 대한 재산청구권 문제는 "전체 조선인민의 리익과 관련된 문제이기 때문에 전체 조선인민을 대표하는 유일한 합법정부인 조선민주주의인민공화국과 직접 체결되여야 할 문제"라고 하고 있다.[20]

남북한간의 극단적 대치는 1972년 남북공동성명의 채택 및 그 이후의 변화, 특히 1990년대 냉전와해 이후 일정 정도 완화된 것으로 보이지만, 남한을 미국의 군사적 강점하에 있는 식민지로 규정한 1998년

---

15) 《국제법학(법학부용)》, 평양: 김일성종합대학 출판사, 1992, p. 222(이하 《국제법학》).

16) 《국제법학》, p. 223.

17) 박영수, "미국의 남조선강점은 국제법에 위반되는 엄중한 범죄행위", 〈김일성종합대학학보: 력사법학〉 제 44권 제 4호, 1998, p. 72.

18) 《국제법학》, p. 43.

19) 조선민주주의인민공화국 사회과학원 법학연구소, 《법학사전》, 평양: 사회과학출판사, 1971, p. 669(이하 《법학사전》).

20) 《국제법학》, p. 59.

북한논문에서도 알 수 있듯이 대립상황에 근본적 변화가 있다고 보기는 어려울 것이다. 그러나 주의할 점은 남북한이 상호수용의 여지가 전혀 없는 법적 주장을 전개하였지만, 그러한 외양에도 불구하고 실제로는 양측이 공유하는 전제가 있다는 사실이다. 절을 바꾸어 이 문제를 고찰해보도록 한다.

III. 남북한 국가승계의 법적 검토

1945년 8월 15일 해방 이후 1948년 8월 15일 및 9월 9일 남북한에 각각 정부가 수립된 시점까지 한반도 또는 남북한의 국제법적 지위는 무엇이었을까?[21] 이 문제에 대한 답은 결코 간단하지 않다. 대한민국 정부와 학계의 다수설은 대한민국의 대한제국과의 동일성 및 계속성을 긍정한다. 이러한 입론의 근거로서 제시되는 것은, 일본에 의한 한국의 합병이 불법적 방법으로 수행되어 합병관련 문서가 애초부터 무효(*null and void*, 좀더 정확하게는 합의 자체가 부존재)이고, 따라서 일본의 한국에 대한 식민통치는 "법적 근거를 결한 일본의 일방적 행위에 의한 위법한 점령에 불과"하다는 사실[22] 및 이 사실이 1965년 한일기본관계조약 제 2조의 규정을 통하여 확인되었다는 사실,[23] 1980년대 중반 한국정부가 대한제국이 가입한 다자조약 중 오늘날에도 적용 가

---

21) 이 문제에 관한 상세한 논의는 이근관, "북한의 급격한 체제변화시 통치주체에 대한 국제법적 검토", 심지연 · 김일영 편, 《한미동맹 50년: 법적 쟁점과 미래의 전망》, 백산서당, 2004, pp. 288~296 참조.

22) 대한제국의 존속을 뒷받침하는 국제법적 근거의 상세에 대하여는 다음의 글을 참조하시오. 김명기, 《국제법상 남북한의 법적 지위》, 화학사, 1980, pp. 148~152. 본문에서 인용한 부분은 같은 책, p. 12에서 따온 것이다.

23) 김명기(1980), pp. 151~152.

능한 조약이 대한민국에 대하여 계속 구속력을 발휘함을 수탁국에 통지하였고 이러한 통지가 별다른 이의 없이 받아들여진 사실 등이다.

다른 한편 외국에서는 대한민국과 대한제국 간의 동일성 및 계속성을 부인하는 전제 위에서 대한민국의 수립을 일본으로부터의 분리독립(*secession*)으로 파악하는 입장이 주류를 이룬다. 이러한 해석에 따르면 1945년 해방될 시점에서 한반도상의 영토적 주권을 보유한 자(*territorial sovereign*)는 의연히 일본이었고,[24] 대한민국은 일본으로부터 분리독립을 추구하여 추후의 시점에 이를 달성한 것으로 본다. 대한민국이 일본으로부터 분리독립한 시점에 대하여는 다양한 의견이 존재하는데, 1947년 국제연합이 대한민국의 수립에 찬성하는 투표를 행한 때에 대한민국이 국제법상의 국가로 성립하였다고 보는 견해,[25] 1948년 대한민국 정부수립과 함께 대한민국이 국가로서 성립하였다고 보는 견해,[26] 대일평화조약이 체결 또는 발효한 시기에 "일본이 한국의

---

24) 1945년 해방 당시 한반도상에 영토적 주권자가 부재하였다고 이해하여 당시의 한반도를 무주지(*no man's land*)로 파악하는 입장이 없었던 것은 아니다. 이러한 견해는 다분히 형식주의적인(*formalistic*) 것으로 보인다.

25) D. P. O'Connell, "Legal Aspects of the Peace Treaty with Japan", 29 *British Yearbook of International Law*, 1952, p. 425.

26) 대한민국 정부가 수립되었을 때 이를 승인한 국가들은 정부수립을 기점으로 대한민국이라는 신생국가가 탄생하였다는 견해를 보인다. 예를 들면 한국 대통령에 대한 1948년 8월 19일자 필리핀 대통령의 교서를 보더라도 "한국이라는 신생국가의 성공에 대한 필리핀 공화국의 진지한 기원"〔(t)he sincerest wishes of the Republic of the Philippines for the success of the new State of Korea〕을 언급한다. UN Doc. A/575, Add. 3. 미국정부 역시 "금년〔1949년〕 1월 1일 미합중국 정부는 대한민국 정부에 대하여 정식의 승인(*full recognition*)을 부여하였다. 동 승인에 의하여 미합중국은 국제연합의 노력에 의하여 탄생한 신생 공화국(*a new republic*)을 자유국가 사회의 일원으로서 환영했다. …"라는 입장을 밝힌다. 이 성명 역시 대한민국의 탄생과 대한민국 정부의 수립을 연결짓는 것으로 이해될 수 있다. M. Whiteman, *Digest of International Law* vol. 2, Washington, D. C. :

독립을 승인하고 한국에 속하는 영토에 대한 주권을 포기"하였다고 보는 견해[27] 등이다. 미군정하의 한국의 지위를 생성 중의 국가(*State in statu nascendi*)로 이해하는 입장도 있었는데,[28] 이 역시 일본에 의한 대한제국의 소멸을 전제로 하여 해방 이후 미국의 군정하에서 대한민국이 아직 완전한 국가로서는 성립하지는 못하였지만, 생성 중의 국가로서 일정한 한도 내에서 국제법인격을 갖추었다고 보는 것이다.

이들 각기 다른 입론에 대해서는 다양한 비판이 존재한다. 이 논문의 주제와 관련하여 중요한 것은 미국과 소련이 이 문제에 대하여 어떠한 입장을 취했는지를 살펴보는 것이다. 이 글에서는 미국의 입장을 중심으로 고찰하기로 한다. 주지하다시피 미국은 1905년 7월 이른바 카츠라-태프트 밀약을 체결하여 일본이 한국을 보호령화하는 것을 지지하였다. 따라서 미국이 일본에 의한 한국병합의 유효성을 승인한 것은 당연한 일이었다. 미국의 이러한 이해는 1951년 9월에 체결된 대일평화조약(Treaty of Peace with Japan)에도 그대로 반영되어 이 조약 제 2조에서 일본은 한국의 독립을 승인하고 한국에 대한 주권을 포기하는 것으로 규정되었다.[29] 이 조항은 일본이 한국에 대하여 국제법상 유효하게 주권을 획득했음을 전제로 하는 것이다.

미국의 이러한 이해는 태평양 전쟁 중에도 계속되어 일본이 항복할 경우 병합 이전의 한국을 '부활'시키는 것이 아니라 상당한 기간 동안 4대 강국에 의한 신탁통치(*trusteeship*) 실시를 예정하였다. 미국정부는

Government Printing Office, 1963, p. 180.

27) Gilbert Caty, *Le statut juridique des états divisés*, Paris: Pedone, 1969, p. 26; Kanda v. the State (Supreme Court of Japan, April 5, 1961), 32 *International Law Reports*, p. 173.

28) 홍진기, "사법재판소의 법률심사", 〈법정〉, 1947, pp. 7~8.

29) "Japan recognizing the independence of Korea, renounces all right, title and claim to Korea, including the islands of Quelpart, Port Hamilton and Dagelet."

신탁통치 방안을 전쟁종료 후 "구식민모국(舊植民母國)의 반발을 최소화하여 이들과 이해관계를 조절해내고, 식민지 민중들의 민족주의적 열기를 일정한 정도에서 개량적으로 흡수할 수 있는 일종의 '안전밸브'로 간주"하였다. 태평양 전쟁 발발 후 미국 국무부 내에 설치되었던 전후 대외정책에 관한 자문위원회(the Advisory Committee on Post-war Foreign Policy)의 정치문제에 관한 소위원회(Subcommittee on Political Problems)는 1942년 여름 한국에 대해서 "일정한 기간이 지난 뒤 독립시키되 이 기간 중 연합국 공동관리(국제기구)에 의한 신탁통치를 통해 자치능력을 배양시킨다"는 결정을 내렸다.[30] 전쟁기간 중 스탈린도 이러한 방안에 지지를 표시하였다.

1945년 해방 이후 한국의 국제법적 지위에 대한 미국정부의 견해는 1948년 미군정 고문이었던 에른스트 프랭켈(Ernst Fraenkel) 박사가 작성한 "한국 내 미국 군사정부의 구조"(Structure of U.S. Army Military Government in Korea)라는 보고서에 잘 반영되어 있다. 이 보고서는 원래 유엔 한국임시위원단의 요청으로 작성되었지만 위원단에 제출되지는 않았다. 프랭켈 박사는 원래 독일에서 법학(노동법) 박사학위를 받았던 만큼 1945년 해방 이후 한국의 국제법적 지위에 관해 상세한 법적 분석을 행하였다. 그에 의하면 1945년 8월 15일 일본의 무조건 항복에 따라 한국이 일본제국으로부터 사실상 분리되었다(*the de-facto separation of Korea from the Japanese Empire*). 중요한 사실은 전쟁의 종료가 합병 전 한국의 부활이나 신생한국의 수립을 초래하지 않았다는 점이다.[31] 프랭켈에 따르면 1945년 8월 한국은 일본의 항복과 동시에 국제법상 무주지(無主地, '*no-man's land*')로 되었다가 미국 및 소련군대

---

30) 정용욱, 《해방 전후 미국의 대한정책》, 서울대학교 출판부, 2003, p.35.

31) "The termination of hostilities did not bring about neither the revival of the pre-annexation Korean state nor the establishment of a new Korean state." 신용복 편, 《한국분단사자료집 III-1》, 원주문화사, 1993, p.30.

에 의해 군사점령(*military occupation*)의 대상이 되었다. 통상적 군사점령의 경우 피점령국의 정부가 주권을 보유하는 데 비해, 1945년 당시 한국은 주권적 정부를 결여하였기 때문에 당시 미군에 의한 남한점령이 전형적 군사점령과는 다소 거리가 있었다.[32] 프랭켈 박사 자신도 지적하고 있듯이 당시 한국의 국제법적 지위는 유례가 드문 독특한(*unprecedented*) 문제였다.[33]

이 문제에 대한 한국정부의 견해가 명확하고 체계적인 방식으로 공표된 적은 없는 것으로 보인다. 외교통상부 등 정부부처에서 대한민국과 대한제국 간의 동일성 및 계속성에 대해 명확하게 정리된 입장을 밝히지는 않고 있다. 다만 1965년 한일 기본관계조약 제 2조의 해석을 둘러싼 한일 정부간의 논쟁이나 대한제국이 가입한 3개의 다자조약에 대해 여전히 대한민국이 당사자라는 입장을 밝힌 1987년의 실행 등을 통하여 그 입장을 추론해볼 수 있다. 특히 후자의 실행을 통하여 대한민국 정부가 최소한 일정한 한도 내에서 대한제국과 대한민국 간의 법질서적 동일성 및 계속성을 지지함을 알 수 있다.

다만 대한민국의 대한제국과의 동일성 및 계속성을 주장하는 입장에 대하여는 다음과 같은 비판이 있음에 유의하여야 할 것이다. 객관적 측면에서 볼 때 일본에 의한 한국의 병합은 국제사회에 의하여 널리 승인되었으며, 따라서 대한민국의 수립은 대부분의 국가에 의하여 신생국가의 탄생으로 간주되었다.[34] 해방을 전후하여 한국의 국제법적 지위문제에 대하여 가히 절대적 권한을 가졌던 연합국[35]의 입장

32) 신용복 편(1993), pp. 30~31.

33) 신용복 편(1993), p. 30.

34) 나인균, "대한민국과 대한제국은 법적으로 동일한가?-국가의 동일성 내지 계속성에 대한 국제법적 고찰", 〈국제법학회논총〉 제 44권 1호, 1999, pp. 135~141.

35) 전후 처리과정에서 주요 승전국이 보유하는 권리를 "국제처분권한"(*interna-*

역시 대한제국의 재수립이 아니라 "한반도를 탈식민지화 과정에서 종래의 일본영토로부터 분리하여 국가를 수립하려는 것"이었고, "탈식민지화를 통하여 형성된 국가는 일반적으로 이전 국가와 법적 동일성이 없는 신국가로 간주"된다는 것이었다.[36]

이외에도 대한민국 자신이 드문 예를 제외하고는 대한민국과 대한제국과의 동일성 및 계속성을 설득력 있게 주장하지 않았다는 사실도 거론될 수 있을 것이다. 새롭게 수립된 대한민국 정부의 헌법을 통하여 승인되기는 하였지만, 일제시대의 법령을 포괄적으로 계승한 점이나[37] 국제관계의 측면에서도 국가의 동일성 및 계속성 주장을 관철시키기 위한 발트 3국과 같은 일관된 외교적 노력이나 국제법적 논리의 개발도 그리 눈에 띄지 않는다. 한일 기본관계조약 제 2조의 규정이 동일성 주장의 근거로서 자주 제시되지만, "무효"(*null and void*) 라는 표현 앞에 붙은 "이미"(*already*) 라는 단어는 한국 주장의 객관적 설득력을 저상시킨다고 보아야 하며, 설령 당해조항에 대한 한국의 해석이 옳은 것이라 하더라도 그것이 일본 이외의 제 3국에 대하여도 당연히 주장될 수 있는 것인지는 의문이다.

또한 대한제국이 가입한 3개 협약이 대한민국에 대하여 계속 효력이 있음을 확인한 1987년의 실행의 의의는 제한적으로 해석하는 것이 타당하다. 당시 이 문제의 실무적 처리에 관여했던 외교부 관계자는 "당시까지 유효한 상기 2개 협약에 관하여 협약 수탁국인 화란정부가 우리나라를 당사국으로 인정하고 있었으나, <u>우리나라는 대한민국정</u>

---

tional dispositive powers) 이라고도 부른다. Ian Brownlie, *Principles of Public International Law*, 5th ed., Oxford: Oxford University Press, 1998, p. 112.

36) 나인균(1999), p. 139.

37) 제헌헌법 제 100조의 의의에 대한 상세한 논의로는 다음의 문헌을 참조하시오. 정인섭, "대한민국 수립과 구법령의 승계-제헌헌법 제 100조 관련 판례의 분석", 〈국제판례연구〉 제 1권, 1999.

부 수립 이후 이들 조약의 효력에 관하여 명확한 입장을 취하지 않았기 때문에 우리와 비슷한 입장에 있는 독일이 우리나라가 동 조약의 당사국인지 여부를 문의하여 오는 등 법적 불확실성이 상존하고 있었"다고 술회한다.[38] 이 문제에 대한 검토는 당시 외무부 실무자들에 의하여 1984년 중반에 착수되어 조약문의 입수 및 번역, 관계부처와의 협의, 국무회의 심의 등의 절차를 거쳐 1986년 8월에 이르러서야 종료되었다.[39] 대한민국 정부는 대한제국과의 동일성 및 계속성을 국제적으로 주장하기 위하여 효과적이고 또한 손쉬운 수단(대한제국이 가입한 조약 전반의 계속적 효력 확인)을 사용하지 않다가 외국의 질의에 응하여 뒤늦게 검토에 착수하였고 검토에 착수한 지 2년이 경과한 후에야 이들 조약에 대한 입장을 발표하였다. 발트 3국의 실행과 비교해볼 필요도 없이, 이러한 태도는 대한제국과 대한민국 간의 동일성 및 계속성을 주장하는 국가의 그것이라고 보기에는 상당한 문제를 내포한다.[40]

북한이 1948년 9월 북한정부 수립 이후 대한제국과의 관계에 대해 어떠한 입장을 취하는지는 파악하기 쉽지 않다. 북한도 1910년 8월 22일 이전에 한일간에 체결된 일련의 조약의 무효를 주장하고 있기는 하다. 1971년 북한 사회과학출판사에서 간행한 《법학사전》의 '한일기본조약'이라는 항목을 보면, 1965년의 한일간 조약이 "과거 일제가 조선에 강요한 《조약》(1905년 《을사보호조약》, 1910년 《한일합병조약》 등)이 비법적이며 침략적인 것으로서 본래부터 그것이 무효라는 것을 선포하지 않음으로써 과거 일제의 조선침략을 '합법화'하고" 있다고 맹렬히 비판한다.[41] 2002년의 《국제법 사전》에서는 '을사5조약'과 '한일합

38) 이순천, 《조약에 대한 국가승계》, 고려대학교 법학연구소, 1997, pp. 221~222(밑줄은 필자가 첨가).

39) 이순천(1997), p. 220 주 142번.

40) 이근관(2004), p. 293.

병조약'의 항목에서 이들 조약을 각각 "국제조약체결의 법적 절차도 지키지 않고 조약으로서의 법률적 형식도 갖추지 못한 완전히 불법무효한 문건"[42]과 "극악무도하고 교활한 일본제국주의자들의 강도적 위협과 교활한 사기협잡행위, 리완용 친일매국역적들이 황제의 실권도 없는 순종을 위협하여 날조한 명실공히 침략적인 비법적 조약"[43]으로 규정한다.

이러한 주장들에서 분명히 드러나는 것은 북한이 1910년 8월 22일 이전 시기 한일간에 체결된 조약들이 법률상 무효라고 본다는 점이다. 그렇다면 북한 역시 1910년부터 1945년까지의 일본에 의한 한국통치를 불법·무효로 간주하면서 한 걸음 더 나아가 "전체 조선인민의 유일한 국가인 조선민주주의인민공화국"[44]이 대한제국과 동일성 및 계속성을 지닌다는 입장을 취하는 것인가? 북한이 한일간의 "구조약"이 불법·무효라고 보는 것은 분명하지만, 자신이 대한제국과 법질서의 측면에서까지 동일성과 계속성을 지닌다고 주장하지는 않는 것으로 보인다. 1958년에 출판된 북한의 공식적 역사서에 따르면 19세기 말 20세기 초 조선의 지도층은 "침략자에 대해서는 한없이 무력하며 인민에 대해서는 무한한 권력을 가지고 군림하는 통치배",[45] "무능하고 부패한 반동통치배",[46] "부패무능한 리조봉건정부",[47] "조선봉건정부"[48] 등으로 묘사된다. "오직 조선민주주의인민공화국 정부만이

---

41) 《법학사전》, p. 669.

42) 《국제법사전》, 평양: 사회과학출판사, 2002, p. 578(이하 《국제법사전》).

43) 《국제법사전》, p. 439.

44) 《법학사전》, p. 670.

45) 《조선통사》, p. 81.

46) 《조선통사》, p. 82.

47) 림동춘, "《강화도조약》은 침략적이며 불평등적인 예속조약", 〈김일성종합대학학보: 력사법학〉 제 42권 제 3호, 1996, p. 59.

48) 《국제법사전》, p. 438.

전체 남북조선인민의 참다운 민족적 리익과 의사를 대표하고"[49] 있다는 주장에 비추어볼 때, 북한과 대한제국과의 동일성 및 계속성은 상정하기 어려울 것이다.

그렇다면 북한과 1910년 이전의 조선 또는 대한제국 간에는 어떠한 법적 연속성도 없는 것인가? 북한의 국제법 관련저작을 면밀히 분석해보면 북한도 일정한 한도 내에서 양자간에 동일성 또는 계속성을 인정함을 알 수 있다. 1992년 평양 김일성종합대학 출판사에서 발간한 《국제법학(법학부용)》이라는 교과서는 '국제법상의 승인제도'라는 항목에서 국가승계 문제를 다룬다. 이 부분에서 교과서는 "종전국가의 권리의무를 어느 정도 어떻게 계승하는가 하는 것은 새로 출현한 국가가 자주적으로 결정할 수 있다는 원칙"을 국가승계 논의의 출발점으로 삼는다.[50] 이 교과서는 계속해서 다음과 같이 주장한다.

> 국가의 권리의무계승과 관련된 모든 내용은 새로 출현한 국가의 존재와 발전, 민족의 존망과 관련된 문제이다. 따라서 종전국가의 권리의무는 반드시 거기에 새로 세워진 합법적인 국가에 의해서만 계승되어야 한다.[51]

이 문단에 뒤이어 "조선반도에서 조선민주주의인민공화국만이 우리 인민의 민족적 이익과 관계되는 모든 국제법상 권리와 의무를 계승할 권리를 가진다"는 주장이 제시된다.[52] 이러한 문장에서 드러나는 것은 먼저 북한이 자신을 대한제국 등의 "종전국가", 즉 선행국가(*predecessor state*)와는 구별되는 "새로 세워진 합법적인 국가"로 파악한다는

49) 《법학사전》, p. 149.
50) 《국제법학》, p. 52.
51) 《국제법학》, p. 52(밑줄은 필자가 첨가).
52) 《국제법학》, p. 52.

점이다. 즉, 대한제국 또는 조선과의 국제법적 동일성 및 계속성은 부인되는 것이다. 그러나 북한과 대한제국 간의 법인격적 측면에서의 동일성 및 계속성의 부정이 양자간에 어떠한 관련도 존재하지 않는다는 것을 의미하는 것은 아니다. 이 점은 위의 인용문에서 북한이 "종전국가의 권리의무의 계승"을 강조하고 있는 데서도 드러난다. 북한이 "종전국가"로부터 계승한 권리와 의무는 과연 무엇인가? 예를 들어 대한제국이 체결・가입한 양자조약이나 다자협약도 계승의 대상이 되는가? 이 문제에 대해 분명한 입장을 서술한 문건을 찾기는 쉽지 않다. 다만 몇몇 법적 주장을 통하여 북한이 영토・주민의 측면에서 대한제국 또는 조선과 동일성 및 계속성을 주장함을 추론할 수 있다.

먼저 독도와 관련하여 북한학자는 이 섬이 "누구도 침해할 수 없는 우리나라의 신성한 령역의 일부"라고 주장하면서 아울러 독도가 "우리의 고유섬"이라고 규정짓는다.[53] 또한 "력사기록들에 명백히 밝혀져 있는 바와 같이 독도는 우리 선조들에 의하여 발견되고 세 나라 시기〔삼국시대: 필자 주〕에 벌써 그 소속에 대한 립법적 조치까지 취하"여졌다고 한다.[54] 이러한 주장은 비록 북한이 "부르죠아 국가들의 헌법과는 근본적으로 다른 인민적, 민주주의적 헌법"[55]에 의해 창건된 새로운 국가라 할지라도 그 영토는 조선 또는 한국의 고유영토를 계승한다는 것을 의미한다.

북한의 "종전국가"의 권리의무 승계에의 의지는 주민에 대한 승계에서 더욱 명확히 드러난다. 1988년 북한의 과학백과사전 종합출판사에서 간행한 《현대국제법 연구》라는 국제법 교과서는 김일성 주석이

53) 박영수, "남조선괴뢰들과 일본반동들이 조작한 새 《어업협정》은 침략적이며 매국적인 범죄문건", 〈김일성종합대학학보: 력사법학〉 제 45권 제 3호, 1999, p. 67.

54) 박영수(1999), p. 67.

55) 《조선통사》, p. 358.

1963년에 조선민주주의인민공화국의 국적법을 채택하여 "해내외의 모든 조선사람들이 조선민주주의인민공화국의 떳떳한 공민이라는 긍지를 더욱 높이 간직하도록"[56] 했다고 찬양하면서 국적법의 주요내용을 소개한다.

이 책자에 따르면 북한 국적법 제1조 1항과 2항은 "조선민주주의인민공화국 창건 이전에 조선의 국적을 소유하였던 조선사람 그리고 그의 자녀로서 이 법이 공포된 날까지 그 국적을 포기하지 않은 사람과 외국인으로서 합법적인 절차에 의하여 공화국국적을 취득한 사람을 공화국공민으로 규정하고 있다."[57] 제1조 1항의 규정과 관련하여 이 책은 다음과 같이 부연 설명한다.

> 이 규정에 의하여 일제식민지 통치 이전 조선정부에 소속되어 있던 모든 사람들과 그 사람들로부터 출생한 자녀로서 공화국국적법이 공포된 날인 1963년 10월 9일까지 조선국적을 합법적으로 변경하지 않은 사람은 거주지에 관계없이 공화국공민으로 된다.[58]

이 법은 북한의 국적문제가 "미일제국주의자들의 식민지통치의 후과로 말미암아 매우 복잡하게 되"었고 그리하여 "공화국공민의 범주를 잘못 규정하면 수많은 해외동포들을 잃어버리게 되거나 수많은 2중국적자 혹은 무국적자를 발행시키는 결과를 가져오게" 될 위험성을 날카롭게 의식하면서 제정되었다.[59] 이러한 문제의식을 반영하는 제1조 1항은 "일제식민지 통치 이전 조선정부"의 소속된 사람과 그들로부터

56) 《현대국제법연구》, 과학백과사전종합출판사, 1988, p. 76(이하 《현대국제법연구》).

57) 《현대국제법연구》, p. 77.

58) 《현대국제법연구》, p. 77(밑줄은 필자가 첨가).

59) 《국제법학》, p. 84.

출생한 자녀에게 원칙적으로 북한국적을 부여하였다. 이와 같이 국가의 가장 기본적 구성요소인 주민과 관련하여 북한은 자신과 "일제식민지 통치 이전 조선정부", 즉 "대한제국 정부"와의 계속성을 인정하는 것이다. "조선인을 부친으로 하여 출생한 자는 조선의 국적을 가진다"고 규정하는 남조선과도정부법률 제 11호 국적에 관한 임시조례 제 2조 제 1호가 단지 추상적으로 "조선인"을 지칭하는 데 그치고 있음에 비하여, 대한제국 정부에 속하였던 사람 및 그 자녀로 구체적으로 규정한다는 점이 관심을 끈다.

이 문제와 관련하여 지적해두고 싶은 점은 북한의 국가이론이 19세기의 민족국가의 원칙(*principle of nationalities*)과 상당한 연관을 지닌다는 사실이다.[60] 헤르더, 피히테 등에 의해 그 기초가 마련된 이 이론은 19세기 후반 국제법 영역에서도 위력을 발휘하였다. 만치니(Mancini), 파스콸레 피오레(Pasquale Fiore), 카르나차-아마리(Carnazza-Amari) 등 이탈리아 국제법학자들이 이 이론을 강력하게 주장하였을 뿐만 아니라,[61] 19세기 중후반 "유럽공법의 대변자"로 간주되던 블룬칠리(Bluntschli) 역시 민족의 원칙을 지지하였다. 그에 의하면 "개별민족(*Nation*)은 각각 국가(*Staat*)를 창건할 소명과 권리를 가진다. 지구상에 존재하는 민족의 수만큼 국가가 존재해야 하는 것이다. 각각의 민족은 곧 하나의 국가를 형성하며, 개별국가는 곧 민족적 제도·체제(*ein nationales Wesen*)이다."[62] 당시 이 원칙은 나폴레옹 3세 등의 정치가에 의하여 적극적으로 지지·활용되었다.[63] 이 원칙의 중요한 내용 중의

---

60) 민족국가의 원칙에 관한 상세한 논의는 이근관(2004), pp. 280~287 참조.

61) Paul Fauchille, *Traité de droit international public* 1/1, Paris: Librairie Arthur Rousseau, 1922, pp. 11~13. 이 원칙에 대하여 당시 활발한 논의가 행해졌다는 사실은 이 책 13쪽의 각주 2번에 인용된 (민족의 원칙에 관한) 문헌의 방대함만 보더라도 알 수 있다.

62) Robert Redslob, *Le principe des nationalités*, Paris: Librairie du recueil de Sirey, 1930, p. 32 n. 32에서 재인용.

하나는 개별국가의 경계가 이 국가를 구성하는 민족의 외연과 일치한다는 것이었다.[64] 민족의 원칙이 미수복지 병합주의(*irredentism*)와 결합된 것은 결코 우연이 아니었다.[65]

북한 국제법 교과서로부터 발췌된 아래와 같은 인용문은 북한의 국가이론과 민족국가의 원칙 간의 긴밀한 연관성을 잘 보여준다.

> 민족은 일정한 령역에서 살면서 자연을 개조하며 물질적 부를 창조하며 그 과정을 통하여 나라를 발전시킨다. 국가령역의 이러한 의의로부터 매개 민족은 완전하고도 공고한 자기의 령역을 가지는 것을 필수적 요구로 제기하고 있으며 그것을 담보하기 위하여 현대국제법은 령역불가침과 령토완정을 국제관계의 기본원칙으로 인정하고 있다.[66]
>
> 조선민족은 력사적으로 하나의 민족이였으며 조선의 강토도 역시 력사적으로 하나의 강토였다. 우리나라 력사에서 첫 통일국가였던 고려에 의한 국토통일 이후 조선반도에는 언제나 하나의 국가만이 존재하였다.[67]

북한의 국가이론과 관련하여 민족국가의 원칙을 언급한 것은 북한의 경우 민족을 매개 또는 기초로 하여 국가적 동일성과 계속성을 입론하기가 용이할 것으로 판단되기 때문이다.

---

63) Robert Redslob(1930), p. 30.

64) Cuius natio, eius regio. Robert Redslob(1930), p. 32.

65) 'irredenta'라는 표현은 'Italia irredenta'〔미수복된 이탈리아(*unredeemed Italy*)의 의미〕라는 맥락에서 처음 사용되었다. 마치니는 이탈리아 본토 이외의 지역에 거주하는 이탈리아계 사람들을 지칭하기 위하여 이 표현을 사용하였다.

66) 《국제법학》, p. 92.

67) 《현대국제법연구》, pp. 62~63.

지금까지 살펴본 바와 같이 남북한은 외견상 상대방의 법인격을 철저히 배제하는 주장을 전개하였지만, 한반도상에 오직 하나의 국가만이 존재하고 또한 자신과 대한제국 또는 조선 간에 영토 및 주민의 측면에서 동일성 및 계속성이 성립한다는 인식을 같이한다. 다음 절에서는 이러한 공통인식이 갖는 법적 함의를 분석해보도록 한다.

IV. 한반도 단일국가론의 법적 함의의 검토

현행헌법 제3조와 제4조의 조화로운 해석은 우리 헌법학계에 가장 어려운 과제, 이른바 '고르디우스 왕의 매듭'(*Gordian knot*)으로 남아 있다. 제3조는 "대한민국의 영토는 한반도와 그 부속도서로 한다"고 규정하고, 제4조는 "대한민국은 통일을 지향하며 자유민주적 기본질서에 입각한 평화적 통일정책을 수립하고 이를 추진한다"고 정한다. 제3조에서는 전 한반도를 대한민국의 영토라고 하면서, 즉 한반도상에서 법적 통일의 필요성을 아예 배제하면서 바로 뒤이어 제4조에서 통일을 지향한다고 규정하는 것은 외견상 논리적 모순으로 보인다.[68]

헌법 제3조의 해석에 대해 정치한 분석을 행하는 헌법학자의 설명에 따르면, 우리나라의 1948년 헌법은 대한민국이 분단국가라는 사실을 전제로 하지 않고 제정되었다. 어떠한 유보나 제한조항도 없이 제4조에서 "대한민국의 영토는 한반도와 그 부속도서로 한다"라고 하여 마치 대한민국이 완성된 미분단국가인 것처럼 규정되었다. 대한민국이 분단국가라는 사실을 반영한 헌법규정은 이른바 제3공화국 헌법(1962.12.26)의 부칙에 "국토수복 후의 국회의원의 수는 따로 법률로

68) 도회근, "헌법 제3조(영토조항)의 해석", 《권영성교수 정년기념 논문집》, 법문사, 1999, p.856.

정한다"(부칙 제 8조) 라는 조항이 최초의 사례였고, 1972년의 이른바 유신헌법에는 통일문제가 명시적으로 여러 조항에 규정되기에 이르렀다. 현행 1987년 헌법에서는 전문, 대통령의 평화통일의무(제 66조 제 3항), 취임선서(제 69조), 국민투표회부권(제 72조), 대통령의 자문기구로서 민주평화통일자문회의(제 92조) 등에서 이전 헌법을 대체로 승계하고, 통일지향을 규정한 제 4조를 신설하였다.[69]

1948년 헌법과 1960년 헌법은 대한민국이 완성국가임을 전제로 하였다. 그리하여 분단 또는 통일에 관한 어떠한 표현도 없고 대한민국의 영토를 한반도 전체로 규정하였다. 이들 헌법상의 영토조항은 대한민국헌법이 한반도 전역에 걸쳐 그 효력을 보유한다는 명백한 헌법적 선언의 표명이라고 해석되는데, 이러한 해석의 타당성은 1948년 헌법 기초에 주도적 역할을 담당했던 유진오 박사가 헌법 제 4조 영토조항과 관련하여 대한민국헌법은 "우리나라 고유의 영토 전체에 시행되는 것이라는 것을 명시하기 위하여 특히 본조를 설치한 것이다"라고 설명한 데서도 확인할 수 있다.[70] 이 조항에 대한 전통적 · 주류적 해석은 대한민국 정부만이 한반도 전역에 대해 합법적 권한을 행사하며 북한당국은 미수복지역에서 불법단체에 불과하다는 것이다. 이러한 주류적 해석에 비판이 제기되기 시작한 것은 1972년 7 · 4 남북공동성명 이후부터였다. 특히 1980년대 말부터 전개된 냉전의 화해, 국내적으로는 남북협력에 관한 법률(1990)의 제정, 남북한의 유엔 동시가입(1991), 남북기본합의서의 발효(1992) 등을 계기로 영토조항에 대한 전통적 해석에 대해 강한 의문이 표명되었다.[71]

도회근 교수에 따르면 영토조항과 평화통일조항에 관하여 8가지 학설이 발표되었다. 즉, 기존의 다수설과 판례가 지지한 견해 이외에도

69) 도회근(1999), pp. 850~851.

70) 유진오, 《신고 헌법해의》, 일조각, 1959, p. 50; 도회근(1999), p. 852.

71) 도회근(1999), pp. 852~853.

헌법상의 영토조항이 평화통일조항과 모순되므로 전자를 삭제해야 한다는 견해, 두 조항간의 모순을 해결하기 위해 평화통일조항의 영토조항에 대한 우월적 효력을 인정하는 견해, '헌법변천'에 의하여 영토조항은 본래의 의미를 더 이상 유지할 수 없을 만큼 실질적으로 변화하였다고 보는 견해, 독일 연방헌법재판소의 판례와 유사하게 대한민국이 북한지역에 대하여 권리능력은 가지고 있으나 행위능력은 단지 잠재적 형태로만 보유한다고 보는 견해, 영토조항은 한반도 전체를 영토로 하는 국가형성이라는 미래목표를 제시하는 프로그램적 성격을 가진 데 비해 평화통일조항은 제3조가 제시한 목표를 달성하기 위한 절차와 방법을 규정한다고 보는 견해, 국제사회에서 통용되는 영토개념을 기초로 하여 헌법상의 영토조항에도 불구하고 남한지역만이 대한민국의 영토라고 보는 견해, 남북관계의 이중성이 영토조항과 통일조항을 통하여 반영된다고 보고 모순되는 두 조항의 효력을 모두 인정하는 견해 등이 있다.[72)]

그동안 헌법학계에서 이 문제처럼 치열한 논의가 행해진 경우도 드문 만큼, 위에서 제시된 견해들이 영토조항의 해석에 대해 가능한 모든 견해들을 제시하는 것으로 볼 수도 있을 것이다. 그러나 필자는 앞서 살펴본 남북한 국가승계에 관한 논의에 기초하여 새로운 해석의 제시가 가능하다고 본다. 위에서 살펴보았듯이 국가승계 문제에 관한 남북한간의 가장 기본적인 입장은 한반도상에 오직 하나의 국가만이 존재한다는 것이다. 남북기본합의서 전문상의 유명한 선언("쌍방 사이의 관계가 나라와 나라 사이의 관계가 아닌 통일을 지향하는 과정에서 잠정적으로 형성되는 특수관계")은 바로 이 사실을 반영하는 것이다. 이 선언은 단지 정치적 함의를 갖는 수사(*rhetoric*)에 불과한 것이 아니라 대내외적으로 중요한 법적 의미를 지닌다.

---

72) 도회근(1999), pp. 853~869.

우선 대외적 관계에서 한반도상에 하나의 국가만이 존재한다는 남북한간의 합의는 쌍방간에 발생하는 문제와 관련하여 남북한이 제 3국에 비하여 우선적 권리를 갖는 것을 법적으로 뒷받침할 논거를 제공할 수 있다. 한미 FTA 협상과정에서 개성공단 생산품의 원산지 표시를 둘러싼 논쟁이 잘 보여주듯이, 남북한간의 합의만으로 모든 문제가 해결되는 것은 아니고 국제사회의 승인이 중요한 변수로 등장하기도 한다. 그러나 현재 남북한간의 교역이 민족 내부거래로 승인되어 무관세로 행해진다는 점에서도 볼 수 있듯이, 한반도 1국가론은 강력한 실천적 함의를 지니기도 한다. 분단국의 내부거래에 관하여 분단국의 의사에 반하여 GATT 규범의 적용을 강요하지 않는 것이 GATT의 관행임에 비추어볼 때,[73] 1992년의 교류협력분야 부속합의서 제 1조 제 10항에서 남북한간의 물자교류를 무관세로 하기로 한 남북의 합의는 존중될 것이며 실제로 지금도 남북간의 교류는 내국간 교역과 마찬가지로 취급된다.[74]

필자가 다른 글에서도 상세히 고찰하였듯이 한반도상에 하나의 국가만이 존재한다는 견해는 일련의 유엔총회결의를 통해서도 일정 정도 뒷받침될 수 있다.[75] 국제연합은 1950년 10월 7일 채택된 유엔총

73) Ernst-Ulrich Petersmann, "Study on Legal and Political Aspects of Inter-Korean Transactions and Their Relationship to the International Trade Regime under GATT", 한국개발연구원 편, 《GATT체제하의 남북한 교역의 법적·정치적 측면에 관한 연구》, 한국개발연구원, 1993, pp. 57~58. 제성호, 《남북한 특수관계론: 법적 문제와 그 대책》, 한울아카데미, 1996, p. 181에서 재인용.

74) 이 문제의 좀더 확실한 해결을 위해서는 WTO와의 사이에 특별의정서를 채택하여 남북교역을 민족 내부거래로 승인받는 것이 하나의 방안이 될 수 있을 것이다. 통일 전 서독정부는 1951년 GATT에 가입할 때, 또한 1957년 EEC 창설을 위한 로마조약의 체결 시에도 동독과의 교역에 대하여 관세부과의 면제를 보장받는 의정서를 체결한 바 있다. 제성호(1996), pp. 187~188.

75) 이근관(2004), pp. 302~304.

회결의 376(V)호에서 1947년 11월 14일의 유엔총회결의 112(II)호, 1948년 12월 12일의 유엔총회결의 195(III)호 및 1949년 10월 21일의 유엔총회결의 293(IV)호 등 한국문제에 관한 일련의 총회결의가 "통일되고 독립적이며 민주적인 한국정부의 수립"(*the establishment of a unified, independent and democratic Government of Korea*)을 본질적 목표로 함을 분명히 하고 있다.[76] 같은 결의에서 유엔총회는 "한국이라는 주권국가 내에 통일되고 독립적이며 민주적 정부의 수립"(*the establishment of a unified, independent and democratic government in the sovereign State of Korea*)을 위한 모든 활동(유엔의 후원하에 선거를 시행하는 것을 포함하여)을 전개할 것을 권고하였다.[77]

1970년 총회결의 2668(XXV)의 전문에서도 "한국의 계속적인 분단상태가 한국민이 희망하는 바가 아니다"라고 전제한 후에 한국 내 유엔의 목표가 "대표성을 지니는 정부형태하의 통일되고 독립적이며 민주적인 한국의 수립"(*the establishment of a unified, independent and democratic Korea under a representative form of government*)임을 재확인하였다.[78] 1972년에 남북공동성명이 채택되어 남북한 관계에 새로운 변화가 생기기 시작한 이후의 시점인 1975년에 유엔총회는 결의 3390 (XXX)을 통하여 "한국이 남과 북으로 분단된 지 30년이 경과하였지만 한국의 재통일(*the reunification of Korea*)은 아직껏 성취되지 않았다"고 전제하고, 1972년 남북공동성명에서 합의된 자주, 평화, 민족대단결의 3원

---

76) Dietrich Rauschning, Katja Wiesbrock and Martin Lailach(eds.), *Key Resolutions of the United Nations General Assembly* 1946-1996, Cambridge University Press, 1997, p. 191; In Seop Chung, *Korean Questions in the United Nations: Resolutions Adopted at the Principal Organs of the United Nations with Annotations*(1946-2001), Seoul: Seoul National University Press, 2002, pp. 23~24.

77) Rauschning, Wiesbrock and Lailach(eds.), *Ibid.* (밑줄은 필자가 첨가).

78) *Ibid.*, p. 194.

칙에 기초하여 "가능한 한 빠른 시일에 자주적이고 평화적인 통일을 달성하도록 한국민을 격려하는 것이 〔유엔〕헌장의 원칙에 부합"됨을 선언하였다.[79]

이러한 유엔총회결의들은 한국문제에 대한 다음과 같은 이해를 전제로 하는 것으로 판단된다. 한반도의 분단은 한국민의 희망과 부합하지 않고 언젠가는 선거 등의 절차를 통하여 해소되어야 할 잠정적·부정적 상태에 불과하다. 한반도상에는 의연히 한국(Korea)이라는 하나의 국가만이 존재하며 '한국문제'에 대한 유엔의 관여범위는 한국을 대외적으로 대표할 권한이 있는 독립적이며 민주적인 정부의 수립에 국한된다. 1991년 9월 남북한이 동시에 유엔에 가입하였지만, 남북한 양측이 한국문제에 대하여 전과 같은 입장을 일관되게 유지하고 있는 상황에서 한국문제에 대한 유엔의 입장에 변화가 있을 것으로는 판단되지 않는다.

논의를 본래의 논점으로 돌려 현행헌법 제 3조와 제 4조의 해석문제를 고찰해보자. 여러 번 강조하였듯이 통일 전 양독관계에서와는 달리 남북한간에는 한반도상에 오직 하나의 국가만이 존재한다는 합의가 존재하고, 이러한 합의는 국제사회의 일정한 지지를 획득하고 있다. 이러한 사실에 기초하여 현행헌법 제 3조를 한반도에 오직 하나의 국가만이 존재한다는 법적 명제를 선언·확인하는 조항으로, 즉 주류적 학설에 비해 그 의미를 축소하여 해석할 수 있을 것이다.[80] 다음으로 제 4조는 (7·4 남북공동성명 이후 다수의 남북한 합의가 밝히고 있듯이, 한반도상에 두 개의 이질적 체제가 성립해 있으므로)[81] 대한민국 정부

79) *Ibid.*, p. 195.

80) 이러한 해석에 따를 경우 현행헌법 제 3조의 '대한민국'은 현재의 남한이 아니라 남북한 두 분단국 실체의 상위에 존재하는 '전체국가'(*Gesamtstaat*)로서의 한국으로 새겨야 할 것이다.

81) 남북기본합의서 제 1조("남과 북은 서로 상대방의 체제를 인정하고 존중한

는 이러한 체제간의 이질성을 극복한다는 의미에서의 '통일'을 지향하는 것으로 해석할 수 있을 것이다.

이러한 해석론의 구체적 함의를 몇 가지 적시하면 다음과 같다.

첫째, 헌법 제3조는 단지 한반도상에 하나의 국가가 존재한다는 사실을 선언·확인하는 데서 그칠 뿐, '미수복지구'로서의 북한에 의연히 남한의 주권이 미친다고 규정·선언하는 것으로 해석할 수 없다. 따라서 헌법 제3조와 국가보안법 사이에 필연적으로 존재하는 것으로 상정되었던 '탯줄'은 끊기게 된다. 국가보안법의 존재근거(*raison d'être*)와 법적 타당성은 영토조항과는 절연된 상태에서 별도의 논의대상이 되어야 한다.

둘째, 동일한 국가의 틀 안에 존재하는 이질적 체제로서의 북한의 법령은 남한의 공서(公序, *ordre public*)에 위배되지 않는 한, 국제사법적 원칙에 준하여 승인·적용되어야 할 것이다(특히 민·상사 문제에 관하여). 다만 여기서 주의할 점은 '승인'은 가치중립적 용어로서 결코 적극적 찬성·지지(*approval, espousal*)를 의미하는 것은 아니라는 것이다. 국가 및 정부승인에 관한 한 가장 엄격한 창설적 효과이론을 지지하는 영국도 이제는 완화된 입장을 취한다. 즉, 승인받지 못한 국가에서 설립된 회사는 종래 영국법에서 그 법인격을 인정받지 못했는데, 1991년 외국법인법(Foreign Corporations Act 1991)을 제정하여 영국정부에 의하여 국가로 승인받지 못한 영토에서 설립된 법인체라도 당해영토의 법들이 '정비된 사법체계'(*a settled court system*)에 의하여 적용되는 경우 영국 내에서 법인격을 갖는 것으로 간주한다.[82] 정부승

다")에 대한 통일원의 해설을 보더라도, "체제의 인정·존중은 남북쌍방이 상대방의 정치·경제·사회·문화제도를 인정·존중하는 동시에 남북정부의 실질적 관할권을 인정·존중한다는 것으로, 이는 남북한 정부가 한반도 문제해결의 일차적 당사자임을 의미한다"고 하고 있다. 통일원, 《「남북기본합의서」 해설》, 1992, p. 41.

인 이론상의 표현을 차용하자면, 북한법령의 (제한적) 승인 및 적용이 북한체제에 대한 적극적 찬동을 의미하는 것이 아니라, 단지 실재하는 북한이라는 실체와 실무적 차원에서의 접촉을 유지한다는 매우 실용적인 의미를 지니는 데 그치는 것이다.

V. 결어

이 글에서 필자는 1948년 이후 남북한간에 치열하게 전개된 '정통성 투쟁'을 법적 시각에서 분석한 후, 상당 기간 남북한 양측의 입장이 외견상 '빙탄불상용'(氷炭不相容)의 형세와 같이 일말의 조화 가능성도 없이 모순되었음을 보았다. 그러나 이러한 외견상의 절대모순·충돌에도 불구하고 남북한 양측이 공유하던 법적 명제들이 있었는바, 그 주된 명제는 한반도상에 오직 하나의 국가만이 존재하고 이 국가는 대한제국, 조선 등 선행국가와 영토 및 주민의 측면에서 동일성과 계속성을 보유한다는 것이었다. 필자는 남북한이 공유하는 이들 법적 명제의 이론적·실천적 함의를 대외적 차원과 대내적 차원으로 나누어 살펴보았다. 이 과정에서 특히 한반도 단일국가 명제가 현행헌법 제 3조와 제 4조의 재해석에 어떠한 도움을 줄 수 있는지를 고찰하였다. 그 결과 헌법 제 3조는 한반도상에 오직 하나의 국가만이 존재한다는 명제를 선언·확인하는 데 그치며, 헌법 제 4조는 단일국가 내에 존재하는 두 체제간의 규범적·현실적 이질성의 해소의 극복이라는 의미의 통일을 지향하는 것으로 보았다.

이 해석에 대해서도 적잖은 비판이 제기될 수 있을 것이다. 다만 현실적으로 존재하는 두 국가적 실체를 통일지향성이라는 내적 의지

82) 김대순, 《국제법론》(제 9판), 삼영사, 2003, p. 277.

(*animus*)와 두 실체간의 역사적·객관적 유대를 매개로 하여 하나로 묶어두려는 '분단국'(*divided state*) 이론이 완벽한 이론적·논리적 정합성을 갖추기란 애초부터 무망(無望)한 것이다. '분단국'이라는 잠정적·부동적(浮動的) 상태가 종국적 분리 또는 통일에 의하여 해소될 때까지 일정 정도 논리적 일관성의 결여는 불가피한 것이다. 결국 문제는 어떠한 이론구성을 통하여 논리적 부정합성을 최소화하고 아울러 실천적으로 두 분단국 체제간의 통일지향적 관계를 평화적으로 잘 '관리'하는가로 집약될 것이다.

위에서도 지적한 바와 같이 우리가 살펴본 문제는 '정통성'과도 밀접히 연결되는데, 이 개념을 지난 60년에 적용하는 과정에서 다음과 같은 주의가 필요할 것이다. 정통성 여부를 과거 특정시점, 특히 기원(*origin*)적 시점에 고정시켜 판단한 이후, 이를 다른 시기에까지 무차별적으로 적용하려는 태도에 대해서는 정당한 비판이 가해져야 할 것이다. 특정한 정치체에 대한 정통성 내지 정당성 평가는 통시적으로 관련요소를 종합적으로 고려하여 행해져야지, 체제성립기 등의 시점을 결정적 순간(*critical moment*)으로 설정한 후 다른 시점 또는 다른 시기에 대한 평가를 배제하는 방식으로 이루어져서는 안 될 것이다.

마찬가지로 현재 중심적·승리 도취적(*triumphalist*) 시각에서 과거의 잘못된 현실까지 오늘의 '이념적'(*ideal*) 상태에 도달하기 위한 필연적 또는 불가피한 계기로서 정당화되어서는 안 될 것이다. 개인의 삶과 마찬가지로 공동체의 삶도 (어쩌면 개인의 삶보다 더한 정도로) 시행착오를 겪을 수밖에 없다는 역사적 공리(公理)를 수용하여, 과거의 잘못을 겸허하게 인정하고 이의 현재적 치유 및 화해를 위해 노력해야 할 것이다. 우리가 일본 등 외국에 대해서 그토록 강력하게 주장하는 '과거사에 대한 통절한 반성을 통한 진정한 화해의 성취'라는 명제가 역외적(域外的)으로만 적용되어서는 곤란할 것이다.

참고문헌

과학원 역사연구소. 1989. 《조선통사(하)》. 오월.

《국제법 사전》. 2002. 평양: 사회과학출판사.

김대순. 2003. 《국제법론(제 9판)》. 삼영사.

김명기. 1980. 《국제법상 남북한의 법적 지위》. 화학사.

김일성종합대학 출판사. 1992. 《국제법학(법학부용)》.

김일영. 2004. 《건국과 부국: 현대한국정치사강의》. 나무.

나인균. 1999. "대한민국과 대한제국은 법적으로 동일한가?—국가의 동일성 내지 계속성에 대한 국제법적 고찰". 〈국제법학회논총〉 제 44권 1호.

대한민국정부. 1965. 《대한민국과 일본국간의 조약 및 협정 해설》.

______. 1965. 《대한민국정부 한일회담백서》.

도회근. 1999. "헌법 제 3조(영토조항)의 해석". 《권영성 교수 정년기념 논문집》. 법문사.

림동춘. 1996. "《강화도조약》은 침략적이며 불평등적인 예속조약". 〈김일성종합대학 학보: 력사법학〉 제 42권 제 3호.

박건영 · 박선원 · 박순성 · 서동만 · 이종석. 2002. 《한반도 평화보고서: 한반도 위기극복과 평화정착의 방법론》. 한울.

박명림. 2002. 《한국 1950: 전쟁과 평화》. 나남.

박영수. 1999. "남조선괴뢰들과 일본반동들이 조작한 새 《어업협정》은 침략적이며 매국적인 범죄문건". 〈김일성종합대학 학보: 력사법학〉 제 45권 제 3호.

______. 1998. "미국의 남조선강점은 국제법에 위반되는 엄중한 범죄행위". 〈김일성종합대학 학보: 력사법학〉 제 44권 제 4호.

배재식 · 백충현 · 이상면. 1994. "한 · 일 간의 법적 제문제". 〈법학〉 제 35권 2호. 서울대.

신용복 편. 1993. 《한국분단사자료집 III-1》. 원주문화사.

외무부 외교연구원. 1967. 《한국외교의 이십년》. 외무부.

유영익. 2006. "이승만 대통령의 업적—거시적 재평가". 유영익 편. 《이승만 대통령 재평가》. 연세대 출판부.

유진오. 1959. 《신고 헌법해의》. 일조각.

이근관, 2004. "북한의 급격한 체제변화시 통치주체에 대한 국제법적 검토". 심지연 · 김일영 편. 《한미동맹 50년: 법적 쟁점과 미래의 전망》. 백산서당.

이순천. 1997. 《조약에 대한 국가승계》. 고려대 법학연구소.

정용욱. 2003. 《해방 전후 미국의 대한정책》. 서울대 출판부.

정인섭. 1999. "대한민국 수립과 구법령의 승계-제헌헌법 제100조 관련 판례의 분석". 〈국제판례연구〉 제1권.

제성호. 1996. 《남북한 특수관계론: 법적 문제와 그 대책》. 한울아카데미.

조선민주주의인민공화국 사회과학원 법학연구소. 1971. 《법학사전》. 평양: 사회과학출판사.

통일원. 1992. 《남북기본합의서 해설》.

《현대국제법 연구》. 1988. 과학백과사전출판사.

홍진기. 1947. "사법재판소의 법률심사". 〈법정〉.

Brownlie, Ian. 1998. *Principles of Public International Law*, 5th ed. Oxford: Oxford University Press.

Caty, Gilbert. 1969. *Le statut juridique des états divisés*. Paris: Pedone.

Fauchille, Paul. 1922. *Traité de droit international public* 1/1. Paris: Librairie Arthur Rousseau.

Kanda v. the State (Supreme Court of Japan, April 5, 1961). 32 International Law Reports.

O'Connell, D. P. 1952. "Legal Aspects of the Peace Treaty with Japan". 29 British Yearbook of International Law.

Oda, Shigeru. 1967. "The Normalization of Relations between Japan and the Republic of Korea." *American Journal of International Law*, vol. 61.

Rauschning, Dietrich, Wiesbrock, Katja and Lailach, Martin (eds.). 1997. *Key Resolutions of the United Nations General Assembly 1946-1996*. Cambridge University Press.

Chung, In Seop. 2002. *Korean Questions in the United Nations: Resolutions Adopted at the Principal Organs of the United Nations with Annotations*(1946-2001). Seoul National University Press.

Redslob, Robert. 1930. *Le principe des nationalités*. Paris: Librairie du recueil de Sirey.

Whiteman, M. 1963. *Digest of International Law* vol. 2. Washington, D. C.: U. S. Government Printing Office.

大藏省印刷局. 1966. 《日韓條約と國內法の解說》.

제5장

건국헌법의 사회경제질서 구상

전광석*

I. 헌법과 역사

1. 일반론

헌법은 넓은 의미에서 하나의 제도이며, 제도는 주어진 역사적 상황에 대한 반응이다. 그리고 그 결과 헌법은 문제해결을 위한 제안의 성격이 있다. 이 점에서 보면 헌법은 다른 규범들과 다르지 않다. 그러나 다른 한편 헌법은 한 사회를 장기적으로 지배하는 가치질서로서 구상된다.[1] 이 점에서 헌법은 문제해결을 위한 윤곽질서로서의 성격을 갖는다. 이를 재구성하면 헌법의 기능은 다음과 같이 이중적이다.

첫째, 헌법의 가치결정은 기본적으로는 확정적이다.[2] 다만 이 결정이 영구적인 것은 아니며 헌법개정의 유보하에 있다. 헌법이 예정하지 않은 그밖의 방법, 즉 예컨대 일반적 법률개정 절차를 통하여 헌법의

* 연세대 법학전문대학원 교수.

1) 한태연, 《헌법학》, 법문사, 1983, p. 5 이하 참조.

2) 헌법에 대한 이러한 이해에 대해서는 Carl Schmitt, *Verfassungslehre*, Duncker & Himblot, 1928, p. 20 이하 참조.

존속이 부인될 수는 없다.[3] 헌법은 이와 같이 정치질서(및 사회경제질서)를 확정하는 기능을 수행하기 때문에 사회는 근본적 가치에 대한 담론의 부담을 덜고, 예민한 쟁점을 둘러싸고 나타날 수 있는 사회의 가치 및 이념적 대립이 방지될 수 있다. 헌법의 정치안정적 기능이다. 이러한 기능에서 헌법의 역사는 정태적 관찰과 평가의 대상이다.

둘째, 그렇다고 해서 헌법의 정치안정적 기능을 과대평가해서는 안 된다. 헌법은 사회를 장기적으로 지배하는 가치규범이라는 점에서 사회문제에 대한 단기적 처방으로서의 성격을 갖는 법률과 구분된다. 따라서 헌법은 일반적으로 구성요건에 대한 법적 효과로 단순구조화되어 있는 법률과는 달리 현실과의 상호작용을 통하여 구체화된다.[4] 헌법의 정치개방적 기능이다. 이러한 기능에서 헌법의 역사는 개방적이며 역동적인 형성의 대상이다. 이때 헌법은 가치를 구체화하는 정치과정에 지침적 윤곽질서로서 기능한다.

2. 헌법의 사회적 과제와 역사 : 논의의 구도 및 소재

헌법의 사회적 과제에서는 헌법의 안정적 기능과 개방적 기능이 뚜렷하게 구분된다. 사회경제질서와 관련하여 규범적으로 안정적 기능을 협소화하는 것은 어느 정도는 의도적이다.[5] 질서안정을 위한 제도의

---

3) 헌법의 법원(法源)으로서 관습헌법을 인정하고 그 결과 헌법개정의 효과를 갖도록 하는 이론을 받아들일 수 없는 이유이기도 하다. 헌재결 2004. 10. 21, 2004헌마554등(병합), 16-2(하), p. 39 이하 참조. 이 결정에 대한 비판적 평가로는 예컨대 전광석, "수도이전특별법 위헌결정에 대한 헌법이론적 검토", 〈공법연구〉 제33집 제2호, 2005, p. 123 이하 참조.

4) 이에 대해서는 예컨대 전광석, "사회변화와 헌법과제로서의 복지국가의 실현", 〈공법연구〉 제31권 제1호, 2002, p. 59 이하 참조. 헌법의 이러한 과정적 측면을 강조하는 문헌으로는 Rudolf Smend, *Verfassung und Verfassungsercht*, Duncker & Himblot, 1928 참조.

고정화는 사회경제적 환경의 역동적 변화에 효율적으로 반응하는 데 장애가 될 수 있기 때문이다.[6] 정치현실적으로 보면 사회적 과제의 실현에 있어서 헌법의 안정적 기능은 거의 전적으로 개방적 기능에 노출된다. 이 점은 민주주의 및 법치국가 원리와의 비교를 통하여 뚜렷하게 나타난다. 민주주의 원리는 국민주권주의를 이념적 기초로 하고 정치적 평등과 소수의 보호를 실질적 가치로 하며, 이러한 이념과 가치는 대의제 원리와 권력분립 원리를 통하여 실현된다. 법치국가 원리는 국가와 사회의 분리를 국가론적 배경으로 하고 기본권 보장을 목적으로 한다. 기본권 제한을 위해서는 법률의 근거가 필요하다. 또 법률에 의하여 기본권을 제한하는 경우에도 신뢰보호의 원칙, 과잉금지의 원칙을 존중하여야 한다. 개인의 권리가 침해된 경우 사법적 권리구제를 통하여 법적 지위를 회복시키는 절차가 존재하여야 한다.

헌법의 사회적 과제를 실현하는 대표적 수단은 사회적 기본권 및

---

5) 독일헌법이 좋은 예를 제공한다. 1949년 독일헌법은 바이마르헌법의 다양한 사회적 기본권들이 실질적으로 규범력을 가질 수 없었다는 반성에서 사회국가 원리(*Sozialstaatsprinzip*)를 규범화하는 데 그쳤다. 이에 대해서는 예컨대 Hans F. Zacher, "Das soziale Staatsziel", in Josef Isensee and Paul Kirchhof(eds.), *Handbuch des Staatsrechts* Bd. I, C. F. Müller, 2004, p. 667 이하 참조.

6) 헌법적 결정을 통한 복지생산 방식의 제도화를 시도한 대표적 예는 스위스 헌법이다. 스위스는 1972년 헌법개정을 통하여 복지생산의 3층구조에 관한 현행헌법 제111조 제1항을 도입하였다. 이에 따르면 연방은 노령, 유족 및 장애에 대한 충실한 보장을 하여야 하며, 보장의 방법론으로 사회보험, 기업연금 및 개인적 배려를 제시한다. 이는 기존의 고용을 통한 복지가 한계에 부딪치자 완전고용을 정책목표로서 포기하는 대신 국가의 복지생산을 제도화하는 사회적 합의의 결과였다. 이에 대해서는 Herbert Obinger, Klaus Armingeon, Giuliano Bonoli and Fabio Bertozzi, "Switzerland. The marriage of direct democracy and federalism", in Herbert Obinger, Stephan Leibfried and Francis G. Castles(eds.), *Federalism and the Welfare State*, Cambridge University Press, 2005, p. 281 이하 참조.

경제질서이다. 민주주의 및 법치국가 원리와 달리 헌법의 사회경제질서는 국가개입이 필요한 미시적 생활관계와 거시환경에 대한 기본원리를 제시할 뿐 이를 실현하기 위한 중간원리와 제도, 절차 및 조직에 관한 규율을 결여하고 있다. 따라서 '국민에 의한 통치'의 이념(민주주의)과 '국민을 위한 통치'의 이념(복지국가 원리)은 헌법적으로 극히 비대칭의 구조를 띤다.[7] 그 결과 예컨대 이념적으로는 명확한 '최저생활 보장'의 과제가 구체적으로는 민주주의적 절차와 입법적 제도에 종속되며, 헌법을 직접근거로 이러한 권리가 실현되는 데에는 한계가 있다.[8] 결국 민주주의의 지지를 받지 않고서는, 즉 사회적 약자가 정치적 의사형성에서 과소 대표되고, 또 민주주의적 의사결정 과정에 사회적 약자를 대변하는 세력이 제도적으로 대표되지 못하는 경우에는 사회적 기본권은 헌법원리로서 기능할 수 없을 가능성이 있다.[9]

위와 같이 사회적 과제의 실현은 정치적 개방성에 유보되기 때문에 헌법의 이에 대한 구상은 다른 어떠한 헌법원리에 비해서도 정태적인 정치안정적 기능과 동태적인 정치개방적 기능의 상관관계 속에서 실현된다. 다른 헌법원리에서도 헌법현실에서 국민일반, 그리고 특히 국가권력의 헌법에의 의지가 존재하지 않는다면 규범과 현실 간에 괴리가 나타난다. 이와 같은 일반적인 헌법의 규범력의 문제 외에 사회경제질서의 특유한 문제는 규범 자체의 내용이 개방적이며, 따라서 정치과정 속에서 실현된다는 데에 있다.[10]

---

7) 이 점에 대해서는 전광석, 《한국헌법론》, 법문사, 2009, p.87 이하 참조.

8) 헌재결 1997.5.29, 94헌마33, 9-1, p.555 이하; 2004.10.28, 2002헌마328, 16-2(하), p.195 이하 등 참조.

9) 이는 우리의 역사적 경험이기도 하다. 이에 대해서는 전광석, "사회적 기본권과 헌법재판", 〈헌법논총〉 제19집, 2008, p.743 이하 참조. 민주주의와 복지국가와의 비대칭관계의 정도에 따른 복지국가 유형에 대해서는 전광석, 《한국사회보장법론》, 법문사, 2007, p.21 이하 참조.

10) 각주 5번 참조.

이 연구에서는 1948년 건국헌법에서 어떠한 사실적 및 규범사실적 상황들이 사회경제질서의 결정 혹은 미결정에 작용하였는가 하는 문제를 대상으로 한다. 사회적 기본권과 경제질서가 구체적 연구의 대상이다. 사회적 기본권은 복지생산이 개입할 수 있는 미시적 관계를 규율하고, 경제질서는 이에 관한 거시적 틀을 제시한다. 이들 질서에 접근하는 문제의식은 다음과 같다. 건국헌법은 당시의 일회적 상황을 극복하기 위한 단기적 처방을 구상하였는가, 아니면 단기적 혹은 임시적 처방을 정치과정에 개방하고 헌법은 장기적 경제사회절서에 대한 구상에 주력하였는가의 문제이다.[11] 이는 말을 바꾸어 하면 다음과 같이 구성될 수도 있다. 즉, 당시 헌법적 결정은 정태적 안정성과 동태적 개방성 중 어디에 중점을 두었는가, 이에 상응하여 헌법은 소극적 구체화를 주목하였는가, 아니면 적극적 추상화에 중점을 두었는가 하는 문제가 밝혀져야 한다. 일반적으로 보면 적극적 이념을 구체화하는 경우 헌법은 규범력의 한계에 부딪힐 것이며, 추상화에 소극적인 경우 헌법의 정치개방적 기능의 의미는 반감할 것이다. 다만 적극적 이념을 구체화하되 이를 단기적 처방의 기초로 선택하였다면 헌법은 나름대로의 정당성을 가질 수 있다.[12]

---

11) 예컨대 1949년 제정된 독일헌법은 그 명칭, 제정절차, 적용범위, 그리고 질서형성에서 임시적 성격을 명확히 하였다. 임시적 성격을 갖는다면 좀더 구체적으로 임시적 상황을 극복하기 위한 조치가 적극적으로 제도화되어야 한다는 비판이 따르기도 하였다. 이에 대해서는 예컨대 Hans-Peter Ipsen, "Über das Grundgesetz", in Ernst Forsthoff (ed.), *Rechtsstaatlichkeit und Sozialstaatlichkeit*, 1968, p. 23 이하 참조. 이는 1990년 독일통일에서 임시헌법을 대체하는 새로운 헌법의 제정이 필요한가에 대한 논란을 제기하였다. 이에 대해서는 Dieter Grimm, "Das Grundgesetz nach 50 Jahren", in Dieter Grimm (ed.), *Die Verfassung und die Politik*, C. H. Beck, 2001, p. 295 이하; Josef Isensee, "Deutschlands aktuelle Verfassungslage-Staatseinheit und Verfassungskontinuität", *VVDStRL* 49, 1990, p. 39 이하 등 참조.

II. 건국헌법의 과제와 사회경제질서

1. 일반론

1948년 건국헌법에는 다음과 같은 과제가 부과되었다.

첫째, 최초로 민족국가를 형성하여야 했다. 대내외적 상황이 순조로웠다면 19세기 말 신분사회의 붕괴와 평등사회의 출현이라는 구조가 갖추어져야 했으며, 이와 함께 민족국가가 형성되어야 했다.[13] 이는 식민지 통치로 인하여 반세기 미루어졌다. 건국헌법은 역사의 후퇴를 복원하여야 하였다.

둘째, 식민지 통치는 국민으로 하여금 국가권력의 주체로서의 지위, 그 당연한 귀결로서 국가권력의 제한을 통한 자유의 확보, 그리고 정치과정에의 참여의 가능성을 박탈하였다. 이는 동시에 국가권력의 정당성에 대한 논의의 기초인 헌법에 대한 의식이 발달하지 못하는 원인이 되었다.[14] 이제 헌법은 국민적 정당성에 기초한 국가건설의 과제

---

12) 건국헌법의 사회경제질서에 관한 규정이 어디에서 기원하였는가 하는 발생사적 문제는 또다른 학문적 관심이다. 이 글이 헌법의 발생사적 문제를 다루지는 않는다. 이에 대해서는 신우철, "해방기 헌법초안의 헌법사적 기원-임시정부 헌법문서의 영향력 분석을 통한 '유진오 결정론' 비판", 〈공법연구〉 제36권 제4호, 2008, p. 389 이하 참조.

13) 예컨대 인물을 중심으로 보면 서재필 등 개화파 인물들이, 그리고 조직을 중심으로 보면 독립협회가 이러한 움직임을 각종 집회 등의 활동을 통하여 주도하였다.

14) 이와 유사한 평가에 대해서는 이승우, "건국헌법 이전의 한국헌법사", 〈헌법학연구〉 제13권 제2호, 2007, p. 172 이하 참조. 이러한 변화의 역사적 상황에 대해서는 Ernst-Wolfgang Böckenförde, *Die verfassunggebende Gewalt des Volkes*, Metzner, 1986; Dieter Grimm, "Ursprung und Wandel der Verfassung", in Josef Isensee and Paul Kirchhof(eds.), *Handbuch des Staatsrechts* Bd. 1, C. F. Müller, 2003, p. 8 이하 등 참조.

를 실현하여야 했다.

셋째, 군주시대에 국가에 종속된, 신민적 지위를 가졌던 국민은 식민지 시대에 당연히 통치의 객체로서의 지위를 가질 뿐이었다.15) 이제 헌법은 식민지 정부가 퇴장하면서 당연히 국민에게 상실된 자유와 참여의 기회를 회복시키는 과제를 가졌다.

넷째, 사회통합의 과제이다. 식민지 시대에 지속되었던 토지소유의 불균형은 평등사회에서 신분적 불평등을 징표하는 요소로서 남아 있었다.16) 산업구조적으로 보면 본격적인 것은 아니었지만 식민지 시대에 산업화를 통하여 고용사회가 생성되기 시작하였다.17) 이는 노동자 문제의 등장을 예고하고 노동과 자본의 대립구도가 서서히 가시화되는 계기가 되었다. 이에 신생국가는 최소한의 사회경제적 동질성을 창출하는 과제를 가졌다. 농지소유의 불균형은 해방 후 가장 시급한 개혁의 대상이었다. 국가는 노동사회에서 어떤 이유에서건 노동시장에의 접근 자체가 봉쇄된 자를 보호하는 과제를 가져야 했다. 서구에서는 시대의 발전에 따라 헌법에 순차적으로 부과되었던 자유와 (실질적) 평등의 문제가 우리 헌법에서는 동시에 제기되고 부과되었다.18)

---

15) 유교적 통치이념과 현대 헌법사상의 조우점을 찾는 시도가 있다. 예컨대 이승우(2007), p. 154 이하; 함재학, "유교적 입헌주의와 한국의 헌정사", 〈헌법학연구〉 제14권 제3호, 2008, p. 97 이하 등 참조. 그러나 국민과 국가와의 관계에서 유교적 통치이념이 현대 헌법사상과 연계될 수는 없다.

16) 한 통계에 따르면 1945년 시점에 농가 중 69.1%가 순수 소작농이었으며, 자작·소작농은 16.8%에 이르렀다. 또다른 통계에 의하면 소작농이 48.9%, 반소작농이 34.6%에 이른다고 한다. 유인호, "해방 후 농지개혁의 전개과정과 성격", 송건호 외, 《해방전후사의 인식》, 한길사, 1979, p. 377; 전상인, "미군정기 농업문제와 토지개혁", 《고개 숙인 수정주의》, 전통과 현대, 2001, p. 83 등 참조.

17) 이에 대해서는 예컨대 김윤환, "근대적인 임금노동의 형성과정", 《한국 노동운동의 구조》, 광민사, 1978 등 참조.

18) 이 문제에 관한 서구 헌법사에서의 흐름에 대해서는 예컨대 Dieter Grimm,

2. 헌법의 사회적 과제에 대한 사회적 합의 : 추상적 명확성과 구체적 불명확성

근대헌법이 기본적으로 운명의 문제로서 규율의 공백으로 두었던 개인의 사회경제적 상황, 그리고 시장의 자율에 유보하였던 사회경제적 질서를 헌법이 규율대상으로 한다는 점에 대해서 헌법제정 과정에서 특별한 이의는 없었다. 즉, 이에 관한 사회적 합의가 존재했다. 이에 헌법은 자유권적 기본권뿐 아니라 자유를 보장하기 위하여 필요한 최소한의 조건을 사회적 기본권을 통하여 보호하였다. 그리고 헌법은 사회적 문제의 기원인 경제질서를 형성하는 과제를 부과하였다. 사회적 기본권과 경제질서의 기능상의 상호관계에 대한 인식이 아직 명확한 것은 아니었다.[19] 이러한 사회적 합의와 이에 기초한 추상적 헌법의 과제를 어떠한 방법과 내용으로 구체화할 것인가에 대해서는 부분적으로 첨예한 대립이 있었다. 이념적 분포, 당시의 사회경제적 상황과 이에 대한 평가에 대한 편차, 헌법의 기능에 대한 이해 혹은 오해 등이 영향을 미쳤다.

이들 요소들에 대한 구체적 설명은 개별규정의 법제화에 대한 후술하는 논의에서 다룰 것이다. 아래에서는 이들을 법제화하는 데 규범적 사실로서 기존에 참고가 되었던 헌법안들의 사회경제질서에 대한 태도를 먼저 보기로 한다. 이들 헌법안들이 사회적 합의의 형성과정에 해당하며, 이들 규정들이 건국헌법의 기초가 되었기 때문이다. 임시정부헌법, 해방 후의 각 정치적 세력에서 제안되었던 헌법문서들이 접근의 대상이다.[20]

"Die sozialgeschichtliche und verfassungsrechtliche Entwicklung zum Sozialstaat", in Peter Koslovski, Phillip Kreuzer, Reinhard Löw (eds.), *Chancen und Grenzen des Sozialstaats*, J. C. B. Mohr, 1983, p. 41 이하 등 참조.

19) 예컨대 각주 34번 참조.

III. 건국헌법 이전 헌법관련 문서에 나타난 사회경제질서

1. 임시정부헌법과 건국강령

1919년 기미삼일운동은 식민지 국민에게 민족의식을 깨우쳐주는 중요한 계기였다. 그해 중국에서 임시정부가 수립되었고, 임시정부의 기본법으로 4월 11일 임시헌장이 제정되었다.[21] 임시헌장은 헌법의

---

20) 임시정부헌법을 규범적 사실로서 보는 이유는 다음과 같다. 엄격한 의미에서 임시정부의 기본법으로 제정된 임시정부헌장이 우리 헌법의 기원에 해당한다고 볼 수는 없다. 같은 견해로는 이승우(2007), p.171 참조. 임시정부헌법을 지배한 가치는 크게 두 가지이다. 첫째, 대한제국이 결코 소멸한 것이 아니며 임시정부의 형태로 국가의 계속성이 유지된다. 둘째, 임시정부는 대한제국의 국가성을 계승하지만 군주정적 통치체제를 계승하는 것은 아니다. 즉, 임시정부는 군주정을 부정하고 공화제를 지향하는 새로운 국가형태를 채택하였다. 이 점은 1919년 임시헌장에 명시되었다. 즉, 제1조: "대한민국은 민주공화제로 함". 그러나 이러한 의지적 상황이 존재하였다고 해서 헌법이 제정되었다고 볼 수는 없다. 헌법이 제정·기능하기 위해서는 국가로부터 독자성이 보장되는 사회체계가 존재하여야 하며, 이들간에 사회적 공감대가 형성되어야 하며, 또 실제 이러한 공감대에 기초하여 자유 등 가치를 실현하는 국가 및 국민의 의지가 존재하여야 한다. 그러나 사회적 공감대가 헌법의 기초로서 존재한 것도 아니었고, 따라서 당연히 헌법적 가치를 구체화하고 실현하는 어떠한 국가 및 사회의 기제도 기능하지 않았다. 이미 언급했듯이 대한민국은 임시정부의 국가적 및 정치적 정통성을 이어받았다. 이 점에 대해서는 예컨대 표명환, "『대한민국 임시정부의 법통계승』의 헌법이념에 관한 고찰", 〈토지공법연구〉 제37집 제1호, 2007, p.493 이하 참조. 그러나 우리 헌법의 기원이 임시정부헌장에 있는 것은 아니다. 그래서 우리 헌정사는 1945년 일본 식민지로부터 해방된 이후 헌법의 제정을 둘러싼 정치과정에서 시작되며, 헌법의 역사의 시점(始點)은 1948년 헌법이다.

21) 이에 관한 개설적 연구로는 김범주, "대한민국임시정부헌법사", 한태연 외, 《한국헌법사(상)》, 한국정신문화연구원, 1988, p.241 이하; 김영수, 《대

일반적 편제를 갖추지는 못했다. 기본권으로 평등권(제3조), 자유권적 기본권(제4조, 제9조), 그리고 선거권 및 피선거권(제5조)에 해당하는 규정을 두었다. 사회경제질서의 과제는 아직 인식되지 못했다. 1919년 9월 11일 제정된 임시헌법에서 비로소 헌법의 편제가 나타난다. 제2장에 "인민의 권리와 의무"를 두었다. 자유권적 기본권(제8조, 제9조 제1, 2호), 선거권 및 피선거권, 청원권, 재판을 받을 권리, 공무담임권(제9조 제3호 이하) 등을 보장하였다. 1925년의 임시헌법은 기본권에 관한 장을 삭제하였다. 보편적 효력을 갖는 헌법을 포기하고 효율적 광복운동을 위한 조직법으로 구상하였다. 1927년과 1940년의 임시약헌은 이러한 편제를 그대로 유지하였다.

1941년 임시정부는 광복 후 건국될 국가상을 대한민국 건국강령의 형태로 제시하였다. 이는 국가의 생활배려 의무를 개인의 권리의 형태로뿐 아니라 객관적 질서형성에 관한 국가의 과제로 제시하였다. 건국의 정신은 삼균주의(三均主義)였다.[22] 경제질서에서 토지의 국유를 선언하였다(제1장 제3호). 정치·경제 및 교육에서의 평등을 강조하였다. 공교육제도와 교육의 평등, 의무 무상교육을 규정하였다(제1장 제6호 및 제3장 제2호). 6세에서 12세까지의 초등기본교육과 12세 이상의 고등기본교육을 의무무상으로 한다. 기본교육을 받지 못한 국민에게 무상으로 보습교육을 실시하고 빈곤한 자에게는 의식(衣食)을 제공한다. 교과서는 무상으로 지급한다. 공사립학교 모두 국가의 감독을 받는다.

삼균주의의 건국이념은 기본권과 경제정책에 관한 규정에서 보다 구체화되었다. 사회적 기본권으로서 노동권, 휴식권, 피구제권, 피보

한민국임시정부헌법론》, 삼영사, 1980 등 참조.

22) 이에 대해서는 한시준, "조소앙의 삼균주의", 〈한국사시민강좌〉 제10집, 1992, p. 113 이하; 김희곤, 《대한민국임시정부 연구》, 지식산업사, 2004, p. 271 이하 등 참조.

험권 등이 보장된다(제 3장 제 4호). 경제질서가 사회적 과제를 갖는다는 점을 명확히 하였다. 즉, "경제체계는 국민 각개의 균등생활을 확보함과 민족 전체의 발전 및 국가를 건립보위(建立保衛) 함에 연환관계(連環關係)를 가지게" 한다. 이러한 이념을 실현하기 위하여 구체적 원칙들이 제시되었다. 대기업, 토지 등 자연자원, 운송사업, 은행, 전신, 교통 등은 국유로 한다. 중소기업은 사영(私營)으로 한다. 적산(敵産) 및 부적자(附敵者)의 자본 및 부동산 등을 몰수하여 국유로 한다. 몰수된 자산은 무산자의 이익을 위하여 국영 혹은 공영으로 한다. 토지의 상속·매매, 전조차(轉租借) 등을 금지하며, 고리대금업과 고용농업제도를 금지한다. 두레농장, 생산소비 및 무역의 합작기구를 조직하도록 하여 농공대중(農工大衆)의 물질적·정신적 생활과 문화수준을 제고한다. 국제무역, 전기, 인쇄, 출판, 극장 등을 국유로 하고 국영한다. 노인과 청소년 및 여성의 야간노농과 연령·임금·근로시간 등에 관한 불합리를 금지한다. 공인(工人) 및 농인(農人)의 무료진료를 보급하여 질병을 퇴치하고 건강을 보장한다. 토지는 자경인(自耕人)에 분배하며, 고용농, 소작농, 소지주농, 중지주농 등에게 저급(低給)으로 우선권을 준다.

1944년의 마지막 개정헌법인 임시헌장에 비로소 인민의 권리와 의무에 관한 장이 부활하였다. 그리고 기본권 목록에 처음으로 국가의 사회적 과제가 나타난다. 즉, 인민은 법률에 의하여 취학, 취직 및 부양을 요구하는 권리를 향유한다(제 5조 제 3호). 이는 이후 헌법관련 문서에 지속적으로 등장하는 사회적 기본권의 트로이카, 즉 교육의 권리와 근로의 권리, 그리고 생활보장의 권리를 보장한다는 의미이다. 1941년의 건국강령이 삼균주의에 기초하여 제정되었다는 점을 감안하면 1944년의 헌법이 이에 영향을 받은 것으로 볼 수 있다. 건국강령은 건국헌법 이래로 우리 헌법의 본질적 특성인 국가의 사회적 과제, 그리고 이를 실현하기 위한 법제화의 방법을 제시한 문헌이었다. 즉, 자유권적 기본권 외에 사회적 기본권을 보장하였으며 사회적 기본권의 경제질서와의 상호관계를 인식하였다. 피보험권, 휴식권과 같은 구체적 내용을 구상하였다는 점이 특징이다. 경제에 사회적 과제를 부과하였으며, 국유의 범위를 광범하게 설정하여 자본주의 시장경제와 어느 정도 거리가 있었다. 적산 및 부적자의 자산처리를 국유로 하였다. 토지를 국유화하고 농민에게 분배하는 원칙을 명확히 하였다.

위 헌법문서들이 해방 후 건국헌법의 제정에 역사적 연속성을 갖고 논의의 기초가 되었던 것은 아니다.[23] 그렇지만 이 문서들은 건국헌법의 제정에서 논의를 필요로 하는 소재를 충실히 제공하였다는 점에서 역사적 의미가 있다.[24]

2. 해방 후 3년간 헌법관련 주요문서

1) 행정연구회와 민주주의민족전선의 헌법안

임시정부 헌법과 대한민국 건국강령은 건국의 상황을 직접적 배경으로 작성된 것은 아니었다. 이에 비해서 해방 후 3년의 기간은 대한민국의 건국을 직접적 계기로 하여 정치·경제·사회질서의 기초가 형성된 시기이다.[25] 이 기간 사회 각 세력들은 향후 국가운영을 주도

23) 이러한 주장이 없었던 것은 아니다. 예컨대 《헌정사자료 제1집, 헌법제정회의록(제헌의회)》, 국회도서관, 1967, p. 134 참조. 아래에서 이 책의 인용은 《회의록》으로 한다.

24) 실제 1948년 헌법의 실질적 기초자였던 유진오는 초안 작성에서 이들 문서들을 참조하였다고 한다. 유진오, 《헌법기초 회고록》, 일조각, 1980, p. 22 참조.

25) 이 시기 연구에 관한 대표적 문헌으로 1979년에서 1989년에 이르기까지 전체 6권으로 출간된 《해방전후사의 인식》이 있다. 제1권 미군정과 민족분단, 친일·반민족세력의 실상과 해방직후의 경제구조(1979); 제2권 정치·경제·사회·문화적 구조의 실증적 연구(1985); 제3권 정치·사회운동의

하기 위하여 공식 혹은 비공식적으로 헌법안을 구상하였다.[26] 이 시기 이념의 대립이 격심했던 점을 염두에 두면 다음 두 헌법안을 참고하는 것이 필요하다.

첫째, 행정연구회안이다. 행정연구회는 식민지 시대 관료 혹은 법조인의 경력을 가진 인사들이 참여한 단체로서, 부분적으로 임시정부 인사의 지원을 받아 헌법초안을 구상하였다.[27] 행정연구회의 헌법안에서 국가의 사회적 과제는 교육 및 경제생활의 장에 집중된다. 교육의 장에서는 평등하게 교육을 받을 권리를 보장하고, 여기에는 직업을 위한 보습교육을 받을 권리가 포함된다. 이들 교육은 무상으로 한다. 수업료는 면제되고 학용품 등을 지급한다(제 70, 72조). 공사립 교육기관은 국가의 감독을 받는다(제 71조). 학생들에게 학자(學資)를 대여하거나 지급한다(제 74조). 경제생활의 장에서는 경제정의의 원칙을 선언하고 이를 위하여 경제상의 자유를 제한할 수 있다(제 75조). 이 규정은 이후 건국헌법에도 이어졌으며, 경제의 사회적 과제를 표현하는 대표적 조문이 되었다. 계약 및 영업의 자유를 보장하고(제 76조),

---

혁명적 전개와 사상적 노선(1987); 제 4권 민중항쟁·무장투쟁 문화예술운동·한국전쟁의 해명(1989); 제 5권 북한의 혁명전통, 인민정권의 수립과 반제반봉건주의 민주주의 혁명과정(1989); 제 6권 남북한 해방전후사 연구의 성과와 입장에 대한 종합적 안내(1989). 이 시기에 대한 다른 관점에서의 접근으로는 박지향 외 편, 《해방전후사의 재인식 1, 2》, 책세상, 2006 참조. 이밖에 한국정신문화연구원 현대사연구소 편, 《한국 현대사의 재인식 2: 정부수립과 제헌국회》, 오름, 1998; 한국정신문화연구원 한민족문화연구소 편, 《내가 겪은 해방과 분단》, 선인, 2001 등 참조.

26) 이 시기 헌법논의에 대해서는 김수용, "해방 후 헌법논의와 1948년 헌법제정에 관한 연구", 서울대 박사학위논문, 2007; 전광석, "해방 후 3년간의 헌법구상", 〈헌법판례연구〉 제 5권, 2003, p. 301 이하; 홍기태, "해방 후의 헌법구상과 1948년 헌법성립에 관한 연구", 〈법과 사회〉 창간호, 1989, p. 171 이하 등 참조.

27) 이 초안은 유진오(1980), p. 196 이하에 수록되어 있다.

소유권의 제한에 대해서는 보상을 하도록 하였다(제 77조). 노동의 권리와 관련하여 국가는 노공(勞工)의 생활을 향상하고 실업을 방지·구호하기 위하여 보호정책을 실시한다. 아동과 부녀의 노동은 특별히 보호된다(제 82조). 노동자의 권리는 결사의 자유의 형태로 보장한다(제 83조). 건강 및 노동력의 보호, 그리고 사회적 약자의 경제적 보호를 위하여 보험제도를 실시한다(제 85조). 토지개혁에 관한 규정이 보이지는 않는다. 다만 자작농을 보호하고 이를 위하여 필요한 경우, 또는 주택보급 및 척식개간(拓植開墾)을 장려하고 농업을 발달시키기 위하여 토지를 수용할 수 있다(제 78조). 공공사업, 독과점사업 등은 원칙적으로 국가가 공영한다. 국방상 긴급한 수요가 있는 경우, 또는 국민의 균등한 생활보장 등을 위하여 필요한 경우에는 법률에 의하여 사영사업을 공영으로 할 수 있으며, 이 경우 상당한 보상이 이루어져야 한다(제 79, 81조). 국가는 생산사업 및 대외무역을 장려·지도 및 보호한다(제 80조).

둘째, 좌파세력이었던 민주주의민족전선이 작성한 '조선민주주의공화국 임시약법'이다. 이는 1946년 1월 작성된 것으로 알려져 있으며, 1946년 제 1회 미소공동위원회에 제출하기 위하여 준비되었던 시안이었다.[28] 따라서 아래에서 소개하는 미소공위에 제출된 민전(民戰)의 답신서와 내용이 중첩된다.[29] 초등교육에 대한 무상 의무교육을 실시한다(제 15조). 경제질서는 행정연구회안과 큰 차이가 없다. 즉, 재산권, 그리고 계약 및 영업의 자유가 보장된다(제 17조). 중소 개인자본은 기업경영의 자유를 갖는다(제 18조의 1). 경제질서에서 가장 눈에

28) 이 점에 대해서는 유진오(1980), p. 15, 22 참조. 민주주의민족전선의 임시약법은 최근까지 유진오의 증언으로 존재한다는 사실을 알 수 있을 뿐이었다. 이는 유진오의 유족이 기증한 자료에 대한 연구가 이루어지면서 입수할 수 있었다. 김수용(2007), p. 295 이하 참조.

29) 아래 III. 2. 3) 참조.

띄는 특징은 토지제도이다. 조선인민은 반봉건적 토지관계에서 해방될 권리가 있다. 이는 토지의 국유화와 토지분배를 염두에 둔 것으로 보인다(제 18조). 노동력의 보호가 간단히 언급된다(제 18조의 2).

행정연구회의 헌법안에는 부분적으로 구체적 제도가 보장되는 특징이 있다. 무상교육의 대상으로 학용품 및 교육비, 그리고 학자금 대여 및 급여를 구체적으로 언급하며, 사회보장의 기제로서 보험제도를 제시한다. 보험제도의 보장은 건국강령 이후 대부분의 헌법구상에 나타났다. 경제영역에서는 개인의 기본권보다는 국가의 경제질서 형성의 권한을 우위에 둔다. 당시 시대적 관심이었던 농지개혁에 대해서는 지극히 추상적인 언급을 한다. 이념의 대척관계에 있었음에도 불구하고 민주주의민족전선의 임시약법에 나타난 국가의 사회적 과제에 대한 법제화의 내용 및 정도는 행정연구회의 헌법안과 유사하다. 예컨대 두 안 모두 사회적 기본권인 노동의 권리를 기준으로 노동문제에 접근한다. 이에 비해서 직업선택의 자유는 결여되어 있다.[30] 직업의 자유의 한 부분에 해당하는 영업의 자유를 공통적으로 보호한다. 영업의 자유가 산업의 국공유 원칙과 긴장관계에 있다는 점은 아직 진지한 논의의 대상이 아니었다.

2) 남조선과도약헌안과 조선임시약헌

1946년 미군정하에 남조선과도입법의원이 설치되었다.[31] 입법의원은 미군정으로부터 정권을 이양받는 것을 전제로, 남북한 통일정부가

30) 실제 근대헌법에서 경제적 생활영역을 규율하는 가장 중요한 기본권인 직업의 자유는 건국헌법에서도 결여되었다. 이 기본권은 1962년 헌법에서 비로소 보장되었다.

31) 입법의원의 설치와 기능에 대해서는 예컨대 김혁동, 《미군정하의 입법의원》, 범우사, 1970 등 참조.

수립되기까지 남한정부의 임시헌법의 성격을 갖는 기본법을 제정한다. 이는 1947년 2월 8일 '남조선과도약헌안'으로 제출되어, 8월 6일 '조선임시약헌'으로 통과된다. 그러나 미군정은 약헌에 대한 인준을 보류하였고, 근본적으로 약헌에는 향후 헌법구상을 지도할 기반이 결여되어 있었다.[32]

남조선과도약헌안은 기본권 규정이 없이 순수한 국가조직법으로서 구상되었다. 이에 비해서 조선임시약헌은 국민의 권리의무에 관한 장을 둔다. 특히 사회적 기본권을 생활균등권과 문화 및 후생의 균등권으로 나누어 규정한다. 이는 객관적 과제의 형태로 법제화되었다. 첫째, 생활균등권이다(제4조). 국민의 기본생활을 보장하기 위하여 국가는 계획경제를 수립한다. 주요한 생활필수품을 통제 관리하고 합리적 물가정책을 수립한다. 세제를 정비하고 누진세를 강화한다. 농민 본위의 토지분배를 실시한다. 대규모 중요공업 및 광산을 국영으로 하거나 국가가 관리한다. 최저임금제를 확립한다. 노동자 대표가 기업경영에 참여한다. 가족급여제를 확립한다. 공장 내 보건·후생·교육 및 오락시설을 정비한다. 실업보험·폐질보험 등 사회보장제를 실시한다. 둘째, 교육과 후생에서의 균등권이다(제5조). 의무교육을 실시하고 직업교육을 확충한다. 능력 있는 자를 특별 교육하고 교육비는 국고가 부담한다. 주요 문화기관과 오락기관을 공영으로 한다. 체육시설 및 의료시설의 적정분포를 도모하고 공영을 확충한다. 조산원·탁아소·고아원·양로원을 공영으로 한다. 소녀·부녀의 야간노동과 유해 혹은 위험한 노동을 금지한다.

조선임시약헌은 해방 후 헌법과 관련된 문서로는 처음으로 기본권에 대한 체계를 인식하고 법제화하였다. 사회적 기본권을 전면에 배치하였다. 사회통합, 그리고 이를 위하여 사회경제적 질서형성이 헌

---

32) 이 과정과 내용에 대해서는 전광석(2003), p. 327 이하 참조.

법의 가장 중요한 과제임을 표현한 것이다. 세부적 내용에서 약헌은 사회주의 경제질서에 치우쳤다.[33] 이 점이 의도적이었는지 아니면 그들의 이념적 구상을 뛰어넘는다는 사실을 인식하지 못한 상태에서 제도화되었는지는 의문이다.[34] 기본권의 유형에서도 같은 태도가 관찰된다. 즉, 사회적 기본권에 해당하는 규정을 평등권을 실현하는 맥락에서 규율한다. 이는 설명을 필요로 한다. 사회적 기본권은 기본적으로는 수직적 자유의 보장을 위하여 필요한 최소한의 수평적 평등을 보장하기 위한 목적에 기여한다. 따라서 사회적 기본권은 평등권 실현의 차원이 아니라 독자적 존재의미를 갖는다.[35] 그런데 위 문서들에 나타난 태도와 같이 평등권의 실현을 사회적 기본권의 출발점으로 볼 때, 사회적 기본권이 갖는 자유실현의 기능은 상실될 우려가 있다. 입법의원이 기본적으로는 좌우합작의 세력구도를 가졌지만 실제로는 우익에 의해서 지배되었고, 이러한 상황에서 우익은 현실적 문제에서 어느 정도 사회주의적인 급진적 해결방안을 수용하지 않는다면 입법의원이 합의능력을 가질 수 없다고 인식했을 가능성도 있다.[36]

---

33) 당시 임시헌법 보통선거법 기초위원회에서 한국민주당 소속의원들에 비해서는 비교적 중도적인 정치성향의 의원들이 활동했다는 점이 하나의 단서가 될 수는 있다. 이 점에 대해서는 이경주, "미군정기의 과도입법의원과 조선임시약헌", 〈법사학연구〉 제23호, 2001, p.145 이하 참조. 그러나 한민당 소속의원이었던 서상일 의원도 약헌상의 생활균등권은 정치적 민주주의와 경제적 국가주의의 정신을 구체화한 것이라고 이해한다. 《임시약헌제정회의록(과도입법의원)》, 국회도서관, 1968, p.50 참조.

34) 제안설명자 중의 한 사람인 서상일 의원은 예컨대 실업보험의 현실성에 대한 의원들의 이견에 대해서 다음과 같은 언급을 한다: "금방 될 것은 하나도 없다고 봅니다. 약헌은, 즉 건국이념을 반영시키는 것입니다. …", 《임시약헌제정회의록(과도입법의원)》, 국회도서관, 1968, p.55 참조.

35) 이에 대해서는 예컨대 전광석, "사회적 기본권의 헌법적 실현구조", 〈세계헌법연구〉 제12권 제1호, 2006, p.272 이하 참조.

약헌은 생활균등권을 보장하기 위하여 계획경제의 수립을 예정하고 있다. 이것이 중앙계획경제를 말하는지는 불투명하다. 그렇다면 자유권적 기본권인 재산권과는 모순관계에 있다. 계획경제에서는 생활필수품에 대한 통제관리와 물가정책은 당연하다. 주요 산업의 국영 또는 국가관리, 주요 문화기관의 공영 등의 정책 역시 사회주의적 경제질서를 구상한 경우 정당화될 수 있다. 당시 일반적 기본권으로 인식되었던 노동 3권이 명시적으로 보장되지는 않았다. 이는 약헌이 경제질서를 국가계획을 중심으로 하여 이해하였고, 따라서 자본과 노동의 대립을 전제로 형성되는 노동질서를 배제하였다면 설명이 된다.[37] 오히려 약헌은 근로자의 경영참여를 헌법상의 제도로서 규정하여 자본의 독자성을 부인하는 듯한 규정을 둔다. 다만 이로써 노동자에게 자본과 같은 비중으로 기업경영에 참여할 권리를 부여한 것인지, 아니면 단순히 협의적 참여의 기회를 부여한 것인지에 대해서는 명확한 합의를 보지 못했다.[38] 사회주의 경제질서에서 가장 중요한 권리로서 이해되는 노동의 권리가 보장되지 않는 것은 특이하다.

---

36) 이 점은 사실 입법의원 구성에서부터 배려되었다. 당시 좌우합작에 많은 기대를 걸었던 미군정은 좌익이 선거에 불참하여 좌우합작의 의미가 퇴색하면 관선의원의 선임에서 이를 고려하여 좌익계열을 다수 임명하고 이로써 균형을 유지하려는 계획을 가지고 있었다. 또 실제 이러한 계획에 따라 선거에 불참한 민주주의민족전선 소속의원들을 관선의원에 다수 포함시켰다. 관선의원 45명을 이념의 분포에 따라 분류하면 합작의원 6명, 좌우익 정당 각각 12명, 종교계 4명, 여성계 4명, 변호사 1명, 언론계 1명, 기타 5명이었다고 한다. 이에 대해서는 손희두, “미군정기의 입법제도와 법령의 성격”, 한국정치외교사학회 편, 《한국정치와 헌정사》, 한울, 2001, p. 150 참조.

37) 자본주의 시장경제에서 자본과 노동의 대립구도 및 이를 조정하기 위한 기제들에 대해서는 예컨대 전광석, “노동의 권리의 실현구조: 헌법의 변천과 이론의 형성 및 전개”, 《한국에서의 기본권이론의 형성과 전개》(허영박사 화갑기념논문집), 박영사, 1997, 특히 p. 440 이하 등 참조.

38) 《임시약헌제정 회의록(과도입법의원)》, p. 47 이하 참조.

3) 미소공동위원회에 제출된 사회단체들의 답신서

(1) 임협, 민전, 시협, 입법의원, 남로당의 답신서

1945년 12월 모스크바 삼상회의는 한반도에서의 신탁통치를 의결하였다. 이를 실현하기 위하여 구성된 미소공위는 1947년 6월 11일 공동성명 제 11호 "남북조선 제민주정당내사회단체의 협의에 관한 규정"을 발표한다. 여기에서 미소공위는 임시정부의 구성과 조직, 그리고 정강·정책에 관한 한국민의 의견과 요망을 청취할 예정임을 밝혔다.[39] 미소공위는 임시정부의 운영방향을 결정하기 위한 준비작업으로서 정당·사회단체의 의견을 청취하기 위하여 공동결의의 형태로 질문서를 작성한다. 공동결의 제 5호와 제 6호가 그것이다.[40] 공동결의 제 5호는 임시정부헌장의 기초에 사용하기 위한 내용을 담은 질문서이다. 공동결의 제 6호는 임시정부의 정책방향에 대한 질문서이다. 이는 헌법의 중요한 내용을 포괄하는 것으로서 이것이 실질적으로 어떠한 영향을 미쳤는가의 문제에 관계없이 당시 각 사회단체의 헌법에 대한 태도를 가늠할 수 있는 자료이다. 임시정부수립대책협의회(이하 '임협'), 민주주의민족전선(이하 '민전'), 시국대책협의회(이하 '시협'), 남조선과도입법의원(이하 '입법의원'), 남조선노동당(이하 '남로당') 등 5개 단체의 답신을 살펴본다.

임협은 한민당이 주도한 단체협의체이다.[41] 이념적으로는 우익성

---

39) 다른 한편 미군정은 자체 헌법안을 모색하였다. "a draft of a constitution for Korea"와 "조선민주주의임시정부헌장안"이 그것이다. 유진오는 초안을 작성하는 데 이들 문서를 참고하였다고 한다. 유진오(1980), p. 22 참조. 이는 일종의 내부문서의 성격이 있고, 또 경제질서에 관한 구상이 있지도 않았다. 따라서 이 글에서는 논의의 대상에서 제외한다. 이 문서에 대해서는 정상우, "제 2차 미소공동위원회 시기의 『조선민주주의임시정부헌장안』에 관한 연구", 〈헌법학연구〉 제 14권 제 2호, 2008, p. 531 이하 참조.

40) 이는 《자료 대한민국사 2》, 탐구당, 1965, p. 433 이하에 수록되어 있다.

향이었다. 민전은 기본적으로 좌익세력의 연합체이다.[42] 결국 임협과는 정면으로 배치되는 입장에 있었다. 시협은 좌우합작위원들이 주축이 된 협의체이다. 그러나 이 시기 이미 좌우합작위원회는 여운형을 제외하고는 중도우익 인사가 지배하였다.[43] 시협안은 당연히 기본적으로 중도적 이념에 기초하였으나 좌익을 배려하는 경향도 많은 부분 나타나 있다. 입법의원은 이미 위에서 설명했듯이 조선임시약헌을 제정한 바 있다. 따라서 같은 시기에 제출된 답신안은 당연히 조선임시약헌과 유사한 내용을 갖는다. 또 입법의원은 기본적으로 좌우합작세력에 의해서 주도되었기 때문에 입법의원안은 시협안과 같았다. 남로당은 1946년 9월 4일 박헌영의 조선공산당, 여운형의 조선인민당, 그리고 백남운의 남조선신민당 3당이 합당하여 박헌영이 중심이 되어 조직된 단체로 전형적 프롤레타리아 독재국가의 건설을 표방하였다.[44]

---

41) 임협은 정당으로서 한민당 외에 조선민주당, 사회단체로서 대한노총, 독촉부인회, 조선상공회의소, 토건협회, 천주교회, 불교총무원 등 170여 개의 단체가 참여하는 협의체였다. 당시 아직 이승만의 지지세력이었던 한민당은 장덕수의 주도로 참여하였으며, 이는 장덕수가 한독당계 세력에 의하여 암살되는 계기가 되었다.

42) 민전은 신탁통치를 반대하기 위해서 임정세력을 중심으로 1946년 2월 1일 비상국민회의가 조직되자 이에 대한 대항세력으로서 1946년 2월 15일 좌익이 조직한 연합체이다. 민전은 비상국민회의에 대항하여 조선의 임시국회임을 자처하고, 모스크바 협정이 규정한 조선인의 임시정부의 모체가 되려는 의도를 가지고 있었다. 민전에는 조선공산당, 조선인민당, 독립동맹 등 정당과 조선노동조합, 전국청년총동맹, 전국부녀총동맹 등이 참여하였다.

43) 합작위원회는 1946년 6월경부터 본격적으로 활동을 시작하였다. 그러나 7월 25일 합작위원회에 참여하던 민전이 이른바 민전 5원칙을 발표하면서 공동보조의 틈이 벌어지기 시작했고, 10월 7일 이른바 좌우합작 7원칙이 발표되면서 합작위원회는 중도우파가 지배하게 되었다. 좌우합작의 시도와 경과에 대해서는 예컨대 서중석, "좌우합작과 남북협상", 〈한국사 시민강좌〉 제 12집, 1993, p. 65 이하 참조.

임협안은 민권, 즉 기본권을 6가지로 분류하여 보장한다.[45] ① 재산권이 자유권의 범주에 속하지 않고 독자적으로 분류되었다. 이는 아마도 임협안이 산업의 소유형태에서 국공유를 원칙으로 하는 태도에 기인한 것이 아닌가 한다. 이밖에 재산권의 본질에 대해서 강한 사회적 기속성을 인식한 결과인지는 불투명하다. 보호의 범위를 재산소유권에 한정하였다. 전통적인 물권적 재산권이 주로 논의의 대상이었으며, 아직 채권에 대한 재산권적 보호의 중요성이 인식되지 않았다. ② 국가의 사회적 과제는 본격적으로는 평등권과 관련하여 규정된다. 평등권의 범주에서 경제적 기본생활의 균등권과 문화 및 후생의 균점권을 보장한다. 이들 기본권이 국가의 적극적 활동을 통해서 실현된다는 사실이 인식된다. 이에 상응하여 국가의 과제영역을 열거한다. 즉, 계획경제의 수립, 의무교육의 실시, 노동권 보장의 과제,[46] 국가시설을 비롯한 경제사회 및 문화후생 정책의 헌법적 보장이 상조된다. 이 부문은 전반적으로 조선임시약헌의 내용과 유사하다. 임협안은 공동결의 제6호에 대한 답신을 통하여 중요한 경제질서에 대한 태도를 나타냈다. ③ 토지개혁에서 기본적으로 유상매수·유상분배의 원칙을 제시하였다. 소작제는 폐지된다. 자작자농을 원칙으로 한다. 매수농지를 사유로 한다. 다만 농지소유에 상한을 두고 처분에 허가제를 적용하여 제한한다. ④ 산업은 국공영 및 사영제도를 혼합하되 산업운영에서 개인의 창의를 존중한다. 특히 대규모 산업 및 운송·전력·수도 등 기간산업은 국공유를 원칙으로 한다. ⑤ 노동정책으로

---

44) 박헌영의 정치이념 및 국가관에 대해서는 심지연, "박헌영의 부르주아 민주주의혁명론과 프로레타리아 독재국가 건설운동", 〈한국사 시민강좌〉 제17집, 1995, p.42 이하 참조.

45) 이는 새한민보사, 《임시정부수립대강》, 1947, pp.16~40에 수록되어 있다.

46) 이때 노동권이 실체법적 권리로서 노동의 권리를 말하는지, 절차법적 권리로서 노동 3권을 포함하는지는 불분명하다. 다만 노동 3권은 노동·임금과 사회보험에 관한 답신서에 명시되어 있다.

최저임금제를 실시하고 소년과 여성의 노동을 보호하며 노동 3권을 보장한다. 사회보장의 수단으로는 사회보험을 예정하고, 질병, 사망·노쇠·폐질뿐 아니라 실직 역시 보호의 대상으로 한다. 사회보장의 목표는 조세제도에 명시적으로 반영된다. 즉, 소득세 부과에서 최저생계비의 면세점(免稅點)을 설정한다. ⑥ 국제무역은 국가관리하에 두며 무역에서 국가의 허가를 필요로 한다.

민전의 답신서에 나타난 사회적 기본권에 해당하는 규정들은 다음과 같다.[47] 초등교육을 받을 권리와 노동의 권리가 보장된다. 빈한한 노약자는 국가의 보조를 받는다. 노동 혹은 병역으로 인하여 노동을 할 수 없는 불구자와 병약자는 국가의 부양을 받는다. 빈한한 질병자는 치료를 위하여 국가의 부양을 받는다. 노동자는 사회보장을 받을 권리를 갖는다.

민전의 기본권 구상은 절대평등을 선언하는 점에서 좌익단체협의체로서의 특징을 나타낸다. 재산권, 직업의 자유 등이 결여된 점도 같은 맥락에서 파악할 수 있다. 재산권과 직업의 자유를 부정하면서 납세의 의무를 예정하는 점은 특이하다. 토지정책으로 무상몰수·무상분배의 원칙을 채택하였다.[48] 민전안은 몰수의 대상을 상세히 나열한다. 여기에는 1농가 5보 이상의 지주의 소유토지 및 자작농을 하지 않는 토지 등이 포함된다. 또 토지와 관계된 농민의 부채는 면제된다. 분배된 농지는 사유로 한다. 소작제는 금지되며, 또 자유로운 처분이 제한된다. 은행·보험업, 그밖에 철도·선박회사 및 기간산업은 모두 국유로 한다. 개인기업은 부정되며 중요산업은 국유화된다. 개인소유 자체가 부정되지는 않는다. 특히 소산업은 원칙적으로 사유로 한다. 그러나 재산권이 보장되지 않는다는 점을 고려하면 개인소유가

47) 이는《임시정부수립대강》, p. 41 이하에 수록되어 있다.

48) 이하 민전의 공동결의 제 6호에 대한 답변서는 김남식 엮음,《남로당연구》, 돌베개, 1988, p. 193 이하에 수록되어 있다.

얼마나 안정성을 갖는지는 의문이다.

민전은 공동결의 제 6호에 대한 답신에서 노동 및 사회보장 정책에 대해서 자세히 의견을 밝힌다. 최저임금제와 최고노동시간제를 실시한다. 성별에 관계없이 동일노동에 동일임금이 지급된다. 재해보상과 산업안전 조치들이 취해져야 한다. 여성과 소년의 노동은 특별한 보호를 받는다. 노동조합 등 단체결성권과 단체교섭권이 보장된다. 단체행동권에 대한 명시적 규정은 보이지 않는다.[49] 모든 노동자를 대상으로 사회보험이 실시된다. 질병 등으로 인한 휴업 시 수당이 지급되며, 실업자에게는 보조금이 지급된다. 사회보험은 산업재해와 노동자의 사망으로 인한 유족의 상황 역시 보호하여야 한다. 민전안은 임협안에 비해 보다 강력하게 국제무역에 대한 국가적 간섭을 예정한다. 수입물자는 생산재가 중심이어야 하며, 소비품의 수입은 최소한으로 제한되어야 한다. 무역을 국영으로 하고, 대외결제는 국립은행이 관리한다.

시협안은 기본권을 다섯 가지로 분류하여 보장한다.[50] ① 시협안 역시 재산권을 자유권과는 독립하여 분류한다. 재산권의 내용은 사회이익과 조화되는 범위 내에서 법률에 의해서 정해진다. ② 일반적 평등권과 함께 사회적 평등을 규정한다. 경제적·문화적 기본생활에서의 평등, 그리고 노동의 권리와 의무가 규정된다. ③ 근로자가 기본생활을 확보하지 못하는 경우 국가의 책임과 의무가 예정된다. 구체적으로 무엇을 염두에 두었는지는 불분명하나 최저임금제에 대해서는 명시하고 있다. ④ 아동 및 산전산후의 부녀의 취업은 금지된다. ⑤ 노동조합결성권과 단체교섭권을 보장한다. 다만 민전의 답신서와 마찬가지로 시협의 답신서 역시 단체행동권이 명시적으로 보호되고 있

49) 이 점에서 조선임시약헌과 같은 태도이며, 이에 대해서는 위에서 설명하였다. 각주 37번 참조.

50) 이는 《임시정부수립대강》, p. 48 이하에 수록되어 있다.

지는 않다.[51] 노동자가 생산에 어느 정도 발언·참여할 수 있는 방법을 강구한다. 이는 생산의욕을 앙양하고 생산성을 향상하는 목적을 갖는다. 이로써 자본의 독자성을 부인하는 것은 아니었다.[52] 구체적 방법에 대한 논의는 결여되어 있다.

시협안의 경제정책 역시 비교적 사회주의적 색채가 강하다. 산업체제는 계획생산·계획분배를 원칙으로 한다. 대규모 중요공업은 국영으로 한다. 은행업 및 보험업, 그리고 기간산업은 원칙적으로 국영으로 한다. 토지개혁과 관련해서는 누진체감의 방법에 의한 유상몰수·무상분배의 원칙을 적용한다. 분배된 농지의 경작인은 2할의 현물세를 납부한다. 농지소유최고한도를 두며, 사유를 허용하되 처분권을 제한한다. 지주의 토지는 완전히 국유화하고 농민에게는 영구사용권을 부여한다. 무역은 원칙적으로 국가가 관리한다. 당분간 보호관세제도를 실시한다.

입법의원의 답신서는 조선임시약헌과 유사하다.[53] 또 시국대책협의회의 답신서의 내용과 동일하다. 입법의원과 시국대책협의회가 모두 중도세력에 의해서 지배되었기 때문이다. 입법의원의 답신서의 내용에 대한 정리는 생략한다.

남로당의 답신서는 사회적 기본권으로서 교육의 권리와 노동의 권리를 보장한다.[54] 노동조건과 관련된 기본권으로 8시간 노동시간과

---

51) 각주 49번 참조.

52) 이 제도의 도입 여부는 조선임시약헌안에 대한 독회과정에서도 치열한 논쟁의 대상이 된 바 있다. 각주 38번 참조. 조선임시약헌에서는 명확하지 않았던 제도의 취지를 시협안은 명확히 한 것이다. 또 제헌국회에서의 논의과정에서도 가장 치열한 쟁점이었다. 이에 대해서는 아래 IV. 2. 2). (3) 참조.

53) 이는 《임시정부수립대강》, p. 75 이하에 수록되어 있다.

54) 남로당의 답신서는 《임시정부수립대강》에 수록되어 있지 않고, 〈노력인민〉 1947년 7월 7일자에 실려 있다. 그런데 〈노력인민〉은 유감스럽게도 현재 매우 해독하기 어려운 보존상태에 있다. 특히 공동결의 제6호에 대한 답신은

최저임금제가 예정되어 있다. 이밖에 동일노동 동일임금의 원칙이 선언되어 있다. 사회보장과 관련하여서는 사회보험에 의한 보호를 받을 권리, 그리고 노동 혹은 병역으로 인한 불구 혹은 폐질의 경우 국가의 보호를 받을 권리가 있다.

(2) 비교 및 평가

임협안과 시협안의 민권에 관한 내용은 체계와 내용 면에서 유사하다. 체계 면에서 두 안은 모두 자유권을 우선 편제하고, 이어 사회적 기본권을 보장한다. 재산권이 자유권적 기본권과는 독립하여 규율되고 있는 점도 같다. 평등권을 일반적 평등권과 경제·문화 및 후생생활에서의 평등권으로 나누어 규율하는 것도 유사하다. 이는 기본적으로 조선임시약헌의 체계였다. 조선임시약헌은 사회적 기본권을 우선 배치했다는 차이가 있다. 시협안은 노동자의 생산참여권을 도입하였지만, 그 폭적은 제한적이었다.[55] 이에 비해서 민전안과 남로당안은 사회주의 헌법에서의 기본권에 대한 이해에 기초하며, 이 점은 특히 민전안에 잘 나타나 있다. 민전안의 기본권은 상징적으로 평등권을 우선 편제하고, 절대평등의 이념을 추구하였다. 같은 맥락에서 재산권과 직업의 자유가 명시되어 있지 않다. 이와 같은 점들이 남로당안에 명확히 나타나 있지는 않다. 민전안과 남로당안은 모두 교육·노동·사회보장에 관한 다양한 권리를 보장한다.

토지개혁에서 임협안은 유상매수·유상분배를 제안하여 가장 완만한 개혁에 해당한다. 시협안은 유상몰수·무상분배를 제안하고, 다만 유상몰수에서 누진체감 방법을 적용하였다. 또 분배토지에 대해서는 현물세를 부과하도록 하여 임협안과 결정적으로 다른 개혁안이라고 할 수는 없다. 이에 비해서 민전안과 남로당안은 모두 무상몰수·무

거의 해독되지 않는다. 따라서 아래에서는 해독 가능한 범위에서 정리한다.

55) 이에 대해서는 각주 38, 52번 참조.

상분배를 예정하고 있다. 특히 민전안은 이를 상세히 규정한다. 이밖에 토지의 소유 및 처분과 관련해서는 모두 토지소유상한제와 처분에서의 제한을 둔다.

산업정책에서 4개의 답신서는 모두 완전한 사유·사영을 배제한다. 특히 대규모 산업 및 기간산업에 대해서는 예외 없이 국공유를 원칙으로 한다. 시협안은 이례적으로 계획생산과 계획분배를 제안한다. 답신서는 모두 노동 및 임금정책에 대한 국가적 규제를 예정한다. 최저임금제는 모든 답신서에 공통적으로 포함되어 있다. 소년과 여성보호(임협, 민전), 산전산후 보호(시협), 최고노동시간제(민전, 남로당), 동일노동 동일임금(민전, 남로당), 재해보상과 안전조치(민전) 등을 노동조건과 관련된 실체법적 권리로서 예정한다. 이례적인 것은 민전안은 시협안과 마찬가지로 단결권과 단체교섭권을 규정하고 있을 뿐 단체행동권을 명시하지 않는다는 점이다. 이전의 문서를 보면 조선임시약헌도 마찬가지였다. 이 시기 이미 대부분의 헌법안 혹은 헌법구상에서 사회보장의 수단으로 사회보험이, 그리고 보호하는 위험이 실업을 포함하여 다양하게 형성되는 것은 주목할 만한 현상이다. 특히 임협안은 사회보장의 목적이 조세제도를 통하여 실현된다는 사실을 인식한 것이 눈에 띈다.

국제무역에 대해서는 모두 국가관리를 예정한다. 특히 민전안은 국제무역에 대한 구체적 규제를 한다. 즉, 무역은 국영으로 한다. 대외결제는 국립은행이 관리한다. 무역의 내용과 관련하여 수입물자는 생산재를 중심으로 하고, 소비품의 수입을 억제하도록 한다.

조세제도에서 소득세에 대한 누진율 적용은 공통적이다. 임협은 소득세 부과에서 누진율을 적용하는 한편, 최저생활비를 기준으로 면세점(免稅點)을 설정하도록 하며, 근로세에서는 일정한 범위 내에서 공제가산을 하도록 한다. 시협안 역시 각종 공제제도를 두고, 초과소득에 대한 누진율을 적용하도록 하였다. 이에 비해서 민전안은 모든 조세부과에 단일누진세를 적용하도록 하고, 특히 상속세에 대해서는 고율의 누진세를 적용하도록 하였다. 무상으로 분배받은 농지의 소유자에 대해서는 농업현물세를 최고 25%까지 징수할 수 있도록 하였다.

4) 법전편찬위원회의 헌법초안

미군정은 미군정청의 조선인 기구로 '남조선 과도정부'를 두고, 과도정부 사법부 안에 '조선법전 편찬위원회'를 조직하였다. 그리고 여기에 '헌법기초 분과위원회'를 설치하였다.[56] 법전편찬위원회에 유진오 박사가 위원으로 위촉되었고, 그가 중심이 되어 헌법초안이 작성되었다. 이 이른바 "유모(兪某)가 기안한 법전편찬위 헌법분위의 최초 초안"[57]은 1948년 5월 법전편찬위원회에 제출되었다.[58] 이후 유진오는 행정연구회와 헌법초안 작성을 위한 협의를 하였다. 그 결과 부분적으로 수정된 조안이 국회헌법기초위원회에 상정되었다.[59] 행정연

56) 남조선과도정부의 조직에 대해서는 예컨대 박찬표, 《한국의 국가형성과 민주주의》, 고려대 출판부, 1997, p. 238 이하 참조.

57) 유진오가 그의 최초초안에 붙인 명칭이다. 유진오(1980), p. 37.

58) 이 초안은 유진오(1980), p. 182 이하에 수록되어 있다. 이 초안은 엄격히 보면 유진오의 사안이라고 볼 수 있다. 이후 이 사안은 두 가지 발전의 모태가 된다. 첫째, 이 안은 본문에서 설명하는 바와 같이 행정연구회와의 논의를 거쳐 헌법기초위원회에 제출되어 '원초안'으로 심의의 기초가 된다. 둘째, 법전편찬위원회에 제출된 유진오의 원초안은 전문위원인 권승렬이 일부 법조계 인사들과 논의하여 부분적으로 수정한 후 헌법기초위원회에 제출되어 헌법제정 논의에서 '참고안'으로 기능한다. 따라서 유진오 원초안과 권승렬안 어떠한 안도 엄격히 보면 법전편찬위원회의 공식적 안이라고 할 수는 없고, 또 권승렬 자신도 자신의 초안을 법전편찬위원회의 공식적 초안으로 제출한 것은 아니었다. 이 점에 대해서 자세히는 이영록, "'권승렬안'에 관한 연구", 〈법과 사회〉 제 24호, 2003, p. 136 이하 참조.

59) 유진오(1980), p. 45 이하 참조.

구회 회원들과의 논의가 헌법초안에 큰 변화를 준 것은 아니었다.[60]

이 헌법초안의 총강에 처음으로 복지국가의 이념적 기초와 방법이 제시되었다. 즉, 개인의 자유와 평등·창의를 존중한다. 그러나 이는 공공복지를 위하여 조정된다(제5조). 사회적 기본권으로 교육의 권리(제16조), 근로의 권리(제17조), 노동 3권(제18조)이 보장된다. 사회보장의 권리는 아직 소극적 내용으로 형성되어 있다. 즉, 근로능력이 상실되어 생활능력이 없는 국민은 국가의 보호를 받는다(제19조). 경제에 관한 독립된 장을 두었다. 경제질서는 국민의 기본적 수요를 보장하고 균형 있는 국민경제의 발전을 1차적 목표로 제시하였다(제93조). 이러한 경제질서의 목표하에 개인의 경제상의 자유가 보장된다. 자연자원은 국유로 하고, 또 운수·교통·통신·금융 등 기간산업은 국영으로 한다. 대외무역은 국가의 감독하에 두었다(제94조, 제96조). 일본인에 속하는 재산은 모두 국유로 한다(제97조). 농지개혁에서 농지를 농민에게 분배한다는 원칙을 제시하였으나, 분배의 방법, 소유의 한계, 소유권의 내용과 한계 등에 대해서는 법률에 유보하였다(제95조). 북한지역에서 이미 이루어진 토지개혁의 허구성을 밝히고, 농민에게 농지를 소유할 수 있도록 하여 생산성을 유지하려는 의도였다.[61] 그러나 구체적 내용이 결여되어 있어 농지개혁의 지침으로 기능할 수는 없었다.

조직법적으로 중요한 제도는 국민경제회의이다(제100조). 이는 내각의 자문기관으로 두고, 또 중요한 기능을 기대하였다. 그러나 이미 바이마르헌법의 국민경제위원회의 경험에서 볼 수 있듯이 국민경제회의가 실질적·정치적 영향력을 갖기는 힘들다.[62]

60) 변화의 내용에 대해서는 전광석(2003), p.359 이하 참조.

61) 유진오(1980), p.29 이하 참조.

62) 각주 70번 참조.

IV. 제헌국회에서의 헌법제정 논의와 사회경제질서

법전편찬위원회에 제출한 안은 행정연구회와 논의를 거쳐 일부 수정된 후 국회에서의 헌법제정 작업에 초안으로 논의의 기초가 되었다.[63] 이때 남조선 과도정부 법전편찬 위원회의 명의로 권승렬이 따로 헌법초안을 제출하였다.[64] 그런데 권승렬안은 실질적으로 유진오안을 기초로 하여 부분적으로 수정한 안이었으며, 그 내용은 실제 유진오가 제출한 초안과 거의 차이가 없었다.[65] 이에 국회 헌법기초위원회는 논란 끝에 유진오안을 원안으로, 그리고 권승렬안을 참고안으로 하여 심의를 진행하였다.

1. 사회경제질서와 관련된 헌법의 기본이념

건국헌법의 기본이념은 정치적 민주주의와 사회경제적 민주주의를 조화시키는 데에 있다고 제시되었다.[66] 이러한 헌법의 기본정신을 가장 집약적으로 표현한 규정이 제 5조이다. 국가는 한편으로 개인의 자유와 평등, 그리고 창의를 존중하고 보장하지만, 다른 한편 공공복리의 향상을 위하여 이를 (적극적으로) 보호하고 조정하는 의무를 진다. 공공복리가 기본권 제한의 근거로서 제시된 현행헌법(제 37조 제 2항)과는 달리 이 점이 이미 총강에 선언되어 헌법 전체를 지배하는 원칙으로 기능하도록 예정되었다. 다만 자유와 공공복리의 사회적 과제

---

63) 각주 58번 참조.

64) 이 과정에 대해서는 각주 58번 참조.

65) 권승렬안의 구체적 내용 및 평가에 대해서는 이영록(2003), p. 140 이하 참조.

66) 《회의록》, pp. 102~111 참조. 유진오의 제안이유 설명은 유진오(1980), pp. 236~245에 다시 수록되어 있다. 유진오의 헌법이념에 대해서 자세히는 유진오(1980), p. 20; 전광석, "헌법학자 유진오", 〈연세법학연구〉 2, 1992, p. 60 이하 및 p. 75 이하 등 참조.

간의 긴장관계는 아직은 제 5조에서는 개방적이다. 공공복리의 기본이념은 기본권 중 재산권, 교육의 권리 · 근로의 권리 및 노동 3권, 사회보장의 권리, 그리고 경제에 관한 장 중 제 84조에 구체화되었다.[67] 그러나 이를 조직법적으로 실현하려는 최초의 구상은 채택되지 않았다. 국민경제회의의 구상이 그것이다. 국가의 사회적 과제를 실현하는 사회적 기본권과 경제질서에 관한 독립된 장, 그리고 국민경제회의의 구상은 1919년 독일의 바이마르헌법을 연상시킨다.[68] 국민경제회의의 구상은 헌법기초위원회에서 이를 헌법기관으로 설치하는 특별한 필요성이 인정되지 않는다는 의견이 지배적이었다.[69] 이미 바이마르헌법의 제국경제위원회(Reichswirtschaftsrat)의 경험에서 볼 수 있듯이 국민경제회의가 실질적 · 정치적으로 기능하기 힘들다는 점을 고려하면 국민경제회의의 헌법기관화에 집착할 필요는 없었다. 국민경제회의를 경제문제에 관한 의결기관으로 형성할 경우 국회의 기능을 잠식하여 민주주의 원칙과 조화될 수 없으며, 자문기관으로 형성할 경우 제도화의 의미가 상실되기 때문이다.[70]

---

67) 제 84조: "대한민국의 경제질서는 모든 국민에게 생활의 기본적 수요를 충족할 수 있게 하는 사회정의의 실현과 균형있는 국민경제의 발전을 기함을 기본으로 삼는다. 각인의 경제적 자유는 이 한계내에서 보장된다".

68) 예컨대 제 84조는 바이마르헌법 제 151조와 거의 일치한다. 건국헌법에서 바이마르헌법의 영향에 대해서는 예컨대 권영설, "이승만과 대한민국헌법", 유영익 편, 《이승만연구 - 독립운동과 대한민국건국》, 연세대 국제대학원 현대한국학연구소, 2000, p. 547; 김효전, "한국헌법과 바이마르헌법", 〈공법연구〉 제 14집, 1986, p. 7 이하 등 참조.

69) 유진오(1980), p. 54 이하 참조. 유진오 자신의 기술에 따르면 이 제도는 "바이마르헌법 등을 참고하여 힘들여 구상"한 것이었기 때문에 "조문을 빼더라도 정부조직법속에 이러한 성질의 기관을 두도록 하자고 간청하"였다. 그래서 이 문제는 국회 본회의에서 다시 한번 거론되었지만 결국 헌법에 제도화되지는 않았다. 《회의록》, p. 217 이하 참조.

70) 바이마르헌법은 제 165조에서 노동위원회(Arbeiterräte) 및 경제위원회

제 5조에서 개방된 개인의 자유와 공공복리의 긴장관계는 제 84조에서 국가의 경제에 대한 과제와 책임을 강조하고 기본권을 이러한 객관적 목표에 종속시켰다는 점에서, 사회적 성격이 강한 경제질서에 좀더 비중을 두는 내용으로 구체화되었다. 다만 이러한 경제질서의 원칙에 대한 결정이 사회주의적 소유형태와 경제운용으로까지 발전한 것은 아니었다. 기본권으로서 재산권의 보장(제 15조), 그리고 사영기업의 국유 혹은 공유로의 전환에 관한 규정(제 88조)을 통하여 자본주의 경제질서를 전제했기 때문이다. 이러한 상황에서 국영 혹은 공영의 대상사업을 광범하게 예정하는 규정(제 87조)은 외형에 비해서는 헌법적 의미가 크지는 않았다.[71] 이 문제에 대해서는 아래에서 다시 다루기로 한다.[72]

2. 사회적 기본권

1) 교육의 권리

균등하게 교육받을 권리, 초등교육의 의무 무상교육이 보장된다(제 16조). 헌법제정회의에서 무상교육의 범위와 내용이 쟁점이었다. 무상교육의 내용은 일반적으로 수업료를 면제하는 것으로 이해하였다.[73] 무상 의무교육의 범위에 대해서는 초등교육을 넘어서서 확장

(Reichswirtschaftsrat)를 설치하도록 하였지만, 이들 위원회는 실질적으로는 전혀 기능할 수 없었다. 이에 대해서는 Christoph Gusy, *Die Weimarer Reichsverfassung*, Mohr Siebeck, 1997, p. 364 이하 참조.

71) 이 점을 어떻게 평가하는가에 따라 경제질서에 대한 이해는 복잡한 구도를 띤다. 이 점에 대해서는 예컨대 권영설, "국가와 경제: 경제질서의 헌법적 기초", 〈공법연구〉 제 16집, 1988, p. 26 참조.

72) Ⅳ. 3. 2) 참조.

73) 《회의록》, p. 143 참조.

되어야 한다는 견해가 제시되었다.[74] 그러나 이를 헌법이 직접 확정할 수는 없었다. 이에 앞으로의 상황발전에 따라 의무 무상교육의 범위를 확대하는 계기를 명확히 하기 위하여 "적어도" 초등교육은 의무 무상으로 한다는 규정에 합의가 이루어졌다. 이로써 교육의 권리에 관한 최소한의 확정적 내용과 미래지향적 입법과제를 논의할 수 있는 헌법적 윤곽이 제시되었다.

2) 근로의 권리

오늘날 헌법은 개인이 스스로의 능력으로 노동의 기회를 가질 수 없는 상황을 보호하여야 한다. 현대 산업구조에서 노동의 공급은 필연적으로 수요를 초과하고 그 결과 실업이 발생한다. 그런데 고용사회에서 실업은 개인의 정상적 생활유형을 파괴하는 치명적 파급효과를 갖기 때문이다.[75] 이 점에 착안하여 건국헌법은 근로의 권리를 기본권으로 보장하였다. 근로의 권리와 동시에 근로조건 법정주의가 규정되었다(제 17조). 이에 비해서 직업의 자유는 도입되지 않았다. 이와 같이 건국헌법은 노동의 문제를 자유권적 측면이 아니라 사회권적 측면에서 접근하는 특징을 보였다.

건국헌법이 자본주의 경제질서를 전제로 한다는 점을 고려하면 근로의 권리는 파격적 규정이었다. 이에 다음과 같은 두 가지 질문에 대한 해명이 필요하였다. 첫째, 근로의 권리가 실제 구체적 청구권으로 기능할 수 있는가의 문제이다.[76] 기본권은 기본적으로 국가에 대한 권리이다. 그런데 생산시설을 개인이 보유하고, 국가가 아닌 개인이

74) 《회의록》, p. 331, 434 이하 참조.

75) 현대사회에서 고용의 다양한 의미에 대해서는 전광석(2007), p. 396 이하 참조.

76) 《회의록》, p. 141 이하 참조.

고용능력을 보유하는 경제질서에서 근로의 권리가 실현될 수는 없다.[77] 따라서 근로의 권리는 입법방침규정으로 이해되었다.[78] 둘째, 위와 같은 구조적 문제 때문에 근로의 권리가 실현될 수 없다면 근로의 권리가 국가에 대한 실업수당청구권으로 대체적으로 실현될 수 있는가의 문제이다.[79] 이 문제는 사회보장을 받을 권리와 관련하여도 논란이 있었으며, 아래에서 다시 다루기로 한다.[80]

3) 근로자의 이익분배 균점권

(1) 논의의 내용

근로자의 이익분배 균점권은 헌법제정 과정에서 가장 첨예하게 의견이 대립되었던 문제였다. 이는 이미 헌법기초위원회에서 제안되었지만 진지하게 논의되지 못하고 일단 유보되었다.[81] 이익분배 균점권은 처음부터 기업운영의 참여권과 상관관계를 가지면서 논의되었다. 근로자의 기업운영에의 참여권에 관하여는 선례가 있었다. 즉, 1947년 8월 6일 남조선과도입법의원을 통과한 조선임시약헌이 그 제 4조 제 7호에서 "주요 기업의 경영관리에 종업원대표 참여"를 규정하였다.[82] 이 두 제도는 사회운동의 차원에서도 이미 명백히 의제화된 바

77) 이와 같은 근로의 권리의 실현에서의 특징에 대해서는 전광석(2009), p. 361 이하; 전광석(1997), p. 440 이하 등 참조.

78) 같은 취지에서 고용의 유지를 청구하는 내용의 기본권이 보장될 수는 없다. 헌재결 2002. 11. 28, 2001헌마50, 14-2, p. 668 이하 참조.

79) 《회의록》, p. 141 이하 참조.

80) 아래 IV. 2. 4) 참조.

81) 헌법기초위원회에서 윤석구 의원에 의하여 제기된 바 있다. 그러나 이러한 제안은 한민당 의원을 중심으로 한 반대에 부딪혀 관철될 수 없었으며, 우선은 제도화하지 않기로 하였다. 이 점에 대해서는 이영록, "제헌국회의 '헌법 및 정부조직법 기초위원회'에 관한 사실적 연구", 〈법사학연구〉 제 25호, 2002, p. 94 이하 참조.

있다. 대한독립촉성 노동총연맹이 작성하여 1948년 6월 14일 국회에 제출한 노동헌장이 대표적 예이다. 헌장 제4호에 이익분배균점제도가, 그리고 제5호에 근로자의 기업운영에의 참여제도가 규정되어 있다. 특히 이익균점제도는 매우 구체화되어 있다. 즉, "노동과 기술은 자본으로 간주한다. 관, 공, 사영 일체 기업체에 속한 노동자는 임금 이외에 당해 기업체의 이윤 중에서 최저 30% 이상 50% 이내의 이익배당을 받을 권리가 있다. 각개 기업체에 대한 구체적 이익배당율은 국민경제회의의 결의를 거쳐 법률로써 정한다."[83] 근로자의 이익분배 균점권은 헌법적으로 보면 "유례를 볼 수 없는 독특한 규정"이며,[84] 헌법이론적으로도 많은 설명을 필요로 하였다. 제도화에서 제시된 구상들은 다음과 같다.

근로자의 이익분배 균점권과 근로자의 경영참여권을 함께 헌법에 포섭하여야 한다는 입장이다. 다음과 같은 논리를 제시하였다.

첫째, 일반적 상황론이다. 이에 따르면 당시 노동운동의 현실과 이념, 그리고 산업상황의 특수성에 비추어보아 근로자의 기업운영에의 참여와 이익분배 균점제도가 필요하다. 해방 후 노동자 파업의 대부분은 근로자의 기업운영에의 참여를 쟁점으로 했으며, 따라서 이를 반영할 필요가 있다는 논리였다.[85] 이념적으로는 헌법이 정치적 민

---

82) 이 문제는 약헌제정회의에서도 격론의 대상이었다. 《헌정사자료 제7집, 임시약헌제정회의록》, 국회도서관, 1968, p. 47 이하 참조. 이 회의에서 윤석구 의원이 해당조항을 강력하게 지지하였다. 각주 81번에서 소개했듯이 윤석구 의원은 헌법기초위원회에서도 같은 주장을 하였다.

83) 황승흠, "제헌헌법상의 근로자의 이익균점권의 헌법화과정에 관한 연구", 〈공법연구〉 제31집 제2호, 2002, p. 304 이하에서 재인용.

84) 유진오, 《헌법해의》, 일조각, 1959, p. 84 참조.

85) 근로자 경영참가에 대한 유형과 내용에 대해서는 조우현 편, 《세계의 노동자 경영참가》, 창작과 비평사, 1995 참조. 실제 이 제도를 통하여 노동자의 기업지배가 가능한가에 대해서는 또다른 헌법적 논의를 필요로 한다. 이 점에

주주의와 경제적 민주주의에 기초하며, 해방 후 전개된 사상대립을 해소하기 위해서 근로자의 기업경영에의 참여가 필요하다는 점도 지적되었다. 당시 상황에서 나타나는 문제를 해결하기에 단체교섭권 등의 권리는 충분하지 않으며, 이는 노동착취를 효율적으로 방어할 수는 없다는 논리였다.[86] 이념적으로 중립적인 입장에서 근로자의 경영참여와 이익분배균점제도를 이해하는 입장도 있었다. 이에 따르면 근로자의 기업경영이 사회주의 혹은 공산주의의 이념적 산물이 아니며 각국이 헌법에 이미 제도화한 바 있다. 이익분배균점은 새로운 제도가 아니며 이미 부분적으로 시행되는 것을 확인할 뿐이라는 의견이었다. 북한체제와 비교하면서 노동계급의 생활향상을 위한 제도화가 필요하다는 논리도 제시되었다.[87]

둘째, 보다 특수한 상황론에 따른 이해방법이다. 이는 당시 산업의 상당 부분을 적산이 차지한다는 사실을 기반으로 하는 논리이다. 나만 이러한 특수한 상황에 입각한 경우에도 제도의 목적과 의의에 대해서는 견해가 나뉘었다. 먼저 주로 생산성 향상을 위하여 근로자의 참여와 이익분배가 필요하다는 견해이다. 이 점은 위에서 언급한 시협안이 명확히 한 바 있다.[88] 이에 따르면 자본가는 적산을 인수하는 형태로 자본을 형성하기 때문에 사용자는 근로자를 경영에 참여시키고, 근로자에게 노자협조 및 생산증진의 의무를 부과할 수 있어야 한다. 그러나 이러한 논리는 적산인 기업에 한정하여 적용될 수 있는 논리는 아니었다. 오히려 일반적 기업운영에 관한 헌법적 규율의 문제

대해서는 BVerfGE 50, p. 290 이하; Peter Badura, *Paritätische Mitbestimmung und Verfassung*, C. H. Beck, 1985 등 참조.

86) 《회의록》, p. 469 참조.

87) 《회의록》, p. 461 참조.

88) 각주 52번 참조. 이러한 제도취지를 명백히 하는 발언도 있었다. 《회의록》, p. 471 이하 참조.

로서 독자적 논의가 필요한 문제였다.

적산문제와 이익분배균점제도를 논리적으로 연계시키는 데 있어서 보다 직접적인 계기는 적산을 일종의 민족공동재산으로 이해하는 경우에 나타난다.[89] 이는 해방 후 농지개혁과 유사한 맥락에서 나타난 구상이다. 이러한 견해에 따르면 적산에 대해서는 국가가 운영의 중심에서 통제할 수 있어야 하며, 근로자가 결코 사용자에 예속되어서는 안 된다. 이 후자의 견해는 사회민주주의의 이념에 기초한다는 점을 명백히 한다. 이러한 견해에는 적산의 운영에 일반적 자본과 노동의 관계가 적용될 경우 산업이 부흥할 가능성이 없다는 경제적 관점이 내포되기도 하였다.

위와는 달리 이익분배 균점권만을 제도화하자는 입장이 있었다. 근로자의 기업경영참여권은 필요 없거나 혹은 경영참가제도는 자본의 독자성을 부인하기 때문에 사유재산제와 조화될 수 없다는 논리이다.[90] 이에 따르면 근로자가 기업경영에 참여한다면 근로자 스스로가 기업가의 위치에 있기 때문에 이익분배 균점권을 두는 것은 의미가 없다는 것이다.[91]

마지막으로 근로자의 이익분배 균점권 및 경영참가권은 기업의욕을 떨어뜨려 오히려 근로자의 취업의 기회가 감소할 우려가 있고, 또 이익분배를 염두에 두고 임금이 저하될 우려가 있다는 이유로 반대하는 의견이 제시되었다.[92] 그 결과 근로자의 실질적 생활향상에 오히려

89) 이 점은 전진한 의원이 강력하게 대변하였다. 《회의록》, p. 466 이하 참조. 이 제도를 주장하는 전진한 의원의 사상적 배경에 대해서는 이흥재, "이익분점권의 보장과 우촌(牛村) 전진한의 사상 및 역할", 〈법학〉 제46권 제1호, 서울대, 2005, p. 258 이하 참조.

90) 《회의록》, p. 499 이하 참조.

91) 《회의록》, p. 457, 471 참조.

92) 《회의록》, p. 457 이하 참조.

역행할 가능성이 있다는 것이다. 주목할 만한 사실은 이러한 주장이 제도에 대한 일반적 평가에 기초한 것이며, 논의가 집중되었던 적산과의 관련성은 전혀 고려되지 않았다는 점이다.

(2) 제도화의 내용 및 평가

"유례를 볼 수 없는 독특한 규정"인 근로자의 이익분배 균점권에 대한 논의와 그 제도화의 결과를 어떻게 평가하여야 할 것인가? 그리고 이는 사회경제질서 구상과는 어떠한 연관이 있을까? 이 제도에 대한 논의는 헌법의 규율대상인 상황에 대한 이해, 상황을 극복하기 위한 제도의 선택, 그리고 제도의 현실화를 둘러싼 투쟁의 단면을 보여주는 대표적 예이다. 그런데 이 제도의 논의의 배경이 적어도 제헌국회의 회의록에 뚜렷이 나타나 있지는 않다. 또 아래에서 보는 바와 같이 논의의 차원이 통일되어 있지도 않다.

이 논의에서는 적산의 처리가 중심에 있었다. 그런데 헌법기초위원회에서는 적산의 원칙적 국유화를 규정한 유진오의 원초안의 규정(제97조)을 삭제한 바 있다. 그러나 이익분배균점권이 적산과 직접적 관련성 속에서 논의되었던 점을 고려하면 국회에서 적산의 국유화 혹은 사유화의 타당성에 대한 논의가 우선하여야 했다. 그런데 국회가 이 문제를 논의의 대상에 포함시키지 않은 결과 적산의 사유화는 기정사실로서 받아들여졌다. 이러한 기초위에서 이제 적산의 공공성 혹은 민족재산으로서의 성격을 구현하는 방법의 문제가 남는다. 이 점이 명확히 의제화되지 못했다. 즉, 이익분배 균점권의 적용범위가 적산에 한정되는가의 문제가 명확히 의제화되지 못했다. 주로 적산을 중심으로 제도의 정당성을 논증하지만, 이를 반대하는 입장에서는 일반적 지평에서 논의를 전개한다. 적산인 기업과 일반기업이 모두 사유재산임에도 불구하고 전자에 한하여 운영에서 특별한 헌법적 규율을 하는 정당성이 있는가의 문제는 전혀 논의되지 않았다.

적산의 사유화 원칙이 한민당을 중심으로 한 우익세력의 입장이었다. 이들에게 근로자의 경영참여와 이익분배 균점제도는 모두 기꺼이 수용할 만한 제도들은 아니었다. 그렇다고 두 제도 모두에 대한 반대 의지를 적극적으로 관철시킬 명분은 약했다. 당시 두 제도는 실효성과는 별개로 적산문제로 대변되는 사회경제적 불균형을 해결하는 상징성을 띠었다. 이러한 상황에서 적산의 공공성을 반영하는 제도화의 방법 중 근로자의 경영참가보다는 이익분배 균점권이 보다 수용성이 있었다. 경영참가를 통하여 노동은 자본과 동등한 비중을 갖는 결과가 되고, 이는 비교적 쉽게 법제화될 수 있다. 이에 비해서 경영참여가 없는 이익분배 균점권은 자본의 독자성을 계속 보장하며, 또 이를 실현하기 위해서는 매우 다양한 실체법적 결정이 필요하다.

이익분배 균점제도를 둘러싼 위와 같은 다양한 논의에서 노동 측은 의제를 명확히 하는 데 실패했다. 이에 비해서 자본은 이중적 의미에서 유익한 방어전략을 관철하였다. 첫째, 근로자의 경영참가보다는 자본에 훨씬 유연한 영향을 주는 이익분배 균점권을 선택하는 데 성공했다. 둘째, 이익분배 균점권도 자본에 흔쾌한 것은 아니었다. 그러나 이는 매우 다양한 결정을 필요로 하는 법률에 의하여 비로소 실현된다. 따라서 입법과정에서 제도가 공동화되리라는 예상을 할 수 있었다.[93] 실제 예상대로 이익분배 균점제도는 치열한 논쟁을 거쳤으며, 또 헌법에 제도화되었지만 이후 기업경영에 아무런 실효성을 갖지 못하고 사문화되었다. 그리고 1962년 헌법에서 이 조문은 운명을 다하고 소멸하였다.

근로자의 이익분배 균점권은 기본적으로 자본과 노동의 기능분리를 부인하는 의미를 갖는다. 그만큼 고용관계에 근로자를 위한 사회적 배

93) 같은 평가로는 권영설(2000), p. 547 참조. 이러한 점에서 노동 측이 이익분배균점권 도입의 최대의 수혜자라는 평가는 과장된 것이다. 이에 대해서는 황승흠(2002), p. 147 참조.

려를 충실히 할 수 있는 거시환경이라고 할 수 있다. 이는 근로조건 법정주의와 함께 작용하여 고용을 통한 복지생산을 구조화하는 규범적 기초가 될 수도 있었다.[94] 그러나 근로자의 이익분배 균점권 자체가 규범체계적으로, 그리고 현실정치적으로 보았을 때 실현 가능성이 없었으며, 그 결과 사회경제질서의 구도에 실제 영향을 줄 수는 없었다.

4) 사회보장의 권리

"노령, 질병, 기타 근로능력의 상실로 인하여 생활능력이 없는 자는 법률이 정하는 바에 의하여 국가의 보호를 받는다"(제 19조). 이 규정은 이전의 헌법관련 문서와 비교하면 복지생산에 소극적인 결정이었다. 이미 위에서 살펴보았듯이 이전 문서들은 대부분 사회보험을 제도로서 특정하였고, 또 질병, 장애 등 전통적인 사회적 위험뿐 아니라 실업을 보호하였다. 위 규정은 이중적으로 소극적이었다. 첫째, 보호의 대상을 생활능력이 없는 국민에 한정하였다. 생활능력의 유무를 추상적으로 이해하는 경우 보호의 위험을 확장할 수 있겠지만, 기본적으로 빈곤을 염두에 둔 것으로 보인다. 이로써 건국헌법은 일반적인 사회보장에 관한 구상을 한 것은 아니었다. 둘째, 빈곤의 원인으로 근로능력의 상실을 특정하였다. 이로써 빈곤의 사회적 성격, 그리고 좀더 구체적으로는 실업의 사회적 성격은 아직 인식되지 못했다.[95]

---

94) 비교정책적으로 보면 호주 및 뉴질랜드가 여기에 해당하는 좋은 예이다(이른바 "*wage earner welfare*"). 이에 대해서는 Nico A. Siegel, "Der nachzüglende Pionier: Sozialpolitik im Australien lohnpolitischer Intervention und sozialstaatsinduzierter De-Kommodifizierung", in Herbert Obinger & Uwe Wagschal(eds.), *Der gezügelte Wohlfahrtsstaat*, Campus, 2000, p. 162 이하 참조.

95) 이는 식민지 시기 사회보장법에 해당하는 유일한 법령이었던 1944년의 조선구호령이 빈곤 그 자체가 아니라, 신체 및 연령상의 이유로 생활능력이 없

헌법제정회의에서 특히 문제가 된 것은 실업의 문제였다. 이미 실업의 문제가 각종 문서에서 언급되었으며, 이러한 상황이 논의의 소재를 제공하였다.[96] 즉, 근로능력이 없는 자가 보호의 대상이며, 따라서 근로능력 있는 실업자는 보호의 대상이 될 수 없다. 실업은 근로능력이 아니라 근로기회가 상실된 상황이다.[97] 위와 같이 보호의 요건을 협소하게 규정한 것은 고용의 의미, 그리고 실업의 원인과 실업이 개인의 경제생활에 미치는 영향이 진지하게 검토되지 않은 결과이다.[98] 실제 근로능력의 상실에는 실업이 포함된다는 의견이 있었으나 이는 실업에 대한 올바른 이해는 아니다. 이러한 인식은 다음과 같은 빈곤 및 실업에 대한 선입견, 즉 근로능력이 있는 자의 실업은 본인에게 귀책사유가 있으며, 따라서 보호가치가 없다는(*unworthy poor*) 전통적 빈곤관이 영향을 미친 것이다. 즉, 아직 실업이 사회구조적 산물로서 이해되지 않았다.[99] 이러한 문제를 구제하기 위하여 법률에 의하여 실업보험을 도입하는 방법이 제안되었다. 그러나 헌법에서 직접 실업보험을 도입할 의무가 도출되지는 않기 때문에 실업보험의 가능성이 위와 같은 조문의 문제점을 구제할 수는 없다. 그리고 사실 당시 우리의 고용구조를 보면 아직 실업보험이 도입될 기반이 조성되었다고 할 수 없다. 실업보험은 어느 정도 고용사회가 확립된 경우에 비로소 기능할 수 있기 때문이다.[100]

는 자만을 보호의 대상으로 하였던 태도의 연장선상에 있다고 볼 수 있다. 이 점에 대해서는 전광석, "생활보호법의 개선방향", 〈한국사회정책〉 제3집, 1996, p. 122 참조.

96) 《회의록》, p. 144 이하, p. 529 참조.

97) 《회의록》, p. 529 참조.

98) 고용의 현대적 의미에 대해서는 전광석(2007), p. 396 이하 등 참조.

99) 건국헌법의 이 조문에 대한 빈곤정책의 시각에서의 비판에 대해서는 예컨대 전광석, "헌법 50년과 사회보장법의 발전", 〈한림법학 FORUM〉 제8권, 1999, p. 147 참조.

5) 남녀평등, 혼인과 가족의 보호

가장 의미 있는 기본권 보충은 혼인과 가족과 관련하여 이루어졌다. 논의의 출발은 일반적 평등에서 차별금지 기준으로 성별을 적시한 규정(제 8조) 외에 여성의 법적 지위가 적극적으로 반영되지 못했다는 문제의 지적에 있었다.[101] 이 논의는 두 방향으로 진행되었다. 첫째, 남녀평등을 가족생활에서 구체화하는 규정이 필요하다. 혼인에서의 남녀평등, 재산권 등 각종 법적 권리에서 남녀평등의 헌법적 근거가 필요하다. 둘째, 국가생활의 최소한의 공동체적 기초인 가족에 대한 보호가 필요하다는 논리이다. 이에 혼인의 기초로서 남녀평등, 그리고 혼인의 순결과 가족의 건강에 대한 특별한 보호에 관한 규정이 삽입되었다(제 20조).[102]

건국헌법이 혼인과 가족에 대한 보호를 기본권으로 보장한 것은 아직 사회경제적 관련성을 염두에 둔 것은 아니었다. 여성이 인격체로서 독자적 가치를 인정받지 못하는 대표적 생활영역이 혼인과 가족이라는 사실을 간파한 결과, 성별에 따른 차별을 금지하는 일반적 평등권 외에 혼인에서의 남녀평등을 규정하였다. 이는 단기적이고 미시적으로는 전근대적이고 가부장적인 가족문화 및 제도를 개편하는 혹

---

100) 이 점은 사실 해방 후 많은 헌법관련 문서에 나타나는 사회보험의 구상에 대해서도 마찬가지로 적용되는 논리이다. 1973년 국민복지연금법이 제정되었지만 시행되지 못한 사실에 대해서 여러 설명방법이 있는데, 당시 아직 국민연금을 시행하는 것이 시기상조였다는 평가도 있었다. 이에 대해서는 예컨대 이혜경, "신한국소득정책의 방향", 한국사회복지정책연구원, 《신한국의 사회복지정책》, 1994, p. 181 이하 참조. 이에 관한 일반적 논의로는 Hans F. Zacher, "Traditionelle Solidarität und moderne soziale Sicherheit", Festschrift für Kurt Noell, 1986, p. 37 이하 참조.

101) 《회의록》, p. 251, 331 참조.

102) 《회의록》, p. 530 이하 참조.

은 개편을 추진하는 계기가 되었다.[103] 장기적이고 거시적으로는 오늘날 여성의 역할 및 역할에 대한 인식의 변화에 충실하게 혼인과 가족의 존속을 보장하고, 가족의 기능을 적극적으로 보장하여 최소한의 사회단위에서 복지생산 및 사회교육적 기능을 수행할 수 있는 규범적 환경이 되었다. 가족에 대한 특별한 보호는 보다 직접적으로 복지국가의 구상과 연계될 수 있는 기본권이다. 가족은 종족보존과 부양, 그리고 교육공동체로서의 기능 외에 사회보장공동체로서 전제되었다.[104] 따라서 헌법제정 당시에 이 점이 인식 혹은 의도된 것은 아니었지만 가족구성원간의 기능분배를 통하여 구성원의 수요가 충족될 수 있고, 또 이 점을 착안하여 가족을 적극적으로 보호하는 헌법적 근거가 마련된 것이다.

3. 경제질서

1) 기본원칙

경제생활의 기본원칙으로서 "대한민국의 경제질서는 모든 국민에게 생활의 기본적 수요를 충족할 수 있게 하는 사회정의의 실현과 균형있는 국민경제의 발전을 기함을 기본으로 삼는다. 각인의 경제상 자유는 이 한계 내에서 보장된다"(제84조). 이 규정은 총강 제5조와 연계해보면 국가의 사회적 과제를 명확히 하고, 또 비중을 두었다는 점

---

103) 건국헌법이 제정되기 전인 1947년 미군정하의 대법원은 처의 행위능력을 제한하는 의용민법 제14조를 적용 배제하는 판결을 한 바 있다. 1947.9.2, 1947년민상제88호 판결. 이에 대해서는 양창수, "우리나라 최초의 헌법재판논의—처의 행위능력제한에 관한 1947년 대법원 판결에 대하여", 〈법학〉 제40권 제2호, 서울대, 1999, p.125 이하 참조. 이후 민법에서 거의 마지막으로 남은 남녀차별의 상징이었던 호주제가 헌법재판소에서 헌법불합치결정을 받았다. 헌재결 2005.2.3, 2001헌가9등(병합), 17-1, p.1 이하 참조.

104) 이러한 가족의 다양한 기능에 대해서는 전광석(2009), p.394 이하 참조.

을 알려준다. 그러나 경제질서에 대한 헌법구상은 아직 명확하지 않다. 공공사업의 국영 혹은 공영에 관한 제87조와 생산수단의 사유를 전제로 하는 제88조를 이해하는 방법에 따라서 경제질서에 대한 이해방법은 달라진다. 헌법제정회의에서 유진오는 통제경제를 도입한 것도, 또 통제경제를 원칙으로 하고 자유경제를 예외로 한다는 의미도 아니며,[105] 구체적 경제질서는 법률에 유보된다고 설명하였다.[106] 그러나 이러한 설명도 일관된 것은 아니었다.

헌법의 이러한 모호한 태도는 보수와 진보진영 양쪽 모두의 불만을 샀다. 한편으로는 노동자 및 농민의 문제를 구체적으로 반영하기 위한 방안을 찾아볼 수 없으며, 이러한 헌법으로 사회적 갈등을 극복할 수는 없다는 입장이다.[107] 다른 한편 급진적으로는 생산과 배급수단을 사회화하고 해외무역을 국가가 독점하는 내용으로 전면 수정하여야 한다는 견해가 제시되기도 하였다.[108] 이러한 비판은 기본적으로는 헌법을 사회경제적 불균형을 극복하기 위한 단기적인 처방으로서 기대한 결과이다. 헌법의 단기적 처방과 장기적 질서의 문제, 그리고 헌법의 사실로서의 성격과 규범으로서의 성격이 착종하는 생산수단의 소유와 관련된 규정을 중심으로 헌법구상을 보기로 한다.

2) 국공유의 문제

경제질서에서 가장 특징적이고, 또 설명이 필요한 부분이 기업의 국영 및 공영의 문제였다. 제87조에 의하면 "중요한 운수, 통신, 금융, 보험, 전기, 수리, 수도, 가스 및 공공성을 가진 기업은 국영 또는 공

105) 《회의록》, p. 212 참조.

106) 《회의록》, p. 216 이하 참조.

107) 《회의록》, p. 278 이하 참조.

108) 《회의록》, p. 333 이하 참조.

영으로 한다. 공공필요에 의하여 사영을 특허하거나 그 특허를 취소함에 있어서 법률이 정하는 바에 의한다." 이 규정에 대해서 유진오는 원칙과 예외를 명백히 하였다.[109] 즉, 이들 기업의 국영 혹은 공영이 원칙이다. 다만 국가 혹은 공공단체가 이들 기업을 운영할 능력이 없을 때에 한하여 사인에게 특허하여 공공필요를 충족시킬 수 있다. 결국 공공재의 공급을 국가의 과제로 한다는 데에는 변함이 없다.

헌법의 경제질서를 혼합경제로 하면서 국가의 직접과제의 범위를, 그리고 그 결과 국영기업의 범위를 광범위하게 규정하는 것은 이례적이다. 이러한 긴장관계는 당시 유진오의 경제질서에 관한 이중적 입장에 나타난다. 한편으로 유진오는 자유경제를 원칙으로, 그리고 경제에 대한 국가의 통제를 예외로 구상하였다고 한다.[110] 그러나 대기업 및 공공성 있는 기업을 국영으로 하는 규정이 이러한 원칙과 예외의 관계에 충실하다고 볼 수는 없다. 더구나 건국헌법은 직업의 자유도, 또 해방 이후 대부분의 헌법관련 문서에 보장되었던 영업의 자유도 명시적으로 보호하고 있지는 않았다. 이러한 긴장관계는 건국헌법의 경제질서에 대한 이해에서 극단적 견해의 대립을 낳았다. 위에서 살펴본 바와 같이 국영기업의 범위를 지극히 넓게 이해하는 것은 자본주의경제에서 이례적이며, 과장해서 말하면 "사회혁명적 요소"를 담고 있다는 것이 하나의 입장이었다.[111] 물론 자본주의경제에서 국가는 경제에 대한 책임과 과제를 갖는다. 국가의 기능에 직접적 관련성을 갖고 전제되어야 하며, 따라서 통제가 필요한 공공재(예컨대 교육 등), 시장에서 안정적·보편적으로 제공되기를 기대할 수 없는 공공재(예컨대 교통, 사회간접자본 등), 그리고 소비자가 재정능력이 제한

---

109) 《회의록》, p. 213 참조.

110) 《회의록》, p. 109 참조. 이는 이미 각주 106번의 설명과는 배치된다.

111) 이러한 평가로는 한태연, "제헌헌법의 신화", 〈동아법학〉 제6호, 1988, p. 65 이하 참조.

되어 있기 때문에 시장에서 공급될 수 없는 공공재(예컨대 사회보장급여) 등에 대해서는 국가에 의한 생산과 배분이 정당성을 갖는다.[112] 자본주의에 내재해 있는 국가개입의 범주를 넘어서 광범위하게 산업을 국영으로 하는 제 87조는 자본주의 혹은 자유주의 경제질서에 충실한 것은 아니다.

다른 한편 기업의 국영에 관한 제 87조는 "사회혁명적 요소"와는 관계없으며, 오히려 "경제질서의 현상유지적 확정"일 뿐이라고 이해하는 입장이 있다.[113] 이 경우 제 87조는 보편적 질서규정으로 구상된 것이 아니라 역사의 특수한 시점에서의 특수한 상황에 대한 조치법적 성격을 갖거나 혹은 당시 대부분의 공공사업이 국유이었던 상태를 사실로서 묘사하는 의미를 가질 뿐이다. 이렇게 보면 제 87조에 대한 두 견해는 실제는 배치되지 않는다. 전자는 제 87조를 규범으로서, 후자는 이를 사실의 묘사로 본 것이기 때문이다. 그리고 후자의 입장에서 보면 생산수단의 소유형태에 관한 헌법적 논의의 장은 오히려 생산수단의 사유를 전제로 하는 제 88조가 된다.[114] 그리고 이때 비로소 자

112) 이 점에 대해서는 예컨대 전광석(2002), p. 75 이하 참조.

113) 이 점은 원초안 작성단계에서 헌법상의 경제질서에 대한 통제적 요소를 우려하던 김성수와의 대화에 잘 나타나 있다. 이에 관한 대화의 내용을 옮겨본다. "… 헌법에서 중요 기업을 국영으로 한다 하며, 우리나라 경제체제에 중대한 변혁을 가져오는 것 같은 인상을 주지만, 사실은 아무런 변혁도 가져오는 것이 아니고, 도리어 국영으로 남겨두는 이외에, 적산을 사인에게 불하하는 것이 앞으로의 중대한 문제인 것을 설명하였다." 유진오(1980), p. 30 참조.

114) 1954년의 헌법개정은 통제경제적 헌법질서를 자유주의적 경제질서로 전환하는 의미를 갖는다고 이해된다. 실제 헌법개정의 이유로서 이 점, 즉 국유국영의 원칙에서 사유사영의 원칙으로의 전환을 명시하기도 하였다. 《헌법개정회의록(제 3대 국회)》, 국회도서관, 1968, p. 9 참조. 그러나 건국헌법하에서 통제경제의 현실이 나타났고, 1954년 헌법개정을 계기로 자유주의 경제운용의 현실이 나타났는가는 논의가 필요한 부분이다. 이에 대해서는

유경제를 원칙으로, 그리고 경제에 대한 통제를 예외로 한다는 유진오의 입장이 설명된다.[115]

3) 농지개혁

해방 후 전체 인구의 70% 이상이 농민이었으며, 이들 중 상당 부분은 소작농이었다.[116] 따라서 농지개혁은 신생국가의 가장 시급한 과제 중의 하나였다. 그리고 이 문제는 자연스럽게 헌법의 과제로 떠올랐다. 또 여기에는 이미 1946년 북한에서 농지개혁이 무상몰수·무상분배의 형태로 완성되었다는 상황이 함께 작용하였다.[117]

오랜 논의 끝에 지주계급이 중심이었던 한민당도 이 점을 인식하여 농지개혁을 수용하는 입장으로 전환하였다. 그렇다고 헌법이 농지개혁에 관한 보다 구체적인 해법을 제시할 수는 없었다.[118] 건국헌법은 농지개혁에 관한 규정을 두었지만, 농지의 분배문제를 법률에 위임함으로써 그 내용을 개방화하였다. 즉, "농지는 농민에게 분배하며, 그 분배의 방법, 소유의 한도, 소유권의 내용과 한계는 법률로써 정한다"(제86조). 다만 헌법은 농지개혁이 무상몰수의 형태로 이루어질 수 없다는 점에 대해서는 강력한 암시를 하였다. 제89조가 농지개혁에

예컨대 정상우, "1954년 헌법개정의 성격에 대한 비판적 고찰", 〈법사학연구〉 제28호, 2003, p.230 이하 참조. 생산수단의 소유에 관한 헌법규정이 제87조가 아니라 제88조라고 이해하는 경우, 1954년 헌법개정에 대한 평가는 달라진다. 1954년 헌법은 국유 혹은 공유화하는 가능성을 제한하였다는 정도의 의미가 있을 뿐이다.

115) 각주 110번 참조.

116) 각주 16번 참조.

117) 북한의 농지개혁은 1946년 3월 5일 제정된 북조선토지개혁법에 의하여 실시되었으며, 이는 3월 말 완료되었다. 북한에서의 농지개혁에 대해서는 강정구, 《좌절된 사회혁명》, 열음사, 1987, p.301 이하 참조.

118) 《회의록》, p.276, 286, 287 참조.

있어서 제 15조 제 3항의 규정, 즉 재산권 제한에 대한 상당한 보상의 규정을 준용하도록 하였기 때문이다.

V. 건국헌법의 사회경제질서 : 이념의 혼재, 미완성의 체계

1. 주어진 정치적 및 경제적 환경

건국헌법은 주어진 정치적·경제질서적 환경에 있었다. 첫째, 당시 건국헌법이 미군이 점령한 지역을 적용공간으로 한다는 점에서 정치적으로 민주주의와 경제질서로서 자본주의 시장경제질서라는 큰 틀이 주어졌다. 물론 경제질서에 대해서는 논란의 여지가 있다. 둘째, 건국헌법에 의하여 수립되는 정부는 한반도를 북한과 양분하였으며, 미군정을 거치면서 이 시기 좌익 및 중도세력은 국가형성 과정에서 배제되었다. 민주주의와 자본주의 시장경제질서의 틀은 이러한 맥락에서도 헌법제정 논의에서 확고한 환경이었다. 이러한 환경은 헌법제정회의 이전에 이미 국회의 세력분포를 지배한 환경이기도 했다. 헌법기초위원회를 주도했던 가장 강력한 세력이 한민당이었던 것이 좋은 예이다.

2. 사회경제적 과제에 대한 공감대, 불안정한 제도화

그러나 실제 헌법의 제정에서 위와 같은 주어진 환경 외에 또다른 정황들이 작용하였다.

첫째, 건국헌법은 국민의 사회경제적 동질성을 창출하는 과제를 강조하였다. 전제군주제를 스스로 극복하고 근대적 시민계급이 체제전환의 주요 인적 동력일 경우, 필연적으로 국가로부터의 자유를 내용으로 하는 기본권적 가치가 헌법(제정과정)을 지배했을 것이다. 이에 비해서 이러한 자유의 계기가 아니라 국가형성의 과제가 보다 중요시되었던 건국시기에서 헌법의 사회경제적 과제는 이념의 좌우, 그리고 진보와 보수의 차이와는 관계없이 누구나 수긍할 수 있는 혹은 적어도 정면으로 부인할 수 없는 상징성을 가졌다.

둘째, 해방 후 건국헌법을 지배했던 보수우익의 정치적 정향을 대표했던 한민당은 헌법제정 논의에서는 전면에 나서서 이해를 관철할 수 있는 명분을 갖지 못했다. 이는 정치적으로는 한민당에게 치명적 손실이었던 대통령중심제 정부형태로의 변화를 저지할 수 없었고, 오히려 주도할 수밖에 없었던 상황에 잘 나타나 있다.[119] 사회경제질서와 관련해서는 노동자 정당과 무소속 국회의원들이 도입을 주장한 일부 사회주의적 요소들에 대해서 적극적으로 대안을 제시하기보다는 소극적으로 최소한의 범위에서 방어하려는 태도에도 나타난다. 그리고 이는 성공적이었다. 사영기업에서의 근로자의 이익분배 균점제도에 관한 논의가 대표적 예이다. 그밖에 기본권으로서 근로의 권리, 광범위한 국영의 범위에 관한 헌법규정들이 또 하나의 예이다. 이들 규정은 사문화되었거나 입법방침의 성격을 가질 뿐이었으며, 또다른 규범들과의 긴장관계 속에서 규범력을 갖는 데 한계가 있었다.

위와 같은 주어진 환경, 그리고 사회경제적 과제에 관한 공감대는 이미 알려진 법제화의 경험을 기초로 다양한 사회적 기본권, 또 경제에 대한 국가의 책임과 과제를 규정하는 형태로 나타났다. 그런데 이 두 개의 사회경제질서의 틀은 약간의 괴리를 보였다. 사회적 기본권 중 복지국가에 직접 관련된 제19조는 소극적 내용을 가졌다. 이 점이 사회적 기본권을 자유권적 기본권에 우선 편제한다든가 혹은 평등실

119) 이러한 상황에 대해서는 전광석, "제헌의회의 헌법구상", 〈법학연구〉 제15권 제4호, 연세대학교, 2005, p.21 이하 참조.

현의 방법으로 규정한 이전의 일부 문서와는 대조적이었다. 이에 비해서 경제질서에서는 개인의 자유에 비해서 국민의 생활수요에 대한 보장을 우선함으로써 복지생산에서 국가의 직접적 개입을 적극화할 수 있는 질서를 마련하였다. 이러한 질서의 불균형 외에 다음과 같은 미완성의 체계가 숨어 있었다.

3. 시대적 과제와 미완성의 체계

건국헌법은 미완성의 체계였다. 이는 정치질서에서도, 그리고 사회경제적 질서에서도 나타난다.120) 시대의 단기적 과제를 헌법을 통하여 극복할 것인가, 아니면 이를 입법적 결정에 위임할 것인가는 헌법정책적 선택의 문제이다. 단기적 과제를 헌법의 규율대상으로 하는 경우 헌법은 이에 대한 구체적 규율을 하며, 이에 상응하여 이 부분에 관한 한 헌법은 일종의 한시적 성격을 갖는다. 사기업에서 근로자의 이익분배 균점권, 기업의 국유화 문제 등은 모두 적산처리라는 단기적 과제와 연계되기도 하며, 또 장기적 경제질서 선택의 문제이기도 하다. 그런데 이를 세분화하여 쟁점화하는 데 실패하였다. 그렇기 때문에 이들 규정들이 단기적 과제를 극복할 수도, 또 장기적 질서로 기능할 수도 없었다.

4. 본질적 미완성, 헌법적 실험, 그리고 좌절

사회경제적 가치와 이념을 담은 제도는 필연적으로 법률에 의한 구체화가 필요했기 때문에 헌법의 이상은 실험의 대상이었다. 그러나

---

120) 정치질서와 관련된 비체계성에 대해서는 권영설(2000), p. 535 이하; 전광석(2005, 각주 119번), p. 71 이하; 전광석, "유진오와 대한민국 헌법", 〈고려법학〉 제48호, 2007, p. 479 이하; 정상우(2003), p. 225 이하 등 참조.

처음부터 명분을 부인하지 못했을 뿐 실현의 의지가 없는 정부와 국회는 실험을 꺼리거나 혹은 그 실험은 헌법의 의도와는 달리 진행되었다. 사영기업에서의 근로자의 이익분배 균점권이 전자의 예에 속하며, 농지개혁과 일제청산의 문제가 후자의 예에 속한다.[121)]

5. 헌법의 기능과 이해

건국헌법의 문제는 동시에 헌법을 둘러싼 우리의 환경의 문제이기도 하였다. 헌법제정 과정을 예민하게, 그리고 시간적으로 직접 지배하여야 할 과거경험이 존재하지 않았다. 헌법제정을 주도하여야 할 동질성을 갖는 이념이 아직 형성되지도 못했다. 식민지 시대에 공법연구가 활발하지 못한 결과 체계적 헌법제정을 지도할 학문적 자산이 있지도 않았다. 헌법제정이 일부 학자 및 정치인에 의존했으며, 국민일반의 의식이 이에 아무런 견제기능을 수행할 수 없었다.

위와 같은 환경적 여건하에서 제정된 헌법은 국민일반에게 생활관계를 규율하는 살아 있는 법으로 인식될 수 없었다. 특히 사회경제질서에서 헌법의 규범력은 오랫동안 잊혀진 주제였다. 이는 정치영역에서 헌법이 규범력을 발휘할 수 없는 초헌법적 정치현실에 대해서 헌법이 저항의 기초로서 기능하였던 점과 비교된다. 민주화의 과제를 어느 정도 수행한 후 비로소 헌법은 전체 사회의 규범적 기초로서 기

---

121) 농지개혁의 성과에 대해서는 다양한 견해가 존재하는 상태이다. 비판적 평가로는 예컨대 김준보, 《한국자본주의사연구(II)》, 일조각, 1970, p. 26; 유인호(1979) 등 참조. 기존의 비판적 평가를 재평가하는 시도에 대해서는 예컨대 김일영, "농지개혁을 둘러싼 신화의 해체"; 장시원, "농지개혁-지주제 해체와 자작농체제의 성립". 이 두 논문은 박시향 외, 《해방전후사의 재인식 2》, 책세상, 2006, p. 295 이하 및 345 이하에 수록되어 있다.

능할 수 있게 되었다.[122] 이로써 이미 건국헌법의 제정과정에서 인식되었던 헌법의 기능이 현실성을 갖게 되었다. 이러한 역사의 전개는 우리에게 사회경제질서의 헌법구상이 갖는 가능성과 한계를 뚜렷하게 보여준다. 건국헌법의 사회경제질서에 대한 구상은 논의의 소재에 관한 한 우리 헌법의 자산이다. 일종의 잠재적인 정치안정적 기능을 수행하였다는 것이다. 어떠한 시기에도 헌법의 사회적 기본권 및 경제질서에 관한 개정의 필요성이 제기된 적은 없다.[123] 그리고 이는 민주주의의 지지를 받는 시점이 되어서는 우리 헌법의 기본원리를 구성하는 근거가 되면서 현재화하였다.[124]

참고문헌

강정구. 1987. 《좌절된 사회혁명》. 열음사.

국회도서관. 1968. 《임시약헌제정 회의록(과도입법의원)》. 국회도서관.

______. 1968. 《헌법개정 회의록(제 3대 국회)》. 국회도서관.

______. 1967. 《헌정사 자료 제 1집, 헌법제정 회의록(제헌의회)》. 국회도서관.

권영설. 2000. "이승만과 대한민국헌법". 유영익 편. 《이승만연구 — 독립운동과 대한민국건국》. 연세대 국제대학원 현대한국학연구소.

______. 1988. "국가와 경제: 경제질서의 헌법적 기초". 〈공법연구〉 제 16집.

김남식 편. 1988. 《남로당연구》. 돌베개.

김범주. 1988. "대한민국임시정부 헌법사". 한태연 외. 《한국헌법사(상)》.

---

122) 각주 9번 참조.

123) 예컨대 현행헌법의 개정논의에서도 사회적 기본권의 존속 자체를 문제 삼는 주장은 보이지 않는다. 예컨대 한병호, "사회적 기본권에 관한 헌법개정의 검토", 〈헌법학연구〉 제 12권 제 4호, 2006, p. 321 이하 참조.

124) 이에 대해서는 예컨대 전광석, "헌법재판소가 바라 본 복지국가원리", 〈공법연구〉 제 34집 제 4호 제 1권, 2006, p. 221 이하 참조.

한국정신문화연구원.
김수용. 2007. "해방 후 헌법논의와 1948년 헌법제정에 관한 연구". 서울대 박사학위논문.
김영수. 1980. 《대한민국임시정부 헌법론》. 삼영사.
김윤환. 1978. "근대적인 임금노동의 형성과정". 《한국 노동운동의 구조》. 광민사.
김일영. 2006. "농지개혁을 둘러싼 신화의 해체". 박지향 외. 《해방전후사의 재인식 1, 2》. 책세상.
김준보. 1970. 《한국자본주의사 연구(II)》. 일조각.
김혁동. 1970. 《미군정하의 입법의원》. 범우사.
김효전. 1986. "한국헌법과 바이마르헌법". 〈공법연구〉 제 14집.
김희곤. 2004. 《대한민국임시정부 연구》. 지식산업사.
박지향 외. 2006. 《해방전후사의 재인식 1, 2》. 책세상.
박찬표. 1997. 《한국의 국가형성과 민주주의》. 고려대 출판부.
새한민보사. 1947. 《임시정부수립 대강》. 새한민보사.
서중석. 1993. "좌우합작과 남북협상". 〈한국사시민강좌〉 제 12집.
손희두. 2001. "미군정기의 입법제도와 법령의 성격". 한국정치외교사학회 편. 《한국정치와 헌정사》. 한울.
송건호 외. 1979~1989. 《해방전후사의 인식》. 한길사.
신우철. 2008. "해방기 헌법초안의 헌법사적 기원-임시정부 헌법문서의 영향력 분석을 통한 '유진오 결정론' 비판". 〈공법연구〉 제 36권 제 4호.
심지연. 1995. "박헌영의 부르주아 민주주의혁명론과 프롤레타리아 독재국가 건설운동". 〈한국사 시민강좌〉 제 17집.
양창수. 1999. "우리나라 최초의 헌법재판논의—처의 행위능력제한에 관한 1947년 대법원판결에 대하여". 〈법학〉 제 40권 제 2호. 서울대 법학연구소.
유인호. 1979. "해방 후 농지개혁의 전개과정과 성격". 송건호 외. 《해방전후사의 인식》. 한길사.
유진오. 1980. 《헌법기초 회고록》. 일조각.
______. 1959. 《헌법해의》. 일조각.

이경주. 2001. "미군정기의 과도입법의원과 조선임시약헌". 〈법사학연구〉 제23호.

이승우. 2007. "건국헌법 이전의 한국헌법사". 〈헌법학연구〉 제13권 제2호.

이영록. 2003. "'권승렬안'에 관한 연구". 〈법과 사회〉 제24호.

______. 2002. "제헌국회의 '헌법 및 정부조직법 기초위원회'에 관한 사실적 연구". 〈법사학연구〉 제25호.

이혜경. 1994. "신한국소득정책의 방향". 한국사회복지정책연구원 편, 《신한국의 사회복지정책》. 한국사회복지정책연구원.

이흥재. 2005. "이익분점권의 보장과 우촌(牛村) 錢鎭漢의 사상 및 역할". 〈법학〉 제46권 제1호. 서울대학교.

장시원. 2006. "농지개혁-지주제해체와 자작농 체제의 성립". 박지향 외. 《해방전후사의 재인식 1, 2》. 책세상.

전광석. 2009. 《한국헌법론》. 법문사.

______. 2008. "사회적 기본권과 헌법재판". 〈헌법논총〉 제19집.

______. 2007. 《한국사회보장법론》. 법문사.

______. 2007. "유진오와 대한민국 헌법". 〈고려법학〉 제48호. 고려대.

______. 2006. "사회적 기본권의 헌법적 실현구조". 〈세계헌법연구〉 제12권 제1호.

______. 2006. "헌법재판소가 바라 본 복지국가원리". 〈공법연구〉 제34집 제4호 제1권.

______. 2005. "수도이전특별법 위헌결정에 대한 헌법이론적 검토". 〈공법연구〉 제33집 제2호.

______. 2005. "제헌의회의 헌법구상". 〈법학연구〉 제15권 제4호. 연세대 법학연구소.

______. 2003. "해방 후 3년간의 헌법구상". 〈헌법판례연구〉 제5권.

______. 2002. "사회변화와 헌법과제로서의 복지국가의 실현". 〈공법연구〉 제31권 제1호.

______. 1999. "헌법 50년과 사회보장법의 발전". 〈한림법학FORUM〉 제8권.

______. 1997. "노동의 권리의 실현구조: 헌법의 변천과 이론의 형성 및 전개". 《한국에서의 기본권이론의 형성과 전개(허영박사 화갑기념논문

집)》. 박영사.

______. 1996. "생활보호법의 개선방향". 〈한국사회정책〉 제3집.

______. 1992. "헌법학자 유진오". 〈연세법학연구〉 2.

전상인. 2001. 《고개 숙인 수정주의》. 전통과 현대.

정상우. 2008. "제2차 미소공동위원회 시기의 '조선민주주의임시정부 헌장안'에 관한 연구". 〈헌법학연구〉 제14권 제2호.

______. 2003. "1954년 헌법개정의 성격에 대한 비판적 고찰". 〈법사학연구〉 제28호.

조우현 편. 1995. 《세계의 노동자 경영참가》. 창작과 비평사.

표명환. 2007. "대한민국 임시정부의 법통계승의 헌법이념에 관한 고찰". 〈토지공법연구〉 제37집 제1호.

한국정신문화연구원 현대사연구소 편. 1998. 《한국 현대사의 재인식 2》(정부수립과 제헌국회). 오름.

한국정신문화연구원 한민족문화연구소 편. 2001. 《내가 겪은 해방과 분단》. 선인.

한병호. 2006. "사회적 기본권에 관한 헌법개정의 검토". 〈헌법학연구〉 제12권 제4호.

한시준. 1992. "조소앙의 삼균주의". 〈한국사 시민강좌〉 제10집.

한태연. 1988. "제헌헌법의 신화". 〈동아법학〉 제6호.

______. 1983. 《헌법학》. 법문사.

함재학. 2008. "유교적 입헌주의와 한국의 헌정사". 〈헌법학연구〉 제14권 제3호.

홍기태. 1989. "해방 후의 헌법구상과 1948년 헌법성립에 관한 연구". 〈법과 사회〉 창간호.

황승흠. 2002. "제헌헌법상의 근로자의 이익균점권의 헌법화과정에 관한 연구". 〈공법연구〉 제31집 제2호.

Badura, Peter. 1985. *Paritätische Mitbestimmung und Verfassung*. C. H. Beck.

Böckenförde, Ernst-Wolfgang. 1986. *Die verfassunggebende Gewalt des Volkes*. Metzner.

Grimm, Dieter. 2003. "Ursprung und Wandel der Verfassung". in Josef Isensee & Paul Kirchhof(eds.). *Handbuch des Staatsrechts* Bd. 1. C. F. Müller.

______. 2001. "Das Grundgesetz nach 50 Jahren". in Dieter Grimm (ed.). *Die Verfassung und die Politik*. C. H. Beck.

______. 1983. "Die sozialgeschichtliche und verfassungsrechtliche Entwicklung zum Sozialstaat". in Peter Koslovski, Phillip Kreuzer & Reinhard Löw(eds.). *Chancen und Grenzen des Sozialstaats*. J. C. B. Mohr.

Gusy, Christoph. 1997. *Die Weimarer Reichsverfassung*. Mohr Siebeck.

Ipsen, Hans-Peter. 1968. "Über das Grundgesetz". in Ernst Forsthoff (ed.). *Rechtsstaatlichkeit und Sozialstaatlichkeit*.

Isensee, Josef. 1990. "Deutschlands aktuelle Verfassungslage-Staatseinheit und Verfassungskontinuität". VVDStRL 49.

Obinger, Herbert, Armingeon, Klaus, Bonoli, Giuliano & Bertozzi, Fabio. 2005. "Switzerland. The Marriage of Direct Democracy and Federalism". in Herbert Obinger, Stephan Leibfried and Francis G. Castles(eds.). *Federalism and the Welfare State*. Cambridge University Press.

Schmitt, Carl. 1928. *Verfassungslehre*. Duncker & Himblot.

Siegel, Nico A. 2000. "Der nachzüglende Pionier; Sozialpolitik im Australien lohnpolitischer Intervention und sozialstaatsinduzierter De-Kommodifizierung". in Herbert Obinger & Uwe Wagschal (eds.). *Der gezügelte Wohlfahrtsstaat*. Campus.

Smend, Rudolf. 1928. *Verfassung und Verfassungsercht*. Duncker & Himblot.

Zacher, Hans F. 2004. "Das soziale Staatsziel". in Josef Isensee and Paul Kirchhof(eds.). *Handbuch des Staatsrechts* Bd. I. C. F. Müller.

______. 1986. "Traditionelle Solidarität und moderne soziale Sicherheit". Festschrift für Kurt Noell.

〈노력인민〉 1947년 7월 7일자.

제6장
국민의 탄생과 법적 경계

정 인 섭*

I. 서

흔히들 국민, 영토, 정부를 국가의 3요소라고 한다.[1] 1948년 8월 15일 미군정이 공식으로 종료되고 대한민국 정부가 출범함으로써 대한민국은 명실상부한 광복을 달성하였다. 그렇다면 대한민국의 출범 당시 국가의 3요소 중의 하나인 국민은 어떻게 구성되었는가? 일반인들은 과거의 조선인들이 대한민국의 국민이 되었다고 생각할 것이다. 이는 대단히 막연한 관념이기는 하나, 실제와 별달리 다르지도 않을 것이다.

그럼 구체적으로 과거의 조선인은 누구를 의미하는가? 대한제국 시절에도 국민이라는 개념이나 제도가 있었는가? 일제하에서 조선인이란 누구를 가리켰는가? 이들을 구별할 법적 기준이 존재하였는가?

역사적으로 서양에서도 국적이 법적 개념으로 정치화된 것은 비교적 근래의 현상이다. 중세까지 개인은 토지에 종속되어 토지를 지배

---

* 서울대 법학전문대학원 교수.

1) 1933년 몬테비데오(Montevideo) 조약 제1조. 이 조약에서는 외국과의 관계를 맺을 능력을 하나 더 추가하고 있다.

하는 자에게 충성의무를 부담하였다. 당시 국적(*nationality*)은 거주(*domicile*)와 분리되지 않았다. 인구의 국제이동이 활성화되기 이전에는 국적이란 기준을 통하여 정치공동체의 구성원을 명확히 할 필요도 적었을 것이다. 국적과 거주가 제도적으로 명확히 분리된 것은 대체로 프랑스 혁명 이후의 현상이라고 한다.[2] 점차 국적은 군(영)주와 신민 간의 개인적 충성관계가 아닌 국가와 소속국민 간의 상호적 권리의무를 포함하는 법적 지위라는 개념으로 발전하였다.[3]

대한제국 시대에는 국적법이 존재하지 않았다. 대한제국 시절에 발표된 홍범 14조(1894)나 대한국(大韓國) 국제(國制)(1899)에는 각각 인민 또는 신민이란 단어만 등장하고, 국민 또는 국적이라는 용어는 등장하지 않았다. 일본이 1899년에, 청은 1909년에 처음으로 국적법을 제정하였던 사례에 비추어보면 이는 그다지 놀라운 일은 아니다.[4]

---

2) H. van Fanhuys, *The Role of Nationality in International Law*, A. W. Sythoff, 1959, pp. 32~33. 서양에서 국적의 불어인 nationalité는 1835년에 발간된 *Dictionnaire de l'Académie*에서 처음 등장하였다고 한다. A. Boll, *Multiple Nationality and International Law*, Martinus Nijhoff, 2007, p. 65.

3) Kay Hailbronner, *Nationality in public international law and european law*, p. 35.

4) 그러나 일본의 영향으로 최소한 한말에는 국적, 국민, 외국인이란 용어들이 이미 사회적으로는 자주 사용되었다. 이러한 용어가 사용되었던 당시의 논설 등의 예를 보면 다음과 같다. 국적: 윤효정, "국민의 정치사상", 〈대한자강월보〉 제6호(1906. 12. 25); 〈대동학회월보〉 제14호(1909. 3. 25), 외보 등. 국민: 윤효정 편, 〈본회회보〉, 〈대한자강월보〉 제1호(1906. 7. 31); 대원장부, "위대한 국민에난 3개 특성이 유함을 견함", 〈대한자강월보〉 제2호(1906. 8. 25); "해외유객, 국가의 본의", 〈대한자강월보〉 제3호(1906. 9. 25); 남궁훈, "국민의 의무", 〈대한자강월보〉 제10호(1907. 4. 25); "국가의 개념", 〈서우〉 제16호(1908. 3. 1); 산운생, "국민의 의무", 〈서우〉 제17호(1908. 5. 1) 등. 외국인: 한광호, "외국인의 공권급공법상 의무", 〈서우〉 제10호(1907. 9. 1) 등. 청(淸)의 국적법 제정소식도 당시 국내에 보도되었

한국으로서는 1948년 정부수립 이후 제정된 국적법을 통하여 근대적 국적제도를 비로소 주체적으로 시행하게 되었다.

이 글의 기본적 목표는 1948년 대한민국 출범 당시 대한민국 국민을 결정지은 법적 기준이 무엇이었는가를 파악하는 것이다. 이 작업은 당연히 1948년 당시의 국적법과 이의 근거가 되었던 헌법조항의 분석으로부터 시작하여야 한다. 그러나 1948년 국적법만을 별도로 본다면 대한민국 국민의 출발점에 대한 명문의 조항을 찾을 수 없다. 이는 일종의 법적 하자라고 비판되기도 하였다. 그러나 당시의 입법자들은 그 같은 경과규정의 설치가 필요 없다는 판단하에 국적법을 제정하였다. 결국 이에 대한 답을 찾기 위해서는 1948년 국적법에 대한 분석과 아울러 대한민국 정부수립, 미군정, 일제, 대한제국으로 거슬러 올라가는 한국 근대사의 굴곡 속에 각 시기마다 한국인(조선인)은 어떠한 법적 기준하에서 결정되었고, 이는 서로 어떻게 계승되었는가를 검토할 필요가 있다.

II. 건국헌법과 국적법 제정

1. 헌법 제3조와 국적법

국가를 구성하는 국민의 결정방법은 건국헌법에 어떻게 표현되었는가? 건국헌법 제3조는 "대한민국의 국민이 되는 요건은 법률로써 정한다"라고 규정하였다. 이는 국가의 구성원을 "국민"으로 표현하고, 이의 결정기준을 법률로 정한다고 선언한 최초의 공식문서이다.[5]

다. 〈대동학회월보〉 제14호(1909. 3. 25), p. 42.

5) 한편 1944년 대한민국 임시의정원 제36회 회의에서 채택된 대한민국 임시헌장 제3조에 "대한민국의 인민은 원칙상 한민족으로 함"이라는 조항이 처

헌법 제3조는 제헌국회에서 별다른 논란이 없이 비교적 쉽게 합의된 조항이다. 그 입법연혁은 다음과 같다. 미군정 후반기부터 국내적으로는 헌법제정 논의가 본격화되었다. 남조선과도입법의원은 1947년 8월 6일 일종의 헌법적 성격의 조선임시약헌을 의결하였는데, 제3조에 "조선의 국민은 별로히 정하는 법률에 의하여 국적을 가진 자임"이라는 조항이 설치되었다. 임시약헌은 1947년 11월 24일 미군정청이 인준보류를 통지함으로써 시행되지 못하였으나, 이후의 헌법제정 논의에서도 임시약헌 제3조의 내용은 그 기조가 유지되었다. 건국헌법에 관한 유진오안 제3조 "조선국민의 요건은 법률로 정한다", 권승렬안 제3조 "대한민국의 국민이 되는 요건은 법률로 정한다", 국회 헌법기초위원회 내각책임제 헌법안 제3조 "대한민국의 국민되는 요건은 법률로써 정한다"는 안들은 그 내용들이 모두 사실상 동일하다.[6] 모든 헌법초안들이 제1조 대한민국(또는 조선)은 민주공화국이다, 제2조 대한민국(또는 조선)의 주권은 국민(또는 인민)에게 있고, 모든 권력은 국민으로부터 나온다는 조항을 앞에 두고, 제3조에 국적법률주의를 규정하였다. 이러한 구조는 건국헌법에 그대로 반영되었다.

제헌국회에서 제3조에 관한 논의는 단 2회뿐이었다. 그 중 하나는 국적변경 문제에 대한 장면 의원의 질의였다. 권승렬 전문위원은 향

음으로 설치되었다. 현실적으로는 "한민족"의 정의를 어떻게 할 것인가가 난제로 등장하나, 아직 광복을 이룩하지 못한 상황에서 국민의 결정기준에 관한 더 이상의 상세한 논의는 시기상조였을 것이다. 1919년 4월 25일자 대한민국 임시정부 장정(章程) 제42조 2호에 내무부 지방국의 업무관장 내용으로 "국적 급 인구조사에 관한 사무"라는 표현이 등장한다. 이는 오늘날로 치면 정부조직법에 해당하는데, 임시정부 문서에서 "국적"이란 표현이 최초로 등장한 사례이다. 임시정부 시절의 문서는 정종섭 편, 《한국헌법사문류》, 박영사, 2002 수록분을 기준으로 함.

6) 이상의 헌법초안은 김수용, 《건국과 헌법》, 경인문화사, 2008, p.461, 474 및 p.488 등에 수록된 것에 의함.

후 국적법 제정시 가장 곤란한 사항은 우리 동포로서 생활에 따라 일본호적에 입적하였던 이들의 취급문제일 것이라고 하였다. 그들은 자기의사로 일본국적을 가졌지만 오늘날 조선국민이 아니라고 하기도 어려우니, 이 문제는 국적법 제정시 국회가 결정할 사항이며 헌법은 제 3조에 큰 취지만을 규정한 것이라고 답하였다.[7] 다른 한 번은 박윤원 의원이 제 3조와 관련하여 국민과 인민의 차이를 질의하였다. 권승렬은 역사적으로 인민이 먼저 생겼으나, 국가가 구성되고 국가 안에서 국민이 생겼으므로 국가의 입장에서는 국민으로 불러야 한다고 답변하였다.[8]

헌법에서 "국민"과 "인민" 중 어느 용어를 사용할 것인가는 제헌국회에서도 논란거리였다. 진헌식 의원 외 44명의 의원은 헌법초안 제 2장상의 국민을 인민으로 바꾸자는 수정안을 제출하기도 하였다. 유진오 역시 인권의 견지에서 인민이 타당하다는 생각이었다. 그러나 유진오나 진헌식 의원의 수정안 모두 제 3조에서는 국민이라는 용어를 존치시킨다는 입장이었다. 즉, 우리 국적을 가진 사람을 지칭하는 일반적 용어로는 국민을 사용하자는 데 이견이 없었다. 헌법 전반에서의 국민과 인민의 용어문제는 표결 끝에 국민으로 통일되었다.[9]

이후 헌법 제 2독회와 제 3독회에서는 제 3조에 관하여 아무런 논의 없이 그냥 통과되었다.[10] 건국헌법 제 3조는 1962년 개헌 시 종전 헌법 제 1조와 제 2조가 1개 조문으로 통합되자 미세한 표현상의 수정을 거쳐 오늘날까지 헌법 제 2조로 유지되고 있다.

---

7) 1948년 6월 26일 국회 제 18차 회의(제헌헌법 제 1독회), 국회도서관 입법조사국 편, 《헌법제정회의록(제헌의회)》, 국회도서관, 1967, p. 139.

8) 국회도서관 입법조사국 편(1967), pp. 124~125.

9) 이에 관한 논의는 국회도서관 입법조사국 편(1967), pp. 380~390 참조. "인민"으로의 개정안은 재석 167, 찬 32, 반 87로 부결되었다.

10) 국회도서관 입법조사국 편(1967), p. 351 및 p. 680 참조.

헌법 제3조를 근거로 1948년 12월 제정된 법률이 국적법이다. 이는 법률 제16호로 공포되었으니 비교적 이른 시기에 제정된 법률이다. 당시 국적법은 출생에 의한 국적취득에서 부계혈통주의를 기본원칙으로 삼고, 부를 모르거나 부가 국적이 없을 경우 모계혈통주의를 적용하고, 최종적으로는 출생지주의로 보완하는 내용이었음은 잘 알려져 있다. 이중국적을 원칙적으로 배척하여 단일국적주의를 추구하며, 가족의 국적은 동일할 것을 목표로 하였고, 부부 중 부(夫) 중심적 내용을 가졌다. 이후 1997년 부모양계 혈통주의로 전면 개정되기 전까지 1948년 국적법의 기본적 골격은 그대로 유지되었다.

2. 부계혈통주의의 채택배경

각국 국적법의 기본원칙은 크게 출생지주의와 혈통주의로 대별된다. 1948년 국적법은 그 중 혈통주의를 출생에 의한 국적취득의 기본원칙으로 삼았고, 특히 부계혈통주의를 채택하였다. 정부수립 당시 강력한 영향력을 행사하였던 미국은 출생지주의 국적법을 가졌음에도 불구하고 이의 채택은 전혀 검토되지 않았다. 국적 외에도 개인의 신분파악 기능을 담당하던 호적법제나 사회적 제도로서 상당한 영향력을 행사하던 종중과 족보가 부계혈통주의를 기반으로 운영되었음을 감안할 때, 국적법이 출생지주의를 채택하기는 어려웠을 것이다. 이에 강력한 단일민족의식까지 겹쳐 국민의 파악에서 혈통주의는 매우 당연한 것으로 받아들여졌다.[11] 그런 의미에서 국적법이 부계혈통주

---

11) 국적법에 약 반년 정도 앞서 제정된 남조선과도입법의원의 국적에 관한 임시조례 역시 부계혈통주의를 기본으로 하였다. 당시 백관수 법사위원장(제헌국회에서도 법사위원장)은 "조선으로서는 생지주의보다 혈통주의를 취하는 것이 좋다"고 설명하였다. 이에 대하여는 아무도 의문을 제기하지 않았다. 《남조선과도입법원 속기록 제201호》(1948. 1. 27), p. 4.

의를 택한 이유는 특별한 분석의 필요조차 없다고 보이기도 하나, 이 당연한 사실의 성립과정을 좀더 부연하여 설명한다.

1948년 정부는 국적법의 제안이유를 "우리나라는 단일민족으로 구성되어 있으므로 남성 혈통을 보존하여 국민 모두가 국적을 가질 수 있게 함"이라고 설명하였다.[12] 이인 법무장관 역시 "우리는 단일민족으로 다른 나라와 같이 복잡다단한 여러 민족의 복합체가 아닌 것만큼… 남성혈통을 보존하고", "국민은 이 원칙 밑에 국적을 가지게 해야겠다"는 것이 국적법의 입법정신이라고 강조하였다.[13]

국적법 심의과정에서도 단일민족의식은 국회의원들에 의하여 수시로 강조되었다. 귀화자에 대하여는 대통령 등 주요공직 취임을 금지한 조항(제 10조)이 국회에서 신설된 기본취지도 혈통상 한민족이 아닌 자에게 주요공직을 허용할 수 없다는 생각에서 비롯되었다.[14] 비록 통과되지는 않았으나 다음과 같은 제안들 역시 혈통주의를 보다 강화하기 위한 시도였다. 첫째, 혈통주의를 보존하기 위하여 대한민국의 처가 된 자에게 국적을 부여하는 조항(제 3조 1호)을 삭제하자는 주장이 강력히 제기되었다.[15] 이 문제는 장시간 토의되었고,[16] 1차 표결에서는 존치안과 폐지안 모두 과반수를 얻지 못할 정도로 의견대

---

12) 1948. 11. 17자 정부의 국적법 제안이유 중. http://likms.assembly.go.kr/bill/jsp/BillDetail.jsp?bill_id=000019 (국회 의안정보시스템, 2008. 11. 24 접속).

13) 《대한민국 국회 제 1회 국회 속기록 제 118호(1948. 12. 1)》, p. 1143.

14) 국적법 심의 당시 백관수 법사위원장 발언, 《제 1회 국회 속기록 제 118호》, pp. 1153 및 《제 1회 국회 속기록 제 120호(1948. 12. 3)》, p. 1183; 신방호 의원 발언, 《제 1회 국회 속기록 제 119호(1948. 12. 2)》, p. 1182 등 참조. 귀화자 공직제한 조항에 대하여 나용균 의원의 반대가 있었으나 별 호응을 얻지 못하였다. 《제 1회 국회 속기록 제 118호》, pp. 1149~1150.

15) 박윤원, 서용길, 김명동, 김옥주, 박기운 의원 등의 주장, 《제 1회 국회 속기록 제 119호》, pp. 1160~1162.

16) 《제 1회 국회 속기록 제 119호》, pp. 1159~1166.

립이 팽팽하였다. 결국 재투표 끝에 삭제안이 부결되고 존치안이 가결되었다.[17] 둘째, 단일민족의 순수성을 보지하기 위하여 일반귀화제도는 삭제하고 대한민국에 특별한 공로가 있는 경우를 대상으로 하는 특별귀화만을 두자는 주장도 제안되었다. 이 제안은 별다른 호응을 얻지 못하고 부결되었다.[18] 셋째, 출생하기 전 부(父)가 사망한 경우 사망 당시 대한민국 국민이면 국적을 인정하는 조항(제2조 2호)에 대하여도 혈통주의를 강화하기 위하여 임신 당시를 기준으로 자의 국적을 결정하자는 주장도 제기되었으나,[19] 임신시기를 정확히 알기 어렵다는 이유로 인하여 호응을 얻지 못하였다.

당시 김태영은 현대사회는 부계사회이며 또한 민법 등의 법률관계에서 모보다 부가 자와 더욱 밀접한 관계가 있어서[20] 국적법이 부계혈통주의를 택하였다고 설명하였다.[21]

한편 사회문화적 전통에서 한국과 유사성이 큰 일본과 중국도 모두 부계혈통주의 국적법을 가졌다는 사실 역시 무시할 수 없었을 것이다. 1948년 국적법을 제정하면서 어떠한 외국법을 참조하였는가에 대하여는 직접 확인할 수 있는 자료는 없으나, 국적법의 내용을 보면 주로 일본 국적법을 참고하였음을 확연히 알 수 있다.

---

17) 삭제안은 재석 122 중 찬 43, 반 57로 부결되었고, 존치안이 찬 69, 반 37로 가결되었다. 《제1회 국회 속기록 제119호》, p. 1166.

18) 조국현 의원 제안, 찬 2, 반 80으로 부결되었다. 《제1회 국회 속기록 제119호》, pp. 1168~1170.

19) 김병회 의원, 《제1회 국회 속기록 제118호》, p. 1150 및 《제1회 국회 속기록 제119호》, p. 1159.

20) 예를 들어 호적변동 등에 관한 가족관계(구민법 제733조), 친권관계(구민법 제877조), 이혼의 경우 자에 대한 감호관계(구민법 제812호) 등에서 자에 관하여 모보다 부가 우선함을 지적하였다. 김태영, "국적법 개설(1)", 〈법정〉 1949년 5월호, 1949, p. 19.

21) 김태영(1949), p. 18.

즉, 1948년 국적법의 기본원칙이라고 할 수 있는 부계혈통주의, 단일국적주의, 가족국적 동일주의 등은 바로 당시 일본 국적법이 채택하던 원칙이기도 하였다.[22] 우리 국적법상의 국적의 득상에 관한 기본내용 중 일본 국적법에 없는 새로운 항목은 거의 없었다고 보아도 과언이 아니다. 일반귀화나 간이귀화를 위한 거주기간 요건과 같은 세부적이고 기술적인 내용까지 동일하다. 다만 일본 국적법상의 제도 중 국적유보제도를 한국은 도입하지 않았고,[23] 일본식 가제도(家制度)의 특성이 반영된 입부혼(入夫婚)과 입양을 통한 국적취득이 반영되지 않았다.[24] 기타 일본 국적법에서는 17세 이상 남자로 병역의무를 마치거나 면제되지 않으면 국적이탈이 제한되고 현직 문무관리의 국적이탈도 제한되었으나, 한국 국적법은 이러한 제한을 담지 않았다. 반면 일본 국적법에 없는 내용으로는 외국인의 양자가 된 자로 그 국적을 취득한 자와 이중국적자가 법무장관의 허가를 얻어 국적을 이탈하는 경우(제 12조 2호 및 5호) 한국국적을 상실한다는 조항 정도가 한국 국적법에 새로이 추가되었을 뿐이다.[25]

한편 국적법 제정 시 참고가 되었을 중국 국적법 역시 부계혈통주의를 기본으로 하였다. 중국은 청 시절인 1909년 최초의 국적법인 대

22) 이 항목에서 비교대상인 일본 국적법은 1948년 당시 시행되던 국적법을 가리킨다. 이후 일본에서는 1950년과 1984년 전면적인 국적법 개정이 있었다.

23) 일본 국적법 제 20조의 2 및 3. 국적유보제도에 관하여는 정인섭, "국적유보제도 도입의 득실", 〈서울국제법연구〉 제 4권 2호, 1997, p. 63 이하 참조.

24) 일본 국적법 제 5조 2호 및 3호. 당시 한국은 전통법에 따라 이성양자를 허용하지 않는다는 입장이었으므로 입양을 통한 국적취득을 인정할 필요가 없었다. 이 점에 관하여는 정인섭, "대한민국의 수립과 구법령의 승계", 《국제판례연구》 제 1집, 박영사, 1999, p. 284 이하 참조.

25) 한국 국적법 제 16조는 대한민국 국적 상실자는 국민만이 향유할 수 있는 권리를 1년 이내에 대한민국 국민에게 양도하여야 한다는 조항을 갖고 있었는데, 이는 직접 국적의 득상에 관한 내용은 아니며 따라서 반드시 국적법에 규정될 내용이라고도 볼 수 없다.

청국적조례를 제정하였는데, 부계혈통주의를 출생에 의한 국적취득의 기본요건으로 채택하였다.[26] 대청국적조례가 속지주의가 아닌 혈통주의를 국적취득의 기본원칙으로 삼은 배경에는 해외 화교문제가 개재되었다. 본래 청은 해외이민을 허용하지 않았으나 정치경제적 원인으로 해외이민이 끊이지 않았다. 오늘의 인도네시아인 당시 네덜란드령에도 화교가 적지 않았다. 그런데 네덜란드는 1892년 국적 및 거주조례를 공포하였는데, 제2조는 제국(네덜란드) 거류민의 자녀는 모두 네덜란드인으로 규정하였고, 제13조는 제국 거류민이란 제국과 식민지에서 18개월 이상 계속 거주한 자로 현재 해당지역에 거주하는 자로 규정하였다. 이에 따르면 현지출생 화교에게는 본인의사와 상관없이 모두 네덜란드 국적이 부여되었다. 더욱이 1907년 공포된 신법은 제1조에서 모든 네덜란드 속지의 부모에게서 출생한 자에게 네덜란드 식민지적이 부여된다고 규정하였다. 이에 인도네시아 거주 화교들은 청이 신속히 혈통주의에 입각한 국적법을 제정하여 자신들이 네덜란드인이 되는 것을 막아 달라고 청원하였다.[27] 청으로서도 동남아의 수많은 화교가 서양 국적자의 자격으로 귀환하여 치외법권을 주장할 것을 우려하였다.[28] 이에 청은 해외출생 화교가 중국으로 귀환하는 경우 중국인으로 취급할 수 있고, 해외화교들에게 중국인이라는 정체성을 심어주기 위하여 혈통주의에 입각한 국적법을 제정한 것이

---

26) 제1조는 중국인의 요건으로 출생 시 부가 중국인인 자, 출생 시 부가 이미 사망한 경우 부가 사망 시 중국인인 자, 부를 알 수 없거나 무국적인 경우 모가 중국인인 자로 규정하였다. 제2조는 부모를 모두 알 수 없거나 무국적인 자로서 중국에서 출생한 자와 출생지를 알 수 없으나 중국에 버려진 아동을 중국인으로 규정하였다. 대청국적조례라는 제목에도 불구하고 그 내용에서는 청국인이 아니라 중국인이란 용어를 사용하였다. 정지호, "청말 국적법 제정과 국민의 경계", 〈중국사연구〉 제52집, 2008, p. 174.

27) 정지호(2008), pp. 165~167.

28) 정지호(2008), p. 162.

다.[29] 부계혈통주의를 기본으로 하는 원칙은 1929년 제정된 중화민국 국적법에도 그대로 유지되었다(제1조). 전반적 내용에서 중화민국 국적법 역시 일본 국적법과 큰 차이가 없었다.

이상의 내용을 종합하여볼 때 1948년 국적법은 사회문화적 배경과 인접국 국적법제의 영향에 따라 부계혈통주의를 출생에 의한 국적취득의 기본원칙으로 삼았으며, 일부 조항을 제외하면 일본 국적법과 사실상 동일한 내용이었다고 평가될 수 있다.

3. 최초 국민의 판단기준

국적법이 제정됨으로써 이후 대한민국 국적의 취득과 상실은 이 법에 의하게 결정되었다. 그런데 1948년 국적법에는 대한민국 국민을 부(父)로 하여 태어난 자(子)가 대한민국 국적을 취득한다고만 규정되어 있지, 법제정 당시 누가 대한민국 국민인가에 대한 명문의 정의규정이 없었다. 그렇다면 일제하 조선인들이 바로 대한민국 국민이 되었는가? 대한제국 신민의 후손이 곧 대한민국의 국민이 되었는가? 이들을 법적으로 구별할 수 있었는가? 아니면 별도의 판단기준이 있었는가? 과연 누구를 대한민국 국민의 출발점으로 상정하고 국적법이 제정되었는가? 그간 국내일각에서는 국적법에 최초 국민에 관한 경과규정이 설치되지 못한 것이 중대한 법적 흠결이라는 비판도 제기되었다.[30]

---

29) 정지호(2008), p. 173.

30) 노영돈, "우리나라 국적법의 몇 가지 문제에 관한 고찰", 〈국제법학회논총〉 제41권 2호, 1996, p. 53 이하; 노영돈, "1997년 국적법 개정안의 검토", 〈서울국제법연구〉 4권 2호, 1997, p. 50; 이장희, "통일시대를 대비한 국적법의 개정방향", 이장희 편, 《통일시대를 대비한 국적법의 개정방향》, 아시아사회과학연구원, 1998, pp. 56~57; 손희두, 《북한의 국적법》, 한국법제연구원, 1997, pp. 61~62; 장효상, "한국인의 국적", 〈월간고시〉 1989년 3월호, 1989, pp. 128~129 등.

1948년 국적법 제정 시 이러한 점에 대한 문제의식이 없지는 않았다. 국회 심의과정 중 8·15 이전에도 대한민국 국민이란 개념이 존재하였는가에 대하여 논란이 벌어졌다. 이와 관련하여 국회 법제사법위원회에서는 "대한민국 국민"이란 표현을 "한인"으로 수정하는 안도 통과되었다.[31] 이는 8·15 이전의 사람을 대한민국 국민으로 부르는 것은 적절하지 않다는 사고의 발로였다. 그러나 당시 이인 법무장관은 8·15 이전 정부는 없었을지라도 정신적으로나 법률적으로 대한민국 국민이 있었다는 전제하에 국적법을 제정한다고 설명하였다.[32] 일제 식민지배의 합법성 자체를 부인하려는 의도에서 일제하에서도 대한민국 국민이라는 개념이 유지되었다고 전제한다면, 1948년 국적법 제정 당시 최초 국민의 확정기준을 별도로 설치할 필요성을 크게 느끼지 않았으리라는 점도 이해가 간다.

그러나 위와 같은 입장을 취한다고 하여도 1948년 국적법 제정 당시 최초 국민의 문제가 자동적으로 해결되는 것은 아니다. 그 이유는 첫째, 대한제국 시절에는 오늘날의 국적법에 해당하는 법률이 없었으므로,[33] 단순히 대한제국 신민의 연속이라는 주장만으로는 국적법 제정시 국민의 범위를 명확히 확정하기가 어렵다. 통상적 조선인의 확정에는 어려움이 없겠지만, 현실적으로 문제되는 사례는 국제결혼 후 배우자 또는 자의 국적, 외국가정으로의 입양, 해외출생자의 국적 처리 등 국내외의 경계선상에 발생하는 문제를 어떻게 처리하느냐이다. 대한제국 당시 이러한 경우를 처리하는 법제도가 명확히 정립되

---

31) 《제1회 국회 속기록 제118호(1948. 12. 1)》, p. 1145.

32) 《제1회 국회 속기록 제118호(1948. 12. 1)》, p. 1144 및 p. 1151. "한인" 수정안은 모두 부결되었다.

33) 당시 국내에서 외국인과의 혼인사례도 발생하여 이의 호적처리를 위한 법제정이 논의되기도 하였다. 단, 국적법이 아닌 호적법을 통한 대비가 검토되었다고 한다. 〈대한매일신보〉 1909년 10월 14일자.

지 않았기 때문에 신민확정을 위한 법적 기준이 명확하지 않았다. 둘째, 대한제국이 법적으로 계속되었다는 입장을 취한다고 가정하더라도, 일제기간 중 외국국적의 취득, 일본인과의 신분행위에 따른 호적 이동 등의 결과를 광복 후 국적처리에 어떻게 반영하여야 할 것인가는 여전히 미결의 문제로 남는다. 일제기간 중 우리는 이러한 신분변동에 관한 문제를 주체적으로 처리할 수 없었기 때문이다.[34)]

그렇다면 1948년 국적법이 최초 국민에 관한 정의규정을 포함하지 않은 것이 역시 중대한 하자였는가? 이 원초적 하자를 치유하기 위하여 뒤늦게라도 이러한 조항을 국적법에 설치하는 것이 바람직할 것인가?[35)] 이하에서는 1948년 국적법 제정 이전에 조선인 또는 한국인은 법적으로 어떻게 파악되었고, 그러한 판단기준은 역사적으로 어떻게 연결되었는가를 검토한다. 그리고 이를 바탕으로 대한민국 수립 당시의 이른바 최초 국민의 법적 경계를 모색하려고 한다.

III. 1948년 국적법 이전 조선인의 법적 기준

1. 조선시대 조선인의 범위

조선은 초기부터 매 3년마다 호적을 정비하여 이를 과세와 군역부과의 기준으로 삼았다. 당시의 호적등재 대상자가 오늘날의 의미로 법률상의 조선인이었을 것이다. 조선시대 호적작성의 제1차적 목적은 세수(稅收) 확보였다. 조선 후기에는 면(面)리(里) 단위의 공동납

34) 정인섭, "우리 국적법상 최초 국민 확정기준에 관한 검토", 〈국제법학회논총〉 제43권 2호, 1998, p. 237.

35) 이를 지지하는 주장으로는 노영돈(1996), p. 56 및 노영돈(1997), p. 53; 이장희(1998), p. 62; 손희두(1997), p. 62 등 참조.

이 실시되어 지방관청은 할당된 세액에 따라 호구를 조정하는 일이 빈번하였기 때문에 호적을 통하여도 정확한 인구파악은 이루어지지 않았다고 한다.

다만 조선시기에는 오늘날의 국적법과 같이 조선인의 범위를 정하는 단일의 법적 기준은 없었다. 조선의 기본법전이라고 할 수 있는 성종기의 《경국대전》, 영조기의 《속대전》, 정조기의 《대전통편》, 고종기의 《대전회통》 등에는 조선에 속하는 신민의 범위를 정하는 조항은 없었다. 인구의 국제적 이동이 거의 없었던 당시 국내 거주민이 곧 조선인의 전부라고 생각하였을 것이다. 다만 여진 등으로부터 귀래하는 자를 향화인(向化人)이라 하여 3년간 면세하고, 10년간 복호(復戶)한다는 규정이 있던 사실에서 당시에도 귀화라는 개념은 존재하였음을 알 수 있다.[36] 또한 국제결혼 역시 아주 없지는 않았을 것이나 그들 가족의 국적처리에 관한 법률규정은 찾지 못하였다.

조선시대에는 말기를 제외하고는 국적문제가 발생할 상대는 초기에는 명, 후기에는 청이었을 것이다.[37] 월경자(越境者) 처리의 전제로서 조선과 청의 국적을 결정할 기준이 필요하였을 것이다. 그러나 청 역시 1909년에야 처음으로 국적법을 제정하였다. 국적법 제정 이전 청은 만주식의 변발과 호복착용 여부를 일단 자국민의 정체성 기준으로 삼아 토지소유권 보장의 근거로 삼기도 하였으나,[38] 이는 법적 기준의 적용이라고는 할 수 없었다.

조선은 1894년 갑오개혁 시 근대국가로서의 제도정비를 위해서는 정확한 인구파악이 필요하다고 판단하였다. 이에 내무아문(內務衙門)

---

36) 《經國大典》 卷2 戶典 收稅 및 卷4 兵典 復戶.

37) 조선 초기의 귀화에 관하여는 이원택, "조선 전기의 귀화와 그 성격", 〈서울국제법연구〉 제 8권 2호, 2001, pp. 225~246 참조.

38) 손승회, "만주사변 전야 만주한인의 국적문제와 중국, 일본의 대응", 〈중국사연구〉 제 31집, 2004, p. 332, 340.

을 설치하고 호적국에서 호수와 인구를 조사하고 출생사망에 관한 문서를 관장하도록 하였다. 1895년부터는 내부(內部) 판적국(版籍局) 호적과가 설치되어 호적업무를 담당하였다. 1896년 9월에는 칙령 제61호로 호구조사규칙과 내부령 제8호로 호구조사세칙이 발표되었다. 호구조사규칙은 제1조에서 전국의 호수와 인구를 상세히 편적하여 인민으로 하여금 국가에 보호하는 이익을 균점케 함을 목적으로 한다고 규정하였다. 이는 오늘날의 주민등록에 가까운 제도였다. 단순히 주민을 파악하기보다는 집의 형태(기와, 초가 등), 자가 또는 임차, 집의 크기도 포함되었다.[39] 다만 호수의 증가는 세금의 증대로 이어지기 때문에 각 지역에서는 실제 인구를 정확히 파악하지 않으려는 경향이 있었다고 한다.[40] 호구조사규칙에도 등록대상 조선인의 법적 기준에 관한 조항은 없었다. 예를 들어 해외거주자, 국제결혼자 및 그 자녀의 처리에 관한 별도의 규정은 없었으므로 조선의 구법의 범주를 크게 벗어날 수 없었다. 다만 조선인에 한하여 호구조사 입적이 가능하다는 것은 당연의 전제로 생각하였다. 이러한 점은 토지, 산림, 광산 등에 관하여는 입적자에 한하여 소유할 수 있다는 법률의 존재에 의하여도 간접적으로 입증된다.[41]

일제의 통감부가 설치된 이후인 1909년 3월 호구조사규칙을 대체하는 민적법이 제정되었다(1909년 4월 1일 시행).[42] 시행령에 해당하는 민적법 집행심득(執行心得)도 제정되었다.[43] 이 법의 취지는 조선인

---

39) 조성구, 《民籍法規詳解》, 수문서관, 1914, p.3 참조.

40) 이정선, "민적법 시행기(1909-23) 일제의 日鮮結婚 관련 법규정비와 日鮮人 구별", 서울대학교 석사학위논문, 2008, pp.6~11 참조.

41) 1894년 8월 26일 "토지, 산림, 광산을 본국 입적인이 아니면 점유매매를 불허하는 건".

42) 〈舊韓國 官報〉 1909년 3월 6일자.

43) 〈舊韓國 官報〉 1909년 3월 23일자.

의 신분관계를 법적으로 명확히 하는 동시에 전국의 호수를 정확히 파악하여 시정상의 편의를 도모하려는 것이었다.[44] 그러나 민적법의 근본목적은 일제가 조선을 지배하기 위한 사전준비로 조선인의 범위를 명확히 파악하기 위함이었다. 민적은 호주를 중심으로 가(家)를 구성하고, 그들 가족관계를 한 장의 민적에 기재하도록 한 일종의 신분등록제도였다. 출생, 사망, 혼인, 입양, 분가 등을 기록하였다.[45] 1909년 7월부터 1910년 12월 사이의 조사에서 12,935,282명의 인구가 파악되었다고 한다.[46]

본적지라는 개념을 통하여 조선인에 한하여 민적등록을 할 수 있다고 전제되었으나, 조선인의 법적 요건을 규정한 조항은 없었다. 외국인과의 혼인, 입양 등에 따른 신분처리 방법에 관하여도 아무런 조항이 없었다. 민적법은 국적법보다는 호적법에 더 가까웠으며, 주민등록법과 같은 성격도 포함하였다. 다만 비록 오늘날의 국적법과 같은 내용을 갖추지 못하였으나, 당시로서는 가장 법률적인 조선인 파악방법이었다고 평가된다.[47] 민적법은 일제가 1923년부터 조선호적령을 실시함에 의하여 폐지되고 민적은 호적으로 승계되었다.

2. 일제하 조선인의 범위

1910년 조선이 일제의 식민지로 전락함에 따라 조선인은 공식적으로는 일본신민이 되었다. 합병조약 자체에 조선인의 국적처리에 관한 조항은 없었으나, 합병으로 해외거주자를 포함한 모든 조선인들이 대

---

44) 1909년 3월 26일 "민적법시행에 관하여 각도관찰사에 발한 내무대신 훈령".

45) 조성구(1914) 참조. 조성구는 민적과장을 역임하였다.

46) 이정선(2008), pp. 14~15.

47) 정인섭, "법적 기준에서 본 한국인의 범위", 《두남 임원택 교수 정년기념-사회과학의 제문제》, 법문사, 1988, pp. 650~652 참조.

외적으로 일본인으로 취급되었음은 부인할 수 없다.[48] 그러나 일제 기간 내내 일본의 국적법은 조선인에 대하여 적용되지 않았다. 일제는 1899년 국적법을 제정함과 동시에 식민지배를 하던 대만에 이를 실시하였고, 남 사할린에 대하여도 1924년부터 국적법을 시행하였던 사실과 비교할 때 이는 매우 특이한 일이었다.[49] 그렇다면 일제가 조선인에 대하여 국적법을 실시하지 않았던 이유는 무엇이었으며, 일제는 어떠한 법적 기준으로 조선인을 파악하였는가?

일제기간 중 조선에서 기왕에 시행되던 법령은 일제에 의하여 새로운 내용으로 대체되지 않는 한 계속 효력이 유지되었다.[50] 민적법도 효력을 지속하였기 때문에 일단 식민 초기에는 민적을 통한 조선인의 파악이 계속되었다.

당시 일본 국적법은 "자기의 지망에 의하여 외국의 국적을 취득한 자는 국적을 상실한다"고 규정하였다(제 20조).[51] 조선 말기부터 수많은 조선인이 만주와 연해주 등지로 이주하였고, 이들 중 일부는 현지 귀화를 하였다. 만약 조선인에 대하여 일본 국적법을 적용한다면 만

48) 1910년 합병조약이 "한국 황제폐하가 한국 전부에 관한 일제의 통치권을 완전히 그리고 영구히 일본국 황제폐하에 양여"하고(제 1조), 일본국 황제폐하는 이러한 "양여를 수락하고 모든 한국을 일본제국에 병합할 것을 승낙한다"(제 2조) 고 규정하므로, 일본에서는 이에 의하여 한국의 대인고권, 즉 한국민에 대한 통치권이 일본으로 이양되어 한국민은 일본국민으로 되었다고 해석함이 통설이다. 江川英文·山田鐐一·早田芳郎, 《國籍法》, 有斐閣, 1989, pp. 200~201.

49) 1899년 칙령 제 289호 "국적법을 臺灣에 시행하는 건" 및 1924년 칙령 제 88호 "국적법을 樺太에 시행하는 건".

50) 1910년 8월 29일 제령 제 1호 "조선에 있어서의 법령의 효력에 관한 건". 일제는 이 제령에 관한 합헌성 논란을 잠재우고 그 효력을 뒷받침하기 위하여 1911년 3월 25일 법률 제 30호 "조선에 시행할 법령에 관한 법률"을 추가로 제정하였다.

51) 현행의 일본 국적법이나 한국 국적법도 동일한 내용의 조항이 유지된다.

주에서 중국으로 귀화한 조선인은 자동적으로 일본신민의 자격을 상실하게 되었다.

반면 조선은 1900년 9월 29일자 의뢰외국치손국체자 처단례(依賴外國致損國體者處斷例) 개정에 의하여 조선정부의 허가 없이 외국에 입적하는 자를 처벌하는 법률을 제정한 바 있다.[52] 이 조항은 조선 말기 외국에서 귀화한 후 귀국한 조선인이 외국영사의 보호하에 치외법권을 주장하여 국내적 통제에 어려움이 야기되자 제정되었다고 한다.[53] 따라서 허가 없이 외국국적을 취득한 조선인의 경우 국적이탈이 인정되지 않았다.[54] 일제가 조선에 일본 국적법을 시행하지 않았기 때문에 결국 허가 없는 외국귀화를 금지하는 조선의 구법이 일제기간 내내 적용되었다. 일제가 조선에 대하여 국적법을 실시하지 않았던 가장 큰 이유는 조선인의 국적이탈을 막아 이들에 대한 인적 관할권을 최대한 확보하기 위함이었다고 알려져 있다.

---

52) 제 2조는 "본국 정부의 특준(特准) 제적(除籍)을 경(經)치 아니하고 외국에 입적하므로 적탁(籍托)한 자"는 "기수 미수를 불문하고 명률(明律) 적도편(賊盜篇) 모반조(謀叛條)에 조(照)하야 처단할 사(事)"라고 규정하였다.

53) 당시 관련된 사건에 대하여는 정인섭(1988), pp. 650~651 참조. 한편 일제시기 발간된 글에는 이 조항의 또다른 설치이유가 조선 말 남미로 속아서 이민간 조선인이 농노 같은 생활을 하게 되자 이들을 보호하기 위함이었다는 설명이 등장한다(이인, "법률전선에서의 우리의 최소 요구-법호사 대회의 제안해설", 〈동광〉 제 29호, 1931, p. 23). 그러나 조선이 허가 없는 외국귀화에 대한 처벌조항을 제정한 시기는 1900년이고, 문제의 멕시코 이민은 1905년 4월 4일 단 1회 출발하였으며 하와이로의 이민도 1902년 첫 출발을 하였다는 사실에 비추어볼 때 근거 없는 주장이라고 판단된다. 당시 조선정부의 실상으로 미루어볼 때에도 해외이주자에 대한 외교적 보호를 위하여 위와 같은 법률을 제정하였다고는 믿어지지 않는다.

54) 이와 관련하여 1906년 이후 러시아 및 프랑스와의 관계에서 약간의 논란이 벌어지기도 하였으나, 조선정부는 외국국적 취득자의 조선적 이탈을 계속 부인하였다. 이러한 방침은 1908년 5월 각국 공관에 통보되기도 하였다. 統監官房 編, 《韓國施政年報》, 明治39-40年(1908年刊), p. 87.

일제기간 중 조선에 대하여도 일본의 국적법을 시행하라는 요구가 여러 차례 제기되었다. 그 배경은 다음과 같다. 한말부터 수많은 조선인이 만주로 이주하였는데, 당시 만주에서는 외국인의 토지소유가 제한되었다. 따라서 대부분의 조선인은 소작농의 형태로 생계를 꾸려갈 수밖에 없어서 그 생활이 비참하였다. 현지인과의 분쟁이 발생하면 일본의 보호를 받을 수밖에 없었던 조선인은 일본의 대륙진출의 첨병으로 인식되었고, 자연 중국인들의 배척을 받게 되었다. 이에 만주의 조선인들은 당장의 곤경을 벗어나기 위해서는 중국으로 귀화하여야 한다고 생각하였다.

원래 청은 1881년 입경한 조선인에 대한 입적령을 발표하는 등 조선인에 대한 동화정책을 실시하였으며, 청으로 귀화하여야만 토지소유가 가능하였다.[55] 그러나 간도협약 이후에는 조선인의 토지취득이 상대적으로 용이하게 되었다. 1917년 간도에서는 조선인의 입적을 간이하게 처리하려는 간장(簡章)이 발표되었는데, 중국국적을 취득하면 선거권과 피선거권을 향유할 수 있으며 토지소유에 제한이 없어지기 때문에 많은 조선인이 귀화를 신청하였다. 그런데 1909년 제정된 청의 국적법 제3조 5항은 귀화 후 속히 구국적의 이탈을 요구하였기 때문에 귀화자는 조선 또는 일본국적의 이탈이 필요하였다. 이를 근거로 중국귀화 허가를 받은 조선인에 대하여 일제는 양국 국적법상 중국귀화가 인정되지 않는다고 주장할 수 있었다. 중화민국이 성립되고 개정된 국적법에서는 귀화자의 구국적 이탈의무가 삭제되었으나, 일본으로서는 중국 귀화자들이 최소한 이중국적 상태임을 주장할 수 있었다.

---

55) 당시 청에도 국적법이 제정되지 않았기 때문에 만주족과 같은 치발역복이 개인의 정체성 판단의 중요한 기준으로 작용하였다고 한다. 권영준, "근대 중국의 국적법과 조선인 귀화정책", 〈한일민족문제연구〉 2003년호, 2003, p. 41.

구한말 시기부터 본격적으로 만주로 이주한 조선인은 중국의 입장에서는 적과 동지의 성격을 동시에 지녔다. 즉, 항일연대의 우군이기도 하였지만, 일제의 만몽(滿蒙)침략의 선봉으로 인식되기도 하였다. 만주 벼농사 개척의 공로자이기도 하였지만, 관내 중국인과의 경제적 경쟁자이기도 하였다. 만주 조선인의 이러한 이중적 성격으로 인하여 시기와 지역에 따라 조선인에 대한 중국의 처우가 크게 달랐다.[56] 중국에서 외국인의 토지소유가 금지되었지만, 1920년 중반까지 조선인들은 여러 가지 방법으로 사실상의 토지취득이 가능하였다고 한다.[57] 그러나 조선인의 만주진출이 늘어나자 1927년부터 대규모 조선인 배척운동이 벌어졌고, 현지정부 역시 조선인의 토지취득에 대한 법적 규제를 강화하였다.[58] 이에 만주에서 조선인 배척운동이 벌어지거나 법적 규제가 강화될 때마다 조선에서는 일본 국적법의 시행이 요구되었다. 만주동포들의 곤경을 근본적으로 해결하는 방책은 이들의 중국 귀화와 일본국적의 이탈을 허용하는 것이며, 이를 위해서는 일본 국적법을 조선에 대하여도 시행하여야 한다는 주장이었다. 이러한 주장은 만보산 사건과 국내에서도 중국인 배척운동이 크게 일었던 1931년 전후 특히 많이 제기되었다.[59] 이인(李仁)은 "백여만 생령에게 개죽

---

56) 손승회(2004), p. 353.

57) 손승회(2004), p. 342.

58) 조선총독부와 봉천성 간의 1925. 6. 11의 이른바 삼시협정(三矢協定)은 조선인의 반일조직에 대한 봉천성의 단속강화와 조선인의 귀화금지를 담았다. 권영준(2003), pp. 50~51. 한편 1929년 4월 요령성 정부는 징치도매국토잠행조령(懲治盜賣國土暫行條令)을 발표하여 외국인에 대한 토지의 매각, 임대, 저당을 금지하고, 이를 위반하여 취득한 외국인의 권리는 무효로 하였다. 손승회(2004), p. 341 참조.

59) 당시 이에 대한 보도로는 〈동아일보〉 1925년 7월 10일자; 〈시대일보〉 1925년 7월 10일자; 〈동아일보〉 1925년 9월 25일자; 〈동아일보〉 1929년 5월 2일자; 〈동아일보〉 1935년 2월 10일자; 〈조선중앙일보〉 1935년 6월 6일자 등 참조. 그리고 이인, "조선인의 국적문제", 〈별건곤〉 제32호, 1930, p.

음을 줄 것인가, 귀화의 자유를 주어 그 생명을 구출할까 하에 있다. 목하의 형세추이가 여하할 것이냐 예측할 만큼 조선에 국적법 시행이 급중의 급무이다"라고 주장하였다.[60)]

일본정부 및 조선총독부로서도 조선에서의 국적법 시행은 중요현안이었다. 찬성론자들은 귀화란 근본적으로 개인의 문제이며, 인도주의적 입장에서도 조선인의 중국귀화를 막을 수 없으며, 특히 일본인의 외국귀화는 가능한데 조선인의 외국귀화만 금지할 명분이 없다는 입장에서 조선에도 일본 국적법을 시행하고 국적이탈을 허용하여야 한다고 주장하였다. 그러면 만주에서의 "불령선인"(不逞鮮人)의 단속책임도 중국에 넘어가는 장점이 있다고 주장하였다. 반면 반대론자들은 수십만의 제국신민이 단기간에 외국귀화를 하게 되면 대외적으로 식민통치의 실패로 인식될 수 있으며, 만주의 조선인을 일제의 만몽진출의 선봉으로 삼으려던 계획에 차질이 빚어지며, 만주 항일운동가에 대한 단속근거가 사라진다고 우려하였다.[61)]

---

22 이하; 〈동광〉 제 24호(1931. 8)의 "내가 본 재만동포 해결책"에서 안재홍, 이종린의 주장, p. 14; 이인(1931), p. 23. 1931년 및 1932년의 전조선변호사대회에서도 조선인에 대하여 국적법 실시요구가 가결되었다. 〈동광〉 제 29호(1931. 12), p. 23 및 〈삼천리〉 제 4권 12호(1932. 12), p. 27 등 참조.

60) 이인(1931), p. 23.

61) 만주 조선인의 일본국적 이탈허가 여부에 대한 일본의 논란에 대하여는 손승회(2004), pp. 347~353 참조. 한편 조선총독부는 1923. 11. 20~23 조선총독부, 만주 내 일본 영사관, 일본 외무성, 일본육군, 관동청, 만철 등의 대표를 경성으로 초치하여 재만주조선관계영사관타합회의를 개최하였다. 이의 첫 번째 협의사항이 "조선인의 귀화에 의하여 국적상실을 인정하는 것의 가부"였다. 당시 회의에서는 조선인의 일본국적 이탈을 인정하여 이들이 외국인이 된다면 일본 경찰수사에 많은 지장을 초래하며, 간도지방 같은 곳에서는 지역의 근기를 뒤엎을 염려가 있다고 지적되었다. 조선총독부, 《재만주조선관계영사관타합회의보고》, 1923, 김정주, 《조선통치사료 제 8권》, 한국사료연구원, 1971, p. 572 이하 소재. 기타 외무성 조약국 법규와 日本

일제의 입장에서는 찬반양론 모두 나름대로의 명분과 현실성을 갖고 있어 조선에 대하여 국적법 시행문제를 쉽게 결정하지 못하였다. 양자의 대립은 결국 일제종료 시까지 현상유지, 즉 일본 국적법의 미적용을 결과하게 되었다.[62]

그렇다면 일제기간 중 일본은 법적으로 어떠한 기준에서 조선인을 파악하였는가? 일제는 식민 초기에는 대한민국 말기부터 실시되었던 민적의 계승을 통하여, 조선호적령이 실시된 1923년 이후부터는 이를 발전시킨 호적제도를 통하여 일본인과 조선인을 법적으로 구별하였다. 즉, 일제는 일본제국의 판도를 본래의 일본영토인 내지와 청일전쟁 이후 획득한 외지로 구분하고, 일본 본토·조선·대만 등을 각기 이법지역(異法地域)으로 파악하였다. 일제 초기에는 다소 혼선과 마찰이 있었으나, 1918년 공통법이 제정되고 특히 초기에는 적용이 유보되었던 제3조가 1921년부터 조선에도 적용되고,[63] 1923년 조선호적령이 시행됨에 따라 일본신민의 일부로서 조선인의 신분파악 기준이 확립되었다.[64] 즉, 일본, 조선, 대만 등의 이법지역은 각기 나름의 호적을 갖고 있어서 조선인은 조선호적에, 일본인은 일본호적에 포함되었고 혼인, 입양, 인지 등 특별한 신분변동의 사유가 없는 한 이들 호적간의 자유로운 전적은 금지되었다.[65] 일본여자가 조선인 남자와 혼인하면 조선호적에 편입되었고, 법적으로는 조선인이 되었다. 조선

統治時代の朝鮮, 《外地法制誌》, 1971, 제4부 1, 二, p. 53 동지.

62) 상대적으로 조선총독부는 이탈허용의 입장이었으나, 외무성 등이 강력히 반대하였다고 한다. 손승회(2004), p. 351.

63) 공통법 제3조 "한 지역의 법령에 의하여 그 지역의 가(家)로 들어간 자는 다른 지역의 가를 떠난다. 한 지역의 법령에 의하여 가를 떠날 수 없는 자는 다른 지역의 가로 들어갈 수 없다".

64) 조선호적령이 시행되자 당시의 민적은 호적으로 효력을 계속하였다. 조선호적령 제128조 및 제132조.

65) 민적법 시행기의 호적 전적실행에 관하여는 이정선(2008) 참조.

남자가 일본인 처의 가(家)로 입부혼을 하면 그는 법적으로 일본인이 되었다. 이들이 이혼하면 원래의 실가 호적으로 복적되었다. 입양이나 인지를 통한 호적이동도 마찬가지였다. 일제기간 중에는 바로 호적을 기준으로 조선인을 법적으로 파악하였으며, 이는 혈통상의 조선인과는 구별되었다.[66]

3. 미군정기의 조선인의 범위

일제의 패망과 동시에 한반도는 미군과 소련군의 점령하에 놓였다. 당시 38 이남을 통치하였던 미군정청은 식민지배로부터 해방되어 독립국가의 국민으로 예정된 조선인의 법적 범위를 어떻게 파악하였는가? 일제치하의 조선호적령에 의한 판단기준이 그대로 활용되었는가? 아니면 독자적 판단기준을 적용하였는가? 미군정청은 조선인의 국적 판단 기준은 궁극적으로 조선인 스스로 결정할 사항이라고 생각하였다. 그러나 3년간의 통치기간 중 미군정청 역시 조선인의 범위를 판단하여야 할 경우가 적지 않았다. 이는 두 가지 각도에서 필요하였다. 첫째, 누가 조선인이냐를 결정하여야 할 경우가 있었다. 둘째, 누가 일본인이냐를 결정하여야 할 경우가 있었다.

군정 당시 공포된 법령을 보면 조선인과 일본인을 법적으로 구별하는 내용을 갖는 사례가 적지 않다. 예를 들어 군정법령 제 10호 "일본인의 등기(1945. 10. 8)"는 일본의 국적을 가진 자에 대한 여행규제와 등록을 명하였다. 제 33호 "조선내 소재 일본인 재산권 취득에 관한 건(1945. 12. 6)"은 조선 내의 일본인 재산의 몰수를 규정하였다. 제 55호 "정당에 관한 규칙"(1946. 2. 23)은 외국인이 정당당원이 되는 것을 금하였다. 제 207호 "변호사법"(1948. 7. 1)은 조선국민만이 변호사가 될 수

66) 조선호적령하의 호적전적에 관하여는 정인섭(1988), pp. 656~660 참조.

있다고 규정하였다. 이상은 모두 조선인 또는 일본인에 대한 법적 정의가 선행되어야 적용될 수 있는 법령이었으나, 그에 관한 내용이 구체적으로 포함된 경우는 없었다.[67] 미군정기 조선인을 법적으로 구별하였던 대표적 법령은 다음과 같았다.

1) 군정법령 제33호와 적산몰수

미군정청의 국적판단 관련조치 중 후일까지 커다란 영향을 미치고, 후술하는 남조선 과도입법의원이 국적에 관한 임시조례를 제정한 계기가 된 것도 적산처리에 관한 군정법령 제33호의 적용문제였다. 미군정청은 군정법령 제2호(1945. 9. 2)를 통하여 1945년 8월 9일을 기준일자로 하여 남한 내 모든 일본 정부, 법인, 자연인의 재산권 이동을 금지하였으며, 제33호를 통하여 이들 모든 일본인의 재산을 몰수하였다.[68] 이때 군정청은 철저히 호적만을 기준으로 일본인 여부를 판정하였다. 군정청 법무국은 적산몰수의 대상이 되는 일본인이란 일제기간 중 일본국민으로서의 완전한 시민적, 정치적 권리를 향유하는 자라고 판단하였고, 결국 대상자의 호적등재를 기준으로 구별하였다.[69] 즉, 1945년 8월 9일자를 기준으로 일본호적에 등재된 자는 일

---

67) 일제패망 후 귀환대상 일본인을 판단하는 데 관한 기준이 보고되었으나(1946. 3. 8 일본인 인양에 관한 건), 그 내용은 통일적 법적 기준을 담기보다는 당장의 행정관리 기준을 제시하는 정도이다. 그에 대한 시행사례로는 정인섭(1988), pp. 663~665 참조.

68) 미군정청이 일본인 사유재산까지 몰수하게 된 배경에 대하여는 김기원, "미군정의 경제정책에 관한 연구", 《한국방송통신대학 논문집》 제5집, 1986, pp. 329~350 참조.

69) United States Army Forces in Korea, *Selected Legal Opinions of the Department of Justice*, United States Army Military Government in Korea ②(1948), pp. 268~269(No. 948).

본인, 조선호적에 등재된 자는 조선인으로 판단하였다.

따라서 일제 시 일본인과 혼인한 조선여자가 광복 후 이혼한 경우에는 제 33호상의 일본인에 해당한다고 판단하여 그의 재산은 몰수대상이 되었다.[70] 일본인 남편이 광복 이전에 사망하였어도, 조선인 처와 자가 아직 일본호적에 등재되어 있다면 이들 역시 일본인으로 판단되었다.[71] 일본인 남편이 공식이혼은 없이 조선인 처를 유기하고 일본으로 귀국하여 다시 다른 여자와 혼인하였어도, 호적상 처로 남아 있다면 그녀는 일본인으로 판단되었다.[72] 일제 시 조선인 남편과 사실혼 관계에 있었으나 조선호적에 정식 입적을 하지 않은 일본여자의 재산도 적산으로 취급되었다.[73] 반대로 조선남자와 혼인하여 조선호적에 입적한 일본여자의 재산은 몰수대상이 되지 않았다.[74]

즉, 군정청은 적산몰수에 관한 군정법령 제 33호의 적용에서는 철저히 일제 시의 호적이라는 형식만을 기준으로 사용하였으며, 혈통이나 사실혼 관계 등은 전혀 고려하지 않았다. 이 점에 있어서 미군정청은 일제와 마찬가지로 호적을 통한 조선인/일본인 구별기준을 그대로 수용하였다.

2) 국회의원선거법

1948년 5월 10일 남한에서는 국회의원선거가 실시되었다. 국회의원

---

70) United States Army Forces in Korea, *Selected Legal Opinions of the Department of Justice*, United States Army Military Government in Korea ①(1948), p. 36 (No. 178).

71) 상동, p. 57 (No. 245).

72) 상동, pp. 57~58 (No. 247).

73) 상동, pp. 191~192 (No. 687). 각주 69번, p. 310 (No. 1035) 도 같은 유형의 사안임.

74) 상동, p. 160 (No. 582).

선거법 제1조에 따라 만 21세에 달하는 국민이 선거권을 행사하였다. 또한 만 25세 이상의 국민은 피선거권을 가졌다. 이는 대한민국 정부 수립을 위한 일반국민의 최초의 공민권 행사였으므로 당시 누가 대한민국 국민인가에 대한 판단은 중요한 문제였다. 아직 국적법이 제정되기 이전이었기 때문에 이 문제를 어떻게 해결하였을까?

남조선 과도입법의원은 이미 1947년 8월 12일에 입법의원 의원선거법을 제정한 바 있었다(남조선과도정부 법률 제5호, 1947. 9. 3 공포). 이의 시행을 위하여 중앙선거관리위원회는 1948년 1월 전문 98개조의 선거법 시행세칙을 발표하였다. 시행세칙으로는 이례적으로 제2조에 조선인의 정의규정을 담았다. 즉, 입법의원 의원선거법상의 조선인이란 "① 조선에 호적을 가진 자, ② 조선인 양친 사이에 출생한 자, ③ 조선인을 부친으로 하여 출생한 자로서 타국의 국적 또는 시민권이 없는 자"라고 정의하였다.[75] 사실 이러한 조선인의 정의규정을 설치하는 것은 시행세칙에 규정될 수 있는 위임의 범위를 넘어선 것이었다.[76] 단, 이 입법의원 의원선거법은 5·10 선거에 적용되지 못하였다. 가장 중요한 이유는 23세 이상으로 규정한 유권자의 연령이 너무 높고, 북한을 본적지로 하는 유권자를 대상으로 하는 특별선거구 설치 등에 대한 미군정청의 반대 때문이었다.[77]

이에 새로운 국회의원 선거법이 1948년 3월 군정법령 제175호로 제정되었다. 국회의원 선거관리위원회는 이 선거법의 시행세칙을 3월

---

75) 이 시행세칙은 당시 미군정청 관보에 수록되었을 것으로 생각되나, 현재 국내에 영인 발간되어 있는 미군정청 관보 등에서는 이를 찾지 못하였다. 이 세칙 제2조는 〈동아일보〉 1948년 1월 9일자에 전문 그대로 수록되어 있다.

76) 황성희, "입법의원 의원선거법에 대한 의의 약간", 〈법정〉 1948년 3월호, 1948, p. 15.

77) 이 선거법에 관한 상세는 박찬표, "제헌국회 선거법과 한국의 국가형성", 〈한국정치학회보〉 제29집 3호, 1995; 심지연, "한민당이 주무른 과도입법의원", 〈월간조선〉 1986년 4월호, 1986 등 참조.

22일 공포하였는데, 역시 제2조에 국민의 정의규정을 설치하였다. 그 내용은 위 입법의원 의원선거법 시행세칙과 완전히 동일하였다.[78)]

단순한 시행세칙에 규정된 국민의 정의조항이 어떠한 법적 지위를 갖느냐에 대한 논란과는 별개로 일단 5·10 국회의원선거에서 실제 적용된 조항이므로 나름대로 검토의 의의가 있는 조항이다. 제1호 "조선에 호적을 가진 자"라는 조항은 비교적 명백한 내용이다. 이는 조선호적령에 의한 조선호적 입적자를 가리키며, 본래 혈통상 조선민족이 아니라도 혼인 등에 의하여 조선호적에 입적된 자는 선거권을 갖는 국민에 해당하였다. 그러나 조선인의 개념규정이 선행되지 않았기 때문에 제2호와 제3호는 그 내용이 명백하지 않다. 당시 군정대법원 판사로서 선거관리위원장을 맡았던 노진설은 이 조항을 다음과 같이 설명하였다. 제2호 "조선인 양친 사이에서 출생한 자"란 조선에 호적이 없더라도 건전한 민족의식에 따라 상식적 판단을 할 때 조선인이라고 볼 수 있는 양친 사이에 태어난 자라고 보았다. 제3호 역시 부친이 조선인인가 여부는 건전한 민족의식을 통하여 판단하여야 한다고 보았다. 그는 결국 제2호와 제3호를 종합하면 "정확한 적용은 도저히 기대할 수 없으나, 일응 어떠한 조선인이 조선국민이냐 하는 데 대하여 한 방향만은 지시하고 있는 것이 분명하다"고 해석하였다.[79)] 제2호와 제3호의 차이는 양친이 조선인인 경우는 현재 외국국적을 갖고 있어도 조선인으로 인정되나, 부친만이 조선인인 경우 외국국적을 갖고 있으면 조선인으로 인정되지 않았다는 점이다. 모친만이 조선인인 경우 조선인으로 인정되지 않았다.

이상의 내용을 종합할 때 명확하지는 않아도 국회의원선거법상의

78) 이 역시 당시 미군정청 관보에서는 발견하지 못하였으나, 〈조선일보〉 1949년 3월 25일자, p.1과 노진설, 《실무본위 선거법 해설》, 수선사, 1948 등에 수록되어 있다.

79) 노진설(1948), pp.5~7.

국민이란 조선호적 등재자를 기본으로 하고, 조선호적 미등재자라도 혈통상 조선인을 부(父)로 하여 태어난 자를 포함하는 개념이었다. 단, 부만 조선인인 경우 외국국적 소지자는 제외되었다. 그러나 이 시행세칙은 당시 선거관리위원회가 선거실시를 위한 고육지책으로 제정한 것이었다. 일제시기의 호적만을 기준으로 한 형식적 판단만으로는 장기간의 해외거주를 마치고 귀국한 자가 많았던 당시의 현실에 대처하기가 곤란하다는 시각이 담겨져 있었다. 법형식적으로도 국회의원선거법 시행세칙을 통하여 국민의 범위를 결정할 수는 없었으며, 결국 그 내용이 후일 국적법으로 직접 연결되지도 못하였다. 국회의원선거법 시행세칙을 통한 국민파악은 5·10 선거라는 1회적 행사에만 적용되었다.

3) 국적에 관한 임시조례

미군정기인 1948년 5월 11일 남조선 과도입법의원이 제정한 국적에 관한 임시조례가 공포되었다. 이 임시조례는 국적의 득상을 종합적으로 규정한 국내최초의 법령이다. 미군정기에 제정·공포된 것이나 그 내용에 관하여는 미군정의 영향을 전혀 받지 않았으며, 건국헌법 제100조에 의하여 1948년 8월 15일 정부수립 이후에도 효력이 유지되었다는 점에서 특별한 의의가 있다.

이 임시조례가 만들어진 배경은 다음과 같다. 앞서 설명한 바와 같이 미군정청은 1945년 8월 9일자 호적등재를 기준으로 일본호적 입적자의 재산을 적산으로 간주하고 이를 몰수하였다. 그러나 적산처리에 관한 군정당국의 조선인/일본인 구별기준에 관하여는 이의제기가 빈발하였다. 예를 들어 일본호적에 입적된 혈통상 조선인이 종전 후 조선호적으로 복적한 경우 자신은 조선인임을 주장하며 재산을 적산몰수의 대상에서 제외시켜 달라는 요청이 많았다. 이에 군정장관 대리

C. G. 헬믹 준장은 1947년 9월 30일 "후일 조선이 통일되고 전민족을 일관한 입법기관이 법률 제정을 할 때까지 시행할 국적에 관한 법률"을 한국인 스스로가 만들어 달라고 요청하는 서한을 남조선과도입법의원으로 보냈다.[80] 이러한 군정청의 요구에 따라 과도입법의원은 "국적법이 제정될 때까지의 조선인의 국적을 확립하여 법률관계의 귀속을 명백히 함을 목적"(제1조)으로 임시조례를 제정하였다.

임시조례는 기본내용에서 그해 연말 제정된 국적법과 유사하였다. 제2조는 출생에 의한 국적취득의 경우 부계혈통주의를 기본원칙으로 규정하고, 모계혈통주의와 출생지주의를 보충원칙으로 채택하였다. 조선인의 처에게는 조선국적을 부여하고, 귀화를 통한 국적취득도 인정하였다. 외국에 귀화를 하거나 외국인의 처 또는 양자가 된 자의 국적상실도 규정하였다(제4조). 그런데 임시조례 역시 "조선인을 부친으로 하여 출생한 자"가 조선의 국적을 가진다고 규정하였지, 제정 당시 누가 조선인이냐에 대한 적극적 정의규정은 포함하지 않았다. 사실 대한제국 시절의 민적이 일제하의 조선호적으로 연계되었으므로 조선호적 입적자가 곧 대한민국 국민이 된다는 점에는 당시 별다른 이의가 없었다. 근거법인 조선호적령도 법적 효력을 지속하였다. 또한 혈통상 조선인으로 일제 시 중국 등 외국에서 생활의 방편이나 현지관헌의 보호를 받기 위하여 외국국적을 취득하였다가 귀국한 사람들을 우리 국민으로 수용하자는 점에도 큰 이견은 없었다.[81] 국회의원선거법 시행세칙의 조선인 정의조항도 기본적으로는 이러한 정신에 입각하였다. 현실적 난제는 일제 시의 신분행위를 통하여 일본호적으로 전적하였던 자를 우리 국민으로 수용할 것이냐 여부였다. 이 점이

---

80) 《남조선과도입법의원 속기록 제192호(1948. 1. 12)》, p. 5, 〈동아일보〉 1947년 10월 4일자.

81) 임시조례 심의 시 황보익 의원 발언, 《남조선과도입법의원 속기록 제216호(1948. 3. 19)》, p. 7.

광복 후 최초 국민 파악기준 설정에서 핵심적 사항이었다.

임시조례 제5조는 바로 일제시기 외국국적이나 일본호적을 취득한 자에 대한 국적처리 기준을 담았다. 즉, "외국의 국적 또는 일본의 호적을 취득한 자가 그 국적을 포기하거나 일본의 호적을 이탈한 자는 단기 4278년 8월 9일 이전에 조선의 국적을 회복한 것으로 간주함"이라는 규정을 두어 본래 혈통상 조선인이 일제기간 중 신분변동에 있었던 자의 국적처리 기준을 제시하였다. 제5조는 임시조례 심의 시 가장 큰 논란이 벌어진 항목이기도 하였다.

일본의 호적을 취득하였던 자라도 이를 이탈하면 1945년 8월 9일 이전에 조선의 국적을 회복한 것으로 간주한다는 제5조는 적산처리와 관련하여 매우 민감한 내용이었다. 1945년 8월 9일자에 일본호적에 입적되어 있던 자라도 후일 일본호적을 이탈하면 소급적으로 조선인으로 간주되어 그들의 재산은 적산몰수에서 제외된다. 당시 이 조항에 찬성하는 의원들은 그들의 재산을 미군정청의 적산몰수에서 제외시켜 우선 조선의 재산으로 만드는 것이 국가적으로 득이 되고, 필요하면 나중에 친일파 처벌법 등을 제정하여 우리 정부가 몰수할 수 있다고 주장하였다.[82] 반대론자들은 이 조항이 친일파의 재산을 보호하는 것이라며 삭제하자고 주장하였다. 이들은 미군정이 몰수한 적산도 머지않아 우리 정부가 수립되면 인계될 것으로 생각하였다.[83] 치열한 논란 끝에 제5조는 재석 34에 찬성 20, 반대 7로 가결되었다.[84]

여기서 "외국국적의 포기" 또는 "일본호적의 이탈"이란 구체적으로 무엇을 의미하는가? 초안 책임자인 백관수 법사위원장은 별다른 절차

---

82) 김붕준 의원 발언, 《남조선 과도입법의원 속기록 제208호(1948. 2. 17)》, pp. 21~22. 홍성하 의원 발언, 《남조선 과도입법의원 속기록 제216호》, pp. 8~10.

83) 이종근 의원 발언, 《남조선 과도입법의원 속기록 제216호》, pp. 9~10.

84) 《남조선 과도입법의원 속기록 제216호》, p. 11.

없이 본인의 자유의사에 맡길 수밖에 없으며, 신청절차가 없다는 것이 좀 막연하지만 그래서 "간주"라고 표현하였다고 설명하였다.[85] 심의과정에서는 이 점에 대하여 긴 논란이 벌어졌다. 공식적 이탈 또는 탈적절차를 밟아야 한다는 주장도 강하였다. 단순히 외국국적을 포기하겠다는 의사표시만으로 조선국적을 인정하게 되면 2중 국적상태가 된다는 지적도 제기되었다. 그러나 현실적 문제로 몇몇 의원조차 독립운동 과정에서 중국의 보호를 받기 위하여 중국국적을 취득한 바 있었고, 이들은 중국국적에 관하여 별다른 법적 조치 없이 귀국하였다. 이들에게 국공(國共) 내전으로 혼란에 빠진 중국으로 돌아가 공식적 국적이탈 조치를 취하라는 것은 무리한 요구가 될 수밖에 없었다. 본래의 조선인이 조선국적을 갖겠다는 데 문제삼을 이유가 무엇이냐는 반박도 있었다.[86] 결국 외국국적의 포기란 별다른 법적 절차를 요구하지 않는 취지로 이해되었다. 앞서의 설명과 같이 일제 시 조선인의 외국국적 취득은 일본국적 상실의 사유가 되지 않았으며, 원래 조선호적에 등재되었다면 그대로 존치되었다. 사실 제 5조와 관련하여 외국국적 취득자의 처리문제는 당시 큰 관심사가 아니었다.

한편 일본호적에 대하여는 왜 "이탈"이라는 별도의 표현이 사용되었는가? 백관수 위원장의 제안설명에서는 포기와 이탈의 의미를 특별히 구별하지 않았다. 그런데 당초 백관수 위원장이 제안한 제 5조의 원안은 "조선인으로서 단기 4278년 8월 9일 이전 외국의 국적 또는 일본의 호적을 취득한 자가 본법 시행시까지에 그 국적을 포기하거나 일본의 호적을 이탈한 자는…"이라고 되어 있었다. 최종적으로 채택된 조항에서는 "조선인으로서 단기 4278년 8월 9일 이전"과 "본법 시행시까지에"가 삭제되었다. 특히 "본법 시행시까지"라는 표현이 삭제된 이유

85) 《남조선 과도입법의원 속기록 제 208호》, p. 14 및 p. 17.

86) 안동원 의원 발언, 《남조선과도입법의원 속기록 제 216호》, p. 10.

는, 그렇게 된다면 미처 미리 수속하지 못한 사람은 조선국적을 회복할 길이 없고, 그들의 재산을 조선의 재산으로 할 수 없게 되므로 법안의 취지를 살리기 위해서는 이를 삭제하자는 주장이 받아들여졌기 때문이었다.[87] 토의과정에서 명확하게 결정되었다고는 할 수 없으나 결국 이탈이란 일정한 법절차를 전제로 한다는 사고의 발로였다. 단순히 자유의사의 표현이라고 한다면 누구나 나는 이미 일본호적을 포기하였다고 주장하면 될 것이기 때문이었다. 또한 후일 우리 법원의 실행도 일본호적을 이탈하고 한국호적에 입적을 하여야만 한국인으로 인정하였다.

임시조례의 가장 직접적인 의도는 적산처리와 관련하여 일본호적에 입적된 조선인의 신분을 조선인으로 만들고자 하는 것이었다. 미군정청은 이 같은 임시조례에 당황하였다. 기왕의 적산처리의 결과의 일부가 소급적으로 무효로 되기 때문이었다. 새로운 혼란에 직면한 미군정청은 임시조례 공포 다음날인 1948년 5월 12일 군정법령 제 191호 "법령 제 33호의 석명"을 통하여 "법령 제 33호에 의하여 미군정청에 이미 귀속된 재산은 원 소유자의 소급적 조선국적 회복에도 불구하고 귀속재산임에 변함이 없다"고 발표하였다. 당시 남조선과도입법의원은 미군정청 휘하에 있었으며, 군정법령 제 191호의 효력은 임시조례에 우선하였다. 결국 미군정청의 기존 적산처리 결과는 고수되었다. 적산처리의 법적 효과는 "대한민국 정부 및 미국정부간의 재정 및 재산에 관한 최초협정" 제 5조에 의하여 한국정부에 의하여 수락되었고, 군정청이 관리하던 적산은 한국정부로 이양되었다. 적산처리 결과는 광복 후 한국의 귀속재산처리법에 의하여도 유지되었다.[88]

---

87) 홍성하, 서우석, 이일우, 하상훈, 백남채 의원 등의 입장, 《남조선과도입법의원 속기록 제 216호》, pp. 8~9.

88) 일본호적에 입적된 혈통상 조선인의 재산반환 소송에서 우리 법원도 일관되게 미군정청과 마찬가지로 1945년 8월 9일자 호적등재를 기준으로 적산 여

결론적으로 임시조례에 의한 국적처리 기준은 다음과 같이 요약될 수 있으며, 이러한 내용은 후일 우리 법원의 판례로도 뒷받침되었다.

첫째, 조선호적 입적자(입적자격이 있으나 미처 포함되지 않은 "입적되어야 할 자" 포함)는 혈통상 조선인 여부와는 상관없이 모두 조선국민으로 인정되었다. 본래 일본인으로 조선호적에 입적된 자는 일본호적으로 복귀하여야 조선국적을 상실하였다.[89] 반면 혈통상 조선인이 일본호적에 입적된 경우 임시조례의 유효기간 중 일본호적을 이탈하여 조선호적으로 복적하면 소급적으로 조선국민으로 인정되었으나,[90] 복적하지 않은 자는 일본인으로 처리되었다.[91] 결국 국적판정

부를 판단하였다. 대법원 1962. 1. 18 선고, 1961행상86 판결, 대법원 1962. 6. 21 선고, 62다217 판결, 대법원 1981. 6. 23 선고, 80다2870 판결, 대법원 1986. 3. 25 선고, 84다카1848 판결 등. 기타 정인섭, 《한국판례국제법》(제 2판), 홍문사, 2005, pp. 105~106 수록 판결목록 참조.

89) 대법원 1976. 4. 23 선고, 73마1051 판결은 일제 시 조선인 남편과 혼인한 일본인 처가 1945년 9월 6일 협의이혼을 하였더라도, "이혼한 사유만으로 한국 국적을 상실하고 일본 국적을 다시 취득하는 것은 아니고, 동녀가 일본국에 다시 복적할 때까지 여전히 한국 국적을 그대로 유지한다고 보아야 할 것"이라고 보았다.

90) 서울고등법원 1967. 6. 30 선고, 67나15 판결은 1937년 일본여자와 데릴사위 혼인을 하여 일본호적에 입적하였다가, 협의이혼을 하여 "1945. 9. 26 한국호적에 복적함으로써 남조선과도정부 법령 제 11호 국적에 관한 조례 제 5조에 의하여 1945. 8. 9 이전에 대한민국 국적을 회복한 것으로 되지만"이라고 전제하여 임시조례의 국적처리를 그대로 인정하였다. 단, 그의 재산은 군정법령 제 191호에 의하여 몰수대상이라고 판정하였다. 대법원 1962. 1. 31 선고, 1961민상651 판결도 같은 취지.

91) 대법원 1963. 11. 21 선고, 63누130 판결; 대법원 1974. 8. 30 선고, 74도1668 판결 등. 일제기간 중 일본호적에 입적한 조선인을 일본인으로 취급한 판결은 이외에도 적지 않다. 다만 대법원 1958. 9. 18 선고, 1957민상170 판결만은 일본인의 서양자로 입적한 조선인은 한국인의 신분을 상실하는 것이 아니고, 일본인의 신분을 겸하여 취득한 것이라고 판단하였다. 단, 귀속재산 여부의 판단이 쟁점인 이 판결도 대상자가 광복 후 이혼하여 원적에 복적을 하였어도

의 현실적 기준은 호적이 되었다.

둘째, 일제기간 중 외국국적을 자진하여 취득한 자는 외국국적자로 되었으며,[92] 단 임시조례 유효기간 중 자진하여 이를 포기하면 소급적으로 조선국민으로 인정되었다. 본인의사와 무관하게 미국출생에 의하여 조선인에게 자동적으로 미국국적이 부여된 경우는 한미 이중국적자로 인정되었다.[93]

결국 임시조례에 의한 조선인의 파악은 일제가 조선호적이란 법제도를 통하여 조선인을 파악하던 방법을 기본적으로 계승한 결과가 되었다.[94] 다만 이는 호적이 국적의 근거가 되었다는 주장은 아니고, 국적은 어디까지나 임시조례를 통하여 결정되었으며 호적은 그러한 결과의 표현수단이요 입증방법이었다.

적산몰수 대상임에는 변함이 없다고 판단하였다. 또한 1954.10.7 법무부장관의 대 서울고등법원장 유권해석과 1958.1.30 법무부장관의 대 외무부장관 유권해석 역시 일본호적 입적자는 한국국적을 상실하였다고 답하였다.

92) 대법원 1981.2.10 선고, 80다2189 판결은 1925년경 자진하여 미국국적을 취득한 자를 외국인으로 판단하였다.

93) 대법원 1973.10.31 선고, 72나2295 판결.

94) 다만 일제하에서는 조선인이 외국국적을 취득하여도 조선인의 신분을 이탈할 수 없었으나, 임시조례는 이들의 외국국적 취득을 인정하고 반대로 외국국적을 포기하여야 조선인의 국적을 인정하였다는 점에 약간의 차이가 있었다. 그리고 이성환 교수는 대한제국은 멸망한 것이 아니라, 공화국인 대한민국으로 변경되어 존속한 것이며, 임시조례의 조선인이란 구대한제국의 국적을 말한다고 설명하였다. 이성환, "대한민국 국민의 범위", 〈법학논총〉 제9집(국민대), 1997, p.271. 그러나 본문에서의 설명과 같이 1910년의 대한제국 신민과 그 후손 모두가 아무 일 없었던 듯 그대로 1948년의 대한민국 국민으로 되지는 않았다.

IV. 임시조례와 국적법의 관계

임시조례는 정부수립 이후 그 효력이 어떻게 되었으며, 국적법과는 어떠한 연관을 가졌는가? 만약 국적법 시행 이전에 이미 대한민국 국민의 범위를 확정하였고 그 내용이 그대로 1948년 국적법으로 승계되었다면, 국적법에는 최초 국민에 관한 정의조항이 별도로 설치될 필요가 없었을 것이다. 그러나 이에 대하여는 다음과 같은 이유에서 임시조례가 국적법의 선행법률로서의 역할을 할 수 없었다는 견해가 주장된 바 있다.

> "첫째로 근본적으로 국적이라는 것은 국가를 전제로 하는 것인데 임시조례가 제정 · 시행되었던 기간은 미군정기였고, 더욱이 이 임시조례를 제정한 남조선과도정부라는 것도 미군정청의 조선인 기관에 불과한 것이었다는 사실 등을 미루어 볼 때 국제법의 측면에서나 국내법의 측면에서 남조선과도정부의 국적이 성립될 수 없다는 원론적인 문제가 있다. 게다가 남조선과도정부의 법률이라는 것들도 남조선과도정부가 건의하고 이를 미군정장관이 인정하게 되어 있었다. 둘째로 남조선과도정부 이전에 설치된 조선과도입법의원은 '조선 전체'를 관할하는 것이었지만 그것이 여의치 않게 되자 '북위 38도 이남의 조선'을 통치하는 기관으로 남조선과도정부가 설립된 것이라는 점에서 국내법적으로 건국헌법의 영토조항에 저촉된다고 볼 것인데, 건국헌법 제100조를 근거로 임시조례를 유효하게 보는 것에는 문제가 있다. 셋째로 이 임시조례를 폐지하는 1948년에 제정된 국적법에는 최초의 한국인의 범위를 정하는 규정이나 또는 임시조례와의 적용관계를 정하는 경과규정은 존재하지 않으며, 넷째로 국적행정의 담당부서인 법무부의 유권해석에서도 임시조례의 법원성을 배제하고 있다는 것 등을 미루어 보아 국적법이 최초의 한국인의 범위를 정하지 못한 흠결을 이 임시조례로서 치유할 수는 없다고 할 것이다."[95] (각주 생략)

위의 논지를 항목별로 검토한다.[96]

첫째, 국적이란 국가를 전제로 하는 것인데, 정부수립 이전 미군정청의 조선인 기관에 불과한 남조선과도정부에 의하여 제정된 임시조례를 통해서는 국제법적으로나 국내법적으로 남조선과도정부의 국적이 성립될 수 없다는 주장을 검토한다.

이 주장의 요점은 정식의 독립국가가 출발하기 이전에는 법적 의미의 국적이 성립될 수 없다는 것으로 파악된다. 물론 국제법상 국적이란 독립주권국가를 전제로 하는 개념이다. 그러나 완전한 독립을 달성하기 이전에도 그 지역의 최종적 통치권을 행사하는 당국의 승인 아래 소속민의 범위를 확정하기 위한 법률이 제정되고, 그렇게 결정된 국적이 국제법적으로 완전한 독립을 달성한 이후에도 지속되었던 사례는 국제사회에서 많이 발견된다. 예를 들어 필리핀의 국적은 1935년 헌법 제4조, 캄보디아의 국적은 1920년 민법 제22조 내지 제26조, 이라크의 국적은 1924년 국적법, 리비아의 국적은 1951년 헌법 제8조 내지 제10조, 파키스탄의 국적은 1926년 법, 베트남의 국적은 1931년 통킨 민법 등 모두 정식의 독립달성 이전에 제정된 법률을 통하여 확정된 국적이 독립 이후에도 그대로 유지되었다.[97] 물론 이들 국가가 독립 이후 구법령에 따른 국민확정 기준을 부인하고 새로운 입법을 할 수도 있었다. 그러나 위와 같은 조치는 독립과 동시에 바로 국민의 범위를 확정할 수 있다는 점에서 법적 공백의 발생을 방지하는 기능을 하였다. 임시조례 역시 정부수립 이후 대한민국 헌법 제

95) 노영돈(1996), pp. 54~55. 권영설, "헌법의 국민조항과 국적법", 〈고시계〉 1997년 7월호, 1997, pp. 96~97도 임시조례가 국적법에 선행하는 경과규정의 역할을 할 수 없다는 견해에 동조한다.

96) 이하의 분석은 필자가 이미 발표한 바 있는 정인섭(1998), pp. 240~243의 내용의 기본취지를 반복한다.

97) 각 법의 내용은 UN, Laws concerning Nationality (UN, 1954) (ST/LEG/SER. B/4/Add. 1)에 의거함.

100조에 의하여 그 효력이 지속되었다.[98] 대한민국에 의하여 효력이 승인된 이상 미군정기 남조선과도입법의원에 의하여 제정된 법률이라는 점이 문제될 이유는 없다.

둘째, 38 이남만을 대상으로 하던 남조선과도입법의원에 의하여 제정된 임시조례는 건국헌법의 영토조항과 저촉된다는 지적을 검토한다.

임시조례 자체에 그 적용지역을 38 이남으로 한정한다는 조항은 없다. 그러나 임시조례를 포함하여 미군정 시절에 제정된 군정법령, 과도정부 법률, 과도정부 명령 등은 모두 당시 미군정의 관할지역인 38 이남을 적용대상으로 함이 원칙이었다. 이러한 법령들은 건국헌법 제 100조가 "현행법령은 이 헌법에 저촉되지 아니하는 한 효력을 가진다"고 규정함에 따라 정부수립 이후에도 원칙적으로 효력을 유지하였다. 일제시대 조선에 적용되던 법령 역시 군정법령 제 21호(1945. 11. 2 공포)가 별단의 사유가 없는 한 일제 시 법령의 효력지속을 선인하였고, 건국헌법 제 100조도 기존법령의 효력지속을 인정하였기 때문에 정부수립 이후에도 계속 시행되었던 것이다.[99] 이렇게 본다면 1948년 8월 15일 정부수립 당시 우리의 국내법 질서는 건국헌법과 국회법, 정부조직법 등 제헌국회가 제정한 소수의 법률 및 헌법 제 100조를 근거로 정부수립 이전부터 유효하였던 구법령에 의하여 구성되었다고 할 수 있다. 그런데 유독 임시조례에 한하여만 38 이남을 관할대상으로 하는 기관이 발하였음을 이유로 건국헌법의 영토조항에 위배된다는 주장에는 동의할 수 없다. 같은 논리에 입각한다면 임시조례뿐만 아니라 미군정법령 전체를 위헌무효라고 주장하여야 한다. 이러한 주장은

98) 석동현, 《국적법연구》, 동강, 2004, p. 255 동지.

99) 법원행정처, 《主要舊法令集(上)》, 법원행정처, 1987, 범례 참조. 정부수립 이후에도 대체입법이 제정되지 않아 효력이 지속되던 구법령들은 1961년 7월 15일 공포된 구법령 처리에 관한 특별조치법에 의하여 1962년 1월 20일에 일괄적으로 폐기되었다.

1950년 말까지 국내 법운영 실태에 반한다. 실제로 군정법령은 제헌 이후 국내법 질서상 중요한 역할을 담당하였다. 이 경우 38 이남에 적용될 예정이던 기존법령이 신헌법의 영토조항에 위반되어 위헌성이 제기된다기보다는 특별한 사유가 없는 한 기존법령의 적용영역은 신헌법의 적용영역으로 자동적으로 확대된다고 해석하여야 한다.

셋째, 1948년 국적법 속에 임시조례와의 적용관계를 규정한 경과규정이 없다는 점에서 양자의 연결성을 인정할 수 없다는 주장도 타당성이 없다. 무엇보다도 임시조례 자체가 제 1조에 "본조례는 국적법이 제정될 때까지" 적용된다는 한시성과 연결성을 명기하였다. 또한 동일한 주제에 관하여 새로운 내용을 담은 신법이 제정되면 법해석의 일반원칙상 당연히 신법이 구법을 대체하는 것이지, 신법에 구법을 대체한다는 명문규정이 없다 하여 양자의 연결관계가 부인되는 것은 아니다. 따라서 1948년 12월 국적법에 임시조례를 승계한다는 경과규정이 없음을 이유로 양자간의 연결관계가 부인될 수는 없다.

네 번째 근거로 지적되는 1954년 10월 7일자 서울고등법원장의 질의에 대한 법무부장관의 유권해석이 임시조례의 법원성을 부인한다는 점에 대하여는 상세한 검토를 요한다. 이 입장의 논거는 다음과 같다. 임시조례 제 5조는 과거 "외국의 국적 또는 일본의 호적을 취득한 자가 그 외국의 국적을 포기하거나 일본의 호적을 이탈"하면 "1945년 8월 9일 이전에 조선의 국적을 회복한 것으로 간주함"이라고 규정하고 있어서 일제기간 중 외국국적을 취득한 자는 당사자의 외국국적 포기가 없는 한 외국국적자로 인정하는 입장을 취하였다. 그런데 1954년 10월 7일자 법무부장관 유권해석은 외국국적 취득으로 인한 한국국적의 이탈은 1948년 국적법이 시행된 이후부터 가능한 것으로 보고 일제 시 미국국적을 취득한 자는 한국국적을 계속 보유하는 한미 이중국적자라고 판단하였다.[100] 이러한 입장은 위의 임시조례 제 5조와 상반되는 것이었으므로 법무부가 임시조례의 법원성을 부인하였다는 주장이 제시된 것이다.

그러나 이 점에 관한 결론을 내리기 위해서는 이후 우리 법원의 법 해석을 좀더 폭넓게 살펴볼 필요가 있다. 즉, 대법원 1981년 2월 10일 선고, 80다2189 판결은 1925년 자진하여 미국의 국적을 취득(귀화)한 자를 대한민국 국적을 상실한 외국인으로 전제하고 판결을 내려 위 법무부 유권해석과는 반대로 임시조례 제5조와 같은 입장을 취하였다.

또한 우리 법원은 국적법 시행 이전에는 임시조례가 우리의 국적문제를 규율하였음을 일관되게 인정하며,[101] 임시조례의 유효성을 부인하였던 판결은 한 건도 발견되지 않는다. 다음은 이에 관한 대표적 판결이다.

> "남조선 과도정부법률 제11호 국적에 관한 임시조례 제2조 제1호는 조선인을 부친으로 하여 출생한 자는 조선의 국적을 가지는 것으로 규성하고 있고, 건국헌법은 제3조에서 대한민국의 국민되는 요건을 법률로써 정한다고 규정하면서 제100조에서 현행 법령은 이 헌법에 저촉되지 아니하는 한 효력을 가진다고 규정하고 있는 바, 원고는 조선인인 위 이승호를 부친으로 하여 출생함으로써 위 임시조례의 규정에 따라 조선국적을 취득하였다가 1948.7.17 건국헌법의 공포와 동시에 대한민국 국적을 취득하였다 할 것 …"[102]

---

100) 즉, 1948년 국적법 제12조 4호 "자진하여 외국의 국적을 취득한 자"는 대한민국 국적을 상실한다는 조항의 실시 이후부터 외국국적 취득을 통한 대한민국 국적이탈이 가능하여졌다는 해석이었다. 법무부, 《법령질의해석응답집 제1집》, 법무부, 1963, p.3.

101) 각주 89 내지 92번 참조.

102) 대법원 1996.11.12 선고, 96누1221 판결. 한편 1980년 9월 30일 법정 제295호 주일대사 질의에 대한 법원행정처장의 회답에서도 동일한 입장이 표시되었다. 《大法院例規集 戶籍編》, 법원행정처, 1996, p.293(戶籍例規 제362호) 참조.

이상의 경우를 종합하면 1954년 법무부장관의 유권해석은 매우 이례적인 경우였음을 알게 된다. 특히 건국헌법 제100조에도 불구하고 임시조례의 실효성을 부인하려면 위헌무효 등 별도의 근거가 있어야만 하며, 아무 이유 없이 실효성이 부인될 수는 없다.

결론적으로 임시조례는 1948년 정부수립 당시를 포함하여 국적법에 의하여 대체되기 전까지 대한민국의 국적을 결정하는 법률로서 기능하였으며, 이 점은 우리 법원도 일관되게 지지한 입장이다.103) 이후 시행된 국적법은 임시조례보다 국민의 경계를 약간 좁혔다. 임시조례 하에서는 일본호적 입적자가 조선호적으로의 전적(轉籍)만으로 국적을 인정받을 수 있었다면, 국적법 시행 이후에는 국적회복 절차가 필요하게 되었다. 외국국적 취득자 역시 단순한 외국국적의 포기만으로 대한민국 국민으로 인정받을 수 없고 국적의 회복절차를 밟아야 했다.

---

103) 다만 국회의 국적법 심의과정에서 이 법의 제정이 임시조례에 대한 대체효과를 가져온다는 점에 대한 인식이 표시된 바는 없었다. 이인 법무장관의 제안설명이나 국회의원의 토론과정에서 임시조례와의 관계가 전혀 언급되지 않았으며, 오히려 이인 법무장관은 법제정 이전에 해당법률이 없는 상황이라면 조리상 신규제정 법률을 그 국가의 법률로 보아야 하지 않겠냐는 의사를 표시하여 국적에 관한 선행법률을 인식하지 못하였던 것으로 추측된다. 《국회의사속기록 제118호(1948. 12. 1)》, p. 4 참조. 그러나 국회입법 참여자의 인식 여부가 헌법 제100조의 명문규정에 우선할 수는 없으므로 임시조례가 헌법에 의하여 어떠한 법적 효력을 지녔는가는 이인 법무장관이 임시조례의 성격을 어떻게 인식하였는가와 별개의 문제이다.

V. 구공산권 거주교포의 국적

광복 당시 중국 등 구공산권에 거주하던 교포들은 정치적 이유에서 대한민국과의 접촉이 오랫동안 단절되었고, 대부분 현지국적을 취득하여 생활하였다. 종래 국내일각에서는 임시조례로는 남한 이외에 거주하던 조선 혈통자의 국적을 확정할 수 없었다거나,[104] 임시조례의 적용에 의하여 "해방 이후 우연히 '남조선'에 있던 사람만이 '한국인'이 되고, (북조선을 포함하여) 그 외의 지역에 있던 사람들은 모두가 '외국인'으로 간주"되게 되었다는 주장이 있었다.[105] 그러나 앞서 지적한 바와 같이 임시조례가 미군정기에 공포된 법령이라는 사실만으로 이의 적용지역이 반드시 남한으로 한정된다고 보는 것은 타당하지 않다. 또한 법이란 반드시 발령국가 내에서만 속지적으로 적용되는 것이 아니며, 그 성격에 따라 영역 외에 소재한 사람에게 속인적으로 적용될 수도 있다. 국적법은 속인적으로 적용될 성격의 법이므로 국외거주자에게도 당연히 적용되었다고 보아야 한다. 그런 의미에서 적어도 1948년 정부수립 당시에는 거주지와 관계없이 조선호적 입적(대상)자는 최소한 건국헌법의 발효 시부터 임시조례에 의하여 대한민국 국적을 인정받았다고 해석된다. 광복 후 남한 이외에서의 거주자는 한국국민에서 제외되었다는 주장은 우리의 대표적 해외교포 집단인 재일 한국인이 한국국적을 유지한 것만 보아도 잘못된 주장임을 바로 알 수 있다. 다만 구공산권 거주교포 및 그 자손의 국적판단에서는 그 이후 한국의 국적법 개정, 당사자의 현지국적 취득 등 여러 가지 변수의 영향을 받게 되었다.

---

104) 이장희(1998), p. 58.

105) 노영돈(1996), p. 64.

VI. 북한의 국적법

북한헌법에는 한국의 건국헌법 제3조와 같은 국적관련 규정이 오랫동안 설치되지 않았고, 국적법 자체도 1963년에 처음으로 제정되었다. 북한에서는 1992년 개헌 시 제62조 "조선민주주의인민공화국 공민이 되는 조건은 국적에 관한 법으로 규정한다"라는 헌법조항이 최초로 설치되었다. 국적법과 같이 국가구성에 관한 기본법이 정부수립 이후 15년이 지나서야 제정되었다는 점은 매우 특이하다. 그러면 그 이전 북한은 어떠한 기준으로 소속국민을 파악하였는가?

1963년 북한 국적법 제2조 1항은 "공화국 창건 이전에 조선의 국적을 소유하였던 조선사람과 그의 자녀로서 그 국적을 포기하지 않은 자"를 북한공민으로 한다고 규정한다. 북한 국제법서는 이 조항을 통하여 일제 식민통치 이전에 조선정부에 속하였던 모든 사람들과 그 자손으로 조선국적을 합법적으로 변경하지 않은 사람은 거주지에 관계없이 공화국 공민이 되었으며, 따라서 일제 식민통치로 인하여 수많은 해외교포가 발생한 역사적 특수성을 잘 처리하게 되었다고 평가한다.[106] 식민통치 이전의 조선정부란 일단 대한제국의 정부로 해석된다.

북한이 1963년이란 뒤늦은 시점에 위와 같은 국적법을 제정한 이유는 무엇일까? 이는 한일 국교정상화 회담이 한창 진행되던 당시 재일조총련을 염두에 둔 입법조치였다. 1951년부터 시작된 한일회담은 1962년 김종필-오히라 회담을 계기로 급진전이 예상되었다. 당시 한일 국교정상화 회담의 주제 중의 하나가 재일교포의 법적 지위문제였다. 협상과정에서 한국정부는 모든 재일교포가 대한민국 국민임을 확

---

106) 《국제법학》, 김일성종합대학 출판부, 1992, p. 84; 김영철·서원철, 《현대국제법연구》, 사회과학원, 1988. p. 77.

인받기를 원하였으나, 일본정부는 한반도의 분단현실과 재일교포의 상당수가 친북 조총련계임을 감안하여 본인의사 존중을 내세웠다. 1960년대에 재일교포는 중국 등 공산권 거주교포 외에는 한민족 최대의 해외교포 집단이었다. 특히 북한의 입장에서는 공산권 국가의 교포를 제외하면, 재일교포는 자신들과 연계될 수 있는 유일한 해외동포 집단이었다. 만의 하나라도 한일 국교정상화에 즈음하여 모든 재일교포에 대한 한국국적이 인정되면 북한에 대한 적지 않은 정치적 타격이 될 수밖에 없었다. 이에 북한은 협상타결 이전에 서둘러 국적법을 제정하여 재일교포를 북한공민의 일부로 명확히 포용하려는 의도를 표명한 것이다.

즉, 북한 국적법은 북한창건 이전부터 조선의 국적을 가졌던 조선인과 그 자손으로 북한국적을 포기하지 않은 모든 자에게 거주지에 관계없이 북한국적을 인정하였다. 북한 국제법서는 이 규정이 "미일 제국주의자들과 그 괴뢰들에 의하여 강요된 '국적'을 무효화하고, 해내외에 있는 조선 공민의 법적 지위를 공식적으로 선포"한 것으로서, 이는 "조선 사람이라면 한 사람도 빠짐없이 공화국의 떳떳한 공민으로서의 법적 지위를 가질 수 있도록 하시려는 어버이 수령님의 뜨거운 동포애적 사랑과 배려"에서 비롯되었다고 설명한다.[107] 또한 "국적법에서 70만 재일 조선공민을 비롯한 해외공민들에게 국적을 부여하고, 그들의 법적 지위를 옹호 보장하는 것은 국가 자주권"의 행사인 정당한 조치이며, "어떤 나라도 70만 재일 조선공민의 국적문제에 간섭하거나 그것을 정치적 흥정의 미끼로 삼을 수 없다"고 주장하였다.[108] 북한 국제법서가 국적문제가 인권의 문제로서 본인의사 존중의 필요를 특히 강조하는 것은[109] 일면 당연한 설명이기도 하지만, 그 배경

107) 김영철 · 서원철(1988), p. 77.

108) 김영철 · 서원철(1988), p. 79.

109) 《국제법학》, pp. 77~78.

에서는 재일교포에 대하여 북한국적을 주장하기 위한 법적 대비책으로서의 의미가 컸다.

그간 국내일각에서는 북한 국적법이 "공화국 창건 이전에 조선의 국적을 소유하였던 조선인"이라는 개념을 사용함으로써 광복 후 최초 국민 확정기준에 관한 문제의식을 우리 국적법보다 분명히 갖고 그에 대한 대비를 한 것으로 평가하기도 하였다.[110] 또한 위에 지적된 북한 국제법서의 설명에[111] 단순 착안하여 북한 국적법이 임시조례보다 구체적으로 최초 주민의 범위를 설정한 것으로 이해하기도 하였다. 이러한 평가는 과연 올바른 판단인가?

북한 국적법은 북한창건 이전 주민과의 법적 승계성 문제를 명시한다는 점에서 우선 주목을 끈다.[112] 그러나 북한 국적법을 실제 검토하면 최초 국민의 범위에 대하여 구체적 해결책을 제시하지 못하는 불완전한 입법이라는 비판을 면할 수 없다. 수사적 설명에도 불구하고 북한 국적법에는 과연 북한창건 이전에 "조선의 국적을 소유하였던 조선인"이나 "국적의 포기"가 법적으로 무엇을 의미하는지에 대한 구체적 판단기준은 들어 있지 않기 때문이다. 또한 일제 시 "조선의 국적을 합법적으로 변경"이 법적으로 무엇을 의미하는지 역시 명확하지 않다. 최초 국민의 범위와 관련하여 실제 문제되는 사항은 일제기간 중 일본호적에 입적한 조선인, 이들 중 광복 직후 조선호적으로의 복적자, 혈통상 비조선인으로 조선호적 입적자, 외국국적을 자진 취득한 조선인, 외국국적 취득 후에도 조선호적에 남아 있던 자, 출생에

---

110) 손희두(1997), p. 61. 노영돈(1996), p. 56; 이장희(1998), p. 58; 장효상(1989), pp. 128~129 등은 이 같은 입장을 명문으로 표시하지는 않으나, 전후 문맥상 본문과 같은 견해에 동조한다고 해석된다.

111) 《국제법학》, p. 106 및 해당본문.

112) 그러나 북한 국적법은 광복 후 국가체제의 정비가 어느 정도 이루어지고 현실의 세계에서 이러한 쟁점의 처리를 이미 경험한 이후인 1963년에 제정되었다는 점을 간과하지 말아야 한다.

의하여 외국국적이 자동으로 부여된 자 등의 국적을 광복 후 어떻게 처리하느냐였다. 북한 국적법상의 조항이나 단순히 대한제국에 속하였던 사람을 승계하였다는 설명만으로는 현실에서 제기되는 구체적 문제에 대한 해결책들이 모두 나오지 않는다. 반면 한국의 국적법 제정 당시 국회에서의 논의를 보아도 북한 국적법 수준의 문제의식은 당연히 갖고 있었다. 대한민국 국적법은 그에 앞서 제정된 국적에 관한 임시조례(특히 제 5조)와 함께 판단할 때, 최초 국민의 판단이란 과도기적 문제를 해결하는 데 차라리 현실적 방안을 제시했다고 본다.

VII. 결

일제의 식민 피지배 경험과 광복 직후의 국가적 혼란은 우리의 현대사를 여러모로 굴곡시켰다. 국적법상 최초 국민 확정기준에 관한 논란 역시 그러한 사례 중의 하나이다. 외국의 통치를 받다가 20세기 중 독립을 쟁취한 상당수 국가의 국적법은 최초 국민의 범위를 확정하는 이른바 경과규정을 설치한 예가 많았다.[113] 그러나 우리는 1948년 국적법을 처음 제정할 당시 누가 대한민국 국민이냐에 관하여 명문의 정의규정을 설치하지 않아 근래까지 소급 입법조치가 제안되기도 하였다. 그러나 본문에서 밝힌 바와 같이 기존의 1948년 임시조례와 이를 승계한 국적법의 해석을 통하여 최초 국민 확정기준은 도출된다고 판단되며, 그 내용은 결과적으로 일제기간부터 사용된 조선호적 입적자를 대한민국 국민의 기본으로 수용하는 것이었다. 외국국적

113) 버마의 1948년 국적법, 이라크의 1924년 국적법, 쿠웨이트의 1959년 국적법, 아랍에미리트 아부다비의 1967년 법, 아프가니스탄의 1936년 국적법, (구)실론의 1948년 국적법, 인도네시아의 1946년 국적법, 리비아의 1951년 헌법 등이 그러한 예에 속한다.

취득자에 대하여만 예외가 적용되었다.

사실 임시조례 또는 국적법에 최초 국민에 관한 보다 명시적인 정의조항이 설치되었으면 좀더 명확하였을지 모르나, 현 시점에서 새삼 소급적 입법조치를 취할 필요는 없으며 현명한 조치도 아니라고 본다. 사실 법률 일부에 모호한 조항이 있어도 사법부와 행정부의 실무운영을 통하여 일정한 법해석의 관행이 이미 확립되어 있으면, 가급적 축적된 실적의 연장선상에서 법률을 해석하고 운영하는 태도가 합리적이며, 현실의 세계에서 그러한 예는 한두 가지가 아닐 것이다. 실제로 혈통주의 국적법을 채택하는 경우 완벽한 경과규정의 설정은 불가능하다. 어느 나라나 합리적 수준까지만 소급하여 인위적 경계선을 그을 수밖에 없다. 오히려 한국은 20세기 여타 신생 독립국과 달리 일제와의 피병합 기간이 비교적 짧았고, 대한제국 시절의 민적과 일제시기의 호적, 광복 후의 호적이 법률적으로 동일한 연장선상에서 승계되었기 때문에 광복 후의 최초 국민을 비교적 용이하게 확정할 수 있었던 사례라고 판단된다.

그럼 왜 대한민국은 호적을 기준으로 국민의 범위를 결정하였을까? 호적과 관계없이 조선인의 혈통을 판단기준으로 채택하는 것이 일제 통치의 합법성을 부인하고 조선국적의 잠재적 지속을 주장하는 입장과 명분상 보다 합치되지 않았을까? 사실 호적기준을 수용하는 것과 혈통상의 조선인은 아마 99% 가까이 일치하였을 것이다. 따라서 호적에 의한 구별은 법적으로 명확한 결과를 얻을 수 있었던 반면, 다른 기준을 택하는 것의 실익은 미미하였다. 혈통주의를 택할 경우 국민으로 추가될 주대상은 일제 시 일본호적으로 입적한 조선인들이었는데, 이들에 대한 민족적 반감도 무시할 수 없었다. 더욱이 일제의 조선호적령은 광복 후에도 호적제도의 근거법령으로 계속 시행된 현재 진행형의 법이었으므로 이와의 조화를 위하여도 호적을 기준으로 수용하는 것이 편리하였을 것이다.

참고문헌

국회도서관 입법조사국 편. 1967. 《헌정사자료 제 1집, 헌법제정회의록(제헌의회)》. 국회도서관.

김기원. 1986. "미군정의 경제정책에 관한 연구". 《한국방송통신대학 논문집》 제 5집.

김일성종합대학교. 1992. 《국제법학》. 평양: 김일성종합대학출판부.

김영철 · 서원철. 1988. 《현대국제법연구》.

김정주. 1971. 《조선통치사료 제 8권》. 한국사료연구원.

김수용. 2008. 《건국과 헌법》. 경인문화사.

김태영. 1949. "국적법 개설(1)". 〈법정〉 5월호.

노영돈. 1997. "1997년 국적법 개정안의 검토". 〈서울국제법연구〉 4권 2호.

______. 1996. "우리나라 국적법의 몇 가지 문제에 관한 고찰". 〈국제법학회논총〉 제 41권 2호.

노진설. 1948. 《실무본위 선거법 해실》. 수선사.

박찬표. 1995. "제헌국회 선거법과 한국의 국가형성". 〈한국정치학회보〉 제 29집 3호.

법무부. 1963. 《법령질의해석응답집 제 1집》. 법무부.

법원행정처. 1996. 《대법원예규집 호적편》. 법원행정처.

______. 1987. 《主要舊法令集(上)》. 법원행정처.

손승회. 2004. "만주사변 전야 만주한인의 국적문제와 중국, 일본의 대응". 〈중국사연구〉 제 31집.

손희두. 1997. 《북한의 국적법》. 한국법제연구원.

석동현. 2004. 《국적법연구》. 동강.

심지연. 1986. "한민당이 주무른 과도입법의원". 〈월간조선〉 4월호.

이성환. 1997. "대한민국 국민의 범위". 〈법학논총〉 제 9집. 국민대학교.

이원택. 2001. "조선 전기의 귀화와 그 성격". 〈서울국제법연구〉 제 8권 2호.

이 인. 1931. "법률전선에서의 우리의 최소 요구 — 법호사 대회의 제안해설". 〈동광〉 제 29호.

______. 1931. "내가 본 재만동포 해결책". 〈동광〉 제 24호.

______. 1930. "조선인의 국적문제". 〈별건곤〉 제 32호.

이장희. 1998. "통일시대를 대비한 국적법의 개정방향". 이장희 편. 《통일시대를 대비한 국적법의 개정방향》. 아시아사회과학연구원.

이정선. 2008. "민적법 시행기(1909-23) 일제의 日鮮結婚 관련 법규정비와 日鮮人 구별". 서울대학교 석사학위논문.

장효상. 1989. "한국인의 국적". 〈월간고시〉 3월.

정인섭. 2005. 《한국판례국제법》(제 2판). 홍문사.

______. 1999. "대한민국의 수립과 구법령의 승계". 〈국제판례연구〉 제 1집. 박영사.

______. 1998. "우리 국적법상 최초 국민 확정기준에 관한 검토". 〈국제법학회논총〉 제 43권 2호.

______. 1997. "국적유보제도 도입의 득실". 〈서울국제법연구〉 제 4권 2호.

______. 1988. "법적 기준에서 본 한국인의 범위". 《두남 임원택 교수 정년기념—사회과학의 제문제》. 법문사.

정종섭 편. 2002. 《한국헌법사문류》. 박영사.

정지호. 2008. "청말 국적법 제정과 국민의 경계". 〈중국사연구〉 제 52집.

조성구. 1914. 《민적법규 상해》. 수문서관.

황성희. 1948. "입법의원 의원선거법에 대한 의의 약간". 〈법정〉 3월호.

Boll, A. 2007. *Multiple Nationality and International Law*. Martinus Nijhoff.

Fanhuys, H. van. 1959. *The Role of Nationality in International Law*. A. W. Sythoff.

UN. 1954. *Laws concerning Nationality* (ST/LEG/SER. B/4/Add. 1).

United States Army Forces in Korea. 1948. *Selected Legal Opinions of the Department of Justice*. United States Army Military Government in Korea.

江川英文・山田鐐一・早田芳郎. 1989.《國籍法》. 有斐閣.

統監官房 編. 1908.《韓國施政年報》明治39-40年.

日本統治時代の朝鮮. 1971. 《外地法制誌》.

경국대전 제 2권/제 4권.
〈舊韓國 官報〉
남조선 과도입법의원 속기록 제 192호(1948. 1. 12)
남조선 과도입법의원 속기록 제 201호(1948. 1. 27)
남조선 과도입법의원 속기록 제 208호(1948. 2. 17)
남조선 과도입법의원 속기록 제 216호(1948. 3. 19)
〈대동학회월보〉
〈대한매일신보〉
대한민국 국회 제 1회 국회속기록 제 118호(1948. 12. 1)
대한민국 국회 제 1회 국회속기록 제 119호(1948. 12. 2)
〈대한자강월보〉
〈동아일보〉
〈본회회보〉
〈삼천리〉 제 4권 12호(1932. 12)
〈서우〉
〈시대일보〉
〈조선중앙일보〉
헌법안 제 1독회, 제 1회 국회 제 18차 회의(1948. 6. 26) 속기록

제7장

대한민국 헌법사를 어떻게 읽을 것인가?

1948년 헌법의 위상과 헌법이론의 빈곤*

함재학**

I. 서론

대한민국이 독립국가로서 최초로 가졌던 1948년 헌법을 바라보는 다양한 시각이 현재 우리 사회 안에 공존함은 주지의 사실이다. 우리 민족 역사상 처음으로 자주적 입헌민주국가의 초석을 놓은 기념비적 문서라고 볼 수도 있고, 민족분단의 상징으로서 완전한 의미의 독립을 가로막은 수치스러운 문건이라는 시각도 있을 수 있다. 혹은 절충적 시각으로, 독립 후 처음 만든 헌법으로서의 의미는 있으나 정치적으로 많은 문제점도 있었고 제도적 면에서도 향후 드러난 여러 가지 난점을 배태하였다는 식의 평가도 가능하겠다. 그러나 이들 견해의 당부를 논하기 전에, 우리 국민들이 이 헌법에 대해 과연 어느 정도

* 이 논문은 한국미래학회·연세대 법학연구소 공동주최 학술회의 "제헌과 건국, 그리고 미래한국의 헌법구상"(2009. 3. 13)에서 발표한 원고를 수정, 보완한 것이다. 발표문에 대해 유익한 논평을 해주신 고려대 정외과 곽준혁 교수님께 감사드린다. 많은 대화 속에 지적 자극을 제공하신 연세대 정외과 김성호 교수님께도 감사드린다.

** 연세대 법학전문대학원 부교수.

관심을 가지는지를 먼저 고민해볼 필요가 있다. 그것이 어떤 과정을 통하여 만들어졌으며, 그 내용은 어떤 것인지에 대하여 잘 알지 못할 뿐 아니라 별로 알고 싶은 욕망조차 없는 상황이라고 여겨지기 때문이다. 2008년 여름 잠시 정치권, 언론, 학계의 일각에서 '건국'이라는 어휘를 둘러싸고 논란이 일기까지(또 그 논란이 지나간 뒤에도) 1948년 헌법은 국민들의 관심을 끄는 문건이 아니었다.

이 글은 1948년 헌법이 국민들의 관심 밖에 놓이게 된 상황에 대하여 헌법학과 헌법이론가들에게도 일말의 책임이 있다는 반성하에 이를 개선해보려는 의도에서 쓴 글이다. 또한 그 헌법의 의미에 대하여 위에 언급한 양 극단과 그 절충적 시각들에 의해 규정되어버린 인식의 지평에서 벗어나, 헌법이론적으로 좀더 심도 있는 평가를 내리기 위해 어떤 질문을 던져야 하는지를 생각해본 글이다. 60년 전, 지금과는 너무나도 다른 역사적 상황에서 만들어진 헌법의 현재적 의미를 올바로 새기기 위한 방법론적 성찰이라 할 수 있겠다. 다시 말해 그 헌법의 위상을 밝히기 위해 어떤 헌법이론이 필요한지를 고민해보려는 것이다.

이하에서는 먼저 1948년 헌법에 대한 국민의 무관심이 어디에서 기인하는지를 살핀 후(II절), 헌법의 역사를 바라보는 다양한 방법에 대하여 논의해보고자 한다(III절). 특히 국민적 무관심을 개선하기 위해서 어떤 방법으로 헌법사에 접근하는 것이 필요한지를 살피고자 한다. 다음으로 헌법제정에 관한 기존의 대표적 이론들이 1948년 제정된 대한민국헌법의 의미를 밝히기에 적합하지 않은 이유를 논하고(IV절), 제헌이란 과거와의 교섭과정으로서의 성격을 지닌 작업임을 지적하고자 한다(V절). 마지막으로, 과거와의 교섭이라는 측면을 연구하기 위하여 주목하여야 할 세 가지 개념적 축을 제시한(VI절) 후 마치기로 한다.

II. 1948년 헌법에 대한 무관심

현재 대한민국이라는 정치공동체 안에서 1948년 헌법이 차지하는 위상은 어떤 것인가? 한마디로 별로 중요한 위상이 아니라고 해도 지나친 말이 아닐 것이다. 물론 2008년 8월 15일이라는 날짜의 의미를 어떻게 새길 것이냐를 두고 우리 사회에서 일었던 논쟁은 1948년 헌법이 가지는 의미에 대해 다양한 시각이 있음을 간접적으로 보여주었다고 할 수 있다.[1] 그러나 엄밀히 따지면 이는 이른바 60주년을 맞이하는 행사의 의미가 무엇이냐를 두고 의견이 대립한 것이고, 1948년 헌법 자체에 관한 논쟁은 아니었다. 이는 2008년 7월 17월 '제헌 60주년'은 별다른 논쟁 없이 지나갔다는 사실에서도 알 수 있다.[2]

그러므로 1948년 헌법에 대한 사회적 관심도는 매우 낮다는 것이 오히려 정확한 진단일 것이다. 심지어 법률가나 법학자들도 1948년 헌법에 대한 정확한 이해나 의미규정을 하지 않아도 큰 장애를 느끼지 못하는 것이 현실이다. 헌법학 전공자들 가운데도 1948년 헌법을 주된 연구대상으로 삼는 학자의 수는 손가락으로 꼽을 만큼 적은 형편이다. 이는 다시 말하면 현재 대한민국에 사는 우리들에게 1948년 헌법은 고문서 이상의 의미를 갖지 못한다는 뜻이다. 21세기를 사는 한국인들의 실생활에 끼치는 영향을 따져볼 때, 60년 전에 만들어진

---

1) 2008년 7~8월 동안 각종단체에서 주관하는 '건국 60주년' 기념 학술대회와 전시회 등이 개최되었던 반면, 같은 시기에 '건국 89주년'을 기념하는 학술대회와 공동토론회들도 나란히 열렸다. 그런가 하면 12월에는 대한민국의 유엔승인 60주년을 기념하는 학술대회도 있었다. 당시 쟁점과 분위기를 전하는 언론기사로 〈한국일보〉 2008년 7월 16일자, "다시 불붙은 '건국 논쟁': 이인호 '60주년이다' 對 박성수 '89주년이다'"; 〈한겨레21〉 2008년 8월 14일자, "헌법 바꾸고 '건국'하시라"; 〈동아일보〉 2008년 8월 21일자, 사설 "'대한민국 폄훼세력의 선봉' 盧 전 대통령" 참조.

2) 기념 학술회의 몇 개와 음악회만 있었을 뿐 큰 뉴스거리가 되지 않았다.

그 헌법은 거의 아무런 영향을 주지 못하기 때문이다. 기껏해야 해방 정국을 이해하기 위한 하나의 자료로서 한국의 근현대사를 연구하는 학자들에게나 관심의 대상일 것이다. 마치 1940~50년대에 출판된 문학작품이나 문예비평을 통해서 그 세대의 고민과 소망을 가늠해볼 수 있듯이, 1948년 헌법을 통해서 그 세대 사람들이 직면했던 정치적 문제와 그 해결책을 헤아려보는 의미 정도일 것이다.

그러면 광복 이후 최초로 제정된 이 역사적 헌법이 현재 우리들에게 별다른 의미를 갖지 못하는 이 상황은 어떻게 이해하여야 할까? 예컨대 200여 년 전에 만들어진 헌법 속에서 아직도 삶의 중요한 문제에 대한 준거를 찾으려는 미국인들이 보면 잘 이해가 가지 않을 것이다. 주지하다시피 미국헌법은 1787년 처음 제정된 후 현재까지 몇 개의 수정조항만이 추가되면서 그 형태를 그대로 유지하고 있다. 나아가 그들에게 헌법은 하나의 종교와도 같은 중요성을 갖고 사회적 제 문제를 조율하는 규범으로서 작용한다. 일각에서는 사회 내의 모든 사안을 너무 헌법문제화시키는 경향을 개탄할 정도다. 물론 이와 같은 헌법물신주의(*constitutional fetishism*)에 가까운 태도가 반드시 바람직한 것은 아니다.[3] 그러나 현재 미국인들이 헌법에 대해 갖는 경외감과 비교했을 때, 독립국가로서 대한민국이 최초로 제정한 헌법이 현재 한국인들에게 고문서 정도의 의미밖에 못 가지는 이 상황은 너무나 대조적이다.

물론 1948년 헌법이 국민들 마음속에 중요한 위치를 점하지 못한다는 현실을 구태여 안타까워할 이유도 없을지 모른다. 어차피 대한민국에서 진정한 의미의 입헌주의는 1987년 민주화 이후의 현상이라고

---

3) 예컨대 헌법이라는 단어에 '주의'를 뜻하는 'ism'을 붙이는 것, 즉 constitutionalism이란 말 자체가 헌법물신주의를 지칭하는 것이라는 비판도 있다. Richard D. Parker, *Here, The People Rule: A Constitutional Populist Manifesto*, Harvard University Press, 1994, p. 115.

본다면, 1948년 헌법이 고문서 이상의 의미를 갖지 못하는 상황을 굳이 개탄할 필요도 없어진다. 1948년 헌법이 그리 잘 만들어진 것이었다면 모를까,[4] 만약 그렇지도 않다면 국민들이 그것을 소중히 여기지 않음을 애석해 하는 것이 오히려 이상할 수도 있다. 또 지난 60년의 대한민국 역사를 돌아볼 때, 그 헌법이 고문서로 전락한 데에는 그 나름의 이유가 있었다고 주장할 수도 있다. 제정된 지 불과 수 년 만에 권력자의 의지에 따라 수정되는 등 함부로 다루어지는 대접을 받았고, 권력자가 바뀜에 따라 그 헌법도 아예 바뀌는 운명을 겪었다. 어찌 보면 1948년 헌법을 제정한 당대의 사람들조차 그것을 소중히 여길 줄 몰랐기에 오늘날의 국민들도 별로 귀중한 줄 모르는 것이 당연한 일인지 모른다.

나아가 헌법제정에 관한 유력한 이론에 따르더라도 1948년 헌법은 애초부터 어딘지 부족한 헌법이었다고 볼 수도 있다. 헌법제정 권력에 대하여 국내에 잘 알려진 칼 슈미트(Carl Schmitt)의 이론에 의하면, 헌법제정이란 하나의 정치공동체가 내리는 근본결단인 바, 이는 대내외적으로 이질적 요소들을 배척하고 통일성(내지 단일성)을 이룬 인민(혹은 민족)이 단독으로, 그리고 독단적으로 행사하는 시원적 권력의 소산이다. 헌법제정 권력을 행사하는 인민은 반드시 단일화된 정치적 의지를 지닌 주체로서, 슈미트는 이러한 의지로 내린 결단 그 자체를 "절대적 의미의 헌법"이라 부르고 실정헌법마저도 그 밑에 종속된 것이라 하였다.[5] 따라서 그가 말하는 헌법제정 권력은 헌법으

4) 제헌국회가 소집된 시점으로부터 헌법이 공포될 때까지 불과 47일밖에 걸리지 않았다는 사실을 볼 때, '졸속'일 수밖에 없었다는 결론을 내릴 수도 있다. 또한 소수의 지도자들의 이해관계 및 국내외 정치상황에 의해 헌법 본래의 취지가 왜곡되었다는 견해도 가능하다. 이에 대한 개관으로 이영록, 《우리 헌법의 탄생: 헌법으로 본 대한민국 건국사》, 서해문집, 2006 참조.

5) Carl Schmitt, *Constitutional Theory* (trans. Jeffrey Seitzer), Duke University Press, 2008, pp. 59~66.

로 창설되는 국가와 모든 정치제도 이전의 것으로 초법적 권능이며, 거의 무에서 유를 창조하는 신의 능력에 비견되는 것이다.[6] 그러므로 헌법제정 권력을 행사하기 전과 후는 질적으로 다른 세상이며, 거의 천지개벽과도 같은 극적 변화를 수반하는 사건이다. 이런 이론에 비추어볼 때 1948년 헌법은 과연 민족의 통일된 정치적 의지에 의하여 만들어진 것인지, 또 모든 외래적, 이질적 요소들을 배제한 상태에서 독립적으로 내려진 결단인지 의문의 여지가 있을 수 있다. 현재도 끊이지 않고 제기되는 비판에 의하면, 이 헌법은 민족의 반쪽만을 위해서, 그것도 다분히 외세의존적인 상황에서 만들어진 것이라고 볼 수도 있기 때문이다. 이른바 남한만의 단독정부를 수립하기 위해 미국이 주도하는 국제연합의 보호 아래 만들어진 헌법이라는 묘사가 정확하다면, 슈미트가 말하는 헌법제정과는 상당히 거리가 있음을 부인할 수 없게 된다. 또 1948년 헌법을 제정한 후 근본적으로 새로운 질서가 과연 탄생하였는지도 논란의 여지가 있을 수 있다. 그렇다면 그 헌법은 제정되는 과정에서부터 어딘지 부족하였기 때문에 이를 소중하게 여길 필요도 없다는 결론도 가능할 수 있다.

그러나 어딘지 부족한 헌법이었기에 고문서로 전락할 수밖에 없고, 현재를 사는 국민들에게 별다른 감흥을 불러일으키지 못하는 현실이 오히려 당연하다는 평가는 과연 올바른 것일까? 문제는 1948년 헌법을 소중히 여기지 않는다는 사실이 아니라, 오히려 그 헌법의 의미를 제대로 파악하지도 못한다는 사실일 것이다. 그것을 폄하하든 숭앙하든, 어떠한 가치판단을 내리려면 사전에 그 헌법에 대한 이해가 선행되어야 하는데, 현재 대부분의 국민들은 정확한 이해조차 결여된 상태이기 때문이다. 특히 헌법학적 이론구성을 통해서 입헌주의의 역사와 관련

6) 슈미트 자신도 이에 관한 이론을 정치신학이라 부른다. Carl Schmitt, *Political Theology* (trans. George Schwab), MIT Press, 1988.

시켜 그 헌법을 조명해보려는 노력이 너무도 미미하였음을 부인할 수 없다. 다행히 최근 들어 학문적 결과물들이 다수 나오지만[7] 이제 비로소 학문적 담론이 시작되었고, 일반국민들은 아직도 이 헌법에 관한 의미부여를 위해 필요한 초보적 이해조차 부족한 실정이다.

과거의 어떤 사물이든지 그것을 현재의 나와 연관시켜주는 매개가 없으면 나에게 그것은 아무런 의미도 생명력도 없는 죽은 물체일 수밖에 없다. 그것을 설명해주고 나와 어떤 상관관계에 있는지를 말해주는 이야기(*narrative*)들이 없이 그 자체로서 의미를 보유하는 사물이란 없기 때문이다. 예를 들어 불과 1백 년 전까지만 해도 이 땅을 다스렸던 왕들이 살면서 정사를 보았던 고궁을 방문하였을 때, 대부분의 현대인들은 거기에 서 있는 수많은 전각들을 보고도 아무런 느낌을 갖지 못한다. 거기서 자긍심을 느끼든지 아니면 무한한 분노라도 느끼면 좋으련만, 우리는 그저 오래되어서 텅 빈 집들만 보게 된다. 이들 궁궐과 우리를 이어주는 매개가 없기 때문에 좀 과장하자면 외국의 고건축들을 보았을 때보다도 무감각한 우리다. 지금의 나 혹은 우리와 연결시켜주는 이야깃거리가 부재하기 때문이다.[8]

마찬가지로 1948년 헌법이 현재의 국민들에게 의미 없는 고문서에 불과하다는 말은 곧 그 헌법과 현재의 우리를 연관시켜주는 매개가 없다는 말이다. 미국의 헌법이 현재의 구체적 문제해결의 준거가 될 뿐 아니라, 폭정에 항거하여 새롭게 만들어진 민주적 나라의 상징으로 현재 미국인들에게 인식된다는 사실은 그 헌법의 기초과정으로부

---

7) 예컨대 이영록(2006) 이외에도 이영록, 《유진오 헌법사상의 형성과 전개》, 한국학술정보, 2006; 신우철, 《비교헌법사: 대한민국 입헌주의의 연원》, 법문사, 2008; 서희경, "대한민국 건국헌법의 역사적 기원(1898-1919)", 〈한국정치학회보〉 제 40집 제 5호, 2006 등 참조.

8) 이 점에 관하여는 함재봉, "한국의 문화와 예의 재건", 〈전통과 현대〉 제 4호, 1998, pp. 17~22 참조.

터 현재의 미국인들까지 포괄하는 국민적 이야기(*national narrative*)가 형성되어 있음을 말해준다.[9] 또 미국헌법보다도 5백 년이나 앞서 만들어진 영국의 마그나 카르타가 한갓 중세사 연구자에게만 의미 있는 고문서가 아니라 현재 영국인들이 자랑스러워하는 기본 헌법문서인 이유도 21세기의 영국인들의 정체성을 이루는 요소 가운데 1215년이라는 해가 특별한 의미를 갖기 때문이다. 그 문서와 현재의 영국인을 엮어주는 이야기가 존재하기 때문이다.

결국 현재 우리 국민에게 1948년 헌법이 무의미한 것은 양자를 서로 연결시켜주는 매개체가 없다는 뜻이고, 그 이유는 그런 매개를 만들려는 시도 자체가 너무도 미약했던 탓이 아닌가 싶다. 제정된 직후에는 정치적 이해관계로 인하여 무례한 취급을 당하였고, 그후 수차례 정권이 바뀌면서 국민들이 기본적 의식주 문제의 해결과 정치적 민주화를 위해 매진하는 동안 솔직히 대한민국이 독립국가로서 처음 만든 헌법을 현재의 우리와 연결시켜 생각해보려는 노력은 거의 없었다고 해도 과언이 아니다.

그러므로 현재로서 그 헌법이 무의미한 것은 오히려 당연한 일임을 인정할 수밖에 없지만, 그렇다고 그 헌법 자체가 '원래부터' 아무런 의미도 가치도 없는 것이라고 결론짓는다면 이는 성급한 일일 것이다. 원래부터 그 자체로서 의미 있는 사물이란 없기 때문이다. 의미를 부여해주는 이야기틀, 좀 거창하게 말하자면 서사적 이해방식을 정립해보려는 노력이 있어야 한다는 말이다. 미국처럼 범국민적으로 공유되는 이야기까지 바랄 수는 없더라도, 하나의 역사적 자료에 불과한 1948년 헌법을 현재 우리에게 의미 있게 해주는 헌법의 역사, 곧 헌법에 대한 서사적 이해방식이 필요한 것이다.

---

9) 미국헌법의 올바른 이해를 위하여 이야기 혹은 서사구조(*narrative*)의 중요성을 보여준 대표적 저작으로 Robert M. Cover, "Nomos and Narrative", *Harvard Law Review* 97:4, 1983, pp. 4~68 참조.

III. 헌법의 역사를 엮는 세 가지 방법

헌법의 역사를 연구하는 방법은 연구자에 따라, 또 연구의 목적에 따라 다를 수밖에 없으므로 방법론에 대한 일반화를 섣불리 시도하는 것은 위험할 수 있다. 그러나 1948년 헌법에 의미를 부여하고 현재의 우리와 모종의 관계를 설정하려면 헌법사 연구방법에 대한 성찰은 필수적이다. 한편 헌법의 역사를 엮는 방법에 대하여 치열한 논쟁이 과연 있었는지 의문이다.[10] 이 단원에서는 헌법의 역사를 엮는 방법을 대략 세 가지 정도로 정리해보면서 국민들에게 1948년 헌법이 의미있는 문건으로 다가오게 하려면 어떤 접근방법이 필요한지를 살펴보고자 한다.

첫 번째로 생각할 수 있는 방법이 '헌법 제도사'다. 기존의 많은 헌법사 관련 연구물들이 여기에 해당한다고 본다.[11] 즉, 실정헌법들의 변천과정을 살피는 것을 주된 내용으로 하면서 그 안의 각 규정들이 어떻게, 왜 바뀌었는지를 밝히는 작업을 말한다. 각 헌법전들에 규정된 통치구조의 차이점들을 분석하고 기본권 조항들의 내용을 비교하는 작업이다. 조금 범위를 넓혀보면 여러 헌법 속에 채택된 제도 외에, 논의는 되었지만 채택되지 않은 제도들에 대한 설명도 포함될 수 있을 것이다. 나아가 각 성문헌법이 성립되게 된 역사적 배경, 즉 정치적 사건들에 대한 간략한 설명도 시도할 수 있겠다.

대한민국헌법의 역사를 이러한 방법으로 접근할 경우, 기본적으로 1948년 헌법 이후 9차에 걸쳐 개정된 헌법들의 변천과정을 열거하는 작업이 될 것이다. 정부형태의 면에서 대통령제와 의원내각제의 구현

10) 유사한 문제의식으로, 신우철, "헌정사연구(抄) : 건국헌법에서 현행헌법까지", 〈영남법학〉 제 9권 제 1호, 2002, pp. 23~25.

11) 김철수, 《한국헌법사》, 대학출판사, 1988; 김영수, 《한국헌법사》, 학문사, 2000.

방식, 또 그 사이의 절충형태 등을 밝히고, 권력분립 및 상호견제의 정도, 비상대권의 한계 내지 제한방법, 사법부의 권한과 독립, 위헌 법률심사제도의 형태 등을 비교하는 내용이다. 기본권에 관해서는 우선 각 헌법에 나열된 기본권 목록의 비교로 시작해서, 각 기본권의 보장형태, 법률유보의 유무, 기본권 제한의 한계에 대한 규정들의 비교 등을 포함하는 작업이다. 물론 경제조항과 지방자치, 헌법의 개정방법 등도 당연히 비교의 대상이 될 것이다.

이런 방법을 택할 경우 헌법의 역사는 개별적 조항들의 변천사의 양태를 띠게 될 공산이 크다. 그러므로 1948년 헌법이 지금 우리와 무슨 상관이냐는 물음에 답하기 위하여 현행헌법 속에 어느 조항들이 1948년 헌법으로부터 유래된 것인지를 찾으려고 할 것이다. 즉, 현행 헌법규정의 법문들의 연원을 추적하여 1948년 헌법의 법문과 일치하거나 미세한 차이만 존재할 경우, 그 한도 내에서 현재 우리도 1948년 헌법의 영향을 받는 셈이라고 결론지을 수 있다. 그러나 단순히 법문이 그대로 남아 있다고 하여 현행헌법 속에 1948년 헌법이 살아 있다고 하기는 어렵다. 똑같은 조항이나 법제도를 외국에서 이식해오더라도 실제 운영 면에서 많은 차이가 남은 주지하는 바다. 마찬가지로 과거의 법문이 현재의 헌법 속에 포함된다고 해서 과거의 헌법이 현재 헌법해석이나 적용방법까지 규정하는 것은 아니다. 따라서 이러한 식의 제도 및 조문 변천사는 평면적으로 선후관계는 밝힐 수 있지만, 1948년 헌법이 현재 우리에게 무슨 의미를 갖는지를 설명하는 작업에는 부적합한 면이 있다.

이와 같은 제도적 변천사의 성격을 띠면서도 시간적 범위를 제헌기 이전으로 넓혀서 1948년 헌법이 형성된 과정을 살피고 그 헌법의 준거 내지 모델이 되었던 여러 헌법과 헌법초안들의 내용을 분석하는 작업들이 최근 활발히 진행되고 있다. 제헌 이전의 각종 헌법문서들이 어떠한 경로로 1948년 헌법 속에 녹아들었는가를 살피는 것이다.

외국의 헌법뿐 아니라 대한제국과 일제강점기를 거쳐서 미군정기 동안 한국인에 의해 시도되었던 헌법문서들이 상호작용 속에서 1948년 헌법에 끼친 영향을 탐구하는 작업은 분명 의미가 있다.[12] 그러나 이 또한 개별조항이나 제도의 변천사의 성격을 띠게 될 경우, 그 헌법을 현재의 우리와 연관시켜주는 서사적 이해의 틀을 제공하는 데에 미흡하지 않을까 한다.[13]

나아가 제도와 조항의 변천과정을 서술하면서 그 변화의 원인을 설명하는 데 주목하다 보면 어떠한 정치적 사건들이 동인이 되어서 그 결과로 헌법의 변화가 생겼다는 식의 설명방법을 취하기 쉽다. 특정한 제도가 채택된 배경에는 어떤 정치적 역학관계가 자리잡았음을 밝히는 것이다. 예컨대 1948년 헌법의 정부형태가 결정된 과정을 설명하기 위하여 제헌국회 안팎의 정치적 상황이나 특정인물의 개인적 역량(혹은 야망) 등에서 그 원인을 찾는 경우다.[14] 이런 설명방법이 굳이 잘못되었다고 할 수는 없지만, 이와 같은 시각에 의하면 결국 헌법은 정치적 과정의 결과물일 뿐이라는 인상만 심화시킬 우려가 있다.

---

12) 신우철(2008); 정상우, "대한민국임시정부 헌법과 1948년 헌법", 〈법과 사회〉 제 32권, 2007, p. 185 이하; 이경주, "미군정기 과도입법의원과 조선임시약헌", 〈법사학연구〉 제 23호, 2001, p. 139 이하; 서희경, "시민사회의 헌법구상과 건국헌법에의 영향(1946-1947)", 〈동양정치사상사〉 제 6권 2호, 2006, p. 27 이하 참조.

13) 물론 같은 조항이나 제도가 여러 헌법전에 지속적으로 나타나는 경우, 하나의 경향성 내지 헌법적 전통을 이룬다고 볼 수도 있겠다. 그런 면에서 현재 우리의 '헌법적 정체성'의 연원을 밝히는 작업의 일부로 이와 같은 변천사가 유용할 것이다.

14) 제헌과정에 영향을 준 국내외 정치적 요인들을 종합적으로 서술한 예로 박찬표, 《한국의 국가 형성과 민주주의: 냉전 자유주의와 보수적 민주주의의 기원》, 후마니타스, 2007; 특정인물의 역할을 강조하는 시각으로는 유영익, "이승만 국회의장과 대한민국 헌법 제정", 〈역사학보〉 189집, 2006, p. 101 이하 참조.

물론 헌법이 제정되고 개정되는 과정은 고도의 정치적 전략과 거래가 개재될 수밖에 없기 때문에 헌법은 정치적 흥정의 소산이라는 측면이 분명 있다. 그러나 헌법을 완전한 종속변수로만 파악하는 것은 불완전한 시각일 것이다. 또 그럴 경우 헌법의 역사를 논하는 것 자체가 무의미해질 가능성이 있다.[15] 정치적 변혁과 흥정의 부산물에 불과한 헌법이란 이미 '본 게임'이 끝난 후 그 결과를 문서화하여 정리해놓은 기록일 뿐이고, 그런 기록의 역사인 헌법의 역사는 독자적 의미를 확보하기 힘든 위험을 내포한다.[16]

두 번째로 생각해볼 수 있는 헌법사 연구방법은 입헌주의라는 가치 혹은 이상에 주목하면서 그 가치와 이상이 역사의 흐름에 따라 정치공동체 안에서 실현되기도 하고 실종되기도 했던 과정을 기술하는 것이다. 이름을 붙이자면 '헌법규범의 역사'라 하겠다. 입헌주의가 추구하는 가치가 과연 무엇인지에 대해서는 다양한 의견이 있을 수 있다. 입헌주의가 하나의 가치만 추구해야 하는 것도 아니고, 시대와 지역에 따라 다른 가치가 강조되었음도 주지의 사실이다.[17] 어느 것이 됐건 연구자가 주목하는 입헌주의의 가치가 현실화된 정도를 시대별로 분석하는 일은 의미 있는 작업이다. 요컨대 입헌주의라는 가치의 부침(浮沈)을 서술하는 방법, 혹은 헌법이라는 규범이 준수되었는지 여부를 고찰하는 방법이라 하겠다.

이와 같은 방법을 택할 때 중요한 것은 입헌주의의 이상을 구체적으로 실현시키는 규범의 내용과 그 원천에 대한 분석일 것이다. 예컨

15) 신우철(2008), p. 481.

16) 미국헌법의 역사를 경제적 이해관계의 대립과 조정의 결과로 파악한 유명한 예로는 Charles Beard, *An Economic Interpretation of the Constitution of the United States*, Dover Publications, 2004, 초판 1913.

17) 국가권력의 자의적 행사의 방지 혹은 국민 개개인의 기본권 보장일 수도 있고, 정치과정의 순화 내지 안정화를 강조할 수도 있고, 공동체의 형성과 통합이라는 가치에 초점을 둘 수도 있다.

대 '자의적 권력의 제한'이라는 이상에 주목하여 역사를 서술할 경우, 권력을 제한하는 헌법규범의 형태가 무엇이며 그 규범성의 근거는 무엇인지를 설명하는 작업이 필요하다. 각양각색의 정치행태를 규율하고 순화시키는 규범으로 작용한 헌법규범들(개별조문 이외에도 헌법원리, 관습, 전통을 포함)을 설명하면서 그러한 규범들이 시대마다 어떻게 준수되었고 아니면 무시되었는지를 밝혀야 하기 때문이다. 즉, 헌법적 규범의 법원(法源)에 대한 연구와 이들 규범의 상호관계를 살피는 작업이 필요하게 된다.

일반적으로 국가권력의 담지자가 그 권력을 함부로 사용하지 못하게 되는 요인은 여러 가지일 수 있다. 예컨대 엇비슷한 물리적 힘을 가진 반대파가 존재하기 때문일 수도 있고, 외세로부터의 압력 내지 위협 때문일 수도 있다. 그런 모든 요인들을 헌법적 규범이라 파악하는 것은 무리가 있을 것이다. 반면 엇비슷한 세력의 반대파일 경우도 내전에 가까운 극한 대치상황이 아닌 한, 헌법적 원리를 근거 삼아 권력의 남용 및 오용을 지적하고 억제하려고 할 것이다. 그것이 비록 정치적 수사(修辭)에 불과할지라도 헌법적 원리나 관행과 같은 규범을 언급하는 것이 자신의 입지를 정당화하는 데 도움이 되기 때문이다. 또한 권력의 행사자도 헌법규범에 근거를 둔 비판을 도외시하였다간 정당성에 손상을 입으리라는 것을 알기 때문이다. 헌법규범을 원용하는 비판에 대응하기 위해서, 권력을 행사하려는 측에서도 같은 헌법규범에 대한 다른 해석을 내놓으면서 자신의 입장을 정당화하려 할 것이다. 요컨대 헌법의 역사를 이러한 시각에서 서술할 경우 헌법규범의 해석을 둘러싼 논쟁과 그것을 통하여 정치권력에 대한 실효적 제약이 얼마나 주어졌었는지가 주된 분석의 대상이 된다. 또 시대별로 규범으로 받아들여졌던 원리와 관행들이 어떻게 변했는지도 중요한 연구주제일 것이다.

문제는 이와 같은 방법으로 접근하는 헌법의 역사는 어느 정도 헌법과 헌법질서가 정착된 정치공동체를 전제로 한다는 사실이다. 일반적으로 헌법적 원리들의 해석에 대한 논쟁을 통한 권력통제를 고찰하려면, 헌법적 원리가 일정한 기간 동안 안정된 환경 속에서 규범으로 받아들여졌던 토대가 있어야 한다. 그런 의미에서 미국의 헌법의 역사는 이런 방식으로 접근하는 것이 가능하다.[18] 그리고 유교적 정치원리가 오랜 시간 정착되었던 조선시대의 역사도 이와 같은 방법으로 접근할 여지가 있을 것이다.[19] 이에 반해 1948년 헌법의 원리와 이념들이 과연 정치공동체를 통합하고 규율하는 작용을 하였는지에 대하여 회의적 시각이 많을 뿐 아니라, 그 헌법의 해석을 둘러싼 논쟁이 있었는가에 대해서도 부정적일 수밖에 없기 때문에[20] '헌법규범의 역사'를 통하여 1948년 헌법의 의미를 현재 국민들과의 관계 속에서 밝혀내기란 쉽지 않을 것이다. 예컨대 제헌 직후부터 헌법규범들이 무시되고 유린되었다는 평가 이외에 좀더 의미 있는 역사서술이 가능한지를 따져봐야 하기 때문이다.

세 번째로 헌법의 역사를 접근하는 방법으로 생각해볼 수 있는 것은 '헌법적 정체성의 역사'다. 헌법적 담론의 형성과 그 전개과정을 통하여 드러나는 헌법적 정체성의 변화를 살피는 작업을 말한다. 여기

---

18) Larry Kramer, *The People Themselves: Popular Constitutionalism and Judicial Review*, Oxford University Press, 2004에서는 인민주권이라는 이상이 실현되었던 정도를 기준으로 미국헌법에 대한 역사적 분석을 한다.

19) 함재학, "유교전통 안에서의 입헌주의 담론", 〈법철학연구〉 제9권 제2호, 2006, p. 177 이하 참조. 물론 조선에 관하여는 애초에 입헌주의 이상이 없었다거나 있었더라도 거의 개국과 함께 사라졌다는 시각이 일반적이다. 양승태, "한국 헌정이념사 연구서설", 〈정치사상연구〉 제14권 2호, 2008, p. 114 이하 참조.

20) 제헌 이후 헌법적 논쟁으로 꼽을 수 있는 것이 1952년과 1954년의 개헌파동인 바, 당시 1948년 헌법에 규정된 원리를 둘러싼 논쟁이 있었는지는 살펴볼 여지가 있지만, 오히려 헌법 외적 논리와 힘에 의해서 정국이 주도되었다는 시각이 일반적이다.

서 '헌법적 정체성'(*constitutional identity*)이란 표현은 헌법 그 자체의 정체성을 말할 수도 있고, 헌법을 다루는 행위의 주체의 정체성을 말할 수도 있겠다. 헌법 그 자체의 정체성을 지칭할 경우, 헌법의 제정과 개정 및 해석을 통해서 하나의 헌법이 그 정체성이 어떻게 바뀌었는지를 살피는 작업이 될 것이다.[21] 제도적 변천을 추적하는 경우, 위에서 본 헌법제도사와 중복되는 측면도 있지만, "헌법의 변천"이라는 개념이 시사하듯이 헌법제도 혹은 헌법조문 자체는 그대로 있어도 그 정체성이 변하는 경우를 상정할 수 있다.[22] 반면 '헌법적 정체성'을 헌법이 상정하는 주체, 즉 사람들의 정체성으로 이해한다면, 헌법의 제정과 운용을 통해서 정체성의 변화가 생기는 과정을 살피는 것도 의미 있는 작업이라 하겠다. 헌법적 주체의 대표적 예는 헌법을 만드는 주체, 즉 제정권자일 것이다. 그러므로 민주국가에서는 당연히 인민 혹은 국민(*people*)의 정체성이 헌법과의 상호작용을 통해서 어떻게 영향을 받는지를 살피는 작업이 될 것이다. 그러나 헌법의 주체라 할 때 반드시 제정권자에게만 초점을 맞출 필요는 없겠다. 헌법의 적용대상이 되는 사람들도 헌법과의 상호작용 속에서 정체성이 영향을 받을 가능성이 얼마든지 있으므로 이들을 포함한 의미의 헌법적 정체성의 변천사를 연구해봄 직할 것이다.

1948년 헌법과 관련하여 현재 우리 국민들에게 그 의미를 설명하기 위하여, 지금 우리의 헌법적 정체성이 어떤 경로를 통하여 형성되었는지를 밝히고자 한다면 당연히 1948년 헌법에 주목할 필요가 있게

---

21) 이와 같은 접근방법으로 비교헌법학 분야를 연구하는 예로, Gary Jacobsohn, "Constitutional Identity", *Review of Politics* 68, 2006, p.361 이하; Gary Jacobsohn, "An Unconstitutional Constitution?: A Comparative Perspective", *International Journal of Constitutional Law* 4, 2006, p.460 이하.

22) 물론 강학상의 용어로서 "헌법의 변천"은 일반적으로 헌법 자체의 정체성을 바꾸는 것까지 포함하지는 않는다.

된다. 왜냐하면 그 헌법의 제정은 분명 우리의 헌법적 정체성에 큰 변화를 가져온 일대 사건이었기 때문이다. 여기서 한 가지 생각해볼 점은, 헌법 이전부터 존재하던 '저자'가 헌법을 만들었다고 생각하는 시각이 과연 타당한가라는 질문이다. 헌법도 누군가가 만든 '작품'이므로 당연히 헌법에 선행하는 저자가 논리적으로 전제되어야 한다는 것이 일반적 생각이다. 그러나 헌법을 제정한 주체를 '국민'이라는 단어로 표현할 때, 사람들이 과연 언제부터 그런 개념으로 스스로의 정체성을 규정하였는지를 따져볼 필요도 있다. 생각하기에 따라서는 헌법이 만들어짐으로써 비로소 국민이라는 인식과 지위가 생긴 것이라고 할 수 있기 때문이다. 이는 단순히 헌법이 제정되어야 그 하위법인 국적법이 만들어질 수 있고, 그런 연후에야 국적이라는 범주가 획정된다는 의미가 아니다.[23] 헌법제정 이전에는 이른바 주권의 담지자인 국민으로서의 정체성 자체가 존재하였다고 말하기 힘들다는 뜻이다. 그렇다면 원래부터 존재하던 주권국민이 헌법을 만들어서 스스로에게 부여하였다기보다 헌법제정 행위를 통해서 주권국민이 탄생하였다고 봄이 더 논리적이라고 할 여지도 있는 노릇이다.[24]

이 점은 미국의 연방헌법의 경우 가장 극명하게 드러난다. 그 헌법

---

23) 국적법으로 논의를 국한할 경우도 1948년 제헌 이후 국적법을 제정하면서 이른바 '최초의 대한민국 국적자'에 대한 명시적 규정을 두지 않았기 때문에 제기되는 문제에 대하여는 정인섭, "우리 국적법상 최초 국민 확정기준에 관한 검토", 〈국제법학회논총〉 제43권, 1998 참조.

24) 이에 대한 논의를 본격화한 논문으로는 Jacques Derrida, "Declarations of Independence", *New Political Science* 15, 1986, p.7 이하; Bonnie Honig, "Declarations of Independence: Arendt and Derrida on the Problem of Founding a Republic", *American Political Science Review* 85:1, 1991, p.97 이하. 국내에서는 김성호, "헌법제정의 정치철학: 주권인민의 정체성과 인민주권의 정당성", 〈한국정치학회보〉 제42집 제3호, 2008, p.5 이하 참조.

의 전문에 나오는 "We the People of the United States"라는 통일된 정체성을 가진 국민은 제헌 이전에는 존재한 적이 없었다. 더 구체적으로는 각주의 주민(州民)으로서만 존재하였고, 모든 주민들을 하나의 단위로 생각한 적이 없었다. 나아가 연방정부를 만들어서 하나의 단위로 취급하려는 노력은 거센 반대에 부딪쳤었다.[25] 이는 헌법 이전에는 미국이라는 국가 자체가 아예 존재하지 않았다는 특수성과 연관된 것이지만, 우리와 같이 '유구한 역사와 전통'을 자랑하는 정치공동체에도 적용해볼 만한 문제의식이다.

예컨대 프랑크 왕국과 신성로마제국에로 거슬러 올라가는 역사를 가진다고 주장하는 독일의 경우도 바이마르헌법의 전문을 보면 여러 부족들(*Stämmen*)이 하나가 되어 '독일국민'(*Deutsche Volk*)을 이루었음을 언급한다. 그렇다면 그 헌법의 제정주체인 독일국민으로서의 정체성은 그 헌법과 함께 생긴 것이라고 볼 여지가 있는 것이다. 또 전후의 1949년 독일 기본법의 전문도 독일국민은 기존의 주들(*Länder*)을 통하여 구성되었음을 표현한다. 국가 이전에 주가 존재하였고, 독일국민도 개념상 주들의 공동행위로 만들어진 것이다.[26] 결국 헌법제정 행위는 그 제정권자로서의 국민이라는 정체성을 발생시키거나 적어도 그 정체성에 중대한 변화를 일으키는 계기가 된다.

헌법이 제정된 이후에도 국민의 정체성은 헌법과의 상호작용 속에

25) 미국 연방헌법 제정 당시 매디슨(James Madison)은 이런 반대를 극복하고 통일된 '미국국민'을 창출해내려고 애썼다. Edmund Morgan, *Inventing the People*, Norton, 1998.

26) 이 점은 물론 패전으로 인하여 독일이라는 국가가 소멸하였느냐의 문제와도 관련이 있을 것이다. 나치라는 정권만 없어진 것이 아니라 법적 실체로서 국가 자체가 없어졌다는 견해가 지배적이었다. Peter H. Merkl, *The Origin of the West German Republic*, Oxford University Press, 1963; Charles J. Friedrich, "Rebuilding the German Constitution, I", *American Political Science Review* 43, 1949, p. 461 이하.

서 변화를 겪게 마련이다. 헌법의 개정은 물론이고 헌법을 해석하는 판결을 통해서도 국민이 과연 누구인지 시대에 따라서 그 모습이 바뀌는 경우가 있다. 이 점도 미국헌법이 좋은 예를 제공한다. 1857년 연방대법원은 Dred Scott v. Sandford 판결에서 흑인은 미국시민이 될 수가 없으므로 법원에 소를 제기할 권리가 없다고 판시함으로써 "We the People"의 범주에 흑인은 포함되지 않는다는 점을 명확히 하였다. 이것이 남북전쟁 이후 추가된 3개조의 수정헌법으로, 즉 헌법개정으로 인하여 변경됨으로써 미국국민인 "We the People"의 정체성이 바뀌게 된 셈이다.[27)]

이런 맥락에서 1948년 헌법의 제정주체인 '우리들 대한국민'의 정체성을 화두로 헌법의 역사를 엮을 수 있을 것이다.[28)] 기미 독립선언서의 주체인 "오등"(吾等)으로부터 시작하여 각종 '원시 헌법문서'에 등장하는 "朝鮮人", "大韓人民", "韓國人民", "吾民族" 등의 이름들이 갖는 정치적 함의와 함께 이들이 1948년 헌법에서 "大韓國民"으로 수렴되는 사건의 의미를 밝히고 이에 기초하여 현재 우리들의 정체성과의 연관성을 살피는 것이다.

위에서 언급한 '헌법제도사'나 '헌법규범의 역사'에서는 영원불변한 헌법제정권자로서 동일한 정치공동체를 암암리에 상정하고 단지 그 공동체가 시대에 따라 어떤 헌법을 가졌고 어느 때 헌법규범이 실현되었는지를 살피는 것이 목적이었다면, '헌법적 정체성의 역사'에서는 헌법과 헌법담론이 정치공동체 자체를 구성하고 형성하는 기능이 있음을 인식하고 그 과정에 주목하려는 것이다. 하나의 정치공동체는

27) Jack Balkin & Sanford Levinson, "Thirteen Ways of Looking at Dred Scott", *Chicago-Kent Law Review* 82, 2007, p. 49 이하.

28) 유사한 문제의식에 기초한 연구로 김성호·최명호, "1948년 건국헌법 전문에 나타난 '우리들 대한국민'의 정체성과 정당성", 〈한국정치학회보〉 제 42집 제 4호, 2008, p. 87 이하 참조.

그 헌법에 의하여 정체성이 주어진다는 아리스토텔레스의 입장과도 맥이 닿아 있는 시각이라 하겠다.[29] 물론 헌법이 바뀐다고 해서 완전히 새로운 국가가 출현한다거나 민족적 정체성이 바뀐다고 주장하는 것은 무리일지 모른다.[30] 그러나 이와 같은 연구방법이 주목하는 것은 혈연적·문화적 정체성과는 구별되는 정치적 정체성으로서의 헌법적 주체라 하겠다. 또 같은 이름의 국가가 존속하더라도 그 국가를 이루는 사람들이 스스로를 규정하는 방식이 달라지면 국가도 동일하게 유지된다고 할 수 없는 면이 있다. 1948년 헌법의 경우 대한민국이라는 민주공화국이 처음 출현한 것이므로 그 헌법의 주체를 이루는 사람들의 정체성도 달라졌으리라는 것은 오히려 당연하다고 본다. 한편 대한민국은 새로 출현한 국가인 동시에 1948년 헌법 자체에 의하면 그 이전부터 있었던 '국가'이기도 하다는 점에서 문제가 복잡해진다.[31] 그러나 바로 그 점 때문에 이와 같은 방법의 역사연구가 필요하다고 생각된다.

요컨대 1948년 헌법의 의미를 현재의 대한민국 국민들에게 설명할 수 있으려면 그 헌법으로 말미암아 '우리들 대한국민'이 어떻게 생겨났으며 지금 우리가 스스로의 정체성을 규정하는 방법과 헌법이 어떤 관계가 있는지를 밝히는 작업이 필요하다고 본다. 그러나 그러한 입장에서 헌법의 역사를 서술하려고 하더라도 넘어서야 할 문제가 또 있다. 바로 헌법의 제정에 관한 이론이 주는 장애다.

---

29) Aristotle, *Politics* (trans. Ernest Barker), Oxford University Press, 1962, Book III, Chapter 3.

30) 아리스토텔레스가 사용하는 비유에 의하면, 이는 같은 멤버로 구성된 합창단(그리스 연극의 필수요소인)이더라도 비극에 출연하느냐 희극에 출연하느냐에 따라 같은 합창단이라고 할 수 없다는 논리다.

31) 1948년 헌법의 전문이 선언하는 바에 의하면 대한민국은 "기미 삼일운동으로" 건립되었고, 이 헌법의 제정은 그것을 "재건"하는 작업의 일환이라는 것이다.

IV. 헌법제정의 역사성이 몰각된 헌법이론

1948년 헌법은 이미 건립되었던 대한민국을 "재건"하는 헌법이면서도 대한민국임시정부의 헌법이나 헌장을 개정하는 형식이 아니라 새로운 헌법을 제정(制定)하는 형식을 취했다. 이 점에 대하여 제헌의회에서도 논의가 있었음을 보면, 의식적으로 새로운 국가를 위한 새로운 헌법을 만들고자 하는 뜻이 있었다고 할 수 있다.[32] 그런데 앞에서 언급한 헌법제정에 관한 이론에 의하면 이는 제대로 된 제헌일 수가 없다. 한편으로는 과거의 것을 다시 세운다고 하면서 다른 한편으로는 새로운 것을 만든다고 주장하는 것은 모순이기 때문이다. 슈미트 이론에 의하면 제헌이란 무에서 유를 창조하는 행위와 같은 것이므로 제헌 이전과 이후는 마치 천지창조 이전과 이후와 같이 차원이 다른 시공간을 뜻한다. 그러므로 제헌 이전의 시기의 것이 이후에까지 온존할 수가 없는 것이다. 따라서 슈미트 식으로 이해하자면 1948년 헌법의 제정은 불철저한 것이었고 참된 의미의 제헌이라고 볼 수 없게 된다.

이러한 슈미트의 정치신학적 헌법제정 이론은 주지하다시피 프랑스 대혁명의 이론적 기초를 제공한 시에예스(E. J. Sieyès)의 입장을 이어받은 것이다. 프랑스는 삼부회의(États Généraux)를 구성하는 3개의 신분으로 이루어진 정치공동체라는 기존의 이해방식을 정면으로 부정하면서 제 3신분인 평민만이 진짜 프랑스 인민(*peuple*) 혹은 민족(*nation*)이라는 혁명적 주장을 편 시에예스는 이들 제 3신분이 만드는 헌법의 정당성은 그들이 갖는 시원적 "형성의 권력"(*pouvoir constituant*)에 기초하는 것이라고 하였다. 이 권력은 인민이 항상 또 영원히 가진 권력으

32) 김성호·최명호(2008), p. 92; 전광석, "제헌의회의 헌법구상", 〈법학연구〉 제 15권, 2005, p. 29.

로서 모든 헌법질서를 만드는 초헌법적 권력이므로 누구로부터 위임받은 것이 아닐 뿐 아니라 그것을 행사하여 만들어진 헌법에도 구속받을 수가 없는 권력이라고 한다.[33] 이는 곧 "태초로부터 계시옵고 창조되시지 않았으면서 인간과 만물을 창조하신" 하느님의 지위와 권능을 인민으로 대체해놓은 것에 불과하다.[34] 따라서 헌법을 제정하는 행위는 "새로운 하늘과 땅"과 같은 새로운 법질서와 정치질서를 만드는 것이라고 본다.

이와 같이 시에예스·슈미트 적 시각에서 볼 때, 헌법의 제정은 과거와의 철저한 단절을 전제로 한다. 그리고 과거에 대한 철저한 부정을 수반한다. 이는 그들이 헌법제정에 대한 이론을 전개한 배경이 프랑스 대혁명이나 제 1차 세계대전에서의 패전(바이마르 공화국의 수립)과 같은 정치적·사회적 격변기였다는 사실에 비추어 당연한 일인지 모른다. 그러나 이러한 시각에서 볼 때, 제헌이란 새로운 질서의 창조라는 미명하에 기존의 모든 관계와 가치를 파괴하는 폭력성과 독재성을 가질 수밖에 없다. 슈미트가 말하는 근본결단이란 규범적 가치판단의 대상이 될 수 없는 "실존성"을 가진 것이므로, 예컨대 새로 창조된 질서가 과거의 것보다 정의로운지 도덕적인지조차 평가할 수 없는 것이다.[35] 무소불위하신 하느님의 역사하심을 인간의 잣대로 평

---

33) Emmanuel Joseph Sieyès, *What is the Third Estate?* (trans. M. Blondel), Frederick A. Praeger Publishers, 1963, 초판 1789.

34) 이는 시에예스 자신이 혁명 당시 제 3신분의 대표 중 한 사람으로 선출되긴 하였지만, 원래는 신학공부를 하고 서품까지 받은 신부(제 1신분) 출신이었다는 사실을 상기할 때 자연스럽게 이해되는 면이 있다. 반면 그는 당시 계몽주의 사회사상의 영향도 받았기 때문에 사회계약론에 근거하여 이론구성을 하였다. 따라서 그의 이론은 정치신학적 측면과 함께 자유주의적 측면을 동시에 포함한다. 자유주의를 적대시하던 슈미트와는 달리 시에예스가 말하는 헌법제정 권력은 혈연과 문화적 통일체로서의 민족을 지칭하지 않았다.

35) Schmitt (2008), pp. 125~132; Schmitt (1988), pp. 5~15; Peter C. Caldwell,

가할 수 없는 것과 마찬가지다. 그러나 제헌을 이렇게 실존적 결단으로만 파악하는 것은 인간들만이 사는 세상에서 다수의 독재와 폭력을 정당화시켜주는 위험을 내포한다.[36]

따라서 1948년 헌법의 의미를 파악하기 위하여 시에예스·슈미트식의 이론을 원용하는 것은 문제가 있다. 제헌을 마치 역사적 시간의 흐름이 멈추어진 상황에서 무에서 유를 창조하는 인민의 실존적 결단이라고 보았을 때, 위에서 언급하였듯이 1948년 헌법은 어딘지 미흡하다는 결론이 나올 뿐 아니라 그 헌법이 가진 역사적 의미를 파악하기도 힘들어진다. 이런 시각에서 볼 때, 제헌은 역사 안에서 이루어지는 행위가 아니기 때문에 역사성 내지 역사적 의미를 논하는 것이 무의미해지기 때문이다. 바로 이런 점에서 제헌에 관한 새로운 이론적 틀이 필요한 것이다. 특히 1948년 헌법의 제정을 '헌법적 정체성의 역사'의 일부로 이해하는 작업을 위해서는 제헌을 역사의 영역 안에서 파악하는 시각이 필요하다.

그러나 불행히도, 현재 영향력 있는 제헌에 관련된 많은 이론들이 제헌의 초역사적 측면만을 강조한다. 대표적 예로 한나 아렌트(Hannah Arendt)의 경우, 한편으로는 슈미트가 예찬하는 실존적 근본결단과 정치신학적 설명의 위험성을 비판하면서도 다른 한편으로는 헌법을 혁명의 결실로서 파악하기 때문에 궁극적으로 제헌을 역사의 단절이라는 프리즘을 통해서 이해한다. 헌법제정에 관한 논의를 담은 아렌트의 주된 저서가 《혁명론》(*On Revolution*)이라는 사실에서 알 수 있듯이, 그는 기본적으로 모든 혁명은 그것을 탄생시킨 최초의 고귀한 정신을 유지하지 못하고 타락하여 결국은 대중적 집단 히스테리로

Popular Sovereignty and the Crisis of German Constitutional Law, Duke University Press, 1997, pp. 96~116.

36) 이와 같은 이론으로 정당화하였던 헌법제정 행위들이 결국 프랑스 혁명 당시 공포정치와 독일의 나치정권으로 귀결된 것도 우연만은 아닐 것이다.

전락해버리는 악순환을 보면서 이로부터 탈피하기 위한 방법을 모색하고자 하였다.

아렌트에 의하면 시에예스가 말하던 "형성의 권력"도 결국 군중의 변덕스러운 욕구에 근거를 두었으므로 소수자의 권리나 이견을 존중할 줄 모르는 전체주의적이고 독단적인 힘에 불과한 것이었다고 한다. 따라서 절대왕정에 항거하여 일어났던 프랑스 혁명의 숭고한 정신도 결국은 공포정치와 비이성적 왕정복고로 끝날 수밖에 없었다는 말이다.[37] 그가 보기에 혁명이 그러한 비극으로 끝나지 않은 유일한 예가 미국의 독립혁명인바, 그 성공의 비결은 바로 미국헌법이었다. 미국의 헌법은 애초에 통일된 인민이 독단적으로 행사하는 권력으로부터 기인한 것이 아니었기에 전체주의적 경향에서 자유로울 수 있었다고 본다. 위에서 언급하였듯이 미국인민이란 처음부터 존재하지 않았고, 미국의 연방헌법도 각주 및 그 하위단위의 공동체에서 법적 절차에 의하여 권위를 위임받은 사람들이 만들었기에 초법적 권력의 소산이 아니라는 설명이다.[38] 나아가 프랑스 혁명에서는 모든 권력(*power*)과 권위(*authority*)가 인민에게 집중되었기에 인민의 이름으로 테러가 행해지는 것을 막지 못했지만, 미국혁명의 경우는 권력과 권위를 구분하여 권력은 인민으로부터 나오지만 권위의 원천은 헌법이라고 보았기 때문에 정치적 자유(*freedom*)를 보호하고 다원주의적 가치를 유지할 수 있었다고 한다.[39]

요컨대 아렌트에 의하면 미국은 제헌을 통하여 혁명에 수반되는 폭력성을 최소화함으로써, 혁명으로 성취한 자유가 결국은 실종되고 마는 운명을 피할 수 있었다는 것이다. 이와 같이 아렌트에게 제헌의 의미는 혁명의 결실 내지 그 결실의 보존수단이라고 파악되기 때문에

---

37) Hannah Arendt, *On Revolution*, Viking Press, 1963, pp. 161~163.

38) Arendt(1963), p. 165.

39) Arendt(1963), pp. 155~156, 182~183, 202~203.

제헌에 관하여 혁명과 유리된 상태에서 논하는 것 자체가 무의미해진다. 그러므로 헌법의 제정은 과거와의 절연상태에서만 의미가 있고, 역사적 연속성을 전제로 한 제헌이란 거의 형용모순에 가깝다. 슈미트의 입장과 정치적으로는 상극이면서도[40] 헌법제정의 의미를 규정하는 방법에서는 묘한 일치를 보이는 것이다. 아렌트가 미국의 헌법을 그토록 예찬한 것도 그 헌법이 참된 의미의 "새로운 세계질서"(*novus ordo saeclorum*)을 가능케 하였다는 평가에 기초한 것이었다.

여기서 슈미트와 아렌트의 헌법제정 이론을 언급하는 이유는 20세기 후반 동유럽 등의 민주화 과정으로 인하여 이들 이론이 다시금 세계학계의 주목을 받기 때문이다. 즉, 민주화 혁명의 결실을 제도화한 것이 헌법이라는 아렌트 적 시각이 베를린 장벽의 붕괴 이후 구소련의 영향권에 있던 많은 국가들에서 일어난 일련의 헌법제정·개정활동들을 이해하는 분석의 틀로 자리잡게 되었다. 특히 헌법제정은 구체제를 청산하고 새롭고 정의롭고 민주적인 사회를 열망하는 폭발적 힘을 순화시킴과 동시에 그 열망을 유지시키기 위해 반드시 필요한 작업으로 이해하는 경향이 강화된 셈이다. 다시 말해 제헌의 의미를 혁명과의 관계 속에서만 발견하려는 시각이 더 굳어지고 있다. 예전 것은 철저히 부정하고 무에서 유를 창조하는 작업이 제헌이라는 슈미트 적 시각도 다시 주목받게 된 것이다.[41]

---

40) 슈미트가 나치정권의 헌법이론가로 자리를 잡아가고 있을 즈음 아렌트는 국가사회주의의 인종주의적 폭력성을 피하여 망명하였음은 잘 알려져 있다.

41) 예컨대 프로이스(U. K. Preuss)는 헌법제정을 통하여 혁명은 종막을 고하는 것이라면서, 슈미트 이론에 따라 헌법을 제정한 권력은 제헌 이후에도 존속함을 인정하지만, 아렌트의 문제의식에 따라 그 권력이 일반 정치과정에 밀고 들어오는 것은 경계하여야 한다고 한다. Ulrich K. Preuss, "Constitutional Powermaking for the New Polity: Some Deliberations on the Relations Between Constituent Power and the Constitution", in Rosenfeld(ed.), *Constitutionalism, Identity, Difference, and Legitimacy*, Duke University

물론 제헌과정을 초역사적 사건으로 보는 시각이 동유럽의 민주화로 인해 처음 생긴 것은 아니다. 헌법의 제정은 폭력적 단절을 수반한다는 인식도 상당히 오래된 것으로, 20세기 중반부터 이미 상식화되었다고 할 만하다. 제 2차 세계대전 이후 패전국인 독일과 일본에서의 헌법제정 경험은 이와 같은 인식을 일반화시키는 데 일조를 했다고 본다. 특히 독일에서는 항복 이후 국가가 완전히 없어진 시원적 상황에서 헌법을 만드는 것이므로, 법적인 무의 상태에서 유를 새로 만들어내는 과정이라 파악하였다. 자주적 혁명에 의한 것은 아닐지라도 타율에 의해서 과거가 철저히 부정당하고 새로운 질서를 창조하기 위한 과정으로 제헌을 이해했던 것이다. 일본의 경우는 제국의회에서 명치헌법을 개정하는 형식을 취했고, 천황이 비록 인간의 차원으로 격하되긴 했지만 국민의 정신적 구심점으로서 계속 남게 되었다는 점에서 과거와의 단절이라는 측면이 상대적으로 약했다.[42] 그러나 일본 역시 연합군 최고사령관의 입장에서는 완전히 새로운 국가를 만들겠다는 의지가 강했다.[43] 따라서 전후의 일본국헌법도 타율적 과정, 즉 '무조건 항복'에 이은 '외부로부터의 압력'을 통하여 만들어졌다는

Press, 1994, p. 143 이하. 또 동유럽의 민주화와 헌법제정 과정에 깊이 관여한 엘스터(J. Elster)는 미국과 프랑스의 헌법제정 과정을 되새기면서 제헌은 아무런 권위에도 의지하지 않고 제헌권력이 스스로에게 권위를 부여하는 "헌법적 자기구동"(*constitutional bootstrapping*)의 과정이라는 표현을 유행시켰다. Jon Elster, "Constitutional Bootstrapping in Philadelphia and Paris", in Rosenfeld(ed.) (1994), p. 57 이하.

42) 패전 이후 외부로부터의 강요된 헌법 속에서 연속성을 찾으려던 노력에 관하여는 J. W. Dower, *Empire and Aftermath: Yoshida Shigeru and the Japanese Experience*, 1878-1954, Harvard East Asian Monographs, 1988, pp. 318~329; 김창록, "일본국 헌법의 '출현'", 〈아시아연구〉 제 14집, 1996, p. 109 이하 참조.

43) Robert E. Ward, "The Origins of the Present Japanese Constitution", *American Political Science Review* 50:4, 1956, p. 980 이하.

의미에서 폭력적 단절이 전제된다고 하겠다.

그러나 1948년 헌법제정의 역사적 의미를 밝히기에 이 같은 이론이 유용한지는 재고해볼 여지가 있다. 위에 언급한 대로 제헌을 초역사적·신학적 사건으로 보는 시각에서는 역사 안에서 일어나는 정체성의 변화가 포착되지 않을 것이다. 또 헌법을 혁명과 결부시켜서 이해하는 시각에 집착하다 보면 1948년 대한민국헌법이 현재 우리에게 갖는 의미가 드러날지도 의문이다. 자율적 혁명의 결과를 보존하기 위해 제정된 헌법이 아님은 주지의 사실이다.[44] 그렇다고 일본처럼 전쟁에서 패한 다음 전승국의 감독 내지 주도하에 만든 헌법도 아니므로, 그들이 외부로부터 주어진 헌법을 정당화하기 위해 작위적으로 '혁명'을 상정해놓은 이론을 따를 필요도 없음은 물론이다.[45] 헌법제정을 혁명의 결실로 보든 타율적 부과물로 보든, 이와 같은 시각은 이미 언급한 또다른 문제점을 갖는다. 헌법은 혁명으로 인한 변화를 기록해놓는 종속변수라고만 파악하게 되는 경향이 생기고, 그렇기 때문에 헌법과의 상호작용을 통한 정체성의 변화는 파악하기 힘들어지게 된다.

44) 헌법제정의 의미를 혁명의 제도화에서만 찾다보면 1948년 헌법은 시민혁명의 결과로서 만든 헌법이 아니기 때문에('왕의 목을 친 경험'이 없기 때문에) 제대로 된 민주헌법이 아니라는 자조적 평가, 혹은 우리 헌법도 사실은 "삼일대혁명"(1944년 대한민국임시헌장의 표현)을 치른 후 만든 것이라는 다소 과장된 해석만이 가능할 것이다.

45) 이른바 "맥아더 헌법"의 국민적 토대를 주장하기 위해 제기된 "8월 혁명설"에 의하면 포츠담 선언의 항복조건을 받아들임으로써 신권천황제로부터 국민주권제로 바뀌는 "혁명"이 일어났다고 한다. 김창록(1996), pp. 15~18 참조. 새 헌법은 혁명의 결과물이라는 도식에다 꿰어맞추기 위해 이 같은 이론조작이 필요했다고 볼 수도 있다.

V. 과거와의 교섭과정으로서의 제헌

우리는 제헌을 이해하는 시각의 전환이 필요하다. 신적(神的) 권능을 행사하여 무에서 유를 창조하는 사건으로 보거나(슈미트), 혁명으로 창출된 "새로운 세계질서"를 보존할 항구적 정초(定礎)를 제공하는 것으로 보는(아렌트) 시각에서 탈피하여, 역사 안에서 이루어지는 작업으로서의 제헌의 성격을 옳게 담아낼 수 있는 이론이 요구되는 것이다.

이를 위한 단서를 우리는 1948년 헌법 자체에서 찾을 수 있다. 앞에서 언급하였듯이 이 헌법은 새로운 국가의 출범을 기해서 만들어진 것인 동시에 이미 건립되었던 대한민국을 재건한다는 의식을 가지고 만들어진 것이다. 이를 보고 단순한 모순이나 오류로 치부하여서는 안된다. 이는 제헌이라는 행위가 가지는 중의성(重義性) 내지 양가성(兩價性)의 한 단면일 뿐이다. 인간이 제아무리 모든 권위와 가치의 근원으로서 신이 차지하던 자리를 찬탈하여 거기에 인간 스스로를 앉혔다 하여도 과거에 존재하였던 기존의 질서를 완전한 무의 상태로 되돌릴 수는 없다. 시간의 제약을 벗어나서 시원적 상황으로 돌아가는 것은 불가능하다는 말이다. 혁명이 설령 성공적이어서 과거의 질서를 뒤엎는다 하여도 백지상태, 혹은 사회계약론이 전제하는 자연상태(*state of nature*)에서 완벽하게 새로운 질서를 창출할 수는 없는 일이다.

그럴 수 있다고 믿었던 것이 이른바 '근대적' 정치철학 내지 '근대적' 제헌이론이라 할 수 있겠다. 과거로부터 축적된 모든 사회관계를 일시에 지워버리고 사회나 국가가 발생하기 이전의 상태로 돌아가 모든 것을 원점에서 다시 시작해보자는 입장이다.[46] 그런 근대적 사고방

46) 앞서 살핀 아렌트는 헌법제정을 혁명과 결부시킨다는 면에서 초역사적 시각을 전제로 하면서도, 전통・권위・교육 등의 분야에서는 그런 초역사 태도가 부적합함을 간파하고 과거와의 교섭의 중요성도 강조하였음을 지적해둔

식 때문에 성별, 종교, 사회적 신분에 관계없이 모든 인간은 평등하다는 대단히 폭발력 있고 '해방적'인 정치적 상상력이 가능해진 것이다. 프랑스 혁명 당시 자신이 프랑스 인민 전체라고 자처하였던 제3 신분이 국민의회(Assemblée nationale)를 구성하여 선포한 "인간과 시민의 권리선언"(*Declaration des droits de l'homme et du citoyen*)이 바로 이러한 근대적 상상력에 기초한 것이다. 따라서 모든 인간이 평등하게 대우받는 정의로운 사회를 건설하겠다는 목적을 가지고 헌법을 제정하는 경우, 이와 같이 불가능한 것을 가능하다고 믿는 희망과 의지가 반영될 수밖에 없다. 그러나 어디까지나 이는 실현을 위해서 노력해야 하는 이상이고, 현실세계를 규율하는 헌법질서를 전적으로 그런 비현실적 희망과 의지 위에 구축할 수는 없는 것이다. 헌법은 이상을 현실화하려는 의지의 표현이므로 현실을 무시한 채 공상의 세계를 지향한다면 실패할 것이기 때문이다. 이때 무시할 수 없는 현실 가운데 중요한 것이 바로 그 정치공동체의 과거다.

정치공동체의 과거를 무시하면 안 된다고 할 때, 과거의 부정부패와 타협할 수밖에 없다는 뜻이 아니다. 오히려 헌법제정의 가치와 이념을 역사 바깥에서 찾지 않고 그 정치공동체의 과거 속에서 찾아야 한다는 말이다. 모든 것을 원점으로 되돌려놓고 시원적 상황에서 사회를 다시 만들려는 것이 아니라, 지나온 역사 속에서 되살려야 할 가치를 발견하고 보존하여 후세에 전해주는 작업을 뜻한다. 근대적 상상력이 출현하기 이전에 정치공동체를 새로이 건립하려 했던 시도들은 거의 모두가 이와 같은 역사적 감수성을 가지고, 과거 속에서 나아가야 할 방향을 찾고 이념을 도출해냈다. 예컨대 동양에서는 새로운 왕조를 개창하는 경우에도 시간과 절연된 이념을 내세우기보다 과거

다. Hannah Arendt, *Between Past and Future*, Penguin Classics, 1993, 초판 1968.

의 이상적 정치공동체를 재건한다는 의식을 가지고 임하였다. 지나치게 단순화해서 말하자면, 유가사상의 언어를 빌어 개국을 정당화하는 작업은 항상 '천명'(天命)이 새로운 왕조에 주어졌음을 강조하였고, 이 천명사상이란 과거의 이상적 군주의 전범이었던 요순우탕(堯舜禹湯)의 정치를 되살려야 한다는 내용으로 이해되었다.[47] 물론 요순이 역사적 군주인지 신화 속의 인물인지는 논의의 여지가 있을 수 있지만, 과거 속의 구체적 이상으로 이해되었던 그들의 덕과 지혜를 새로이 표상하여야 한다는 점에서 역사로부터 이탈한 시원적 상태를 상정하는 근대식 사고방식과는 구별되는 것이다.[48] 우리 헌정사에서 독재의 대명사가 되어버린 '유신'(維新)이라는 말도 원래는 이 천명사상과 관련된 개념이었던 바, 주나라 문왕이 천명을 받아서 오래된 나라를 새롭게 하였다는 구절에서 유래된 것이다.[49] 요컨대 새로운 나라의 개국을 정당화하는 논리도 과거의 이상을 다시 세운다는 형식을 취하였다.

서양의 경우 이른바 근대적 정치학의 창시자로 불리는 마키아벨리(Niccolo Machiavelli)도 사실은 로마 공화국의 건국을 천착하면서 새로운 정치질서의 출현 가능성과 그 방법에 관하여 서술하였다. 우선 그는 한 정치공동체가, 더 정확히는 공화국이 오래 지속하기 위해서는 종종 시초(始初), 곧 건국시기로 되돌아가서 그 의미를 되새겨야 한다

47) 주지하듯이 조선을 건국한 태조 이성계의 즉위교서도 서두에서 천명을 거론하였다. 한우근·이태진 편, 《사료로 본 한국문화사: 조선전기 편》, 일지사, 1984, p. 272.

48) 그런 의미에서 《맹자》 '양혜왕 하' 등에 나오는 천명사상에 대하여 '혁명권'을 인정한 것인가를 묻는 것은 조심스럽게 접근해야 한다. 그것이 정치적으로 '불온'한 생각을 부추긴다고 하여 역대 권력자들이 싫어한 것은 사실이나, 근대적 의미의 초역사적 단절 내지 시원적 상태로의 회귀를 뜻하는 혁명을 거론한 것은 아니기 때문이다.

49) 《시경》 '대아 문왕편': "文王在上 於昭于天. 周雖舊邦 其命維新".

고 하였다.[50] 뿐만 아니라 그가 보기에 한 공화국의 쇄신은 곧 공화국의 창건과 거의 같은 작업이다. 즉, 건국(*founding*)과 쇄신(*renovation*)은 이념적으로 동일한 개념이다. 왜냐하면 진정한 쇄신이란 단순히 기존의 질서를 복원하는 것에 머무르지 않고, 구제도를 철저히 혁파하는 수준에 이르러야 하기 때문이다. 겉으로 보기에는 같은 정치공동체라 할지라도 내용적으로는 또 하나의 공화국을 건설하는 정도의 쇄신을 단행하지 않으면 결국 실패하고 만다는 이야기다.[51] 이는 바꾸어 말하면 구제도를 철저히 혁파하여 새로운 질서를 만드는 작업은 그 정치공동체의 과거, 특히 시발점으로의 회귀를 통해서 가능한 것이라고 해석할 수 있다. 물론 마키아벨리가 헌법제정에 관하여 구체적 이론을 세운 것은 아니다. 그러나 그가 추구하던 이상적 공화국의 건국도 옛것으로 돌아가는 '쇄신'의 형식을 취했다는 사실은 음미해볼 필요가 있다.

결국 헌법제정의 역사성을 올바로 파악하는 시각이란 과거 속에서 이상적이라 여겨지는 시점, 사건, 혹은 인물에 주목하여 그것을 새롭게 재해석하여 새로운 정치공동체를 건립하는 작업으로 이해하는 것을 말한다. 1948년 헌법은 그런 의미에서 잘못 제정된 것이 아니다. 기미 삼일운동으로 건립된 대한민국을 재건하는 것과 새로운 국가를 건설하는 것은 서로 모순된 것이 아니다. 그렇기 때문에 이 헌법은 한편으로는 역사적 단절을 선포하면서도 동시에 역사적 연속성을 전제로 하는 것이다. 참고로 이러한 단절과 연속의 양가성은 우리 1948년

---

50) N. Machiavelli, *Discourses on Livy* (trans. H. Mansfield & N. Tarcov, Chicago University Press, 1996, 초판 1531, pp. 209~212 (Bk. III, Ch. 1). 폭력을 통하여 과거와 단절된 새로운 질서를 세운다는 뜻의 혁명(*revoluzione*)이라는 개념 자체를 마키아벨리는 피하려고 했다. 곽준혁, "《로마사 논고》에 기술된 정치변동의 수사적 의미", 〈한국정치학회보〉 제 38집 제 3호, 2004, p. 29 이하. Arendt (1963), pp. 29~30.

51) Machiavelli (1996, 초판 1531), pp. 28~30 (Bk. I, Ch. 9).

헌법의 경우에만 발견되는 것이 아니다.

1958년 프랑스 제 5공화국을 출범시킨 이른바 드골 헌법은 그 전문에서 1946년 헌법의 전문에 열거된 원칙과 1789년 인권선언의 내용을 받들 것이라고 천명한다. 물론 이는 형식상 제 4공화국 헌법을 개정한 것이므로 연속성을 전제하는 것이 당연할지 모른다. 그러나 거의 질적으로 다른 정치질서로 변환하기 위하여 만든 헌법에서 과거의 이념을 적시하면서 이에 대한 결의를 통해 정치공동체의 정체성을 확보한다는 사실은 주목할 가치가 있다. 독일의 경우 국가가 파괴되어 법적인 진공 내지 시원상태가 된 시점에서 제정된 1949년 기본법도 명문으로 그 이전 헌법인 1919년 바이마르헌법의 일부를 수용함을 선언한다.[52] 과거와의 단절과 연속이 동시에 공존하는 것이다. 냉전 이후 구소련의 영향권에서 벗어난 몇몇 국가들에서는 공산당 일당독재를 청산하고 새로운 헌법을 제정하면서 아예 복고(*restoration*) 주의적 헌법을 만들기도 하였다. 즉, 공산주의에 의하여 국가가 탈취당하기 이전의 질서로 돌아가려는 움직임이다. 공산정권은 정상적 헌법질서의 궤적으로부터 이탈하였던 것이므로 그것을 회복시켜야 한다는 인식에 기초한 것이다.[53] 이 경우는 단절과 연속의 공존이 더욱 확실하게 드러나고 있다 하겠다.

헌법적 정체성이라는 개념과 관련하여 생각할 때, 과거와의 단절과 연속이라는 교섭과정을 통한 정체성 규정은 불가피한 것이다. 과거를 부정하고 새로운 미래를 그려보기 위한 헌법제정이더라도 불확실하고 추상적인 미래보다는 구체적으로 알 수 있는 과거를 토대로 할 수밖에 없는 측면이 있다.[54] 이와 같은 점은 최근 동유럽이나 남아공과

---

52) 독일 기본법 제 140조.

53) Rudi Teitel, *Transitional Justice*, Oxford University Press, 2002, p. 206; Jon Elster, "Constitution-making in Eastern Europe: Rebuilding the Boat in the Open Sea", *Public Administration* 71, 1993, pp. 193~194.

같은 국가의 경험에서도 확인된다. 종래 제헌에 관한 이론들이 전제로 하던 급진적이고 폭력적인 혁명이 아닌 점진적이고 평화로운 과정을 통한 새로운 국가건설의 가능성을 보여준 예들이다. 새로이 제정되는 헌법 자체가 청산하여야 할 대상인 구체제의 법질서와의 연속성을 전제로 하는 경우가 많다. 변화를 주도했던 사람들 스스로가 자신의 과업을 혁명적 변화로 인식하지 않고, 적어도 형식상으로는 기존의 법체계 속에서 연속성을 유지하는 모양으로 민주화를 이끌어내려고 애를 썼다는 사실에 주목할 필요가 있다.[55] 그렇기 때문에 헌법제정도 재래식 입장에서 볼 때엔 불철저할 수밖에 없었다. 구체제의 기득권 세력과의 타협을 통하여 얻어낸 새로운 헌법은 슈미트나 아렌트가 염두에 두던 혁명의 결과와는 다르기 때문이다.

중요한 점은 그렇다고 새로이 제정된 헌법이나 새로 건립된 국가의 정당성에 흠집이 간다고 보지 않는다는 사실이다. 오히려 과거와의 교섭을 통한 제헌이었기에 정당성이 그만큼 더 확보된 것이다. 남아공의 경우 백인우월주의에 기초한 독재정권을 청산하기 위하여 그 정권과 교섭을 통해 처음부터 2단계에 걸친 헌법제정/개정작업을 예상하고 작업을 시작하였다. 한시적 잠정헌법을 만들어서 그에 따라 구성된 헌법제정의회가 헌법재판소의 감독하에 새로운 헌법을 제정한 것이다.[56] 헌법제정이 '단칼에' 과거를 청산해버리는 일회적 사건으

54) 이는 특별한 예가 아니고 오히려 헌법제정이라는 작업에 일반적으로 나타나는 현상이라는 학자도 있다. Kim L. Scheppele, "A Constitution Between Past and Future", *William & Mary Law Review* 49, 2008, p. 1377 이하.

55) Ulrich K. Preuss, *Constitutional Revolution: The Link Between Constitutionalism and Progress* (trans. D. Schneider), Humanities Press International, 1995.

56) Heinz Klug, "Constitution-making, Democracy and the "Civilizing" of Irreconcilable Conflict: What Might We Learn From the South African Miracle?", *Wisconsin International Law Journal* 25, 2007, p. 269 이하.

로 끝난 것이 아니라 시간을 두고 과거와의 교섭과정을 통해 보다 나은 새 국가를 만들려는 시도였다.[57] 이 같은 경험들을 토대로 민주화의 성공을 위해서는 점진적 헌법제정 이론이 필요하다는 주장도 나오게 되었다.[58]

헌법의 역사를 엮는 방법과 관련시켜 생각할 때, 헌법적 정체성은 제헌이라는 사건으로 일시에 완성되는 것이 아님을 알 수 있다. 새로운 정치공동체의 기초를 놓는 작업은 한 번의 혁명으로 체제를 전복해서 단시간 안에 새 헌법을 만듦으로써 끝날 수 없기 때문이다. 미국의 헌법적 정체성을 논할 때, 1787년 여름 필라델피아에서의 작업에만 몰두하면 정확한 그림이 그려지지 않는다는 주장도 이런 시각에서 이해할 수 있다. 예컨대 미국의 '혁명'은 19세기 중반 남북전쟁을 거친 후에야 완성되었다는 입장에서 볼 때,[59] 미국의 헌법적 정체성은 거의 백 년의 시간을 두고 형성된 것이다. 또 미국은 동일한 헌법하에서 세 개의 다른 헌법체제를 경험했다고 보는 시각에서는,[60] 헌법적 정체성이 한 번 형성되고 그것으로 끝난 것이 아니라, 시대가 바뀌면서 정치·경제·사회·문화의 변화에 따라 주기적으로 재형성되는 것이

57) 이와 같이 시간적으로 지연된 것이 과거의 청산을 불철저하게 만들 것이라는 시각도 있지만, 남아공의 경우 이를 통해 완전히 다른 나라로 탈바꿈한다는 의식이 강하게 자리잡았다. 그 헌법제정의 과정을 기술한 책 가운데 '내일은 또 하나의 나라'라는 제목을 가진 것이 있음은 매우 시사적이다. Alistair Sparks, *Tomorrow is Another Country: The Inside Story of South Africa's Negotiated Revolution*, University of Chicago Press, 1995.

58) Vicki C. Jackson, "What's in a Name?: Reflections on Timing, Naming, and Constitution-making", *William & Mary Law Review* 49, 2008, p. 1249 이하.

59) David A. J. Richards, "Revolution and Constitutionalism in America", in Rosenfeld (ed.) (1994), p. 85 이하.

60) Bruce Ackerman, *We the People I: Foundations*, Harvard University Press, 1991.

라고 할 수 있다. 마키아벨리가 말했듯이 이따금씩 정치공동체의 시초로 돌아가서 구제도를 완전히 혁파하는 수준의 쇄신 혹은 재건국(*refounding*)이 가능함을 보여주는 것이다. 그렇다면 1948년 헌법의 의미를 새기기 위해서도 보다 긴 시간적 틀 속에서 과거와의 교섭과정을 파악하는 것이 필요해진다. 해방 3년이라는 좁은 시야에서 벗어나 일제시대와 그 이전 조선의 쇠퇴기까지 포괄하고 1948년 이후의 시간도 함께 고려하는 시각이 필요한 것이다.

VI. 과거와의 교섭을 파악하는 방법

헌법적 정체성의 형성과정 속에서 1948년 헌법의 의미를 파악하는 작업은 일차적으로 그 헌법에 명시된 '우리들 대한국민'의 정체성을 추적하고 그것이 담고 있는 의미를 캐는 작업이어야 함을 살펴보았다. 예컨대 일제시대 민족감정의 발생을 고찰하고 그것이 헌법적 행위의 주체인 '국민'으로 구체화되는 과정에 대한 연구가 요구된다. 또 조선 후기 중화질서의 붕괴과정 속에서 과거와 구별되는 주체의식의 발로와[61] 이들 과정이 어떻게 대한제국기와 일제강점기를 거쳐 1948년 헌법의 대한국민으로 집약되었는지를 살필 수도 있겠다. 그러나 이와 같은 작업도 헌법이론적 반성에 기초할 필요가 있다. 역사적 연구를 수행하기 전에 완벽한 방법론을 미리 정립하는 것은 불가능할지 모르지만, 맹목적 자세로 역사를 뒤지는 것도 경계해야 하기 때문에

---

61) 필자는 조선에서의 '유교적 헌법질서'가 중국에서 명·청 교체로 야기된 세계질서의 개편에 따라 영향을 받았다는 가설을 제시한 바 있다. Chaihark Hahm, "Ritual and Constitutionalism: Disputing the Ruler's Legitimacy in a Confucian Polity", *American Journal of Comparative Law* 57, 2009, p. 135 이하.

이론적 틀을 세우려는 노력이 필요해진다. 그런 의미에서 1948년 헌법제정의 의미를 밝히기 위해 규준으로 삼을 만한 몇 가지 개념적 틀에 대한 개괄적 논의를 시도해보고자 한다.

제헌의 의미를 파악하기 위해서는 세 개의 대비(*polarity*) 혹은 축(*axis*)을 기준으로 접근함이 좋다고 생각된다. 첫 번째는 '건국/창업(*founding*) 대 쇄신/복원(*renovation*)'이라는 축이다. 이제까지의 논의에 의하면 제헌은 새로운 것의 기초를 닦는다는 의미와 옛것을 새로이 한다는 의미가 모두 포함된다고 하였다. 특히 근대적 상상력으로 인하여 시원적 상태에서 다시 시작한다는 인식하에 만들어지는 헌법은 과거와 단절된 새로운 질서의 수립을 지향할 것이다. 그러나 헌법제정을 올바로 이해하기 위해서는 이와 함께 옛것의 쇄신이라는 측면도 파악하여야 할 것이다. 1948년 헌법도 이러한 관점에서 분석해볼 필요가 있다고 본다. 새로운 대한민국의 건립과 함께 1919년의 현재화 및 계승이라는 의도가 공존한다는 것은 이미 보았다. 제헌국회 첫 회의에서 29년 만에 민국의 부활을 공포한다는 이승만의 발언이나, 제정된 헌법을 실었던 관보에 "大韓民國 30년"이라는 연호를 사용했다는 사실이 현재 우리에게 무슨 의미인지를 짚어보아야 한다. 또 임정헌법의 개정이 아닌 새 헌법의 제정으로 결정했다는 사실의 의미도 설명해야 되겠다. 또 건국과 쇄신 중에서 어느 쪽에 더 무게가 실려 있었는지, 제헌과정에 참여하였던 인물들을 개별적으로 살펴볼 때 누가 어느 쪽에 무게를 두고 있었는지도 연구해볼 만하다. 당시 어느 시각이 더 우세했는지, 왜 더 설득력이 있었는지도 추후 연구가 필요한 부분이다.

두 번째로 염두에 둘 것은 '동질성(*sameness/identity*)과 다양성(*diversity/difference*)'의 대비다. 헌법은 기본적으로 동질성을 갖는 사람들의 집단을 전제로 한다. 이는 슈미트가 이미 강조한 바다. 그러나 완벽하게 동질적인 공동체가 있다면 헌법이 필요 없을 것이다. 국가권력을 행사하는 이나 권력의 대상이 되는 이가 모두 똑같은 이해관계와 목적의식, 그리고 정체성 등을 가졌다면 굳이 헌법으로 권력의 분립을 추구하거나 국가권력을 제한할 이유가 없기 때문이다. 반면 동질성이 전혀 없는 사람들 사이에, 즉 최소한의 공유되는 정체성이 없는 개인들의 집단에게 헌법은 의미가 없을 것이다. 스스로 같은 공동체에 속한다는 의식이 전혀 없는 사람들 중 일부가 다른 이들에 대해 권력을 행사한다면, 그것은 정복자로서 식민지인들을 복속시키는 관계이므로 국제법적 문제일지는 몰라도 헌법적 문제는 존재하지 않기 때문이다.[62] 바로 이것이 우리가 일제로부터 독립을 요구하였던 논리였고 그 요구가 (비록 자력에 의한 것은 아니지만) 현실화되어 동질성을 갖는 주체들끼리 제정한 첫 헌법이 1948년 헌법이라고 볼 수 있다. 그러므로 이 헌법에서는, 적어도 그 배경에는 대외적 배타성을 갖는 헌법의 주체로서의 동질성에 대한 강조가 있을 수밖에 없다.

반면 이 헌법의 주체인 '우리들 대한국민'도 완전히 동질적인 집단은 아니다. 헌법제정 과정의 첫머리에서도 나타나듯이 지역적 특색을 어떻게 감안할 것이냐를 가지고 논란이 있었다. 헌법기초위원회 전형위원 선정방식을 두고 이른바 도별(道別) 대표를 택할 것이냐 여부가 논의되었다는 사실을 보더라도 헌법의 주체인 '우리들 대한국민'도 다양성을 지닌 집단이었음을 인식하고 있었던 것이다. 물론 이 점에 대해서도 과연 1948년 헌법에서 동질성과 다양성 가운데 어느 쪽에 방점이 찍혔는지는 더 많은 연구가 필요하리라고 본다.

세 번째로 고려할 축은 '보편적 원리(*universal principles*) 대 개별적 전통(*particular heritage*)'의 구별이다. 근대 정치사상의 영향을 받은 헌법제정 과정은 이른바 자연법이나 자연권 개념을 토대로 하여 모든

---

62) Michel Rosenfeld, "Modern Constitutionalism as Interplay Between Identity and Diversity", in Rosenfeld(ed.) (1994), p. 3 이하. 이에 대한 정치철학적 분석은 김성호(2008), pp. 9~12를 볼 것.

개인의 자유와 평등을 이념적 지표로 삼고 진행된다. 보편적 가치와 원리를 실현하고자 계급과 인종의 차별을 타파하겠다는 의지의 표현인 것이다. 그럼에도 불구하고 헌법제정은 그 주체의 고유한 전통 혹은 개별적 정체성이 드러나는 과정인 경우가 많다. 보편적 진리를 나타냈다고 하는 프랑스 인권선언마저도 프랑스 민족 고유의 전통이라는 의식이 프랑스 헌법을 만드는 과정에서 드러난다. 사실 아무런 개별적 전통이 드러나지 않는 헌법을 찾으려면 세계헌법(*world constitution*)을 생각하는 수밖에 없다. 다시 말해 한 헌법이 구체적으로 어느 정치공동체의 헌법인지를 알려주는 지표가 포함되는 것은 자연스러운 일이다. 우리 1948년 헌법에서도 이 두 가지 가치가 모두 발견된다. 헌법의 기본원리를 형성한 대의민주주의나 권력분립의 원칙 등은 보편적 원리라는 인식하에 채택되었을 것이고, 반면 전문에서 단기(檀紀)를 사용한 것이나, 부칙에서 반민족행위 처벌에 관한 근거규정을 둔 것 등은 고유한 정체성을 표현한 것이라고 이해할 수 있을 것이다. 한편 그런 고유한 정체성을 드러냈던 요소들이 어떤 경로를 통해서 헌법적 정체성의 일부로 받아들여졌는지는 더 많은 연구가 필요할 것이다. 또 그것들이 지금도 '우리들 대한국민'의 정체성을 규정하는 인자로 과연 자리잡고 있는지도 더 많은 연구가 필요한 부분일 것이다.

이들 세 가지 개념적 축은 위에서 논한 과거와의 교섭과정의 구체적 측면들을 포착하기 위한 도구로서 제안하는 것이다. 한 정치공동체의 과거 안에는 '창업과 쇄신'이 반복되고 중첩되면서 나타나고, '동질성과 다양성' 사이의 균형을 모색하려는 과정이 개재되어 있으며, '보편성과 개별성'의 긴장이 항존하기 때문이다. 이에 대한 깊이 있는 성찰과 연구가 이루어질 때 1948년 헌법을 통해 형성된 우리의 헌법적 정체성의 역사에 한 걸음 다가설 수 있으리라 기대된다. 나아가 그 이후 우리의 정체성의 변형을 추적하거나, 다른 나라 헌법과의 비교를 통한 헌법적 정체성을 연구하는 데도 위의 세 가지 개념적 틀을 활용할 수 있을 것이다.

VII. 결어

헌법질서는 시간적 연속성을 개념적으로 전제한다. 헌법은 하나의 특정한 시점 속에서 제정되지만 다른 시점들과 연속되어질 때에만 의미가 있기 때문이다.[63] 1948년 헌법의 역사적·현재적 의미를 규명하려면 헌법질서의 시간적 연속성을 전제로 하는 연구가 필요하다. 역사 속에서 헌법적 문제의식이 어떻게 형성되고 이를 통해서 정치공동체가 어떻게 변화되어갔는가에 초점을 맞출 경우, 헌법의 제정은 마치 빅뱅을 통해서 신천지를 만드는 것과 같은 유일무이한 거대한 사건이라기보다 정치공동체의 변모를 보여주는 수많은 사건들 가운데 하나로 파악될 것이다. 그렇다고 해서 제헌의 의미가 감소하는 것이 아니다. 오히려 그런 연속성을 전제로 파악할 때 1948년 헌법이 현재 국민들에게 무슨 의미를 갖는지를 설명할 수 있는 이야기들이 만들어지리라고 생각된다.

63) Jed Rubenfeld, *Freedom and Time: A Theory of Constitutional Self-Government*, Yale University Press, 2001.

참고문헌

곽준혁. 2004. "《로마사 논고》에 기술된 정치변동의 수사적 의미". 〈한국정치학회보〉 제 38집 제 3호.

김성호. 2008. "헌법제정의 정치이론: 주권인민의 정체성과 인민주권의 정당성". 〈한국정치학회보〉 제 42집 제 3호.

김성호·최명호. 2008. "1948년 건국헌법 전문에 나타난 '우리들 대한국민'의 정체성과 정당성". 〈한국정치학회보〉 제 42집 제 4호.

김창록. 1996. "일본국 헌법의 '출현'". 〈아시아연구〉 제 14집.

박찬표. 2007. 《한국의 국가형성과 민주주의: 냉전 자유주의와 보수적 민주주의의 기원》. 후마니타스.

신우철. 2008. 《비교헌법사: 대한민국 입헌주의의 연원》. 법문사.

______. 2002. "헌정사연구(抄): 건국헌법에서 현행헌법까지". 〈영남법학〉 제 9권 제 1호.

서희경. 2006. "대한민국 건국헌법의 역사적 기원(1898-1919)". 〈한국정치학회보〉 제 40집 제 5호.

______. 2006. "시민사회의 헌법구상과 건국헌법에의 영향(1946-1947)". 〈동양정치사상사〉 제 6권 2호.

양승태. 2008. "한국 헌정이념사 연구서설". 〈정치사상연구〉 제 14권 2호.

유영익. 2006. "이승만 국회의장과 대한민국 헌법 제정". 〈역사학보〉 189집.

이경주. 2001. "미군정기 과도입법의원과 조선임시약헌". 〈법사학연구〉 제 23호.

이영록. 2006. 《우리 헌법의 탄생: 헌법으로 본 대한민국 건국사》. 서해문집.

______. 2006. 《유진오 헌법사상의 형성과 전개》. 한국학술정보.

전광석. 2005. "제헌의회의 헌법구상". 〈법학연구〉 제 15권.

정상우. 2007. "대한민국임시정부 헌법과 1948년 헌법". 〈법과 사회〉 제 32권.

정인섭. 1998. "우리 국적법상 최초 국민 확정기준에 관한 검토". 〈국제법학회논총〉 제 43권.

한우근 · 이태진 편. 1984. 《사료로 본 한국문화사: 조선전기 편》. 일지사.

함재봉. 1998. "한국의 문화와 예의 재건". 〈전통과 현대〉 제 4호.

함재학. 2006. "유교전통 안에서의 입헌주의 담론". 〈법철학연구〉 제 9권 제 2호.

Ackerman, Bruce. 1991. *We the People* I: *Foundations*. Harvard University Press.

Arendt, Hannah. 1963. *On Revolution*. Viking Press.

______. 1993/1968. *Between Past and Future*. Penguin Classics.

Aristotle. 1962. *Politics* (trans. Ernest Barker). Oxford University Press.

Balkin, Jack & Levinson, Sanford. 2007. "Thirteen Ways of Looking at Dred Scott". *Chicago-Kent Law Review* 82.

Beard, Charles. 2004/1913. *An Economic Interpretation of the Constitution of the United States*. Dover Publications.

Caldwell, Peter C. 1997. *Popular Sovereignty and the Crisis of German Constitutional Law*. Duke University Press.

Cover, Robert M. 1983. "Nomos and Narrative". *Harvard Law Review* 97:4.

Derrida, Jacques. 1986. "Declarations of Independence". *New Political Science* 15.

Dower, J. W. 1988. *Empire and Aftermath*: *Yoshida Shigeru and the Japanese Experience*, 1878-1954, Harvard East Asian Monographs.

Elster, Jon. 1994. "Constitutional Bootstrapping in Philadelphia and Paris". in Michel Rosenfeld (ed.). *Constitutionalism, Identity, Difference, and Legitimacy*. Duke University Press.

______. 1993. "Constitution-making in Eastern Europe: Rebuilding the Boat in the Open Sea". *Public Administration* 71.

Friedrich, Charles J. 1949. "Rebuilding the German Constitution, I". *American Political Science Review* 43.

Hahm, Chaihark. 2009. "Ritual and Constitutionalism: Disputing the Ruler's Legitimacy in a Confucian Polity". *American Journal of*

Comparative Law 57.

Honig, Bonnie. 1991. "Declarations of Independence: Arendt and Derrida on the Problem of Founding a Republic". *American Political Science Review* 85:1.

Jackson, Vicki C. 2008. "What's in a Name?: Reflections on Timing, Naming, and Constitution-making". *William & Mary Law Review* 49.

Jacobsohn, Gary. 2006. "Constitutional Identity". *Review of Politics* 68.

______. 2006. "An Unconstitutional Constitution?: A Comparative Perspective". *International Journal of Constitutional Law* 4.

Klug, Heinz. 2007. "Constitution-making, Democracy and the "Civilizing" of Irreconcilable Conflict: What Might We Learn From the South African Miracle?". *Wisconsin International Law Journal* 25.

Kramer, Larry. 2004. *The People Themselves: Popular Constitutionalism and Judicial Review*. Oxford University Press.

Machiavelli, Niccolo. 1996/1531. *Discourses on Livy*(trans. H. Mansfield & N. Tarcov). Chicago University Press.

Merkl, Peter H. 1963. *The Origin of the West German Republic*. Oxford University Press.

Morgan, Edmund. 1998. *Inventing the People*. Norton.

Parker, Richard D. 1994. *Here, The People Rule: A Constitutional Populist Manifesto*. Harvard University Press.

Preuss, Ulrich K. "Constitutional Powermaking for the New Polity: Some Deliberations on the Relations Between Constituent Power and the Constitution". in *Constitutionalism, Identity, Difference, and Legitimacy*.

______. 1995. *Constitutional Revolution: The Link Between Constitutionalism and Progress*(trans. D. Schneider). Humanities Press International.

Richards, David A. J. "Revolution and Constitutionalism in America". in

Constitutionalism, Identity, Difference, and Legitimacy.

Rosenfeld, Michel. "Modern Constitutionalism as Interplay Between Identity and Diversity". in *Constitutionalism, Identity, Difference, and Legitimacy.*

Rubenfeld, Jed. 2001. *Freedom and Time: A Theory of Constitutional Self-Government.* Yale University Press.

Scheppele, Kim L. 2008. "A Constitution Between Past and Future". *William & Mary Law Review* 49.

Schmitt, Carl. 2008. *Constitutional Theory* (trans. Jeffrey Seitzer). Duke University Press.

______. 1988. *Political Theology* (trans. George Schwab). MIT Press.

Sieyès, Emmanuel Joseph. 1963/1789. *What is the Third Estate?* (trans. M. Blondel). Frederick A. Praeger Publishers.

Teitel, Rudi. 2002. *Transitional Justice.* Oxford University Press.

Ward, Robert E. 1956. "The Origins of the Present Japanese Constitution". *American Political Science Review* 50:4.

찾아보기

ㄱ

가족 81, 82, 85~88, 91
가족국적 동일주의 263
간도협약 273
간장 273
감찰권 141
감찰위원장(감찰원장) 141
감찰장관 141
갑오개혁 73, 74, 77, 82
갑오농민전쟁 77
개정임시약헌(1940) 107
개조파 145
거시적 경향성 142
건국 333
건국(*founding*)과 쇄신(*renovation*) 334
건국/창업 339
건국강령(1941) 111
건국과 쇄신 339
건국헌법 48, 64
경로의존성 13
경제질서 241
계급(*class*) 69, 72, 82
공동결의 217
공동안 111, 127, 132
공민 70
공통법 276
과거에 대한 철저한 부정 325
과거와의 교섭 331, 336, 337, 338, 341
과거와의 단절 329, 335, 339

과거와의 절연 328
과도입법의원 107
교육의 권리 230
국가 없는 입헌주의 119
국가를 위한 수단 118
국가보안법 192
국가승계 165
국가의 동일성 및 계속성 166
국가인권위원회법 72
국가주의 103, 117, 118, 122
국무령 123, 134
국무령제 145
국무원 134, 143, 148, 153, 158
국무위원 134, 153, 158
국무위원해임건의 136
국무위원회 145, 149
국무총리 134, 143, 146
국무총리서리 136
국무총장 135, 146
국무회의 149
국민 64, 67, 75, 75, 80, 89, 90～92, 320, 320
국민 없는 민주주의 119
국민경제회의 226, 228
국민국가 71, 75, 91, 92
국민대표회의 120
국민의 정체성 321
국민이 탄생 320
국수파 145, 148
국적 89, 90, 92
국적법 80, 89
국적에 관한 임시조례 282
국정통제권 124, 142
국제연합 167, 170, 189
국제주의 117
국호 105, 107, 108
국회의원선거법 280
국회해산권 133
군정법령 제33호 278, 279
권력 없는 권력분립 119
권력구조 15
권리 66, 68, 78, 93
권승렬초안 41, 107, 127, 135
균등주의 109, 110
근로의 권리 230
근로자의 경영참여권 232
기본권 보장 109
기호파 106, 145
긴급입법권 140, 142

ㄴ

남북공동성명 172
남북기본합의서 187
남조선과도약헌안 28, 214
남조선과도입법의원 25, 217, 282
남조선과도행정조직법초안 26
남조선노동당 217
남조선대한국민대표민주의원 22
내각 149

내각책임제 123, 140, 142
내각회의 149
냉전해체 165
노동헌장 232
농지개혁 244

ㄷ

다양성 340
단원제 124, 126, 133
단일국적주의 263
대외적 주권회복 109
대일본제국헌법(1889) 160
대일평화조약 175
대청국적조례 264
대통령 122, 132, 134, 146
대통령 인사권 136
대통령제 116, 123, 140, 146, 158
대한국국제 9조 103
대한국민 338
대한민국 105, 107, 109, 111
대한민국건국강령 208
대한민국임시정부 68, 99
대한민국임시헌법(1946) 107
대한민국헌법 64, 66, 99, 116
대한제국 78, 178
독도 182
독립협회 126
동질성 340
동질성(*sameness/identity*)과 다양성 (*diversity/difference*) 339~341

ㅁ

메이지헌법 126, 141, 154
모든 권력 116
미군정 68, 80
미소공동위원회 25
미수복지역 187
미완성의 체계 247
미합중국헌법(1787) 160
민법 65, 83, 85~88
민적 270, 276
민적법 269~271
민적법 집행심득 269
민전안 34
민족국가의 원칙 184, 185
민족혁명당 145
민주공화 107, 108
민주공화국 108, 112
민주공화제 104, 106
민주의원 22, 107
민주의원안 21
민주주의 94
민주주의 원리 201
민주주의민족전선 33, 107, 217

ㅂ

바이마르헌법(1919) 71, 72, 108,

126, 160
반민특위 80
방어적 국가주의 109
법 앞에 평등 67
법률안거부권 140, 142
법전기초위원회제출안 126, 135
법치국가 원리 201
병합조약 78
보수파 145, 148
보편성과 개별성 341
보편적 원리 341
보편적 원리(*universal principles*) 대 개별적 전통(*particular heritage*) 340
복지국가 원리 202
부계혈통주의 260, 263, 265
부서권 158
부서권자 154
부서제도 154
부서주체 154
부주석 145, 158
부통령 146
북한 국적법 296
북한국적 184
분단국 194
불신임 136
비교헌법사 101
비서장 154
비입법적 권한 140, 142

ㅅ

사민평등 79
사법독립 109
사법부에 대한 불신 110
사회경제질서 200
사회보험 237
사회적 신분 64, 67, 69~71, 82
사회적 신분제 73
사회적 특수계급 67, 69, 71, 72, 78
산업정책 224
산업혁명론 13, 15
삼균주의 208
상원 118
상의원(上議院) 126
서북파 145
선거법 시행세칙 280
소비에트 116, 120, 154, 160
쇄신 338
쇄신/복원 339
승인 177
시국대책협의회 33, 217
시민 75, 86, 93, 94
시민권 84, 89, 90, 92
시협안 35
시혜론 13, 15
식민지 76, 77
식민지 근대화론 13, 15
식민지 통치성 77
신분 65, 69, 72, 77, 80~90, 92

신분법 85
신분적 차별 64
신분제 64, 73~77, 83, 90
신분제 철폐 73, 74, 91
신탁통치 175
실업 238
실업수당청구권 231
실정권 110
심계원 141
심계위원회 141

ㅇ

양원제 124, 126
여위거권(與位去權) 146
역사적 연속성 328, 334
연속성 335, 336, 342
영토조항 187
우리들 대한국민 322, 323, 338, 340, 341
원기약법(袁記約法)(1914) 132
원시 의회주의 118
위원제 145, 148, 158
위인설관(爲人設官) 146
유엔한국임시위원단 168
유진오 헌법사상 110
유진오공동안 42
유진오사안 107, 126, 135
유진오초안 42, 71
을사보호조약 179
의뢰외국치손국체자처단례 272
의무 68
의회 우위 116, 133, 141, 158
의회에 대한 불신 119
의회주의 109, 117
이당치국 120
이야기 312, 342
이야기(*narrative*) 311
이원적 회의체 143, 154, 158
이익분배균점권 231, 248
이중의 이원구조 148
인간의 존엄성 74
인권 68, 74, 92, 93
인민 78
인민 혹은 국민(*people*)의 정체성 319
인사권 140, 142
일본 국적법 263
일본국헌법 70, 78, 160
일본헌법 72
일상의 국민투표 159
임시대통령 143
임시약법(1946) 107, 111, 154
임시약헌(1927) 107, 141, 145, 148, 154
임시약헌(1940) 141, 145, 149
임시의정원 120, 127, 134
임시정부수립대책협의회 33, 217
임시헌법(1919) 106, 141, 144, 145, 147, 148, 153

임시헌법(1925) 107, 141, 145, 148, 154
임시헌법(1946) 107, 135, 153
임시헌법기초위원회 27
임시헌법기초위원회안 29
임시헌장 105, 207
임시헌장(1919) 104
임시헌장(1944) 107, 111, 136, 141, 145, 146, 149, 153, 154
임협안 35
입법의원안 35
입법의원의원선거법 280
입법적 권한 142
입헌제국주의 117
입헌주의 99

ㅈ

자본주의 75
자유 66, 68, 90, 93
재건국(*refounding*) 338
재의요구권 140
재정권 141
적산 233
전통적 빈곤관 238
정령 143
정령 14조 103, 118
정부옹호파 145
정체성 320, 322, 335
정치신학 310, 324, 326
정통성 166
제8조 66, 67
제국경제위원회 228
제국헌법 72
제도적 변천사 314
제헌헌법 64, 66, 71, 72, 76, 78, 80, 92, 178
제헌헌법 제8조 92
조선 107
조선과도입법의원 289
조선귀족 78, 79
조선귀족령 78, 79
조선민주공화국임시약법(1946) 107
조선민주임시약헌안 27
조선민주주의공화국임시약법 212
조선민주주의인민공화국헌법 69, 116
조선법전편찬위원회 225
조선임시약헌(1947) 27, 30, 107, 134, 136, 214, 258
조선혁명선언(1923) 111
조선호적령 270, 276
조칙·칙어 118
주권 116
주권독립의 도구 118
주석 132, 134, 145
주석제 123, 140
중국 국적법 263
중국귀화 275
중복·겸임체제 153

중추원 118, 126
중화민국헌법(1947) 108
중화민국헌법초안(五五憲草)(1936) 108
지방자치 118
진보파 145, 149
진화론적 국가주의 118

ㅊ·ㅌ·ㅍ

차별 64, 69, 70, 92
천단헌초(天壇憲草)(1913) 132
천명(天命) 333
천황제 78
총리제청권 142
치외법권 272
친일부역 80
탄핵 135
텐노 160
토지개혁 219, 222, 223
특수계급 76
평등 66, 71, 91~93
평등권 66
평정원(評政院) 126
평화통일조항 187
평화헌법 70
프랑스제3공화국헌법 126

ㅎ

한국 107
한국독립당 145
한국문제 190
한국임시헌법(1923) 106, 148
한국헌법(1946) 107, 126, 134, 135, 154
한민당 142
한반도 1국가론 189
한성정부약법(1919) 104
한인 266
한일기본관계조약 173
한일기본조약 172, 179
한일합병조약 179
합법정부 169
합작파 145, 149
행정각부서주무책임자연석회의 154
행정각부장 134
행정부의 단일성 145
행정연구위원회 20, 107, 132
행정연구위원회안 20
행정연구회안 211
행정입법권 140
행정조직법기초위원회안 26
행정회의 154
헌법 제3조 186
헌법규범의 역사 316, 318, 322
헌법급정부조직법기초위원회 127, 133

헌법기초분과위원회 225
헌법기초위원회 45
헌법기초위원회안 45
헌법사 316
헌법의 아버지 100, 159
헌법의 역사 313, 314, 317, 318
헌법의 제정에 관한 이론 323
헌법적 정체성(*constitutional identity*) 319, 320, 335, 337, 338
헌법적 정체성의 역사 318, 322, 326, 341
헌법정체성 15
헌법제도사 313, 322
헌법제정 309, 324, 337
헌법초안 71
헌의 6조 103, 118
헌정질서 14
혁명의 결실 326, 327
호구조사규칙 269
호구조사세칙 269
호선 149
호적 77, 80, 85~88
호적법 83, 87
혼인과 가족 239
혼합경제 242
홍범 143
홍범 14조 103, 118
회계검사원 141
후발 입헌주의 103

기타

1948년 헌법 305~307, 309, 312, 313
2권분립적 입헌체제 119
3·1 운동 68
7·4 남북공동성명 187
American exceptionalism 161
Great Compromise 160
primus inter pares 148
primus solus 148, 158
raison d'Etat 105, 112

인명

김구 145, 148
김규식 145, 146
김성수 126, 146, 147
드워킨(R. Dworkin) 159
레닌(V. I. Lenin) 160
마키아벨리 333, 334, 338
비어드(C. A. Beard) 160
슈미트 324, 325, 326, 328, 339
슈미트(Carl Schmitt) 99, 309, 324~326, 328, 339
스멘트(Rudolf Smend) 159
시에예스(E. J. Sieyès) 324~327
신익희 32, 106, 126, 142, 143, 147, 148
아렌트(Hannah Arendt) 326~328
안창호 106

여운형 106
유진오 40, 69, 71, 72, 100, 110, 126, 142, 149, 159, 225
윤보선 146
이기붕 146
이동휘 142, 145, 147
이범석 146, 148
이승만 46, 102, 105, 123, 126, 142, 143, 146~148
이시영 146, 147
장면 146, 147
장붕 105
조병옥 147
조봉암 147
조소앙 105, 110, 119, 145, 149, 159
조완구 106
조용은 100
켈젠(Hans Kelsen) 100
토크빌(A. Tocqueville) 161

필 · 자 · 약 · 력

(게재순)

· 김 성 호

연세대학교 정치외교학과 학사

미국 시카고대학교 정치학 석사 및 박사

현재 연세대학교 정치외교학과 교수

주요 저서 및 논문:

Max Weber's Politics of Civil Society, 《헌법이 정치를 만날 때》, "1948년 건국헌법 전문(前文)에 나타난 "우리들 大韓民國"의 정체성과 정당성".

· 서 호 철

서울대학교 사회학과 및 동 대학원 사회학 석사 · 박사

현재 한국학중앙연구원 한국학대학원 교수

주요 저서 및 논문:

《식민권력과 통계: 조선총독부의 통계체계와 센서스》(공저), "조선후기의 인구와 통치: 『일성록』 '헌민수' 자료의 검토", "통계적 규칙성과 사회학적 설명: 케틀레의 '도덕통계'와 그 영향을 중심으로".

· 신 우 철

서울대학교 법과대학 및 동 대학원 법학석사 · 박사

현재 중앙대학교 법학전문대학원 교수

주요 저서 및 논문:

《헌법과학 — 새로운 방법론의 탐색》, 《'체제전환'과 국가 — 독일통일 중국개혁의 비교헌법론》, 《비교헌법사 — 대한민국 입헌주의의 연원》.

· 이근관

서울대학교 법과대학 법학사

미국 조지타운대학 법학석사(LL. M.)

영국 케임브리지대학 박사(Ph. D.)

현재 서울대학교 법학전문대학원 교수

주요 저서 및 논문:

"국제조약법상 강박이론의 재검토 : 일본의 한국병합과 관련하여", "한반도 종전선언과 평화체제 수립의 국제법적 함의", "북한의 급격한 체제변화시 그 통치주체에 대한 국제법적 검토".

· 전광석

연세대학교 법학사 및 법학석사

독일 뮌헨대학교 법학박사

현재 연세대학교 법학전문대학원 교수

주요 저서 및 논문:

《한국헌법론》, 《독일 사회보장법과 사회정책》, "복지국가론: 무엇을 어떻게 연구할 것인가".

· 정 인 섭
서울대학교 법과대학 및 동 대학원 법학석사
미국 조지타운대학 Law Center 법학석사
서울대학교 대학원 법학박사
현재 서울대학교 법학전문대학원 교수
주요 저서 및 논문:
《한국판례국제법》, 《국제인권조약집》, *Korean Questions in the United Nations*.

· 함 재 학
서울대학교 법과대학 법학사
미국 예일 Law School(LL. M.) 및 예일 Divinity School(M. A. in Religion)
미국 컬럼비아 Law School(J. D.)
미국 하버드 Law School(S. J. D.)
현재 연세대학교 법학전문대학원 교수
주요 저서 및 논문:
The Challenge of East Asian Liberal Arts Education, *The Politics of Affective Relations: East Asia and Beyond*, "드워킨의 헌법사상: 헌법적 통합성과 파트너십 민주주의".